マクマリーのタイプ・スタディ論の形成と普及

——カリキュラムとその実践思想を読み解く基盤——

藤 本 和 久 著

風 間 書 房

はしがき

　21世紀の今、学校をめぐる「知」の位置づけは大きく変わりつつある。「物知り博士」として「知」を量的にため込み、ただ再生できる状態に保有するだけでは、いわゆる「知識基盤社会」の到来にはもはや対応できない。得たその「知」をどう活かすのか、どういう局面でその知は使用可能なのかも判断でき、しかも、その知の獲得と適用については「自分事」としての文脈に位置づいていることが望ましい。そして、そのような教育実践を可能にするためには、それ相応の教員養成・教師教育の仕組みが整備されていないとならない——このような言説が、まさに今、教育課程改革および教員養成改革の真っただ中にあって声高に主張されている。カリキュラムと教師という、いわば「ソフト」の一体的改革を行政主導で成し遂げようとする今般の動きを、空前の、未曾有の、などと形容句をつけて、大改革であるかのような演出が書店に並ぶ新刊書籍の帯ではなされている。だが、カリキュラム史をひもとけば、この改革の試みは20世紀に入って以降、国内外問わず、幾度も興亡を繰り返してきたさまざまな教育運動に見出すことができるだろう。たとえば、米国においては進歩主義教育運動が席巻したときも、また、認知心理学が著しく発展した時も、やはり、「知」のとらえ方が変容し、カリキュラムと教師の関係が問われずにはいられなかった。

　本書の対象となるチャールズ・アレクザンダー・マクマリーは、現代のような高度情報化社会の加速度的発展の時代とまでいかなくとも、科学的管理のもとで、産業構造が一変し、家庭から目に見える「仕事」がその外へと奪われ、次世代を生きる子どもたちには爆発的に増大する知に対応していくだけの準備が学校教育に求められた時代に、カリキュラムと教師について考究した人物である。20世紀転換期からその初頭にかけての米国内における社会

の変化は、今よりもはるかに目に見える風雲急を告げる劇的な変化であったにちがいない。

また、彼の生きざまは、著者に多くの苦悩をも示してくれる。「時代の寵児」として一時期もてはやされたゆえに、その「時代」に見捨てられていく焦り、教員養成にかかわる職位や高等教育機関に対するコンプレックスにも似た複雑な感情、そして、教育行政官や学校現場で実際に教壇に立つ教師たちとの齟齬、これらは、直接、活字化されて表明されているわけではないが、彼の執筆動機や活動のきっかけを追えばおのずと了解されるものである。

学校現場の教師たちと教育学者がどのように実際は交渉していたのか、という点については、マクマリーの生涯をかけた「指導」のスタイルに見出すことができる。著者も、すでに十数年にわたって、近隣の小中学校の授業研究にかかわり、学校現場の教師たちと共同的に実践研究を重ねているが、その「出会い」が双方にとって互恵的であるのか否かはいつも判然としない。実践家である教師たちは、いかにして、教育学や心理学やその他の学問の研究者と研修や授業研究を通じて、適切に出会えるのか。著者もいまだ試行錯誤の途上にある。

「19世紀末、米国におけるヘルバルト派たちの教授理論が全米に広まった」、「デューイの思想は当時の多くの学校に影響を与えた」、「ドルトン・プランは」、「ウィネトカ・プランは」、などなど、カリキュラム史を解説するテキストでは（該当する概論講義であっても）、教育学者（とその教授理論）と学校における実践について、さらりとその影響関係が描き出されるが、実際はそう単純ではない。そもそも、つい最近まで（いや現在においても）実践の記録が何らかの方法で丁寧に残されていることは、よほどの研究開発学校でもない限り稀有であるし、よしんば残されていたとしても、何が「記録」とされているのかという点からしても、研究対象として扱うにはその資（史）料的制約が極めて大きい。どのような人的な支えがあったのか、誰がマクマリーを求めたのか（なぜそもそもマクマリーを現地に招聘する文脈があったのか）、どの

ように研修が行われたのか、いつのどんなマクマリー文献が推奨されていたのか、「指導」後の実践は実際にどのようなものに変わったのか（変わらなかったのか）、個々の学校および教師において次なる「流行」は何だったのか、一人一人の教師はどのような文脈で（どのような切実感をもって）その研修に臨んでいたのか、一人一人の教師においてマクマリーとうまく混ざり合っていた（同居していた）他の論者は誰であったのか、多様なデモグラフィック構成を含めた地域性はどのように関係しているか、教育行政の学校への関与の強弱はどのように影響しているのか、など、解明すべき課題はここに書き尽くせないほど山積している。

　本書においては、マクマリーのカリキュラム論に学びながら、同時に、その形成・普及過程における教師や学校教育現場との緊張感をはらんだ関係性にも焦点を当てて論を進める。そうすることで、カリキュラム（史）研究に携わる本書の著者が、やはり同時に現代の日本の学校で授業研究過程にかかわる著者自身の抱く課題の理論的解決にどれだけ光を見出せるのか、という極めて「利己的な」意識も背後で絶えず働いていることは告白しておきたい。本書に対しては、カリキュラム史研究者のみならず、現代の教育実践研究にかかわる教育学領域の研究者、また広く授業研究にかかわる研究者ならびに教育行政職の先生方、さらには現職の学校の先生方にもぜひ一読願い、ご批判とさらなる課題を頂けたら幸いである。

　なお、本書は、2016（平成28）年に京都大学大学院教育学研究科に提出した博士（教育学）の学位請求論文「C. A. マクマリーのタイプ・スタディ論の形成と普及に関する研究―カリキュラムとその実践思想を読み解く基盤―」をもとに加筆修正したものである。本文では「時代を行き来する書きぶり」に対して少しでも読者の参考になればと願って、本書の末尾にマクマリーの人物年譜も付録として収めた。そこに掲げたマクマリーの「公刊著作」については、一般紙への寄稿記事（これも幾分は掲載した）や未公刊のマニュスクリプト類などを除いてほぼすべての作品が網羅されたものと思う（著者とし

てもより一層完成度を高めたいので、不足や新たに発見された論考などがあればご指摘いただければ幸甚である)。これらのタイトルを眺め、類別していくだけでも、マクマリーの関心の移ろいとともにこだわりも見えてくるだろう。いまや、マクマリーを対象とする研究は日本においてもなかなか現れない状況ではあるが、広く米国ヘルバルト主義運動を訪ねる際にも有効な「文献リスト」として必ずや機能するものと自負している。付録を含めた本書が、カリキュラム史研究や教育実践史研究のさらなる深化に貢献できることを願ってやまない。

目　次

はしがき……………………………………………………………………………ⅰ

序章　問題の所在と本研究の課題………………………………………… 1
　1　問題の所在と対象限定 ………………………………………………… 1
　　1－1　カリキュラムをめぐる「流行」現象 ………………………………… 1
　　1－2　米国ヘルバルト主義運動の位置づけをめぐる問題と本研究の関心 …… 2
　　1－3　マクマリーという人物 ……………………………………………… 5
　2　先行研究の検討 ………………………………………………………… 8
　　2－1　米国ヘルバルト主義を対象にした総括的研究 ……………………… 8
　　2－2　カリキュラム開発史研究と教員養成史研究 …………………………22
　　　2－2－1　カリキュラム開発史研究におけるマクマリー …………………22
　　　2－2－2　教員養成史研究におけるマクマリー ……………………………33
　　2－3　マクマリーのタイプ・スタディおよびプロジェクトを
　　　　　検討した研究 ………………………………………………………38
　3　本研究の課題と方法 ……………………………………………………49
　　3－1　本研究の課題 …………………………………………………………49
　　3－2　研究方法および対象資・史料 …………………………………………52
　　3－3　本論文の構成 …………………………………………………………55

第1章　19世紀後半の「授業」の実態と米国ヘルバルト主義 …………57
　1　19世紀後半の「レシテーション」の定着過程 ……………………58
　　1－1　19世紀後半におけるレシテーションの性格と普及 ……………………59
　　1－2　モニトリアル・システム ……………………………………………62

1－3　ページの教授方法の普及と影響……………………………65
　　　1－4　オスウィーゴ運動における授業……………………………68
　　　1－5　レシテーションの拡大解釈と新しい教授方法の模索………71
　2　米国ヘルバルト主義とレシテーション……………………………74
　　　2－1　1890年頃における「レシテーション」の捉え方……………75
　　　2－2　「中心統合法」の主張と「レシテーション」………………79
　　　2－3　「中心統合法」から「相互関連法」への「転換」…………85
　　　2－4　「相互関連法」における「レシテーション」の限界と
　　　　　　「プロジェクト」の提案………………………………………89
　3　小括……………………………………………………………………91

第2章　タイプ・スタディ論の生成・発展過程………………………93
　1　米国ヘルバルト主義運動期のタイプ・スタディ概念の創出………94
　　　1－1　タイプ・スタディの登場……………………………………94
　　　1－2　米国ヘルバルト主義運動隆盛期のタイプ・スタディ………96
　2　単元開発論への転換…………………………………………………102
　　　2－1　米国ヘルバルト主義運動の終焉とマクマリーの再出発……102
　　　2－2　カリキュラムの単純化が深化を導くという逆説……………115
　3　ドイツ再訪問を契機としたタイプ・スタディ論の転換……………119
　　　3－1　米国教育界からみた1910年代のドイツ………………………119
　　　3－2　ドイツの先進性と向き合うマクマリー………………………120
　　　3－3　帰国後の成果……………………………………………………124
　4　GPCTでの単元開発とその特徴………………………………………127
　　　4－1　GPCTにおけるタイプ・スタディ開発………………………127
　　　　　4－1－1　NISNSからGPCTへの異動………………………127
　　　　　4－1－2　単元開発の着手……………………………………129
　　　4－2　タイプ・スタディの具体的な扱いとカリキュラム論上の意義………133

4－3　プロジェクト概念への合流……………………………………142
　　　　4－3－1　コース・オブ・スタディの束縛からの脱却……………142
　　　　4－3－2　『プロジェクトによる教授』の補足メモ………………146
　　　　4－3－3　タイプ・スタディ論およびプロジェクト論の成熟……149
　5　タイプ・スタディ論とプロジェクト論の受難………………………155
　　5－1　マクマリーの意図との齟齬…………………………………155
　　5－2　教育流行現象への批判………………………………………158
　　5－3　退潮のなかでのディフェンスと再整理……………………161
　　5－4　マクマリーの到達点と総括…………………………………166
　6　小括……………………………………………………………………170

第3章　教員養成・教師教育を通じたタイプ・スタディの
　　　　普及過程……………………………………………………………175
　1　タイプ・スタディの持つ教員養成機能の明確化……………………175
　　1－1　画期となる1914年と「発展的方法」の提唱………………175
　　1－2　教員養成・教師教育論とタイプ・スタディ論……………178
　　1－3　教師の専門性と教員養成機関が直視すべき課題…………182
　2　大学院生はマクマリーのもとで何を学んだか………………………186
　　2－1　大学院生から見たマクマリー………………………………186
　　2－2　修士論文作成を通じた大学院生たちの学び………………188
　　2－3　タイプ・スタディ集に反映された指導学生の研究………196
　　2－4　指導学生の修了後の歩み……………………………………199
　　2－5　ノース・カロライナ州の教師たちの事例
　　　　　　―彼らの書簡史料をもとに………………………………202
　　　　2－5－1　モリス・ミッチェルの単元論研究………………………203
　　　　2－5－2　エドウィン・キーの苦悩とタイプ・スタディの効果研究……206
　　2－6　サウス・カロライナ州の教育行政官の事例………………209

3　小括……………………………………………………………212

第4章　教育の科学化とタイプ・スタディ……………………………215
　1　米国ヘルバルト主義運動隆盛期の科学化の指向……………216
　　1−1　米国ヘルバルト主義における子ども研究への着目……217
　　1−2　米国ヘルバルト主義の教授理論―子ども研究への契機……222
　　1−3　米国ヘルバルト主義における子ども研究の役割……224
　2　教育の科学化……………………………………………………229
　　2−1　時代精神と教育研究の状況……………………………229
　　2−2　学校（教育）調査運動…………………………………231
　　2−3　教育測定運動……………………………………………234
　3　学校調査運動とマクマリー……………………………………236
　　3−1　内務省教育局主導のサンフランシスコ調査…………236
　　3−2　ノース・カロライナ州ウィルミントンの教育調査…241
　4　教育測定運動とタイプ・スタディの危機……………………243
　5　小括………………………………………………………………246

第5章　附属学校への関与を通じたタイプ・スタディの
　　　　開発・普及過程……………………………………………251
　1　NISNSでの学校運営……………………………………………252
　　1−1　NISNSへの着任と教員養成プログラムの構築………252
　　1−2　マクマリーとライダ・マクマリーによる具体的な実践……262
　2　GPCTにおける学校運営………………………………………268
　　2−1　PDSの開校………………………………………………268
　　2−2　PDSの位置づけと実践…………………………………271
　　2−3　マクマリーの関与………………………………………275
　3　小括………………………………………………………………281

第6章　ノーマル・スクール、学校、教育行政当局は
マクマリーから何を学んだか……285
1　運動隆盛期の地方教育誌におけるマクマリー……287
 1－1　米国ヘルバルト主義運動の担い手としての評価……287
 1－2　実践事例や教材の提供者として解されたマクマリー……289
2　NISNS 時代の地方の学校現場指導……292
3　タイプ・スタディの現地指導による積極的普及……295
4　タイプ・スタディはいかに実践されたか……304
 4－1　教員養成機関でのタイプ・スタディ試案……304
 4－2　ゴーガンズのタイプ・スタディ開発……315
5　GPCT 時代の現地指導の具体例……322
 5－1　ノース・カロライナ州とマクマリーの接点……323
 5－2　ノース・カロライナ州での現地指導……326
6　タイプ・スタディの後退……329
 6－1　タイプ・スタディの継続の断念……329
 6－2　マクマリー没後のタイプ・スタディの矮小化の典型例……332
7　小括……335
 7－1　マクマリーの所論の公的な受容……335
 7－2　誰がマクマリーの所論に共鳴したのか……336
 7－3　学校現場の教師たちはマクマリーから学べたのか……339

終章　カリキュラムとその実践思想を読み解く基盤……343
1　タイプ・スタディ概念の史的変容が示唆するもの……343
2　マクマリーに直接師事した教師たちや附属学校と
 タイプ・スタディ……346
3　学校現場におけるタイプ・スタディの受容と変質……350
4　教授理論家と学校現場の関係性を捉える視座……354

5　カリキュラム開発史研究に対する意義 …………………………360
　　6　さらなる検討課題 ………………………………………………364

参考文献一覧……………………………………………………………367
あとがき…………………………………………………………………431
付録　マクマリー関連年表……………………………………………437
索引………………………………………………………………………453

図　表

表序－1	19世紀の教育理論	28
表序－2	Herbartianism—Logic-Centered Theory, 1890	29
表1－1	歴史科の授業記録（抜粋）（1895年）	59
表1－2	ページの教授事例	66
表1－3	メイヨ（Mayo, E.）の実践「一枚の木の皮（A Piece of Bark）」	69
表1－4	1890年におけるレシテーション・プラン「綿繰り機」	78
表1－5	1897年のレシテーション・プラン「詩『エクセルシオール』」	84
表2－1	GPCTのタイプ・スタディ一覧	131
表2－2	1914年の単元「エリー湖の運河」	132
表2－3	1915年の単元「エリー湖の運河」	133
表3－1	「タイプ・スタディ」をタイトルに含むGPCTの修士論文リスト	189
表4－1	学校調査の実施数	232
表5－1	GPCT内に置かれた歴代PDS運営委員長	269
図5－1	1916年段階で構想されたPDSの学校階梯	272
表6－1	マクマリーがGPCT在任中に研修講師で訪れた場所	297
表6－2	ケニオンの示した地理のコース・オブ・スタディ	305
表6－3	ケニオンの単元事例	306
表6－4	米国南部の地理における5年生のタイプ・スタディ・シリーズ	308
表6－5	単元「フロリダにおける果物のタイプ・スタディと冬季リゾートとしてのフロリダ」	312
表6－6	最初のタイプ・スタディ：綿花と紡績工場（Cotton and a Cotton Mill）	319

写　真

写真1	McMurry, Charles Alexander	5
写真2	Ellerbe Elementary School（時期不明）	203
写真3	Mitchell, Morris Randolph	204
写真4	Gunter, Lueco	210
写真5	Normal Training School（1910年代中頃、現McMurry Hall）	257
写真6	Glidden School（1910年代中頃）	257
写真7	McMurry, Lida Brown	263

略 称 一 覧

GPCT	George Peabody College for Teachers
ISNU	Illinois State Normal University
NEA	National Education Association
NHS	National Herbart Society
NISNS	Northern Illinois State Normal School
NISTC	Northern Illinois State Teachers College
NSSE	National Society for the Study of Education
NSSSE	National Society for the Scientific Study of Education
PDS	Peabody Demonstration School
PEA	Progressive Education Association

凡　例

1. 「アメリカ合衆国」は「米国」と統一表記した。
2. 人名の綴りについては、汎用されているものを採用した。（例）McMurray→McMurry
3. 人名のカタカナ表記については、すでに日本語文献で多用されている場合はそれにならい、そうでない場合は原音に近い表記とした。
4. 生没年表記については、本研究の対象とする時代の人物のうち、論旨にとって重要と判断した人物に限定した。ただし、史料の制約から生没年が判明しなかった人物もいる。
5. 執筆時期を確認できないマニュスクリプト類の一次史料については、その内容から筆者がそれを推定し、文献の表記にあたっては、一般的な例にならって circa を付記して年号を示した。（例）1925年ごろ→ circa 1925
6. 米国内の地名の原語については、できるかぎり州名を併記した。その際、州名（ワシントン D. C. を含む）はアメリカ合衆国郵便公社（United States Postal Service）が採用する2レター・コードの使用が一般的であることから、本研究でもそれにならった。（例）イリノイ州→IL、ルイジアナ州→LA

序章　問題の所在と本研究の課題

1　問題の所在と対象限定

1－1　カリキュラムをめぐる「流行」現象

　わが国において、『学習指導要領』の改訂のような教育課程改革の議論には、その改革を象徴するようなキーワードの出現があり、たいてい次期改訂を待たずしてそれらのキーワードは消滅してゆくということが繰り返されている。それらは、教育内容を表すキーワードであることもあれば、教育方法を表すものであることもあるし、教育目標に関わることもあれば、教育評価に関わることもある。しかし、それらのキーワードはいったい誰が発信した言葉なのだろうか。学校現場で日々教育実践に従事する教師たちの言葉が整理されてキーワード化されることは実際にはあまりない。学会やそこに属する教育学者、国際機関など、いずれにせよ、学校現場の外側から新たな概念や方法が入り込んできて、教師たちはそれまでの実践とは脱文脈的に対応を迫られることがほとんどである。わが国の場合は、このようなカリキュラムをめぐる「流行」現象が教育行政主導で繰り返されてきたといえる。

　カリキュラムをめぐる議論が数多くのキーワードとともに百出されたという意味で注目に値するのは、20世紀転換期頃の米国である。1890年代にはじまり、1920年代に至る米国は、歴史的にも数多くのカリキュラム論上のキーワードが集中的に出現し「流行」した時代である。その時代は、しばしば、進歩主義（progressivism）と本質主義（essentialism）の揺籃期とも解されるし、ジョン・デューイ（Dewey, J., 1859-1952）の理論と実践の形成期にあたること

から、多くの研究者が注目してきた。そして、カリキュラムの概念が自覚化され、コース・オブ・スタディ（course of study）等の必要性が認識されるとともに、その編纂の仕事の専門性が高まった時期でもある。さまざまな立場の論者が、時には観念的に、たいていは各々実践を基礎にして、自らのカリキュラム論を提案した。19世紀末頃から、カリキュラムや教育方法を提案する媒体である教育系の雑誌や新聞も数多く発行されるようになり、「流行」現象の仕掛け役も担っていたといえる。

1－2　米国ヘルバルト主義運動の位置づけをめぐる問題と本研究の関心

　しかし、このようなカリキュラムをめぐる科学性を帯びた議論を可能にしたのは、米国におけるヘルバルト主義運動（American Herbartianism、以下、米国ヘルバルト主義（運動））であったということはそれほど強調されてこなかった。彼らに与えられる評価は、後述するように、伝統主義、形式主義などの括りのなかであまりに固定的なものとして定着してしまっている。教育の「流行」現象、とりわけカリキュラムや教育実践に関わる「流行」現象は、ともすればその形式のみが注目・受容され、提唱者やそのもとで実践化しようと苦心した者たちの初発の理念や実際の実践、さらには整えられた条件下では貫徹されていたような信念が見過ごされがちである。

　そこで、本研究では、米国ヘルバルト主義運動が、単なる「流行」現象の一コマとして処理されてしまうことに抗い、彼らが実際には何を構想していたのか、そして何を残し得たのかに光を当てて検討したい。とりわけ米国ヘルバルト主義運動の担い手の一人、チャールズ・アレグザンダー・マクマリー（McMurry, C. A., 1857-1929、以下、マクマリー）は、教育界の論調が「流行」現象に呑み込まれやすいことを嘆き、生涯にわたって実践レベルでの検証と定着を多様なチャンネルで行っていた人物である。しかも、マクマリーの活躍は、一般に米国ヘルバルト主義運動が終焉したと評される20世紀転換期以降も、教員養成・教師教育の機関で継続し、その所論は彼が没する1929

年まで注目され続けていた。

　ところで、1890年代は、中心統合法（concentration）、相互関連法（correlation）、開化史段階説（culture epoch theory）、5段階教授法（five formal steps）、興味論（doctrine of interest）など、マクマリーらが議論の俎上に持ち込んだキーワードは数多く、まさに「流行」現象の火付け役にもなっていた。だが、当時、米国ヘルバルト主義運動のキーワードとして表面に上がり各誌上でも検討されることがなかったために、マクマリーを米国ヘルバルト主義運動の隆盛期に閉じ込めて評価するような多くの先行研究者の間ではほとんど取り上げられることのなかった「タイプ・スタディ（type study）」概念に本研究では着目する。なぜならこの「タイプ・スタディ」というタームは1890年代半ばから彼が没する1929年まで絶えず使用されており、このタームの使用文脈や意味の変遷が、マクマリーのカリキュラム開発史上の位置を決定づけると考えられるからである。なお、時代を超えて一貫しているタイプ・スタディの語義を簡潔にまとめると、それは、他の教育内容にも応用が利く典型性（タイプ）のあるトピックを中心軸として物語化した大単元であり、その多くは教師・子どもの双方に向けた副読本として活字化・資料化されている。たとえば、「エリー湖の運河」や「ペンシルベニア鉄道」、「とうもろこし」などは地理のタイプ・スタディとして長期にわたりマクマリーに例示使用された単元である。

　ここでは、これまでのように、主たる諸概念の変遷をもっぱら辿り直し整理することで、カリキュラム開発史として描く手法を採用しない。本研究では、対象をマクマリーの所論や実践、とりわけタイプ・スタディ（論）に据えつつ、その「学校現場への影響」について、詳細に検討することで、「教授理論家が学校教育現場や教師に影響を与えること」あるいは「教授理論家と実践家との関係性」への定見を実例を示すことで超えていくことを目指す。それに加えて、それらの概念が一般の教師、学校現場、教育行政当局にどのように受容されたり誤解されたり変質させられたりしていたのかという観点

も含み持って、多様な一次史料をもとに詳細に検討していく。そうすることで、一見「流行」現象と見える、教授理論家の着想や構想とその現場への影響を具体的に把握することになるのみならず、理論家の枠組みとは切り離して、いったい何が結局は受容されていたのかも可視化されるようになるだろう。教授理論家が学校現場に影響を与えたことの実像に迫る試みは、近年「デューイ実験学校」をもとにした研究にいくつか見出す[1]ことができ、それらの研究は従来の理論と実践をめぐる定見や研究方法を揺さぶる貴重な研究である。だが、そこでは、上述のような関係性を検討するというより、教授理論家、すなわちデューイの構想がどれほど実現し得ていたのかの丁寧な分析や、学校運営にどれほど実質的に関与していたかの詳細な分析に焦点が当たっている。

　教授理論家と実践家の双方から関係性を見る視点は、ある教育理論が流行を見せた時に、それを選択的に受け止めようとする実践者サイドの必然性や文脈を取り出すことにもなり、表面上のムーヴメント交代に目を奪われがちなカリキュラム開発史の叙述とは異質なカリキュラム開発史の筋をそれに併置させ、再考を迫ることにもなるだろう。

---

[1] 小柳正司（2010）.『デューイ実験学校と教師教育の展開―シカゴ大学時代の書簡の分析』学術出版会、伊藤敦美（2010）.『デューイ実験学校におけるカリキュラムと学校運営』考古堂、などがその代表的試みであるといえる。

1-3 マクマリーという人物

ここでは、マクマリーの生涯について、彼の記した経歴書の草稿（1927）[2]やその清書版（1927）[3]に多くを負いながら以下に略述しておきたい。

1857年2月18日、マクマリー（写真1）は、インディアナ州クロフォードビル（Crawfordville, IN）に生まれた。1865年からイリノイ州ノーマル（Normal, IL）のノーマル・スクールのトレーニング部門に通う。1876年からミシガン大学（University of Michigan）に在籍し、1878年からイリノイ州の僻地にて教員を始める。その最初のキャリアはいわゆる一教室学校、つまり複式学

写真1　McMurry, Charles Alexander
（Charles A. McMurry papers. Northern Illinois Regional History Center, Northern Illinois University 所収）

級であった。1880年にはコロラド州デンバー（Denver, CO）付近の学校に移り、グラマー・スクール（grammar school）の校長を務める。1882年、イリノイ州に戻ったマクマリーは、恩師の勧めで、ドイツのハレ（Halle）大学に2年間留学をする。当初の留学目的は経済史・神学・哲学史を学びに行くことであったが、そこでヨハン・フリードリッヒ・ヘルバルト（Herbart, J. F., 1776-1841）とトゥイスコン・ツィラー（Ziller, T., 1817-1882）の文献に出会った。1884年、デンバーで教員に復す。翌1885年プエブロ（Pueblo, CO）で高

---

[2] McMurry, C. A. (1927). *Vitae*. Unpublished manuscript, McMurry, Charles A. papers. Special Collections, Vanderbilt University, Nashville, TN.

[3] McMurry, C. A. (1927). *Brief Autobiography*. Unpublished manuscript, Charles A. McMurry papers, (Box 1, File 1). Northern Illinois Regional History Center, Northern Illinois University, Dekalb, IL.

校（大学のための4年間の準備教育）の校長（ラテン語を主に教える）を務める。1886年、再渡独、ハレ大学でコース・ワークを終え、独英米の近代の大学史を博士論文にまとめる。1887年、イエナ（Jena）大学のヴィルヘルム・ライン（Rein, W., 1847-1929）のもとで、ヘルバルト主義教授理論を学ぶ。弟フランク（McMurry, F. M., 1862-1936）もドイツにて合流した。1888年、米国に帰国し、エミリー・ルクローン（LeCrone, E.）と結婚する。イリノイ州エヴァンストン（Evanston, IL）で校長に就任後、さっそく試験的にヘルバルト主義教授理論を実践する。1889年には、ミネソタ州ウィノナ・ステイト・ノーマル・スクール（Winona State Normal School）のトレーニング・スクール（training school）の責任者としてヘルバルト主義教授理論を実践する。

1892年、イリノイ・ステイト・ノーマル・スクール（Illinois State Normal School、後に Illinois State Normal University、以下、ISNU）のトレーニング・スクールの助手として着任した。チャールズ・ドガーモ（DeGarmo, C., 1849-1934）、弟フランクらとイリノイ教員連盟（Illinois Schoolmasters' Association）にヘルバルト・クラブ（Herbart Club）を設立した。1895年、全米教育協会（National Education Association、以下、NEA）内の「15人委員会（Committee of Fifteen）」がヘルバルト主義教授理論に対して考慮のない報告書を出したことを契機に、全米ヘルバルト協会（National Herbart Society、以下、NHS）を設立し、その事務局長（secretary）を務める。このころから数年間、いわゆる米国ヘルバルト主義運動隆盛期に当たる。

1899年、校長クック（Cook, J. W., 1844-1922）の誘いで、ディカルブ（Dekalb, IL）にあるノーザン・イリノイ・ステイト・ノーマル・スクール（Northern Illinois State Normal School、現 Northern Illinois University、以下、NISNS）に異動する。1902年から2年間、全米教育科学研究協会（National Society for the Scientific Study of Education、以下、NSSSE）の事務局長を務める。このあと、4年間のサバティカルを得て全米を旅するも、NISNS には帰任せず、1906年、ペンシルベニア州カリフォルニア（California, PA）のノーマ

ル・スクールの校長代理（校長のヨーロッパ留学中）に着任するがそこで運営上の困難を経験したと経歴草稿にはある。1907年、NISNS に復任し、トレーニング・スクールのディレクター（director）に着任する。1911年、ディカルブの教育長にも就任した。1913年の夏、仏英独を歴訪し、ラインのサマー・スクールにも出席する。

1914年、テネシー州ナシュビル（Nashville, TN）にあるジョージ・ピーボディ・カレッジ・フォー・ティーチャーズ（George Peabody College for Teachers、現在の Vanderbilt University、以下、GPCT）のサマー・スクール講師を務め、その後1915年には GPCT に正式に異動する。1916年にはサンフランシスコ市（San Francisco, CA）の内務省教育局（Bureau of Education, Department of the Interior）調査のメンバーになる。また、GPCT 附属実験学校「ピーボディ実演学校（Peabody Demonstration School、以下、PDS）」の運営委員になる。1926年、PDS の運営委員長を務める。1927年、GPCT にて教歴50周年の祝賀行事が開催される。1929年3月25日、ナシュビルにて没する。

このようにマクマリーの生涯を通覧してみると、研究者として、二度にわたるドイツ長期留学、短期欧州留学、学会・協会での要職の歴任、ノーマル・スクールやティーチャーズ・カレッジでの教歴が目立つのだが、それにとどまらず、僻地校での教師としての実践経験、校長等管理職としての経験、教育長など教育行政職や学校運営者としての経験など、およそ当時の米国において考えられるすべての教育界のフィールドを歩んできたことがわかる。教歴50年強の間にこれだけ教育のあらゆる側面を当事者として眺めてきた教授理論家も稀有であったといえよう。本研究で、マクマリーに注目する意義の一つは、彼の特異で多彩なキャリアにもあることをここでは強調しておきたい。

2 先行研究の検討

2－1 米国ヘルバルト主義を対象にした総括的研究

　教育史家は米国ヘルバルト主義をどのように捉え位置づけてきたのであろうか。ローレンス・クレミン（Cremin, L. A., 1925-1990）は、1988年の『アメリカの教育：大都市の経験1876～1980年（American Education: The Metropolitan Experience 1876-1980)』の第4章「進歩主義の諸モード（Modes of Progressivism）」でデューイを中心に進歩主義教育の胎動を描いている[4]。しかし、そこでデューイの交渉先がウィリアム・ハリス（Harris, W. T., 1835-1909）やジェイン・アダムズ（Addams, J., 1860-1935）らに限定され、マクマリーはもとよりNHSですら言及されてはいない。カリキュラムおよび教育実践の変遷を描き出すことに関心が向けられていないとNHSが対象化されることは稀であり、米国教育史の描写にとってNHSの存在は鍵とはならないと考えられてきた。

　ダイアン・ラヴィッチ（Ravitch, D., 1938-）は2000年に『学校改革抗争の100年：20世紀アメリカ教育史（Left Back: A Century of Battles Over School Reform）』を著した[5]。彼女は、20世紀初頭にはG. スタンリー・ホール（Hall, G. S., 1844-1924）、エドワード・ソーンダイク（Thorndike, E. L., 1874-1949）、デイヴィッド・スネッデン（Snedden, D., 1868-1951）、エルウッド・カバリー（Cubberley, E. P., 1868-1941）、フランクリン・ボビット（Bobbitt, J. F., 1876-1956）らいわゆる「専門家」たちによって、旧来の学問主義や伝統主義者と

---

[4] Cremin, L. A. (1988). *American Education: The Metropolitan Experience 1876-1980*. New York: Harper & Row, Publishers.
[5] Ravitch, D. (2000). *Left Back: A Century of Battles Over School Reform*. New York: A Touchstone Book.（末藤美津子・宮本健市郎・佐藤隆之［訳］(2008).『学校改革抗争の100年：20世紀アメリカ教育史』東信堂.）

の抗争を経ながら、いっそう進歩主義教育が深まり、「教育の科学化」が提唱され、教育測定（educational measurement）運動や学校調査（school survey）運動が流行し、社会科が成立していく様子を描き出す。そうすることで、19世紀末から学問的カリキュラムを排し社会効率主義に舵を切り始めた学校が、民主主義の旗印のもと、子どもの将来に応じた職業教育的色彩へと変容していく過程が示される。しかし、その記述において米国ヘルバルト主義の果たした役割には言及されてはいない。ラヴィッチにおいても米国ヘルバルト主義は学校教育改革史を物語る上で考察には値しないと考えられていた。2006年のラヴィッチとナル（Null, J. W.）の編集によるアンソロジー『忘れられたアメリカ教育界のヒーローたち：教師教育の偉大なる伝統（*Forgotten Heroes of American Education: The Great Tradition of Teaching Teachers*)』には米国ヘルバルト主義者のうちドガーモとマクマリーの二人が収められている[6]のはその事情を雄弁に表現している。しかも、マクマリーについては1925年の『プラクティカル・ティーチング第1巻（*Practical Teaching Book One*)』の抜粋を除く残りの3編がすべて1880年代・90年代の米国ヘルバルト主義の形式段階説（formal steps）、歴史・文学の教育方法、品性陶冶をキーワードとするものに限定されており、米国ヘルバルト主義に対する固定的な評価の存在がうかがえるし、20世紀以降の彼らの作品のほとんどがやはりいまだに「忘れられた」ままになっているともいえよう。

　一般的には米国ヘルバルト主義は伝統的保守主義、主知主義、注入主義、社会適応主義、社会効率主義と見立てられるケースが多い。そして20世紀以降本格化する進歩主義、とりわけ子ども中心主義教育の台頭によりその対比で遡及的に断罪されるという傾向が強かったのも事実である。しかし、マクマリーの実践の舞台は、初等教育における教員養成と教師教育となり、1900年代以降1920年代末まで展開することになる。教育史家の解説が結果的に表

6　Null, J. W. and Ravitch, D. (eds.) (2006). *Forgotten Heroes of American Education: The Great Tradition of Teaching Teachers*. Greenwich, CT: Information Age Publishing, Inc.

面的な理論化作業の突出期に関心を寄せる傾向があることによって、その実践として実体化されてきた様相が見逃されてしまっている。まずは、先述したような教育史一般の理解に抗して、米国ヘルバルト主義運動の全貌をできるだけ捉えようとする立場に立って、その意義を強調したり、教育改革運動の一般的性質から再評価したりするような先行研究について取り上げたい。

　米国ヘルバルト主義を教育改革運動として本格的に取り上げ整理した最初の作品といえるのは、1970年、ハロルド・ダンケル（Dunkel, H. B.）の『ヘルバルトとヘルバルト主義：教育界の幽霊譚（*Herbart and Herbartianism: An Educational Ghost Story*）』である。ダンケルは、ドイツ本国のヘルバルトとヘルバルト主義の鍵概念の整理をしたあと、米国ヘルバルト主義となってからのそれらの変質を検討している。そして米国ヘルバルト主義運動の終焉については、「明らかに、1903年にはヘルバルト主義はもはやかつてのそれではなかった。（中略）新規な書籍や論文を生産する活力ある理論的運動としていうなら、米国ヘルバルト主義は1905年までには完全に死に絶えていた[7]」と述べる。後でも述べるように、1903年のマクマリーの著作『ヘルバルトの原理に基づいた一般的方法の要素（*The Elements of General Method Based on the Principles on Herbart*）』（以下、『一般的方法の要素』）は新編・改訂拡大版として出版された。同書の1892年の初版は、中心統合法が論じられているが、1903年版では相互関連法が論じられ、米国ヘルバルト主義のカリキュラム編成原理の中核が変容している。また開化史段階説に言及されなくなったり、興味論が拡張されたり、1890年代のヘルバルト主義の諸概念がかなり書き換えられている。しかし、これ以降の更新は無いと判断したダンケルは、米国ヘルバルト主義としての理論的内容を伴った著作の生産が停止した年として1905年をもって終焉としているのである。

　また、ダンケルは、ウィップル（Whipple, G. M.）の回想[8]も参照しながら、

7　Dunkel, H. B. (1970). *Herbart and Herbartianism: An Educational Ghost Story*. Chicago and London: The University of Chicago Press, 277-278.

NHS から NSSSE へ、さらには全米教育研究協会（National Society for the Study of Education、以下、NSSE）への改称をめぐる議論の背景にあったせめぎ合いのレビューも行っている。

> この種の延命策の他の事例は、改組されたヘルバルト協会の呼称に関わる奇妙なエピソードのなかにも見出されよう。1901年新しい呼称《全国教育科学研究協会（The National Society for the Scientific Study of Education）》が、ヘルバルト協会の最後の正式名称から《ヘルバルト》の名を落とすことで採択されていた。（中略）1909年になって綱領が改定され、《全米教育研究協会（National Society for the Study of Education)》の名が採用された。史料が不確定のものばかりなので、この紆余曲折に関するいかなる説明も推測の域を出ない。だが、次のような解釈はあながちこじつけでもなかろう。改組の過程で、それに影響力を持つリーダーたちの顔ぶれから単に《ヘルバルト》という語がそれほど神通力を持たなくなったために落とされた。チャールズ・マクマリーは1902年から1903年まで事務局長を、ドガーモは同期間に理事を務めていたので、まだこの協会は旧ヘルバルト主義者を何人か含んでいた。（中略）呼称にヘルバルトの名を残したいと投票したメンバーたちはヘルバルト主義の書籍を購入し使用し続け数十年間も自分たちなりのヘルバルト主義を教授し続けようとする者たちでもあったのだ[9]。

とあるように、ヘルバルト主義に固執するメンバーが残留していたこともうかがえる。ダンケルも指摘していることだが、1920～1930年代になってもドガーモやマクマリー兄弟の著作は版を重ねている[10]ことに注目すると、学校現場における実践の行いやすさ（simple practicality in the classroom）も手伝っ

---

8 National Society for the Study of Education & Whipple, G. M. (1926). *Commemorating a Quarter of a Century of Service of the National Society for the Study of Education*. Bloomington, IL: Public School Publishing Company. なお、ダンケルは参照していないが、以下の記事でもウィップルは NSSSE への改称の背景を語っている。Whipple, G. M. (1941). The Inner Working of the NSSE. *School and Society, 54*, 163-167.
9 Dunkel, *op. cit.*, 278-279.
10 Dunkel（1970, 278）の調査によると、マクマリーの『一般的方法の要素（*The Elements of General Method*)』の1903年版は1922年まで版を重ねて75000部発行され、ドガーモの『方法の本質（*Essentials of Method*)』は1934年まで重版されていた。

てその影響は長く続いていたといえる[11]。マクマリー自身も、確かに米国ヘルバルト主義運動自体は、他の多くの改革運動と同じようにめまぐるしく変わり、どれひとつとして初期の期待ほどには成功を収め得なかったが、そのどれをとっても学校現場の思想や実践をある程度は変革するだけの影響力を長く残してきたと後に述懐している[12]。

　ダンケルは、改革を支持した教育運動の指導者たちの「その後（すなわち、運動終焉後）」について2パターンあることを指摘している。そのパターンは米国ヘルバルト主義のかつての指導者たちにも当てはまるという。1つは、ドガーモやヴァンリュー（VanLiew, C. C.）のように、一時の名声をステップにして新しい別の方向性に進む事例であり、もう一つは名指しこそしていないが、マクマリー兄弟のように勝ち得た名声のうえに安住している事例である。

　米国ヘルバルト主義の終焉の直接要因について、ダンケルはソーンダイクやジャッド（Judd, C. H., 1873-1946）らによる心理学の進歩にあったと見ている。米国ヘルバルト主義が依拠していた心理学が非科学的あるいは反科学的でさえあったのが致命的であった。さらに、時代は進歩主義教育、なかでも子ども中心主義へと転換しつつあったのに、形式段階説、すなわち「教授段階論（steps of instruction）」を強調していたことが時代遅れの感が否めないばかりかそもそも誤謬であるとの印象を与えることになっていたと指摘する[13]。このヘルバルト主義の衰退の原因分析はおおむね妥当であるといえるが、ヴァンリューを始めマクマリーらが子ども研究（child study）へと関心を寄せたのは改革運動終息後のありがちな転身というよりむしろ彼らなりの心理学の再構築であったと見ることができる[14]し、何より、20世紀以降の彼らの理

11　Dunkel, *op. cit.*, 278-281.
12　McMurry, C. A. (1914a). *Conflicting Principles in Teaching and How to Adjust Them*. New York: Houghton Mifflin Company, 262.
13　Dunkel, *op. cit.*, 282-283.

論形成を皆無と見るダンケルの枠組みは不十分といわざるを得ない。

　庄司他人男は、1985年に、『ヘルバルト主義教授理論の展開－現代教授理論の基盤形成過程－』を著し[15]、米国ヘルバルト主義運動の全体をその周辺理論や同時代の進歩主義、後の教授理論への影響など総合的に検討した大作となっている。庄司は、米国ヘルバルト主義の運動体としての意義を、中心統合法・相互関連法や典型概念といった先駆的試みとして理論化するのみならず、諸概念が各論として個別に展開されたのではなく一連の一体化した枠組として提示された意味も強調し、それ以降の教授理論枠組の基本構造をなしていったと見る。米国ヘルバルト主義とドイツ・ヘルバルト主義との相違を明確にし、米国ヘルバルト主義の変容と「発展」としてのプロジェクト論などにも注目している。プロジェクト論への発展に関する分析には、マクマリーの主著を対象とし、先行研究として日本の研究者の梅根悟の『単元』（誠文堂新光社、1951年）に大きく依拠し、マクマリーのプロジェクト論を変節と見る梅根の理解を超えることが目指されている。庄司によるマクマリー主著の分析により、梅根とは異なり、1890年代の米国ヘルバルト主義運動との連続性を発見し、教授理論史上に位置づけた意義は大きく、本研究においてもこの基本的理解は共有しているし、その典型学習（タイプ・スタディ）に通じるプロジェクト論という解釈も適切である。ただし、扱った史料の制約からか、庄司自身により米国ヘルバルト主義の教授理論概念である中心統合法や相互関連法、形式段階などの「痕跡」を、プロジェクト論についてのマクマリーの新著群に見出し、内的な連続性を強調しようとする意図が強いのも否めない。その意味で、マクマリーのカリキュラム論の背後にある思想や問題意識に踏み込むことなく、1890年代の所論との同形性を抽出して意味づ

---

[14] 藤本和久（2001）.「アメリカ・ヘルバルト主義における子ども研究の位置」『教育方法学研究』第26号.
[15] 庄司他人男（1985）.『ヘルバルト主義教授理論の展開－現代教授理論の基盤形成過程－』風間書房.

けることに専念しているともいえる。プロジェクト論がタイプ・スタディの具体的な実践の深化のなかで形成されてくる過程や教員養成・教師教育への関心の深まりとの関連なども庄司の研究では扱われていない。

キャスリーン・クルークシャンク (Cruikshank, K. A.) は、1993年、学位論文『米国ヘルバルト主義の興亡：教育改革運動のダイナミズム (*The Rise and Fall of American Herbartianism: Dynamics of an Educational Reform Movement*)』をまとめ、米国ヘルバルト主義運動の全貌を記述した。彼女は教育改革運動としてどのように機能し得たのかをサラソン (Sarason, S. B.) の枠組み、すなわち「個々人や組織的な関係性の現象学 (the phenomenology of individuals and their institutional relationship[16])」に注目して描き出した。

クルークシャンクの膨大な知見のうちから、米国ヘルバルト主義について、カリキュラム開発史のフィルターを通すと、いくつか重要な指摘を行なっていることもわかる。たとえば、マクマリーなどの、トピックを中心にカリキュラムを編成するというアイディアは、フランシス・パーカー (Parker, F. W., 1837-1902) の枠組みを踏襲しているという見方を示す[17]など、1880年代後半からの米国内におけるカリキュラム開発の方向性との親和性を見出している。

さらに、いかにマクマリーらが現職教員の傍にいたのかについても言及している。

> チャールズ・マクマリーによるヘルバルトの諸概念を米国の文脈に沿うよう翻案していくという仕事は米国の教師たちのニーズを注意深く考慮したものであり、ヘルバルトの原理がいかにそのニーズに適応するかを考慮したものであった。そのニーズには、人格形成に関する今まさに進行中の課題や初等教育カリキュラム

16　Sarason, S. B. (1990). *The Predictable Failure of Educational Reform: Can We Change Course Before It's Too Late?* San Francisco: Jossey-Bass Publishers, 105.
17　Cruikshank, K. A. (1993). *The Rise and Fall of American Herbartianism: Dynamics of an Educational Reform Movement.* Unpublished doctoral dissertation (Ph. D.), The University of Wisconsin−Madison, 873.

が断片化する傾向への抵抗もあったが、教育流行現象と本当の進歩主義教育とを区分けする統合的な理論体系を求める声も同様にあった。(中略) マクマリーは教師の関心事を念頭に置いて仕事をしたし、今まさに進行中の教授学的な変化のプロセスにヘルバルト主義を位置づけようとしたのだ[18]。

とクルークシャンクは指摘する。輸入・翻訳の体裁をとりながらも実際は米国のなかで目指された理想、当時にあってはフランシス・パーカーの拓いた地盤の上に、現場の教師の必要感に密着し応答しながら提案を続けてきたことがこの運動の本質であると彼女は見ている。結論としてその消滅すらも含めて、「もし、ヘルバルト主義の諸概念が先行する教授理論家たちから生み出されてきたということ自体が、教育界の変化のダイナミズムを正しく映し出したものであるとするなら、ヘルバルト主義の消滅もまたその過程の一部である。(中略)成功したカリキュラム改革とはまさにこのようなものであろう[19]」と述べ、米国ヘルバルト主義も変転する教育界のなかにおいてダイナミズムを有した改革運動であったと評価する。

クルークシャンクの研究は、おそらく米国ヘルバルト主義を対象にした先行研究のなかでもっとも総括的な教育史研究といえるだろう。だが、カリキュラム論の発展史としての性格は乏しい。彼女は1890年代のヘルバルト主義運動の成立の人的な条件や状況などを詳細に記述しつつ、その条件が消滅していったことに運動の衰退を見る。具体的にはマクマリーの個人事情なども考慮して、イリノイ州を中心に充実していたはずの組織や人間関係からの離脱を意味する、マクマリーの1915年のテネシー州への異動に運動の衰退を見出し、その後のマクマリーのカリキュラム論考はほとんど考察されていない。クルークシャンクはマクマリーの1915年以降の所論を検討するかわりに、彼らの「遺産 (legacy)」、あるいは第二世代としてノーマル・スクールで学ん

---

18 *Ibid.*, 898.
19 *Ibid.*, 902.

だジェントル (Gentle, T.) なる人物を中心に取り上げ、彼を通してヘルバルト主義の「その後」を考察している[20]。イリノイ州でのマクマリーら米国ヘルバルト主義の影響下にあったと特定される具体的な教師を追うことでその改革運動の意味を問うという視座は示唆的である。ただ、クルークシャンクは、カリキュラム論のキーワードとなりうる相互関連法等の概念も、どのような人物がどのような場で関わったのかということに留意され、その関係性や駆け引きで提示している。周囲からどのように批評されたかを示し得ても、概念そのものがどのように変容し新たな実践を可能にしていったかという視点は彼女にはなく、それゆえにたとえばマクマリーが1910年代にようやく理論の実践化を自覚し始めたころの展開は彼女の分析枠から外れてしまうことになる。クルークシャンクにとってマクマリーのタイプ・スタディ論やプロジェクトについては、運動体としての米国ヘルバルト主義とはいえず、教育改革運動の一環には含まれないことになり、その分析からは外されている。

　佐藤学の1990年の『米国カリキュラム改造史研究：単元学習の創造』は、教材を方法的に組織する努力と、学習経験を方法的に組織する努力との二つの方向から単元学習の開発の史的発展を整理した。その過程で米国ヘルバルト主義を、教材論を内包した単元論であること、帰納・演繹の思考過程に即応的な教材論として発展させたこと、典型性が単元構成の基本原理として自覚されたこと、そして、これらの改造過程が1910年前後におこり、ヘルバルト主義教授理論を母体としつつもその枠組みを越えて、独自の発展を遂げることとなったことを指摘している[21]。また、佐藤は、教材の方法的組織を探る中で、マクマリーらの「プロジェクト単元」を念頭に置きながら、「単なる思考過程の一般的段階を基礎原理とする様式とは、質的に異なる展開を実現した[22]」と意味づけていて、問題解決的な方向性を持つ一歩を踏み出して

20　*Ibid.*, 816-863.
21　佐藤学（1990）.『米国カリキュラム改造史研究：単元学習の創造』東京大学出版会, pp. 40-42.

いた点に留意している。このように、佐藤の研究は、1910年代のマクマリーの発展について、かつてのヘルバルト主義理論との関係で簡潔に指摘した数少ない先行研究であるが、その発展過程については詳述されず、指向性が示唆されるにとどまっている。

次に視点を変えて、米国ヘルバルト主義の当事者たちの証言をもとにした運動の総括整理を試みた作品を紹介したい。エドモンズ(Edmunds, H. H.)は1890年代にイリノイ州のノーマル・スクールで直接マクマリーらに学んだ教師である。彼は「米国におけるヘルバルト主義運動の歴史と教育界の現在のトレンドとの関係 (*The History of the Herbartian Movement in the United States and Its Relation to Present Trends in Education*)」という題目の修士論文をシカゴ大学に提出している。彼の研究の特徴は、個人的なネットワークを利用してフランク・マクマリーらと書簡を往復させてそれらを資料として用いているところにあり、1929年の段階で当事者たちによるドイツ留学時のエピソードや米国ヘルバルト主義運動の意味づけなどが描き出されている。彼の執筆年が1929年ゆえに、同年に没したマクマリーからの私信はない。兄の意図について弟のフランクが代弁している書簡も引用されている。

エドモンズによれば、ジョージ・ブラウン(Brown, G. P.)が中心となって始めたイリノイ教師クラブ(Illinois Schoolmasters' Club)がNHSの実質上の前身であり、また彼が編集していた『スクール・アンド・ホーム・エデュケーション(*School and Home Education*)』誌[23]が米国ヘルバルト主義の機関誌になっていたことを明かしている[24]。ホームズ(Holmes, H. J.)はエドモンズに、「米国の《ヘルバルト主義運動》が我々の教育的思考や実践に豊かで永続的な影響を与えたことを示すことなしにその歴史を適切かつ真実に基づい

---

22 同上書, p. 328.
23 本誌は *Illinois School Journal, Public School Journal* の後継誌である。
24 Edmunds, H. H. (1929). *The History of the Herbartian Movement in the United States and Its Relation to Present Trends in Education*. Unpublished master's thesis, University of Chicago, 18.

て叙述することなどいかなる歴史家も出来やしない[25]」と私信を寄せている。理論と実践の両方に多大な影響を与えたことが述べられており、エドモンズも教育研究に科学的方法を採用するという点で先駆的であったと結論づけている[26]。ただし、ほぼ同時代に生きながら、つまり修士論文執筆時である1920年代にあって、各論者たちの1900年代以降の変容や、また変容した結果、新たに生み出されたものとその影響などは全く考察されていない。

　しかしながら、エドモンズの論文のなかにフランク・マクマリーによる回顧が掲載されており、エドモンズを通して間接的にしか知り得ず、内容もさることながらその存在そのものも貴重な史料となっている。フランク・マクマリーは、ヘルバルト主義はいったい何をしたかったのかについてエドモンズに私信を寄せている。

> ヘルバルトとその追従者たちは、授業で子どものなかに定着させる思考という手段を通じて子どもを形成していくことを願った。おわかりのように、それは、子どもの個性や創造性、自己表現に強く対立するものであった。しかし、にもかかわらず、これらのドイツのアイディアはここで大きな影響を持ってきた。統覚作用（apperception）は、ドイツ人の場合と同様、私が知る限り、受け入れられてきた。教育の大目的である興味、すなわち、知識の単なる獲得よりも趣味の発達は、しばらくは強く反対されたが、やがて広く受け入れられた。相互関連法は当時から卓越したトピックであった。ドイツではこれを中心統合法と呼んでいたのだが。5段階教授法は我々には形式的過ぎた。しかし、教授方法を組織化しようというアイディア自体は我々にとって発見であったし、とても重要なことであった。パーカー大佐は当初からカリキュラムの中心はさまざまな教科の一般化ではなく子どもであることを望んでいた。問題は子どもから引き出されるか、あるいは子どもに訴えかけるという理由から選ばれるかでなければならぬという昨今の傾向はパーカー大佐のカリキュラムの系譜にある運動であることを示している。しかし、5段階教授法はいまだに教室の教授に影響を持ち続けているのである[27]。

25　Holmes, H. J. (3/18/1929). Personal correspondence. In Edmunds, *op. cit.*, 35.
26　Edmunds, *op. cit.*, 37.

ヘルバルト主義の柱となる諸概念が実感として総括されている。開化史段階説に関する言及はエドモンズにより割愛されたのか、フランク・マクマリーがもともと記さなかったのかは不明である。フランクは、多くの議論が抵抗にあっていたものの、一様に広く定着しているという見方を有している。興味深いのは中心統合法についてはドイツにとどまる概念であったとしていること、そして相互関連法こそが米国ヘルバルト主義理論であったと事実を修正していること、形式段階についてはフランシス・パーカーと対置する構図であったことを受け入れ、率直に形式的すぎたと認めたうえで、しかし、授業を構造的に捉えようとしたこと自体は偉大な発見であったと評していることである。また、フランク・マクマリー自身も1900年代以降積極的に唱えた問題法（problem method）がパーカーの流れを汲むものになっているという自己評価は重要である。ここに、自身らの進歩主義的特徴を読み込んでいたことがうかがえる。

　本項の最後に、米国ヘルバルト主義運動を人物史研究の立場から考察した研究を取り上げる。ケネス・タイラー（Tyler, K. D.）は、1982年、マクマリーの生涯と教育者としての仕事をまとめることで学位論文『チャールズ・A・マクマリーの教育上の半生と仕事：1872〜1929年（*The Educational Life and Work of Charles A. McMurry: 1872-1929*）』を作成している。タイラーは家庭環境や職位、人的関係などを軸に人物史として描き出している。米国ヘルバルト主義運動衰退後についてのタイラーの関心は1927年のマクマリーの教歴50周年祝賀会に集中し、そこにマクマリーの教育に関わる仕事の影響の大きさを見出すという展開になる。人物史としての描写で興味深い事例をあげれば、NISNSからGPCTへの異動についての分析である。NISNSでの多忙感、そしてGPCTの方が名声の高い大学である点などがあったことを突き止めているのに加えて、「イリノイ州はマクマリーにとって若い頃のヘ

27　McMurry, F. M.（4/27/1929）. Personal correspondence. In Edmunds, *op. cit.*, 35-36.

ルバルト主義運動の成功の地であった。新天地なら、過去の業績に縛られずに、彼のやりたい方向を気兼ねなく追い求めることが可能になったであろう[28]」と解釈する。米国ヘルバルト主義と重ねて評価されることへの忌避感があり、過去からのしがらみを断つ効果もあったことを明らかにしているなど、マクマリーの人物像を彷彿とさせながら、タイラーは米国ヘルバルト主義運動の終焉後についても関心を寄せている。だが、タイプ・スタディ論の発展については、相互関連された地理や歴史・文学での使用が有名であると総括する[29]以上の考察はなく、またマクマリーのプロジェクト概念には言及がないなどカリキュラム開発への関心は乏しい。一方で、マクマリーはヘルバルト主義運動での成功にもかかわらず、そこで安住してしまうわけでもなく、また教育流行現象に右往左往する移り気な周囲に恨みを向けるでもなく、タイプ・スタディという、これまでとは違った領域での仕事へと前向きに進んだのだと意味づけている[30]。だが、マクマリーの1920年代後半の多くの論文や著作は、教育流行現象の時代を生き、持論を主張する苦悩が描かれており、「前向き」に進んだという楽観的評価は当たってはいない。

　タイラーは結論として以下のように評している。

　　指導的なヘルバルト主義者として、チャールズ・マクマリーの到達点は運動そのもののそれを反映している。しかしながら、ヘルバルト主義の時代というのはマクマリーの教育経歴のほんの一時期に過ぎなかった。本質的な意味において純然たるヘルバルト主義とはいえないタイプ・スタディ・アプローチの発展のようなその他の業績はこの教育者の柔軟さを示している[31]。

と述べ、米国ヘルバルト主義とその後の展開を単純に分断されたものとして

28　Tyler, K. D. (1982). *The Educational Life and Work of Charles A.McMurry: 1872-1929.* Unpublished doctoral dissertation (EDD.), Northern Illinois University, 190-191.
29　*Ibid.,* 193.
30　*Ibid.,* 204.
31　*Ibid.,* 220.

解釈している。果たしてタイプ・スタディは本当に「その他の業績」なのか、また、教育者としての柔軟性を象徴するものであるという把握でよいのかについては、検討が必要であろう。少なくともタイラーはタイプ・スタディを米国ヘルバルト主義理論とは本質的に断絶しており、柔軟と評しつつもある種の変節があったと見ているといってよいだろう。タイラーのように、人物史として描き出せば、人的関係や「性格」にまで踏み込み裏付けを持って「変節」と推定することは可能なのかもしれない。だが、カリキュラム開発史あるいはカリキュラム論上の展開として1900年前後のマクマリーの所論の分析を詳細に行えば、その結論には無理があることに気づく。庄司や佐藤のように、一貫性や連続性を見出す作業の方がカリキュラム研究上は意義深い。それは、教科・領域の相互関連をどのように論ずればタイプ・スタディの発想に至り着き、さらにはどのような要素が加味されればプロジェクトへと発展するのかを明らかにする作業と重なるからである。

　タイラーの分析は確かにカリキュラム論に踏み込んだものとは言い難いが、当時の教育思想上の影響関係については、1920～30年代の進歩主義はその多くをマクマリーに負っているとしている[32]。しかし、マクマリー自身が1900年代以降、後に進歩主義とりわけ子ども中心主義と評価されるような教育者たちと共同的に研究活動や実践運動を行い、カリキュラム開発をめぐって相互に影響を有していたことにこそ留意せねばならない。なぜタイラーの分析のごとく、後の進歩主義にマクマリーの所論の適用が見出されるかの判断は1900年代・10年代のマクマリーのカリキュラム論の形成過程を検証しない限り行えないはずである。晴れがましい教歴50周年の祝賀会に寄せられた様々な立場の人物たちの祝辞等を手がかりとして、その後の教育運動への影響を見通すのはやや早計と言わざるを得ない。

32　*Ibid.*, 218.

2－2　カリキュラム開発史研究と教員養成史研究

2－2－1　カリキュラム開発史研究におけるマクマリー

　カリキュラムや教育実践に関心を持つ歴史家キャンデル（Kandel, I. L.）、ブローナー（Brauner, C. J.）、シーゲル（Seguel, M. L.）、クリバード（Kliebard, H. M.）らは米国ヘルバルト主義をどのように取り上げてきたのだろうか。

　まず、この領域に本格的・総合的に着手したハーバート・クリバードはマクマリーらをどのように位置づけたのだろうか。彼は、『米国のカリキュラムのための闘争：1893～1958年（*The Struggle for the American Curriculum 1893-1958*）』を1986年にまとめた。デューイの理論と実践の両方の仕事に対して、彼の同時代的誤解や無理解を解きほぐしながら、進歩主義教育を軸にカリキュラム開発史を格闘の歴史として描き出している。クリバードは、15人委員会のハリスの伝統的枠組みに抗したのがヘルバルト主義者であったと解説を始める。だが、具体的には開化史段階説のような反復説（recapitulation）のカリキュラム適用が与えた影響などを考察しており、確かにデューイのカリキュラムも歴史的な反復説を採用したが実際には人類史の各段階の追体験ではなく彼が「オキュペーション（occupation）」と呼ぶ基礎的な社会活動の道筋を辿ることを意味していたのだ[33]とまとめる。米国ヘルバルト主義はデューイのカリキュラム理論形成あるいはその着想にとって重要な役割を果たしたことを示すために参照されるにとどまっている。クリバードと後述するシーゲルとの研究上の交流を考えると、デューイの理論や実践への影響を論ずるのがその主旨であるとはいえ、クリバードにおいてはマクマリーらへの言及があまりに限定的である。クリバードにとっては、米国ヘルバルト主義運動自体が、後の進歩主義の発展と苦悩を用意する「発酵（ferment）」時期に過ぎないものであり、それゆえに、進歩主義が本格的に台頭した1920

---

[33] Kliebard, H. M. (1986). *The Struggle for the American Curriculum 1893-1958*. New York and London: Routledge & Kegan Paul, 71.

年代を論ずる際も同時期のマクマリーらのカリキュラム開発は考慮に値しないと判断されたのかもしれない。

1920年代に米国ヘルバルト主義を対象化した珍しい史料的先行研究がある。先行研究者でこれを検討したものは皆無である。ロバート・ブラウン（Browne, R.）は、1929年にイリノイ大学の修士論文として、『米国におけるヘルバルト主義の現状（*The Present Status of Herbartianism in the United States*）』を著わしている。ブラウンはヘルバルト主義理論の特徴として次の6項目をあげ、検討対象として選定された1920年代の教育に関する文献16点[34]にその影響が確認できるか否かを項目に沿って分析している。(1)道徳的目的（Moral Aim）、(2)教師の活動（Teacher-Activity）、(3)5段階教授法（Five Formal Steps）、(4)中心統合法と相互関連法（Concentration and Correlation）、(5)統覚作用と興味論（Apperception and Interest）、(6)開化史段階説（Culture-Epoch Theory）の6点である[35]が、ブラウンは、これら6つの要素をヘルバルト主義の構成要件とは考えておらず、各文献のなかに6点のうちどれかが認

---

34 検討対象とされた16点の文献は以下の通りである（Browne, 1929, 30-31）。(1)Almack, J. C. (1924). *Education for Citizenship*. Boston: Houghton Mifflin Company, (2)Chapman, J. C. and Counts, G. S. (1924). *Principles of Education*. Boston: Houghton Mifflin Company, (3)Cobb, S. (1928). *The New Leaven*. New York: The John Day Company, (4)Douglass, H. B. (1926). *Modern Methods in High School Teaching*. Boston: Houghton Mifflin Company, (5)Harris, P. E. (1928). *Changing Conceptions of School Discipline*. New York: The Macmillan Company, (6)Hosic, J. F. and Chase, S. E. (1924). *Brief Guide to the Project Method*. Yonkers-on-Hudson: World Book Company, (7)Kilpatrick, W. H. (1925). *Foundations of Method*. New York: The Macmillan Company, (8)Maguire, E. R. (1928). *The Group Study Plan*. New York: Charles Scribner's Sons, (9)Martin, E. D. (1925). *The Meaning of a Liberal Education*. New York: W. W. Norton and Company, (10)Morrison, H. C. (1926). *The Practice of Teaching in the Secondary School*. Chicago: University of Chicago Press, (11)Rugg, H. O. and Shumaker, A. (1928). *The Child Centered School*. Yonkers-on-Hudson: World Book Company, (12)Smith, E. R. (1924). *Education Moves Ahead*. Boston: The Atlantic Monthly Press, (13)Stormzand, M. J. (1924). *Progressive Methods of Teaching*. Boston: Houghton Mifflin Company, (14)Thayer, V. T. (1928). *The Passing of the Recitation*. Boston: D. C. Heath and Company, (15)Thomas, F. W. (1927). *Principles and Technic of Teaching*. Boston: Houghton Mifflin Company, (16)Wilson, H. B., Kyte, G. C., and Lull, H. G. (1924). *Modern Methods in Teaching*. Boston: Silver, Burdett and Company.

35 Browne, R. B. (1929). *The Present Status of Herbartianism in the United States*. Unpublished master's thesis, The University of Illinois at Urbana-Champaign, 26-27.

められれば、ヘルバルト主義理論の影響があると結論づけている。たとえば、(1)の道徳的目的を重視することだけを取り上げれば、16の選定文献のほぼすべてにその要素が読み取れるため、ヘルバルト主義の影響があるとみなしていくのである。ブラウンは結論として、開化史段階説以外は変更が加えられながらも今（1920年代）もその影響下にあるとしている[36]。

　ブラウンの研究は、16点の文献選定もやや恣意的と言わざるを得ず、少なくともマクマリーやフランク・マクマリーらの文献を検討対象外としたことは意図的か無意図的かにかかわらず、米国ヘルバルト主義の1920年代の現状を語るには不十分と言わざるを得ない。また、米国ヘルバルト主義を構造的に捉えず要素還元的に処理しているために、ヘルバルト主義理論の枠組みが融解して無限定に適用されるばかりか、まったく別の理論枠組みをもその文脈や構造を無視して米国ヘルバルト主義の関連文献としてしまうという問題点を孕んでいる。

　しかし、先述のダンケルによれば米国ヘルバルト主義は1905年に終焉を迎えるのであるが、そのあとの理論的影響や実践的影響を検討しようとするブラウンの立場は本研究の立場と重なるものであり興味深い。なかでも、米国ヘルバルト主義理論における中心統合法と相互関連法は学習領域間の問題であったが、その延長上に現在はプロジェクト法などを中心に実際の社会生活の関連性の方が重視されているという状況に言及している[37]点に着目したい。マクマリー自身が何度も実生活との連続性を強調していた事実を無視しているという問題点はあるにせよ、相互関連法の枠組みの拡張がプロジェクト法などを導出しているという前提で語られていることを意味している。これは、プロジェクト法の起源をカリキュラム編成論に見出す重要な指摘であることは間違いない。ブラウンはまた、相互関連法はカリキュラム・メーカーの関心にとどまり教育方法論者の関心ではなかったという[38]。だが、少なくとも

36　*Ibid.*, 51.
37　*Ibid.*, 42-43.

マクマリーは、指導学生ミッチェル (Mitchell, M. R., 1898-1976) らの指摘にあるように、カリキュラム全体の構造を意識すると同時に方法論としてタイプ・スタディを構想していく道筋を辿ったことに鑑みると、ブラウンの指摘は、相互関連法に関する一般的理解の限界を示すとともに、逆にカリキュラム編成論と実際の教育方法論を不可分のものとして一体的に捉えていたマクマリーの特徴を浮き彫りにするものでもあるといえるだろう。

これもまた先行研究者らに注目されることはなかったのだが、レベッカ・リーブマン (Liebman, R. R.) の1948年の学位論文『米国教育の一要素としてのヘルバルト主義 (Herbartianism as a Factor in American Education)』は、おそらくカリキュラム論とまでは言えなくとも、米国ヘルバルト主義のカリキュラムの普及に歴史的観点をもって関心を寄せた最初の作品といえるだろう。リーブマンによれば、米国ヘルバルト主義のコース・オブ・スタディへの影響について、そのなかに具体的に盛り込まれ、それが実践化されたのは1905年以降と見ており、他の先行研究が1905年を運動終焉の年としていることが多いのと対照的である。カリキュラムの実践化過程を詳細に追えば1905年から現場での普及が本格化していったことが見えてくることを彼女は示してくれている。理論的隆盛期と実践普及期とが時期的な離隔を持っているのである。彼女の調査によると、実践現場での運動の影響を最後に見出せるのは、1923年版の初等教育向けのイリノイ州のコース・オブ・スタディ (Illinois State Course of Study) である[39]という。彼女の時期区分は、1905-1910、1911-1915、1916-1925として検討しているがその根拠は述べられておらず便宜上の区分と見た方がよい。彼女によると、1918年まで開化史段階説や教科の配置理論までヘルバルト主義を貫徹したミズーリ州がある一方で、多くの地域では問題法やプロジェクト法に置換されていくことでその影響が衰退し

38　*Ibid.*, 42.
39　Liebman, R. R. (1948). *Herbartianism as a Factor in American Education*. Unpublished doctoral dissertation (EDD.), Johns Hopkins University, Baltimore, MD, 115.

ていくとされている。この見立ては、彼女の研究対象に、タイプ・スタディへの注目やプロジェクト論に関する1900年代半ば以降のマクマリーらの著作が含まれておらず、あくまでも1905年以前の著作物の普及・使用に根拠を求めていることによるものであると言わざるを得ない。唯一、ケンタッキー州が1915年にタイプ概念を導入したことについても、マクマリーの新旧理論のミックスを試みた新しい方法を導入したと言及するにとどまっている[40]。リーブマンがタイプ・スタディ概念をヘルバルト主義理論と切り離していることは明確であるが、1894年から提唱されてきた概念であることに鑑みると、ドイツ・ヘルバルト主義にルーツをもつキーワードのみで影響・普及状況を分析するのでは不十分と言わざるを得ない。また、中心統合法と相互関連法を連続的に捉えていないこともリーブマンの課題である。さらに、実践レベルでの影響・普及を裏付ける方法が、コース・オブ・スタディにおけるキーワードの使用状況のみであり、実際の授業案や授業記録などが参照されていないことから、運動の衰退の要因については、時代の変化と新しい方法の普及にあると単純に結論づけてしまっている[41]。リーブマンを受けて、実践レベルでのより詳細で事実に基づいた分析と、マクマリーら自身の変容による理論・実践の提案に沿った分析とが課題として残されているといえるだろう。

　アール・シュタイニンガー・ジュニア（Steininger, E. W., Jr.）は、イリノイ大学の大学院に提出した学位論文『小学校における単元教授実践（*Unit Teaching Practices in the Elementary School*）』において、単元をもとにした教授の源泉について米国ヘルバルト主義がどの程度それに値するかを慎重に検討している。シュタイニンガーは、先行したクリントン・プルウェット（Prewett, C. R.）が、歴史的に見て最初の単元教授論であるとヘルバルト主義理論を位置づけたことにうなずきつつも、ドガーモが有機的な統合性よりも当時の心理学の水準に基づいて諸能力の集合体としての単元を強調している

40　*Ibid.,* 136-137.
41　*Ibid.,* 148-150.

点から、米国ヘルバルト主義が教授方略として単元概念を形成していたかどうかには疑問が残ると考えている[42]。ドガーモに依拠して米国ヘルバルト主義を代表させるか、マクマリーに依拠してそう見るかの違いがプルウェットとシュタイニンガーの違いに反映されている。これは学習について心理学的な組織化と論理的な組織化の見方の相違でもあって、マクマリーの方がよりカリキュラムの論理的開発に注力していた方向性を示唆すると同時に、結果的に当時のカリキュラムに関する一般的な問題意識に対応していたために広く普及したことにも繋がっているといえる。多くの先行研究者が1900年代半ばの米国ヘルバルト主義運動の終焉を語るとき、心理学の更新を指摘するが、その実、それはドガーモに代表される学習理論の終焉を指していたともいえる。

　シュタイニンガーは、米国ヘルバルト主義の単元論について、統覚作用の機構に注目し、その形式にこだわりすぎた点、そのための教材や教師の教授を強調しすぎた点などが、子どもの個々の内部における統合性を軽視することに繋がったと見る。一方で、教育の科学化を追求したこと、子どもの学習過程を意識的に捉えたこと、時間の節約と学習の質との両方を追究したことを評価している[43]。シュタイニンガーの評価観点は、進歩主義的教育観に支えられており、それゆえに、単元論は子どもの能動的役割とそれによる発達こそが重要という前提から単元論の源流にヘルバルト主義を定置させることへの躊躇があるのが見出せる。このことは、ヘルバルト主義をカリキュラム開発史上、時代遡及的に進歩主義と対置させて論ずる枠組みが1950年代後半にはすでに一般的であったことも示している。

　1964年、『アメリカの教育理論（*American Educational Theory*）』を著したオハイオ州立大学のチャールズ・ブローナーは、

42　Steininger, E. W. Jr. (1959). *Unit Teaching Practices in the Elementary School.* Unpublished doctoral dissertation (EDD.), University of Illinois, 6-7.
43　*Ibid.*, 13-14.

プロジェクト法は真空状態で発展したのではない。一部には、ヘルバルト主義の5段階教授法による一般的方法として確立していた直接的な教授に対する反応から成長してきたという面はある。しかし、ヘルバルト主義が5段階教授法を手にしたときですら、歴史的にも、そして現在においてもそうであるが、《旧対新》として語られる直接教授と間接教授の対立はあったのだ[44]。

と述べる。あくまでもヘルバルト主義への対抗としてプロジェクト法は発展したのだと見ている点、直接教授と間接教授の対比を「旧と新」の対立構図として描き出している点で、ブローナーは典型的な二項対立論者であった。このブローナーが、ヘルバルト主義をどう見ていたかについては、彼が独自に創出したチャートを見るとわかりやすい。彼は、米国において生み出された教育理論を以下のような2つのマトリックスで説明した（表序-1、2）。

表序-1　19世紀の教育理論[45]

伝統	方法	子ども観	主たるテーマ
モニトリアル・メソッド	ドリルと暗記	調教可能な獣	従順
事物教授	事物の取り扱い	育てられるべき花	発見
ヘルバルト主義	5段階教授法	可塑的な社会的萌芽	意志力
子ども研究	自己表現	潜在的なアーティスト	感性
実験主義	科学的方法による問題解決	責任ある抵抗者	関与
現在の学問重視の立場	新技術	偉大なる自然資源	習得

44　Brauner, C. J. (1964). *American Educational Theory.* Englewood Cliffs, NJ: Prentice, Inc., 265.
45　*Ibid.,* 279.

表序−2　Herbartianism−Logic-Centered Theory, 1890[46]
（一部改変、イタリックが米国ヘルバルト主義の該当要素）

方法	中核要素	知覚方法	目的	産物	哲学的焦点
口述	説明	*学的探究*	知の高度化	データの蓄積	*合理主義*
見せる	*論理*	常識	実践の改善	折衷的内容	事実主義
	推論	観察		偏狭的教条	実証主義
	感情			個人的信条	

　ブローナーによると、ヘルバルト主義は、実践の向上を目指しつつも、その理論枠組みは極めて観念的で教条的であり、実証性に乏しいという性格を持っていた。情緒性を有していたオスウィーゴ運動（Oswego Movement）と対比させながら、米国ヘルバルト主義運動は言語による推論を重んじた合理主義であるという見方を示した。ブローナー自身は20世紀以降のマクマリーらの所論には関心を示していない。彼の枠組みを敷衍させると、米国ヘルバルト主義運動の終焉以降は、合理主義や子ども観は変わらず維持しながら、教条主義からデータに基づいた事実・実験・実証主義へと傾いていったと見ることが可能であり、本研究でも検討すべき課題である。
　1965年、メアリー・シーゲルは、学位論文『カリキュラムづくりという専門的領域の形成：チャールズ・マクマリー、フランク・マクマリー、フランクリン・ボビット、W. W. チャーターズ、ハロルド・ラッグ、ホリス・キャズウェル、ジョン・デューイの著作の批判的検討（*The Shaping of a Field of Specialization, Curriculum Making: A Critical Study of Selected Writings of Charles and Frank McMurry, Franklin Bobbit, W. W. Charters, Harold Rugg, Hollis Caswell, and John Dewey*)』をまとめ、翌1966年には『カリキュラム領域：その形成の時代（*The Curriculum Field: Its Formative Years*)』として出版された。ここでは、1965年の学位論文をもとに検討する。

---

[46] *Ibid.*, 284. 他に、Monitorial Method, Object Method, Child-Study などを図示している。

シーゲルは、マクマリー兄弟やデューイを含めた著名な論者を取り上げて、カリキュラム編成の専門化の過程を歴史的に検討している。カリキュラム概念を対象化したために、ヘルバルト主義の諸概念の取り扱いも丁寧であり、それらの相互の構造的な関係を踏まえて論じられている研究として貴重である。彼女は、教授行為の要素に名辞やタームを与えたことによってカリキュラムの理論化が米国において始まったことを、マクマリー兄弟のパイオニア的な貢献として挙げている[47]。ヘルバルト主義を扱った多くの先行研究者が、相互関連法や開化史段階説などを並列して扱うのに対して、シーゲルは、一次史料をもとにして、「1896年までに（中略）より重要なことには、耳目を集める方法で、教科領域における「混成」を意味する相互関連法について開化史段階説を用いることなく議論する努力がなされていたのである[48]」と述べ、教科・領域相互の関連性を論じる前提が更新されていたという特徴を見出している。シーゲルはまたタイプ・スタディについて、1903年の『一般的方法の要素』に見出し、相互関連法の主張のツールとして用いていたことも併せて指摘している[49]。

　シーゲルは5段階教授法の同化（比較）段階での立論と解説のされ方に注目して、マクマリー兄弟は結局のところ、教育内容や教育方法を論じていたのではなく、子どもによる同化行為と関連づけて、カリキュラムの内容を選択し並べることを論じていたのであるという[50]。彼女の指摘に従えば、マクマリー兄弟は、統覚作用原理の検証のプロセスに内容と排列を重ね合わせたことになり、教育方法は論じられてはいないし、教育内容は結果に過ぎないという解釈になるであろう。この指摘はかなり妥当性を有している。という

47　Seguel, M. L. (1965). *The Shaping of a Field of Specialization, Curriculum Making: A Critical Study of Selected Writings of Charles and Frank McMurry, Franklin Bobbit, W. W. Charters, Harold Rugg, Hollis Caswell, and John Dewey.* Unpublished doctoral dissertation (EDD.), Columbia University, 55.
48　*Ibid.*, 43.
49　*Ibid.*, 47.
50　*Ibid.*, 49.

のは、相互関連の主たる議論の焦点が地理の内部および地理と他領域との関連に移っていくと（すなわち開化史段階説を放棄すると、ともいえるが）、タイプに相当する中心概念の定置以外は子どもがどのように統覚作用を適用させていくかという観点に依拠して、地理の周辺知識が再集合させられているというようにマクマリーのカリキュラム論を解釈することができるからである。

　シーゲルにとっては、米国ヘルバルト主義運動の後半、つまり、1890年代後半以降は、統覚作用の適用された実践事例やその提案に著作の多くが割かれているためにカリキュラム論としての体系を見出しにくいという結論になったのかもしれない。単元開発論として深化する過程で思考の成立が検討され、その方法が追究・提案された事実が脱落している点、そしてそもそものタイプの選択にこそマクマリーの教育内容論が存在していることをシーゲルが無視している点は指摘しておかねばならない課題である。

　また、1920年代のマクマリーのプロジェクトに関する著作はどれも教科の関連を論ずる際に用いられた旧来のタイプ・スタディの再説明であるという。晩年にあたる20年代に至っても、マクマリーはカリキュラムにおける統合性（unity）と明確さ（clarity）の問題は未解決であると考えていた[51]とも述べ、カリキュラム論としての整備に不全感を抱いていたことを、彼の２著作『対立する教授原理とその調整法（*Conflicting Principles in Teaching and How to Adjust Them*）』（1914）と『カリキュラムの編成法（*How to Organize the Curriculum*）』（1923）を踏まえてシーゲルは強調している。しかし、一方で個々の実験的な実践で手応えを感じていたこともマクマリー自身多くの論考で述べていることから、シーゲルのように理論と実践を切断して語るべきではなく、むしろ、先行して積み重ねられる実践・経験の事実にカリキュラム論やその具体であるコース・オブ・スタディをいかに整合させるかという格闘であったと見る方が妥当であろう。

51　*Ibid.*, 51.

タイプ・スタディおよびプロジェクトに対するシーゲルの批判は辛辣である。カリキュラム論者として彼女は、このシステムの「学びの主体」を問うのみならず、「学びのスタイルのモデル」について問い直すことでより深まりを見せている[52]。つまり、誰の感情や興味が尊重されているのか、また誰のごとく学ぶことが目指されているのかという問いかけである。彼女は明確には指摘していないが、その指摘を踏まえると、マクマリーにおいては、子どもは大人、専門家などのごとくに学ぶことが暗黙裡に期待されており、子どもが子どもとして学ぶことには思いが至らず、ただ統覚作用の適用が可能な故に子どもに適していると機能的に判断している傾向があったことは否めない。それゆえに、プロジェクトのもつ社会的意味は強調されても、その社会を構成する個々の学び手である当事者の共同性や社会性については軽視されたままであったというべきであろう。ここにキルパトリック（Kilpatrick, W. H., 1871-1965）の強調した付随的学習との決定的な違いが生じることになるといえよう。

　ミシガン大学のアンリズ・ハルヴォースン（Halvorsen, A. F.）は、2006年に、学位論文『小学校社会科の起源と興隆、1884～1941年（*The Origins and Rise of Elementary Social Studies Education, 1884 to 1941*）』を著した。おそらく米国ヘルバルト主義を総合的にカリキュラム開発史に位置づける試みとしては今のところ最後の作品となっている。彼女は米国ヘルバルト主義運動と社会科の発展過程とを重ねて検討するなかで、開化史段階説に留意しながら特徴を整理している。学校と生活の結合の意味を、子どもの生活世界の拡大と開化史段階説に見るシークエンスの両者は符合するものとしてマクマリーは解釈していた[53]と彼女は捉える。マクマリーが学校と生活の結合を強調す

52　*Ibid.*, 61.
53　Halvorsen, A. F. (2006). *The Origins and Rise of Elementary Social Studies Education, 1884 to 1941*. Unpublished doctoral dissertation (Ph.D.), University of Michigan, Ann Arbor, 49.

る文脈は、興味論や内容選択を検討する際がほとんどであり、開化史段階説は早い段階で後退している。ゆえに、マクマリーらの所論を、とりわけその変容に注目して追うことがなく、突出した諸概念を彼女なりに整合的に解釈していると言わざるを得ない。彼女は「マクマリーの著作に明らかに表れているヘルバルトの影響はリベラル教育の系譜に古典作品を強調するところに顕著である。しかし、実際の世界との関連性を重視し、子どもの有用なスキルを教えるという教授アプローチについてはミシガン州の２つの学区でのカリキュラムに底流していた[54]」と述べ、ヘルバルト主義の影響下にあったミシガン州の２つの学区での実践に注目し、内容の保守性に対して方法の新しさで臨むという特徴を彼女は見出している。ハルヴォースンは内容と方法が一体的に機能していなかった問題を指摘しているともいえ、後述するように、社会科の成立・発展史に関わる他の先行研究者が、内容の保守性を指弾して進歩主義をそれに対照させるのとは異なっていて、カリキュラムを実践的側面もあわせて位置づける視点は重要である。ただし、ハルヴォースンは、内容と方法とを一体化して捉えたとはいえ、マクマリーが歴史の古典的説話ばかりを想定していたわけではなく、地理や自然科学等の他領域と相互関連させていた点を見逃しているのは課題といえる。

２－２－２　教員養成史研究におけるマクマリー

マクマリーの活躍の舞台がノーマル・スクールやティーチャーズ・カレッジであったため、教員養成史・教師教育史研究においてもマクマリーやその他の米国ヘルバルト主義の提唱者たちが部分的に検討されてきた。ここでは、単元開発と教員養成・教師教育の関係性がどこまで明らかにされてきたのかを見るために、以下のように先行研究を検討したい。

先述のリーブマンは、各地のノーマル・スクールや各州・郡のコース・オ

54　*Ibid.*, 87.

ブ・スタディがどの程度ヘルバルト主義理論の影響下にあるかを詳細に整理して博士論文とした。コース・オブ・スタディに関する彼女の分析はすでに検討した。ここでは、ノーマル・スクールにおいて米国ヘルバルト主義論者の著作がテキスト指定されているかなどを調査した点に注目したい。リーブマンによれば、教員養成の現場では、1920年代まで形式段階説が普及していた[55]が、ヘルバルト主義の導入期とノーマル・スクールの開設数の増大期とが偶然に重なったことが、その理論の全米への拡大を促したと解釈している。南北戦争が始まるころは12校しかなかったが、1890年までには177に増大、そして彼女によれば、ニューヨーク州オスウィーゴ（Oswego, NY）のノーマル・スクールが最初に形式段階説を導入した[56]と発見している。オスウィーゴは、事物教授（Object Lesson）の開発と普及の拠点であることはよく知られているが、そこでいちはやく形式段階が移入されたのは興味深い。リーブマンはその関連性については言及していないが、海外の新理論導入に積極的な校風や、ペスタロッチ主義そのものに形式段階説と親和的な性質が内在していたのかもしれない。彼女は結論として、米国ヘルバルト主義は、ノーマル・スクールの発展と拡大が隆盛と普及を支えたこと、キーワードの使用はもともとのヘルバルトのものを変えずに使用していたことが多いが、彼らの議論の焦点が個々人への注目から社会的に適切な個人（a socially adequate individual）へと変わったこと、開化史段階説については理論的には早い時期から米国ヘルバルト主義者自身によって使用されなくなっていたが、実践現場では広く受け入れられていたこと、統覚作用と同様に単純なものから複雑なものへという授業展開も教師たちの常識にアピールしたことなどを挙げている。

　バリー・ウェストフォール（Westfall, B. H.）は、1975年に、マクマリーが1915年まで籍を置いていたノーザン・イリノイ大学（Northern Illinois Univer-

---

55　Liebman, *op. cit.*, 116.
56　*Ibid.*, 101.

sity, 旧 NISNS) に学位論文『米国の学校に適用されたドイツの教育思想：チャールズ・ドガーモ、チャールズ・マクマリー、フランク・マクマリーの出版物を通した米国の教師教育へのヘルバルト主義の影響 (*German Educational Thought Adapted to American Schools: Herbartian Influence on American Teacher Education through Selected Publications of Charles De Garmo, and Charles and Frank McMurry*)』を提出した。ウェストフォールはマクマリーの教員養成や教師教育に注目した数少ない先行研究者の一人である。彼は、1897年版の『レシテーションの方法 (*The Method of the Recitation*)』で言及されたタイプ・スタディを取り上げて、ペスタロッチ主義的事物教授のヘルバルト主義的拡張であると意味づけている[57]。1890年代のタイプ・スタディ論に着目する先行研究者はほとんどおらず、ウェストフォールによる評価は貴重とも言えるが、教員養成史を描き出す意図が優先されたために、オスウィーゴ運動との連続性を見出す概念としてタイプ・スタディを位置づけている。ウェストフォールは1890年代のタイプ・スタディに注目しているゆえに、米国ヘルバルト主義理論の主要素である相互関連や形式段階を補強する下位概念としてタイプ・スタディは機能していたわけだが、その際に彼はマクマリーが実生活との結合を強調する点にペスタロッチ主義の影響を見出したのであろう。

　ウェストフォールは、タイプ・スタディの特異性や変容をそれ以上に分析することはなく、実際にはマクマリーが自著の中では術語化して用いてはいないカリキュラム・プロジェクト (curriculum projects) やスペシャル・メソッド単元 (special methods units) という語などを造語したうえで、タイプ・スタディと併記し、総じて日々の教育実践に寄与するものをマクマリーは出

57　Westfall, B. H. (1975). *German Educational Thought Adapted to American Schools: Herbartian Influence on American Teacher Education through Selected Publications of Charles De Garmo, and Charles and Frank McMurry*. Unpublished doctoral dissertation (EDD.), Northern Illinois University, 151.

版し続けたと評している[58]。またマクマリーの晩年は、教室の教師と大学の研究者とがもっとコミュニケーションをとる必要があることを強調したこともウェストフォールは取り上げており、これこそがマクマリーの執筆生活そのものを現わしていたと意味づけている[59]点は教師教育者としてのマクマリーを的確に捉えていたといえる。

ウェストフォールの考察の特徴は、マクマリー兄弟の二人を区別せず、ひとまとめにして結論を得ていることである。

> 彼ら［訳注―マクマリー兄弟を指す］は今日の学校にとっても重要であった（中略）なぜなら、彼らは初めて体系的な教室での教授法と帰納的方法と一般化とを理念として併せ持つ論理的に検討されたカリキュラムを提供したからだ。（中略）彼らは、初めて標準化された枠組や着手すべき参考点を与えることで、さらなるカリキュラムや教育方法上の改革の段階を作り上げた。（中略）マクマリー兄弟はヘルバルトのドクトリンを信じていた。彼らは19世紀末の混乱状態にある公教育に秩序をもたらすべく機能するスキームとしてこれらの理論を見ていた。彼らはヘルバルトの理論は米国の教育の個別の問題へ回答を与えるものとしてではなく、米国の公立学校に連続性、一貫性、秩序をもたらすような相互に関連した一連のドクトリンとして考えていたのだ[60]。

と述べて、米国の公教育の安定化と秩序化に貢献しようとしていた意義を強調している。

20世紀に入ってからは、ノーマル・スクールと南部のティーチャーズ・カレッジで思索を深めタイプ・スタディ論を創り上げた兄のチャールズとニューヨーク市のティーチャーズ・カレッジで子どもの思考法とその教授法を原理的に詰めながら先進的な実験学校でカリキュラムづくりを行った弟フランクの２人をまとめていること自体に限界がある。だが、総論として彼らの業

58　*Ibid.*, 166.
59　*Ibid.*, 174.
60　*Ibid.*, 176-177.

績を上記のようにまとめることは可能かもしれない。教師教育論に着目してヘルバルト主義理論を再整理したウェストフォールには彼らの運動の終焉期を特定する必要もなければ、カリキュラム論としての変容とその意味を追究することもなく、個別に主要理論を紹介して、それらを総和として見れば教師教育や教員養成にとって極めて重要な役割を米国で初めて果たしたと結論づけたようである。ウェストフォールは最後までマクマリー兄弟がヘルバルト主義理論に固執していたと結論づけているが、たとえばタイプ・スタディはヘルバルト主義理論の変容の産物でもあり同時に牽引役でもあったことに注目すると、時期によって理論や想定されている実践が変容していったことは無視できない。また各論の総和としてではなく、マクマリーのタイプ・スタディ論そのものに教師論を見出すという視点も欠けている。

　先述したカリキュラム開発史に研究関心の主眼をおくシーゲルは、教師と子どもが教育上の舞台の中心に移動し、理論家や行政官は背景に回る（relegate）という配役転換を生み出し、そのうえで、前者の内的な高まり、特に教師の専門性の向上の道を拓いたと意味づける[61]。シーゲルは、マクマリーのどのような活動が、あるいは教師たちのどのような受け止めがこの評価を導くことになるのかについては言及していない。20世紀への転換期、ラヴィッチが指摘するように、専門家により教育論、学校論そしてカリキュラム論が専有されていく時代にあって、マクマリーが奇しくも果たした役割が、カリキュラムの先駆的専門家と位置付きつつも、同時に学校現場の教師の専門性向上や子どもの当事者性が注目されるような枠組を提示し実践していたと見る両義性を孕んでいたことをシーゲルは簡潔に指摘しており本研究の問題意識にも直接重なるものである。

61　Seguel, *op. cit.*, 59-60.

2−3 マクマリーのタイプ・スタディおよびプロジェクトを検討した研究

プルウェットは、1950年に、単元論に関する史的考察を行い、『ヘルバルト主義運動から現在に至るまでの単元教授法の発展 (*The Development of the Unit Method of Teaching from the Herbartian Movement to the Present*)』を学位論文としてまとめた。プルウェットは、教育方法としての単元論をヘルバルト主義に由来すると考え、プロジェクト法やモリソン・プラン (Morrison plan) などに至る方法史を概括した。プロジェクト法は論者によって意味の違いは大きいが問題法については多様性はあまりないと見ている。プロジェクト法と問題法の2つのメソッドを一体化してみる論者として、バートン (Burton, W. H.)、チャーターズ (Charters, W. W.)、スティーヴンソン (Stevenson, J. A.)、両者の実践レベルでの同義性を見るビレット (Billet, R. O.)、源流をルソーにまで遡及して捉えるストックトン (Stockton, J. L.) と整理した上で、著作『レシテーションの方法』の内容をもとに、生活と学校両者の経験の結合としてプロジェクト法や問題法を主張するマクマリーと弟フランク・マクマリーとしてまとめている[62]。

プロジェクトという用語の教育使用についてもプルウェットはレビュー[63]しており、1900年頃に手工学校 (manual training school) の文脈で使われ始め、1901年、リチャーズ (Richards, C. R.) の東部手工訓練連盟 (Eastern Manual Training Association) 第8回大会で使用したのが公的には初であろうとしている。ついで1908年スティムゾン (Stimson, R. W.) やヘラルド (Herald, F. E.) が農業教育に適用し、1910年代半ばにはスネッデンやランドール (Randall, J.

---

[62] Prewett, C. R. (1950). *The Development of the Unit Method of Teaching from the Herbartian Movement to the Present*. Unpublished doctoral dissertation (Ph. D.), The University of North Carolina at Chapel Hill, 30-37.

[63] *Ibid.*, 37-60.

A.）らが教授法として一般化して捉えるようになる。そして1918年、それまでとは異なり、進歩主義的な意味を持った方法概念でキルパトリックが提示し、影響を受けた実践・実験が広まっていく。マクマリーらはプロジェクト法開発の歴史には位置づけられてはいない。逆に、モリソン・プランの形式段階論の前史としてヘルバルト主義の形式段階が描かれ、バグリー（Bagley, W. C., 1874-1946）との共通性にも触れながら、1925年までには凋落したとまとめられる[64]。単元例として灌漑を扱ったものを取り上げはするが、結局はモリソンの単元との符合を指摘するのみである。プルウェットは、マクマリーらの1900年代以降の単元開発には注目していないし、プロジェクト論にも含んではいない。

　プルウェットよりも時代をさかのぼり、マクマリーらと同時代を生きながらタイプ・スタディやプロジェクトを客観的に諸概念と比較の上で位置づけようとした研究が1920〜1930年代に散見される。それら自体が史料としての価値も持ちながら、本研究の先行研究としても検討するに値するものばかりであり、初期のプロジェクト論研究として位置づけたい。

　ロウアーク（Roark, M. L.）は1925年にプロジェクト法について客観的な整理と考察を行っている。ロウアークは教育心理学の興隆が教育の科学化をもたらすとともに、教育目的の変容ももたらし、農業教育・家政学・手工などがカリキュラムに占める位置も向上してきたと見る。それに従って、プロジェクト法が台頭してきたという。プロジェクト法はいまだ形成過程にあると見たうえで、彼は、歴史的に、プロジェクトの用語について、スティーヴンソン、ホジック（Hosic, J. F.）、キルパトリックらを取り上げて最後にマクマリーを検討している。

　チャールズ・マクマリーは、このテーマについて一冊本を書いているが、プロジ

64　*Ibid.*, 151-162.

ェクト法については定義をしていない。しかし、彼が提案する様々なプロジェクトから、その用語を他者がプロジェクトと分類しない多くの活動を含むものとして用いていることは明らかだ[65]。

と述べ、「厳密に言えば、プロジェクト法は新しい方法ではない。むしろ、多くの旧来の方法を大単元へと組み合わせ再組織化したものである[66]」と整理するが、この視点はマクマリーのそれに極めて類似している。プロジェクト・メソッド導入の障害は伝統的立場から脱却することの困難さと教員の質にあると見る点も共通している。マクマリーと同時代に生きた人物によるプロジェクト法の整理は、後世のそれとは異なり、実践の実態も念頭にあっただろうし、学会や研究会における動向を見るにあたり、提唱者自身と対話的になされるゆえに貴重である。

　GPCTでマクマリーに直接指導を受けたモリス・ミッチェルは、1926年にデューイやフランク・マクマリーらの指導を受けながらニューヨークのティーチャーズ・カレッジで学位論文『米国史の教科書を編集する原理としてのタイプ・スタディ・プランの批判的評価（*A Critical Evaluation of the Type Study Plan As an Organizing Principle for Texts in American History*）』を著した。ミッチェルは、マクマリーによってタイプ・スタディの概念が生成されてきた経緯を、ジャーナル論文等は扱わず、書籍にのみ限定して追跡している。とはいえ、書籍において言及の有無をベースに整理したミッチェルの同時代的理解は貴重である。それによると、1895年の『教師への実践提案のハンドブックを含む8年生までのコース・オブ・スタディ（*A Course of Study for the Eight Grades of the Common School, Including a Handbook of Practical Suggestions to Teachers*）』、1896年の弟フランクとの共著『レシテーションの方

65　Roark, M. L. (1925). Is the Project Method a Contribution? *Peabody Journal of Education* 2 (4), 199.
66　*Ibid.*, 201.

法』にタイプ・スタディの萌芽が認められるが、カリキュラムの編成原理としての発展は確認できない。1903年の改訂版（ミッチェルが参照しているのは1904年）の『一般的方法の要素』ではヘルバルト主義理論のよりいっそう米国の現状への翻案を行う努力はあっても、芽生え始めていたタイプ・スタディ概念は明確にされることはなかったという。本格的にタイプ・スタディ概念がカリキュラム編成原理として自覚されるのは1904年の『米国地理からのタイプ・スタディ集（Type Studies from the Geography of the United States）』であるという。ミッチェルは本書について、

> 本書は『地元の地理における遠足と授業（Excursion and Lessons in Home Geography）』の続編であり、25のタイプ・スタディからなる。本書はこのプランに基づいて実践可能な最初のテキストであり、タイプ・スタディ・アイディアの完成型としてすべて同様に実践できるわけではないものの、明確にそして意識的にそのアイディアはカリキュラム編成原理として使用されてきている[67]。

と述べ、1904年を画期と見ている。しかも、副読本として口頭教授等でそのまま実践可能な形にまでなっているという。原理としてカリキュラム全体を貫徹させることにはいまだ成功していないとミッチェルは評価するが、マクマリー自身、すべてをタイプ・スタディで行う必要はないという意見をこのころは有していたのでそれも当然であろう。1904年以降、本格的にカリキュラム編成原理としてまとめられたのが1920年の『プロジェクトによる教授（Teaching by Projects）』と1923年の『カリキュラムの編成法』、そしてその原理を十分に踏まえて実践可能な形にして提案したのが1925年の『プラクティカル・ティーチング第1巻』であるとミッチェルはいう。

　だが、ミッチェルの示した参考文献リストを見ると、彼は1914年にマクマ

---

[67] Mitchell, M. R. (1926). *A Critical Evaluation of the Type Study Plan as an Organizing Principle for Texts in American History.* Nashville, TN: George Peabody College for Teachers, 35.

リーがさまざまに対立するカリキュラムをめぐる論を整理するためにまとめた『対立する教授原理とその調整法』は、タイプ・スタディへの言及がないとして検討していない。また同じく1914年の『教師用実践ハンドブック (Handbook of Practice for Teachers)』においてマクマリーは「地理については大単元の事例を示すが、それらはどの場合においても、例示され拡張され適用されるアイディアに基づいたまとまりを持っている。そのようなトピックは思考の組織体系としてタイプ・スタディを吟味したものを含んでいる[68]」と述べ、タイプ・スタディ概念も一部で使用されている。だが、思考の組織原理としては示されていても、カリキュラムの編成原理としては自覚的ではないのも確かだ。むしろトピックという概念に後のタイプ概念も含ませながら、トピックの発展可能性を論じており[69]、この過渡的な試行形態を無視するとミッチェルのように1904年以降1920年の著作も、しかもプロジェクトという概念で集約されているものまで飛躍してタイプ・スタディ論の成立と見てしまう誤りをおかすことになる。この2著作のなった1914年は、マクマリーのドイツ再留学の直後であり、その理論形成に大きな変容を見た画期であるゆえに、さらなる検討が必要である。

　一方で、ミッチェルがプロジェクト概念をマクマリーの所論において重視しない理由はある。それは、まさにプロジェクト法とタイプ・スタディが混在して実践されていた同時代にミッチェルがこの両者について現状分析することを中心にして比較検討しているところによくあらわれている。ミッチェルはマクマリーのプロジェクト概念は子どもが将来の来るべきときを想定しながら興味を持って取り組みたいと思う大人の事業を意味し、それ自体タイプ・スタディとして具体化されてきたという。マクマリーのプロジェクトをタイプ・スタディと読み替えて、キルパトリックやコリングズ（Collings, E.）

---

[68] McMurry, C. A. (1914b). *Handbook of Practice for Teachers: Practical Directions for Management and Instruction.* New York: The Macmillan Company, 88.

[69] McMurry, (1914a), *op. cit.*, 48-64.

らのプロジェクト法と比較した結果、ミッチェルはタイプ・スタディは教材の編成原理であるのに対して、プロジェクト法は教授法であると識別するに至る[70]。ゆえにミッチェルにいわせれば、両者は同一カリキュラムにして併用可能であるということになる。プロジェクト法がテキスト化されていくという動きが同時代に見えていたミッチェルには、結果としてプロジェクト法はあくまでも方法であって、教育過程では教育内容を確定するタイプ・スタディに包摂されるものと見えていたのかもしれない。この前提こそが、彼の論文の主旨である歴史教科書の内容の取捨選択の原理となるべき枠組として受容できるものであったのである。

　ハロルド・オーバーティ（Alberty, H. B.）は、オハイオ州立大学のボイド・ボーダ（Bode, B. H., 1873-1953）のもとでカリキュラム研究を行い、1927年に『教育におけるプロジェクト法の研究（*A Study of the Project Method in Education*）』をまとめた。プロジェクト法の普及を同時代的に経験しながら、その類型化を行なっているが、マクマリーのプロジェクト概念の位置づけには苦慮しているのがわかる。「マクマリーの枠組についてはどう表現しようとも、それは通常考えられているようなプロジェクト法ではないことは少なくとも指摘できる[71]」と述べ、マクマリーはプロジェクトを大単元における中心的思考（thought centers）を見出すプロセスで用いており、1920年代に一般に理解されているプロジェクト法とは全く異なるもので、新たな用法であると指摘している。そのうえで、大人が心理学にも学びながらどれほど用意周到に相互関連を図り大単元を作りあげても、学び手はそれに興味を持つとは限らないし、出来上がった組織体系に従属する対象でしかないという批判は非常に辛辣である。オーバーティは大事業よりも子どもの思考プロセスに寄り添った観点からプロジェクトを語らねば、単に伝統的なカリキュラム

70　Mitchell, *op. cit.*, 42-48.
71　Alberty, H. B. (1927). *A Study of the Project Method in Education*. Columbus, OH: The Ohio State University Press, 47.

論上の困難に立ち向かったにすぎないと総括する。プロジェクトの成立要件としての問題点には切り込んでいるものの、指導教授のボーダの慎重さとは異なり、進歩主義サイドに立ってマクマリーを断罪しているゆえに、プロジェクトに至るタイプ・スタディがどういう経緯で変質してきたのか、そしてそのことがカリキュラムを再編する上でどのような鍵概念を提出し得ていて、マクマリーのあるいは彼以外のプロジェクト論に貢献してきたのかを論ずる手がかりをオーバーティは失ってしまっている。

ルーマニア生まれの米国教育史家であるアイザック・キャンデルは、1957年の『20世紀の米国教育（*American Education in the Twentieth Century*）』において、マクマリーと弟フランクとを取り違えつつも、タイプ・スタディについて次のように言及している。

> 中心統合法と相互関連法から、フランク・M・マクマリー教授［ママ］は特にタイプ・スタディとトピック学習を発展させた。（中略）中心統合法のポイントとしてのタイプ・スタディやトピックの価値は、時宜にかなった事実を選ぶという目標を生徒たちに与え、自己学習を励ますところにあった。トピックの発展の順序は論理的というより心理学的であった。まとめの作業は論理的な整理を必要とするかもしれない[72]。

と、ヘルバルト主義運動の項のなかで、タイプ・スタディに言及し、中心統合法の機能をそこに見出すなど、一連の運動のなかに位置づけて理解している。そのシークエンスも論理的・系統的というよりも心理学的と評しているのは、まさにヘルバルト主義教授理論の枠組みそのものである。また、後に続く、進歩主義教育運動については、米国ヘルバルト主義の下地があっての展開であったと指摘している[73]。キャンデルは、米国ヘルバルト主義による

72　Kandel, I. L. (1957). *American Education in the Twentieth Century.* Cambridge, MA: Harvard University Press, 102.
73　*Ibid.*, 117.

子ども研究と教育心理学が、子どもの発達、興味、学習過程、個々の能力差の考慮へと視座を誘ったことは進歩主義教育へと直結するものであったと述べ、さらに、プロジェクト・メソッドそのものがマクマリー（あるいはフランク・マクマリー）とデューイとの結合であるという見解を示している[74]。このことは、本研究においてプロジェクト（法）が米国ヘルバルト主義の系譜にも生み出されうる要素があったと見る見方を支持するものでもある。

　デイヴィッド・マスチンスキー（Muschinske, D. J.）は、1971年に、教科としての社会科の性質を分析する論文『社会的観念と社会科：ジョン・デューイ、G・スタンリー・ホール、ハロルド・ラッグ、チャールズ・マクマリー、フランク・マクマリー、チャールズ・ドガーモ、アメリカ歴史協会における初等・中等学校における歴史学習と教授に関する委員会の著作により明らかにされる学校の思想と米国の公立学校のための社会科学教育の提案の関係性（*Social Ideas and the Social Studies: Relationships between School Thought and Proposals for Social Science Education in American Public Schools as Revealed in the Writings of John Dewey, G.Stanley Hall, Harold Rugg, Charles McMurry, Frank McMurry, Chareles DeGarmo, and the American Historical Association's Committees on the Study and Teaching of History in Elementary and Secondary Schools*)』を著した。マスチンスキーは、ホール、米国ヘルバルト主義とアメリ歴史教育協会（American Historical Association）をひとまとめにし、デューイやハロルド・ラッグ（Rugg, H. O., 1886-1960）と対置させ、前者を保守的であると評している[75]。この批判は、内容と方法との両方に及んでいる。内容面では、とりわけマクマリーにおいては、人間の不平等などに対して楽観

74　*Ibid.*, 118.
75　Muschinske, D. J. (1971). *Social Ideas and the Social Studies: Relationships between School Thought and Proposals for Social Science Education in American Public Schools as Revealed in the Writings of John Dewey, G. Stanley Hall, Harold Rugg, Charles McMurry, Frank McMurry, Chareles DeGarmo, and the American Historical Association's Committees on the Study and Teaching of History in Elementary and Secondary Schools.* Unpublished doctoral dissertation (EDD.), Boston University School of Education, 167.

的であり、帝国主義や国家主義のリーダーが適切な振る舞い（proper behavior）の見本として積極的に教材化されていて、その意味で権威主義的であり、弱肉強食の社会競争を煽る性質を有していると断罪する[76]。また方法面では、口頭教授が、そのような内容を系統的に教え込む（systematically inculcate）ことに貢献したという[77]など、マクマリーを伝統主義者として描き出す。

　マスチンスキーの評価は、そもそも進歩主義的な社会改造的側面を重視する立場に立って、それ以前の議論を保守として一括する粗雑さがあり、また20世紀初頭の人権論に照らしてもあまりに厳しく、歴史文脈にもとづく評価を過度に逸脱しているといえる。確かに、1890年代は道徳性を重視する教育目的が内容選択に単純かつ直接的に反映されていることは事実であるが、1900年代以降、むきだしの教条主義的展開が想定などされておらず地理や自然科学などの他の内容領域と相互関連させて実践されることが構想されていた点、口頭教授により子どもの議論が促されて子どもなりに結論へと発展的にたどりついていくプロセスが重視されていくようになっていた点などを見落としている。また、内容選択の際、条件として保守的な教え込みが重視されたのではなく、思考の中心に関する分析があって典型性を見出し、構造的に再構成されていたというカリキュラム開発の手法に注目することにこそ意味がある。結果的に表面化した歴史分野の内容の見出しの羅列から否定的に評価するのは、当時のコース・オブ・スタディそのものへの批判となんら変わりがないといえ、カリキュラムや実践への批判としては一面的であると言わざるをえない。

　ジェイムズ・アケンソン（Akenson, J. E.）とレオ・レリッシュ（LeRiche, L. W.）は、1997年に『社会科教育における理論と研究（Theory and Research in Social Education）』誌に論文「タイプ・スタディとチャールズ・A・マクマリー：初期の小学校社会科における構造（The Type Study and Charles A. Mc-

---

76　*Ibid.*, 191-193.
77　*Ibid.*, 196-197.

Murry: Structure In Early Elementary Social Studies)」を発表した。マクマリーのタイプ・スタディ概念の変容と当時の小学校社会科への影響を論じている。彼らは、タイプ・スタディをマクマリーにおける小学校教育(とくに中学年)の総合的見解を示すものとして位置づけ、そのルーツをヘルバルト主義教授理論に見出し、そこから連続的に発展させた所産と見ている[78]。彼らは、タイプ・スタディの必要性を知の関連づけとその組織化、さらには帰納的な教授法を適用することで、カリキュラムの再編を図ろうとするのは、米国ヘルバルト主義隆盛期である1890年代以来変わらぬ枠組みが貫かれていると見ている。20世紀に入ってからの鍵概念であるタイプ・スタディをヘルバルト主義に基づくカリキュラム論上の継続・発展と見る先行研究は非常に少ない。その意味で、アケンソンらのマクマリー理解は本研究にとっても貴重であるが、あくまでも社会科という一領域のなかにタイプ・スタディの意味を見出そうとしているため、社会科における知識の選択と集中の議論として矮小化してしまっている点は見逃せない。それゆえに、プロジェクトという概念もタイプ・スタディの単なる換言として捉えられ、彼らの論文中でもマクマリーが意図的にプロジェクト概念を用いていた「パナマ運河プロジェクト(the Panama Canal Project)」という単元名も、「パナマ運河タイプ・スタディ(the Panama Canal Type Study)」などとすべて言い換えられて紹介されている。

　タイプ・スタディは社会科、とりわけ地理・歴史領域だけで使用が試みられていた概念ではなく、他の教科・領域でも広く適用されていたカリキュラム編成概念でもあったことがアケンソンらは軽視しているし、何より1920年の『プロジェクトによる教授』が考察の対象から外されていることから、タイプ・スタディ概念の矮小化とプロジェクト概念の無視が起こっても無理はない。

---

[78] Akenson, J. M. & LeRiche, L. W. (1997). The Type Study and Charles A. McMurry: Structure in Early Elementary Social Studies. *Theory and Research in Social Education*, 25(1), 35.

アケンソンらは、タイプ・スタディ概念の初出を1898年版のマクマリー兄弟共著『レシテーションの方法』に見出している。実際、その著作では「タイプス（types）」と複数形で登場することが多くタイプ・スタディとして術語化して練られるところまでは至っていないが、知識の相対的価値を論ずる文脈で、まさに他の特殊な雑多な知識を代表する「典型」として教育内容として提示できるようなものを指して用いられている。アケンソンらは先述のミッチェルを引きながら、1904年の『米国地理からのタイプ・スタディ集』が本格的なタイプ・スタディ概念の登場であるという理解を踏襲し、しかしながら、米国ヘルバルト主義理論に見られた教授論がそこでは失われ教材編集に特化しているために大人向けの展開とも言えるものになっている点や、これもヘルバルト主義理論の重要な思考＝教授＝学習のプロセスにはあった「比較」が全く意識されていない点などを指摘して、先行するヘルバルト主義理論と不連続な性格から、概念としては未成熟であったと意味づけている[79]。

アケンソンらはマクマリーのタイプ・スタディの成熟は GPCT で発行したタイプ・スタディ集の小冊子（アケンソンらのいう『ピーボディ・タイプ・スタディ集（The Peabody Type Studies)』）に確認できるとしている。つまり、マクマリーが NISNS から1915年に GPCT に異動となったあとのタイプ・スタディ概念に注目している。とりわけ、1922年の小冊子『タイプ・スタディと授業案集（Type Studies and Lesson Plans of the George Peabody College for Teachers)』に載せられた論文「大単元としてのタイプの取り扱い方（Method in Handling Types as Large Units of Study）」は教授法が具体化されていることと、核となるアイディアを他と関連づけることでより広い視野と広範囲に及ぶ適用とが徐々に起こることを企図してまとめられている点でより精緻になったと評している。実際には、1915年以降は、現職教員と共同しながらマ

---

[79] Ibid., 39-40.

クマリーが次々とタイプ・スタディ（後にはプロジェクト）を生産・洗練した時代であり、実践的な検証も何度も経ることでタイプ・スタディ概念を具体的で実践可能なものへとしていったことがうかがえるのだが、その開発プロセスや教員養成・現職教員研修の側面をアケンソンらは見逃している。ゆえに、彼らは、マクマリーのタイプ・スタディが1910年代後半にはかなり具体的になったとはいえ、実践書（方法と資料が掲載されていた）として提案された一連の著作が、実際の実践レベルで詳細にどう機能するかという点では不完全であり、教師への指導機能としては限定的であったという評価を下している[80]。ここでは、彼らは一連の実践書をそのまま実施可能かどうかというマニュアル的性質に照らして批評する誤りをおかしているといえる。

3　本研究の課題と方法

3－1　本研究の課題

　前節で取り上げた先行研究の成果を十分踏まえて、本研究では以下の具体的な3点を課題として設定し、検討を進めていく。

(1)　タイプ・スタディ概念の使用文脈の変遷を明確にすることを通じて、マクマリーのカリキュラム論や教授理論そのものの質的転換を捉えること。
　　具体的には、米国ヘルバルト主義の主概念である中心統合法・開化史段階説・形式段階説などを先行研究のように羅列的に解説してカリキュラム開発・改造の歴史の一つとして定置することは本研究では行わない。これらの諸概念は米国ヘルバルト主義運動の終焉とともに消滅していったのであり、これらの概念に基づいてマクマリーのカリキュラム論を再構成しても、先行

80　*Ibid.*, 44.

研究と同様に、20世紀以降のマクマリーの理論的・実践的発展を追求できないからである。本研究では、主要な概念に対する説明的な下位概念として先行研究ではあまり検討されてこなかったタイプ・スタディ概念に着目する。タイプ・スタディは1890年代もさらには1920年代に入っても、つまりおよそ35年近く絶えず登場する概念であるにもかかわらず、そのタームが使用される文脈と意味は時代によって少しずつ変化していっている。タイプ・スタディ自体の変容やそのタームの使用文脈の変容を追うと、マクマリーの所論について、ダイナミックな教師の存在を想定した「教師論」を組み込んだ先駆的なカリキュラム論として描き出すことが可能となるだろう。

(2)　ノーマル・スクールやティーチャーズ・カレッジでマクマリーに直接学んだ者たちがどのようにタイプ・スタディを具体化させようとしていたかを明らかにすること。

　この課題は、先行研究では全く扱われていないものである。ノーマル・スクールの学生として、あるいはティーチャーズ・カレッジの院生として、時にはサマー・スクールの受講生として、講義・演習・論文作成指導を通じて直接マクマリーからタイプ・スタディ論を学んだ者たちを取り上げ、その記述の特徴や、マクマリーのタイプ・スタディを自身の実践現場とどう関連付けようとしていたのか、そして、卒業あるいは修了後、彼らは復任してどのような立場でどのように学んだことを活かそうとしたのかを検討する。この作業の過程で、マクマリーが実際にどのような指導を行っていたかを間接的に把握することができる。

　また、マクマリーの指導の直接性という意味では、自ら部局長を務めたNISNSのトレーニング・スクール、教育長を務めたディカルブの公立学校、長年運営委員や委員長も務め常時関与していたGPCTの附属実演学校に注目することで、マクマリーが具体的にどのようにカリキュラム開発やその修正をしていたのかに迫ることができる。1899年以降1929年に彼が没するまで、

タイプ・スタディを実験し、検証していく彼のホームともいえる初等・中等教育機関はたえず存在していたのであるが、その事実に注目したマクマリー理解は皆無である。

これらの指導は、各地の学校現場を訪問し指導する際の方針や、教育長や指導主事相手に視学のあり方を指導するときの研修内容にも通じていた可能性が高い。

(3) マクマリーが自ら足を運んで、現地で研修会を持ったり、視察指導を行ったりする過程で、タイプ・スタディはどのように受容されたり変容を迫られたりしたのかを明らかにすること。

マクマリーに直接師事した教師たちとは異なり、各地域・各現場の固有の教育実践課題を持った教師や行政官たちが、マクマリーのタイプ・スタディになぜ注目し、実践を推進しようとしたのかを検討する。学校教育現場の教師にとって解決しなければならなかった問題は、果たしてNEAでシンポジウムがうたれたりティーチャーズ・カレッジで講述されたりしている問題とどれだけ重なりどれだけ乖離していたのか。また、学校現場や地方の教育行政当局がマクマリーから学んだのは、1910年代〜20年代、教育の科学化が指向される時代にあって、学校調査運動の調査委員として監査を受けることを契機としたこともあった。タイプ・スタディやその概念を内包したコース・オブ・スタディや教授方法が科学的な調査を踏まえた公式な改善提案とされ、とりわけ地方の教育委員会に示されたのである。

学校現場の教師たちは、大きくは教授理論やカリキュラム論の変遷にあわせて実践を変容させようとしていたのでもなければ、小さくは教授理論家による学説変更にあわせて実践を改善していたのでもない。カリキュラム開発史研究で人物史研究の観点を持ったとき、たとえばマクマリーなら、渡独留学前、米国ヘルバルト主義運動隆盛期、NISNS期、GPCT期などと時期区分をもって彼の変容を追うことは困難なことではない。だが、当然のことな

がら、タイプ・スタディを取り入れ、自らも開発したサウス・カロライナ州のある教師（指導主事）は、マクマリーの思想の変遷を同様になぞったわけではなく、米国の典型的な片田舎の学校を視学するなかでタイプ・スタディの利を見出していったのである。マクマリーの何を参照するかについても、必ずしも最新のものから学んだとも限らないのである。

　さらに、マクマリー自身も学校現場に入ることで、自らの理論や単元開発手法を修正したり、その妥当性を確認したりという作業を繰り返すことになる。さきほどの単純な時期区分でマクマリーを捉えることも、この意味において実は困難なのである。それゆえに、教授理論家と実践家とが出会い、影響関係にあるとはどういうことを意味することなのかをできるだけ多くの事例を踏まえて検討することにしたい。そうすることで、これまでのカリキュラム開発史では描けなかったカリキュラム論や教授理論の現場での浸透の実相と、逆に実践の事実により変更されてきたカリキュラム論や教授理論を叙述できるようになるだろう。本研究ではその試みをマクマリーという教授理論家と彼のタイプ・スタディ概念をモチーフにして行うことになる。

　これらの課題解決を通じて得られた知見により、これまでほとんど注目されてこなかった米国ヘルバルト主義の「その後（すなわち、運動終焉後）」のカリキュラム論を正当にカリキュラム開発史に位置づけし直し、あわせて1920年代に広く普及したプロジェクト概念のカリキュラム論上の固定的な理解、とりわけ、日本において進歩主義教育のカテゴリーとして位置づける理解の限界を示すことにも貢献するだろう。さらに、「教授理論家と実践家の関係性」を描き出すことで、カリキュラム開発史研究上の再考の必要性を提案することになるだろう。

3－2　研究方法および対象資・史料

　以上の課題に迫るため、本論文では、以下のような資・史料を用いてその

解釈を中心として検討していくこととする。

　まずは、マクマリーの主要著作群である。米国ヘルバルト主義運動隆盛期の2著作『一般的方法の要素』(1892、1903)と『レシテーションの方法』(1897、1903)は多くの先行研究者が参照している。これらの著作はその初版と20世紀に入ってからの改訂版で大きくその力点が変わっており、それがマクマリーにおけるヘルバルト主義からの変容を物語る資料ともなっている。本論文では、この2著作に関わる先行研究の知見を共有しつつも、タイプ・スタディ論に注目するにあたり、あまり注目されることがなかった他の著作群にも目を向けたい。『教師用実践ハンドブック』(1914)、『対立する教授原理とその調整法』(1914)、『プロジェクトによる教授』(1920)、『カリキュラムの編成法』(1923)の4著作は教科・領域を超えたマクマリーの一般的方法（general method）を一貫して踏襲し更新してきた著作である。この他にも、各教科・領域に特化した『スペシャル・メソッド』のシリーズもとりわけ地理版に注目して取り扱い、タイプ・スタディ集ともなっている各著作も参照した。さらに、タイプ・スタディ集としては、パンフレット状の小冊子『タイプ・スタディと授業案集』(1915〜1924)もピーボディ図書館（Peabody Library）所蔵の初版を中心に用いた。

　次いで、マクマリーのジャーナル論文を補完的に扱う。上記の主要著作のまさに間を繋ぐ意味を持つ論文か、あるいは具体的なタイプ・スタディの単元提案か、さらには、論争的対応がなされる論文かにおおよそ類別できる。

　マクマリーの書き残したもので公刊されていないものは、ノーザン・イリノイ大学（Northern Illinois University、旧NISNS）の地域史センター（Regional History Center）にある大学アーカイブス（Northern Illinois University Archives）が所蔵するマクマリー・ペーパーズ（Charles A. McMurry papers）に数多く残されており、講演や講義のメモ、私信、草稿などを活用した。そのほとんどが先行研究者により未着手のものばかりである。ヴァンダービルト大学（Vanderbilt University、旧GPCT）のスペシャル・コレクションズ（Special Collections) にもマクマリー・ペーパーズ (Charles A. McMurry papers) がある。こちらは、1927年の彼の教歴50年祝賀会に応じてやりとりされた同時代の研究者や教育関係者との書簡が主なコレクションであり、先行研究者のケネス・タイラーがそれらを分析しているが、マクマリーの講演の草稿などはこれまで扱われてはいない。

　GPCT の附属実演学校の記録についても、現在は改称しナシュビルの大学附属学校 (University School of Nashville) となっていてアーカイブスもあるが史料未整理のため閲覧に供することはできない状態となっていて、ヴァンダービルト大学スペシャル・コレクションズに所蔵されている大学年報や便覧、学生・院生による学内誌、児童生徒による文集など多様な種類が有力な一次史料となる。なおヴァンダービルト大学にはかつての修了生の修士論文が水害で一部散逸しながらもかなりの数を取り揃えており本研究でも活用した。

　一般の教師や地方教育行政当局に関する資・史料については、各地の地方教育誌（紙）を重点的に取り上げ、その補完史料として、コロンビア大学ティーチャーズ・カレッジ (Teachers College, Columbia University) の所蔵する未公刊史料、ノース・カロライナ大学チャペルヒル校ウィルソン図書館の南部史コレクション (The Southern Historical Collection, Wilson Library, University of North Carolina at Chapel Hill) が所蔵するモリス・ミッチェル・ペーパーズ (Morris R. Mitchell papers)、サウス・カロライナ大学サウス・カロリニアナ図書館 (South Caroliniana Library, University of South Carolina) が所蔵するブラウン・ファミリー・ペーパーズ (Brown Family papers)、ウィリアム・テイト・ペーパーズ (William K. Tate papers)、その他教育長書簡やニューベリー郡 (Newberry, SC) 教育委員会議事録などの一次史料を用いた。

　なお、具体的な単元を示す場合は、わかりやすくするために、それぞれの著者の趣旨を損なうことなく、筆者自身により図表化することに努めた。

3－3　本論文の構成

　以上の資・史料を用いながら、先述の問題を解決するため、本論文は以下のような構成をとる。

　第1章では、本章でも略述した米国カリキュラム開発史をマクマリーの理論形成過程として深めることとする。マクマリーのカリキュラム論の変遷の概略を授業形態論の観点から示す。第2章では、マクマリーのタイプ・スタディ論がその登場からどのように位置づけが変わっていったのか、その変容の契機は何だったのかを考察するとともに、具体的な単元提案の内容も検討する。最後にプロジェクト論へと合流していくなかでマクマリー自身の捉え方の変わらず一貫している点と質的に変容した点を見出し、そのカリキュラム開発史上の意味を示す。第3章では、タイプ・スタディに見出された教員養成機能に注目し、具体的にマクマリーから教員養成機関で学んだ教師たちの実践的展開を追う。第4章では、教育の科学化が目指された時代に、その萌芽として子ども研究が深められた意味を確認した後、学校調査運動を通じてマクマリーがどのように「科学的に」カリキュラムを監査し、同時にタイプ・スタディの普及を意図していたのかを検討する。また同時にやはり科学化の一環であった教育測定運動に、マクマリー自身肯定的に与しながらも結果的にはタイプ・スタディの限界が露呈していく逆説を明らかにする。第5章では、NISNSとGPCTいずれにおいてもマクマリーが運営に関わったノーマル・トレーニング・スクール、プラクティス・スクール、附属実演学校などでのカリキュラム開発の実態を明らかにする。マクマリーのタイプ・スタディの具体的な開発・実践過程が見える事例となる。第6章では、学校現場や教育行政当局、さらには教員養成機関がマクマリーのタイプ・スタディをどのように受容していたのかを多様な事例から考察する。終章では、全章を踏まえて本論文の結論を示し、残された課題を整理することとする。

　なお、第1章の第1節は、「19世紀後半のアメリカにおけるレシテーショ

ンの定着過程」(『京都大学大学院教育学研究科紀要』第47号，185-195頁（2001年))、同第 2 節は、「アメリカ・ヘルバルト主義における授業形態論の変遷」(『京都大学大学院教育学研究科紀要』第46号，361-373頁（2000年))、第 2 章の第 1 ～ 4 節は、「C. A. マクマリーにおけるタイプ・スタディ論の生成・発展過程－1920年代の「プロジェクト」概念に至る変遷を追って－」(『慶應義塾大学教職課程センター年報』第23号，5-26頁（2015年))、第 4 章の第 1 節は、「アメリカ・ヘルバルト主義における子ども研究（Child-Study）の位置」(『教育方法学研究』第26巻，1-9頁（2000年))の、いずれも拙稿をもとにしつつ、新たな資料の追加とそれに基づく知見を追加するなど、大幅に加筆・修正した内容となっている。

第1章　19世紀後半の「授業」の実態と米国ヘルバルト主義

　第1章では、19世紀後半の授業やその形態の変遷に注目し、米国ヘルバルト主義の受容・運動発展・普及もその過程に位置づくものとして描き出す。シーゲルが見立てたように、カリキュラム論は、1890年代になってようやくマクマリー兄弟らがカリキュラム論を萌芽的に構成し始め、20世紀に入ってボビットらにより専門的に追究されていくようになる。

　シーゲルもクリバードも、結果的には、1890年代後半以降、すなわち「15人委員会報告書」と米国ヘルバルト主義運動の興隆、そして進歩主義教育の台頭という流れに、カリキュラム開発史、あるいはその葛藤史を見る。この見方そのもの、とりわけカリキュラム論の構成・専門化という視点は間違ってはいない。

　だが、本章であえて、学校現場における「授業（形態）」を取り上げることで、本研究の前提となる歴史を概括しておくのは、1890年代も20世紀に入ってからも、マクマリーのカリキュラムに関する議論が、基本的に授業の形態とそれをコントロールする教師の力量に関する議論と絶えず切り離されることなく展開してきたということによる。さらにいえば、マクマリーの単元開発は授業に関する議論の方に軸足を置いていたとすらいえる。その仮説的見地に立てば、これまでのようなカリキュラム編成原理の変遷をのみ追うよりもむしろ授業形態（論）の変遷を追う方が、マクマリーの主張と実践の歴史的意義を明確にできるはずである。

1 19世紀後半の「レシテーション」の定着過程

　カリキュラム開発史研究の通念上、19世紀後半の米国において、1860年代にペスタロッチ主義、1890年代にはヘルバルト主義が紹介され、特に初等教育においてその教授理論は強い影響力を持ったとされている。

　このような舶来の教授理論の輸入の背景にあって、米国の初等教育における実際の「授業」を規定していた教授方法や授業形態について言及した先行研究は乏しい。19世紀後半の米国の公立の初等学校を実際に支配していたのは「レシテーション（recitation）」であった。レシテーションとは、原義は「復誦」であり、テキストを主たる教材とした教師・生徒の問答や「繰り返し」が基本スタイルで、あり、「レシテーションの時間」として独立した「校時」でもあった。

　ここでは、このレシテーションの概念の変容過程が米国ヘルバルト主義受容期までの教育実践史の核心的性格を示していること、そして教授方法としての「レシテーション」が一般的な授業形態にまで昇華し固定化していく事実を示したい。「レシテーション」の改良過程においては、いずれも異口同音に「注入やドリルの克服」を謳いながらも、それ自身が「注入やドリル」に帰していると批判を受けるという再帰的な構造を持っている。

　そこで、「モニトリアル・システム（monitorial system）」に端を発した一斉教授システムの中で、この問題意識および批判がどのように述べられ、どのように解決しようと模索されていたのかという観点から、レシテーションの普及・定着過程を単なる理論史ではない実践史として示していきたい。

　本節においては、まず教授方法としてのレシテーションの基本的性格を述べ、次いでその起源となった、1820年代の「モニトリアル・システム」を概観する。そして、1840年代から全米に教授方法の面で多大な影響力を持っていたとされるデイヴィッド・ページ（Page, D. P.）を取り上げる。そこではレ

シテーションの枠組みは放棄しなかったが、教師をテキストという無機的なものから解放させ、自律性を持たせることを目指す方向を示すという風に、レシテーションの中味が変容していく面を取り出す。次いで、オスウィーゴ運動を取り上げ、子どものもつ活動性に注目することにより、テキストからは完全に離れていく方向を示し、最後にレシテーションが単なる狭義の教育方法概念から「授業過程」そのものを指す概念へと昇華していったことを示す。

1－1　19世紀後半におけるレシテーションの性格と普及

1895年に、典型的なレシテーションの実践例として興味深い「授業記録（stenographic report）」が報告されているので取り上げたい（表1－1）。

表1－1　歴史科の授業記録（抜粋）（1895年）[81]

教師：今日の授業は何から始めるのかな？ 生徒：地代反対運動です。 教師：J君、これについて教えてくれないか？ 生徒：「地主制度」のもとで生活している人たちの不満から始まりました。彼らは地代を払うのを拒否しました。違法な拒否でした。彼らはインディアンに変装することを考え、地代を払った連中にタールをぬったり羽根だらけにしたりして汚しました。この叛乱は軍隊によって鎮圧されました。 教師：M君、モルモン教徒について教えてくれるかな？ 　　　　　　　　　　　　　　…………

対象学年はおそらく5～6年生であろうが特定はできない。授業研究の方法や技術も整備されていない時代でもあるので、この授業記録がそのまま事実を伝えている記録か否かも判断できない。しかし、新しい教授方法や授業形態を提示し、「新教育」を標榜する論者たちが異口同音に批判する典型的な、教師・生徒のやりとり（レシテーション）に重なる実銭であるので、ある

81　(1895). Stenographic Report of Recitations. *The Public School Journal, 14*(6), 329.

程度、当時の実践を伝えるものであると見てよい。同時代に初等教育を受けたマクマリーの娘ドロシー（McMurry, D.、以下、D. マクマリー）も後に「記憶中心法（memoriter method）」を紹介する文脈でこの授業記録を引用している[82]ことからも、子どもはおそらくテキストに書いてあったこと、あるいは教わったことをそのまま復誦していることが予想される。後述するモントリアル・システムでは、テキストに書いてある説明や例題を教師あるいはモニターがそれを忠実に示し、それをさらに子どもたちが繰り返すという、テキスト準拠のドリル形式がとられていたことを考えると、時代が下っても類似した実践がなお行われていたことがわかる。

また、1897年の初等教育現場の状況として、

> 平均的な生徒は、男の子であれ女の子であれ、一教室の学校（one-room schoolhouse、複式学級）に出席し、小学校教科以上のトレーニングなどほとんど受けていない若い女性により教えられていた。（中略）生徒は70パーセント以上の時間をとても機械的なやり方で教授される形式的な教科に費やしていた。（中略）もっとも充実していたカリキュラムは地理、歴史、文学、音楽、絵画、体育、自然科学、さらには外国語を含んでいた。しかしながら、もっともおぼつかない事例は読み書き綴りおよび算数のごく基礎を提供するにとどまっていた[83]。

との報告がある。

では、19世紀後半を通じてなされたレシテーションを成り立たせる原理とは何であったのか。ヴィヴィアン・セア（Thayer, V. T.）は以下の３点を「レシテーション法によって当然とみなされた教育的原理」としてあげている[84]。

---

82 McMurry, D. (1946). *Herbartian Contributions to History Instruction in American Elementary Schools*. Unpublished doctoral dissertation (Ph.D.), Teachers College, Columbia University, 6-7.
83 Robbins, C. L., (1924). Elementary Education. In Kandel, I. L. (Ed.) (1924). *Twenty-Five Years of American Education: Collected Essays*, New York: The Macmillan Company, 228-229.

1．テキストが学習の中心である。
2．子どもの精神はワックス・タブレット（wax tablet）[85] である。
3．学校は個人主義的かつ選抜的な機構である。

　テキストが、レシテーションの中心に置かれるようになった過程は、教師の質の低さの自覚、教育内容の一貫性の主張、「レシテーション＝授業」という使用法の普及、これらの過程と一致している。19世紀後半は、都市部にせよ、農村部にせよ、人口が飛躍的に増加した時代であった。その人口増加に伴い、学校数も著しく増加し、教師の需要も高まった。それに対して教師教育の立ち遅れがあるところに加えて、教職に対する意識の低さから、テキスト中心の授業形態はむしろ好都合であった。教職につく若者は、よりよい職に就けるまでの通過点程度にしか考えておらず、テキスト以上のことを知ろうという意識もなく、ましてや、教授方法の改良などとは考えていないという実状であった。ゆえに、彼らの無知を隠すためにテキストが準備される必要があったというのである[86]。先述の表１－１でも明らかなように、教師は子どもがテキスト通りに暗記したことを復誦する場に立ち会い、自らはテキストを開いてその正否を確かめるだけでよかったことが推察できる。

　もちろん、行政官たちは、教師の質の低さをある程度自覚していたが、テキストに忠実に授業を行うことで教育内容の一定の連続性や規則性が保証されるという主張をする[87]ことでテキスト中心の授業形態を支持したのである。

　モニトリアル・システム以来、子どもの精神は受動的なものであるという子ども観があり、あらゆる知識は外界から印象的な形で子どもの中に入ってくるものという知識観がそれに対応していた。子どもの精神は、知ったこと

84　Thayer, V. T. (1928). *The Passing of the Recitation*. Boston, MA: D. C. Heath and Company, 14-27.
85　ロウ板。ロウで出来た板にとがった枝などのペンで一時的に字などを記録する教具。ロウを塗り直すことで再利用が可能であった。
86　*Ibid.*, 15-16.
87　*Ibid.*, 16.

を次々に書き込むことができるものであると捉えられていたのである。

　3つ目の原理である個人主義的機構としての学校に関しては、セアによれば、「個人主義」の意味がイギリス的な「レッセ・フェール」による個人主義ではなく、米国固有の個人主義であるという。米国固有の個人主義とは、生活様式そのものであって、個人の興味を伸ばし、あるいは制御するのに、ためらわず公的政府機関を利用するような態度であるという[88]。

　セアの挙げた、レシテーションにより広まった3つの教育の原理のうち前2者は、学校の教室における授業形態を決定付ける性格を持つものであった。テキストを中心にすることは、その背景的根拠がいかなるものであれ、レシテーションを教師にとっても容易なものにする一方で、教育内容に関する議論も用意、誘発することになった。

　以上が、複数の新教育のムーヴメントがあったにもかかわらず、19世紀後半に脈々と併存し続け、一般的に行われていたレシテーションの「型」である。このモニトリアル・システムを引き継ぐ「型」が、ペスタロッチ主義にしても、米国ヘルバルト主義にしても、さらには進歩主義にしても、それらの受け皿でもあると同時に、実践上の克服対象として描かれ続けることになったのである。

1－2　モニトリアル・システム

　周知のとおり、米国の公教育制度は、1840年代、マサチューセッツ州を中心としたマン（Mann, H., 1796-1859）らの公立学校設立運動に端を発し、1870年代、ハリスらの整備により確立した。このように、制度そのものは19世紀後半になって拡充してきたのであるが、だからといって教育実践がその間、あるいはそれ以前になかったかといえばそうではない。公教育という形式はとらなくても「クラス」による一斉教授システムは1820年代からみられ、そ

---

[88] *Ibid.,* 24.

れにみあった教育方法論もさまざまに考案されていた。逆にいえば、豊かな教育実践の存在が公教育の成立と拡充を可能にしたともいえるのである。

レシテーションの起源から1920年代までの普及を考察したセアは、米国の教育実践において、「もし、教授方法の進化を十分に理解したければ、ジョセフ・ランカスター（Lancaster, J., 1778-1838）や彼の同僚の助教（モニター）たちの創造的な仕事を細かく研究すべきである[89]」と述べており、また学校教育における一斉教授の思想と歴史を叙述したハミルトンは、「『一斉』方式を個別教授よりも社会的に意義のあるものとして出現させるのに力があったイデオロギー」の重要な一側面としてベル（Bell, A., 1753-1832）やランカスターのモニトリアル・システムをあげる[90]。

後のテイラー・システム（Taylor system）が米国の教育実践に対して、そのレトリック上も実質上も多大な影響を与えたのと同様に、産業革命後、18世紀後半から19世紀初頭にかけてイギリスの綿紡績工場のシステム化（一連の流れ作業と管理運営）がモニトリアル・システムを生み出す着想の源となった[91]。ベルは孤児院の子どもたちの教育に従事し、「宗教と道徳」の諸原理を注入する目的を効果的になすために「すべてのクラスに1人の教師と1人のアシスタント」を組織した。これに影響をうけ、後に米国にわたりモニトリアル・システムを伝えたのがランカスターである。

子どもたちは10人前後の小集団に組織され、年長の生徒であるモニターがそれぞれの小集団の監督にあたった。その行動様式たるや、軍隊のそれであったとセアは述べている[92]。そこでは、クラスの組織や管理だけでなく、教育内容に関してもこと細かく規定されていた。

ギル（Gill, J.）によると、たとえば算数の授業の運びは次のようであった。

---

[89] *Ibid.*, 3.
[90] Hamilton, D. (1989). *Towards a Theory of Schooling*. The Falmer Press.（安川哲夫訳（1998）．『学校教育の理論に向けて』世織書房、p. 105）．
[91] Hamilton, 安川訳、同上書、p. 88.
[92] Thayer, *op. cit.*, 3.

進歩の基本は表に示された知識を完全にするところにあった。どんな新しい原理であってもその例はまずは手短かつ簡明なものであり、学習者の力量でもって長く複雑なものにしていった。それぞれのクラスはモニターが持っているテキストに書かれた決まった数の例題に取り組んだ。流暢にまたすばやくできるようになるまで何度も何度も取り組むものもいた。新しい原理を教える際には、モニターが例題を書き、やってみせて、それを生徒たちが後について石板（slates）に写していった。そしてその後石板は消され、黒板に例題が書かれると今度は子どもたちひとりひとりがそれに取り組んだ。やり方がわかるまでこの方法が続けられた[93]。

　旧来、個別的に施されていた教授が、教室の整備、黒板や石板といった教具の普及というハード面と、工場原理に基づく管理システムの発想により、おどろくほど効果的・効率的に「注入」がなされたのである。この「速効」に当時の父兄は驚き、何か「悪いマジック（evil magic）」をモニターや教師が施しているのでないかという声まで出るほどであったことが報告されている[94]。

　また、授業はあまりに機械化され、規律あるパフォーマンスや事実の記憶だけが学習するということであるという風潮が生まれ、能力心理学に基づく形式陶冶と結びついていく傾向も見せた。しかし、セアも述べている[95]ように、教室のなかでは、1人の教師およびモニターに対し複数の子どもがその指示に従い同時的に学習するという形式は、レシテーションの構造上のガイドラインにもなっている。

---

[93] Gill, J. (1887). *Systems of Education: A History and Criticism of the Principles, Methods, Organization, and Moral Discipline Advocated by Eminent Educationists*, Boston: D. C. Heath & Co., 192-193.
[94] Thayer, *op. cit.*, 4-5.
[95] *Ibid.*, 6.

1－3　ページの教授方法の普及と影響

次の表1－2に挙げている実践事例は、オールバニー（Albany, NY）のニューヨーク州立ノーマル・スクールの校長であったページが「正しい教授方法（right modes of teaching）」として示した教師の発問と子どもの応答の例である。彼の著作は19世紀後半、すなわち、公教育が確立していく過程で、一斉教授システムに馴染みやすいものであり、また非常に「ハウツー」的に具体的方略を述べているので、教授方法に関するロングセラー本として全米の教師に影響を与えた[96]。

ページは、次のように述べて、モニトリアル・システムを乗り越えるものとして、自らの唱える教授方法を位置付けている。

> 同時一斉に行うレシテーション（simultaneous recitation）を信用しすぎてはいけない。このレシテーションは最近大はやりである。ここ数年の間に創られ、ランカスター・スクールとして知られる大規模学校に端を発している。（中略）このレシテーションの方法をわれわれの地域の学校に適用してみると、（中略）まったく役に立たず、場違いなものである。私は、正直に言うと、この方法はわれわれの学校の多くには重大な失敗であると見ている。それは、ひとりひとりの個性を追いやっているので、子どもの自立性を潰している。（中略）他人まかせに学習すると、授業が表面的なものになってしまう[97]。

以下に示す表1－2は、教師と生徒の想定問答として考案されているものであって、実践記録という形で示されたものではないので対象学年や単元名などは示されていない。

---

[96] McMurry, D., *op. cit.*, 22.
[97] Page, D. P. (1848). *Theory and Practice of Teaching*. Syracuse, New York: Hall & Dickson, 116.

表1－2　ページの教授事例[98]

教師：楡の木には種がありますか。寒い冬が去り、三月の終わりから四月のはじめぐらい、暖かい晴れた日を思い出してごらん。鳥たちが姿をあらわし、さえずり始める。そして楡の木を見上げると、そのつぼみが膨らみ始めているのに気づき、葉がそろそろ出てくるだろうと思うでしょう。だれもが、もう春が来るねっていいますよね。けれども、このあと、寒くこごえるような夜や風のきつい日が再びやってきて、葉っぱもそんなに早くは出てこないんじゃないかって気がしますよね。では、もし、君たちが注意深く観察すれば、葉っぱは三月の二十日頃、あるいは六月の上旬まで出てこないことがわかるのだろうか。先生がいままで話したようなことを何か見たことがありますか。 生徒たち：はい、先生、覚えています。 教師：じゃあ、次につぼみが膨らみ始めているのを見かけたら、枝振りのいい木から小枝を折り取ってごらん、そうすれば、それらが葉芽ではないことがわかるでしょう。しかし、2〜3週間、注意深くそれらを見ていると、一つ一つのつぼみから小さな美しい、そして色づき、かすかに香りのする花が出てくるのがわかるでしょう。さらに観察し続けると、果皮がつくられ、アメリカボウフウのような形になってきます。これらは、日に日におおきくなり、徐々に頭を垂れて、まるで熟してきたかのように見えます。ちょうど、このころ葉が出てくるのです。まもなく、これらの種は風が強い日にみな落下します。地面は何千もの種で覆われます。おそらく見たことがあるでしょう？ 生徒（J）：はい、先生。おじいちゃんが「エルム・ダスト」と呼んでます。 教師：おそらく来年はこれを見られるでしょう。そしたらお父さんお母さんに、いっしょに調べてくれるようにお願いしてみなさい。もう5分たちましたね。

　生徒の発言は極めて少なく、「イエス・ノー」あるいは単語・用語を応えるばかりである。もちろん、ページも「子どもたちの心を強く活動的な状態にする。彼らは自分たちのことをもはや受身的な受容者ではないと思っている[99]」と述べているように、やはり、そのレシテーションにおいて、活動性や子どもの積極的な授業への参加の必要性を認め、さらにいえばそれを目指している。では、このように注入主義的な教授方法・授業形態を一方で批判しつつも、彼の実践の指南書そのものが、なぜ批判の対象として取り上げられるに至ったのかを検討してみよう。

98　*Ibid.*, 96-98.
99　*Ibid.*, 99.

まず、明らかなことは、まだ1847年の段階であるからレシテーションが文字通り「復誦」と捉えられており、教師の発問および説明に偏した問答形式をとっているということである。ページは、レシテーションという教授方法の枠内での教師の役割（ときには心がけ）を述べているのである。「教師の質を考える際に、学校におけるレシテーションへの（子どもの）興味を駆り立てる力が見過ごされてはならない[100]」と述べていることからもわかるように、レシテーションという枠組みを前提としつつ、その中でいかに子どもが興味を持てるような授業を展開するかということが重要になっている。そのことに注意して上の表を眺めてみると、教師の説明および発問が、子どもの日常になるべく根差そうとしたものであることがわかるだろう。クルークシャンクによれば、ページにおいて教育とは、単なる導きではなく技術的に高められた発問により子どもの心を目覚めさせる（waking up of the mind）ことでもあった[101]。彼女の指摘からも明らかなように、ページのレシテーションでは、子どもの精神陶冶をめざすその目的は、教師の発問や説明にすべて委ねられるというシステムになっている。先述したように、モニトリアル・システムを改良する方向性が、子どもの能動的・積極的思考を目に見える、例えば「活動」としてレシテーションに組み込むのではなく、子どもの内的な部分でそれを「促す」教師の力量の向上にのみ向けられたのである。

　再度、表1－2に示した事例を見てみると、「教師の話を聞く」子どもの思考の内部でなるべく滞りなく了解される「順序」で教師が説明していることがわかるだろう。つまり、教師が、子どもの考えるであろう、あるいは子どもの考えやすい道筋を予め想定し、子どもの思考をゆっくり導く形で説明や発問を行うことが、子どもひとりひとりのレシテーションへの能動的参加

100　*Ibid.*, 103.
101　Cruikshank, K. A. (1993). *The Rise and Fall of American Herbartianism: Dynamics of an Educational Reform Movement*. Unpublished doctoral dissertation (Ph. D.), The University of Wisconsin-Madison, 155.

を可能にすると考えられていたことがうかがえるのである。表面には現れてこない思考の上での参加を「受身的」ではないとしてモニトリアル・システムからの進歩であるというわけである。教師主導のレシテーションを固めたページへの批判は、当然、彼の子ども観が、気鋭の心理学や子ども研究の出現によりいかに観念レベルにとどまっていたかが明らかになるにつれ、高まっていくことになったのである。

　ページの教授方法を「子ども不在の技術主義」とレッテルを貼るのは困難なことではないが、モニトリアル・システムが前史にある以上、「子ども中心」の授業への改良方向はそこからは無理であったろう。教師の力量向上とそれに伴う公教育の発展という選択肢が唯一であったのだ。そしてその過程で、19世紀後半の教師と子どもとのレシテーションにおける関係を決定付けたのは間違いないだろう。

1－4　オスウィーゴ運動における授業

　ペスタロッチ主義が最初に伝わったのは、1808年、イギリスのニーフ (Neef, J.) による『教育計画の概要 (*Sketch of a Plan of Education*)』であった[102]が、公教育が成立してから一斉教授システムのなかに入り込むのは、1860年代であった。エドワード・シェルドン (Sheldon, E. A., 1823-1897) は、19世紀半ばの授業を特徴付けていた詰め込みのドリル形式にかわる別の教授方法を模索していた。彼は、ペスタロッチ主義に基づいて体系化されていた「ロンドン本国および植民地訓練学校 (London Home and Colonial Training School)」にオールタナティヴを見出し、1859年に早速、小学校に新コースを導入する。だが、教師の力量不足を痛感するに至り、1861年オスウィーゴに小学校の教員訓練学校を開いた。これが、オスウィーゴ運動の始まりである。

102　Monroe, W. S. (1907). *History of the Pestalozzian Movement in the United States*. Syracuse, NY: C. W. Bardeen, 72-73.

デアボーン（Dearborn, N. H.）は、旧来のコース・オブ・スタディと新しいオスウィーゴの求めるそれとの違いとして以下の４点をあげている[103]。

① 道徳的教授（moral instruction）を重視したこと。
② 読み・綴り・算数（いわゆる 3R's）から形・色・重さ・動物・植物・人体・場所・数のレッスンに変更したこと。
③ 教授には「段階（steps）」があると捉えたこと。
④ 教育過程においては、知識の獲得から観察力や探究精神の刺激や発達を重視するようシフトしたこと。

また、具体的な教授の原理としては、「１．感覚から始めよ。２．子どもが自力で発見できることは教えてはいけない。３．活動が子どもの原理である。（中略）９．まず観念を発達させて、ついで言葉をあたえよ。言語を養え。10．単純なものから複雑なものへと進めよ。つまり、既知から未知へ、特殊から一般へ、具体から抽象へ。（後略）」と、シェルドンによる有名な11項目が挙げられている[104]。

では、実際にオスウィーゴ運動の一環で実践された授業はいかなるものであったのかを見ていきたい。

表１－３　メイヨ（Mayo, E.）の実践「一枚の木の皮（A Piece of Bark）」[105]

教師：これは何ですか。木の皮ですね。みんなこれを見なさい。どこで木の皮を見つけることができますか。木の表面ですね。木のどの部分に見られますか。よく見てみなさい。（教師はまだ木の皮が残っている木の幹一片を教室に持ち込む。）外側にありますね。「木の皮は木の幹の外側の部分です。」いっしょに繰り返して（repeat）。 子ども：「木の皮は木の幹の外側の部分です。」 教師：この木の皮を見なさい。何がわかりますか。茶色ですね。「木の皮は茶色です。」

103　Dearborn, N. H. (1925). *The Oswego Movement in American Education*. New York, NY: Bureau of Publications, Teachers College, Columbia University, 12-13.
104　*Ibid.*, 69.
105　Mossman, L. C. (1924). Changing Conceptions Relative to the Planning of Lessons. *Teachers College Contributions to Education*, 147, 4.

> はい、繰り返して。
> 子ども：「木の皮は茶色です。」
> 教師：もう一度見てください。ガラスのようですか。いいえ、透けては見えませんね。ガラスと比べてごらん。光っていませんね。何の光もないときは輝いていない（dull）っていいます。木の皮はどうですか。それは輝いていません。「木の皮は輝いていません。」繰り返して。
> 子ども：「木の皮は輝いていません。」
> 教師：教室で輝いていないものを先生に教えてね。じゃあ、木の皮を触ってみなさい。ざらざらしていますね。さらに？　乾いていますね。では見てください。（教師は繊維を裂く。）紐や髪の毛みたいですね。これらの紐や髪の毛は繊維と呼ばれています。木の皮は繊維質だ（fibrous）といいます。「木の皮は繊維質です。」繰り返して。
> 子ども：「木の皮は繊維質です。」
> 教師：植物の中には非常に繊維質の茎を持つものがあって、次のような点で私たちに役立っています。ここに、麻の繊維がいくつかあります。亜麻の繊維もいくつかあります。これらは、私たちの衣服の材料を提供してくれます。もう一度、木の皮を触ってみたらもっとなにかわかると思いますよ。そうそう、固いですね。じゃあ、今まで言ったことをもう一度全部繰り返してごらん。
> 子ども：木の皮は木の幹を外側に覆っているものです。それは茶色です。透けて見ることはできません。それはざらざらしていて、輝いていなくて、乾いていて、固くて、そして繊維質です。

　子どもの直観や感覚を重視するペスタロッチ主義はテキスト中心のレシテーションは放棄する。この表１－３からも明らかなように、実際に「木の皮」を示し、触らせ感じさせている。まず、感覚があってから、たとえば、「繊維質だ」という言葉が与えられている。レシテーションを支える基本的要件である「テキスト」が用いられず、ページのように想像力に頼るのでもない、非常に直接的な形式で子どもの興味が喚起されることが目指されているのである。

　しかしながら、その直観や感覚を重視する提示の仕方とは裏腹に、レシテーションを教師と子どものやりとりに注目して見てみると、いわゆる「復誦」がなされているのに気づく。子どもの発言については、この記録に起こされてはいないものも数多くあったことは、教師の発話の展開からもうかがえる。だが、基本は「復誦」であった。ページの実践では「問答」が成立し

ているが、ここでは、文字通り「復誦・繰り返し」が行われている。観念・感覚があって後に、「言葉を与える」という原理を忠実に実践すると、このようにモニトリアル・システムそのままに、教師の説明の復誦が展開されることになる。批判あるいは克服の対象として「注入やドリル形式」で行われるモニトリアル・システムのようなレシテーションを捉えていたにもかかわらず、自らが、そのレシテーションを実践してしまうという構造が、そもそもの「教授原理」の中に存在していたのである。また、子どもの精神はいくら「活動的」であるとその原理に位置づけたとしても、それが、実践に移されるとまさにセアの言う如く「ワックス・タブレット」のように「受動的」に転じてしまっている。

デアボーンはオスウィーゴ運動を総括して次のように述べている。「極めて簡潔であり、いつでも応用できる状態にあり、そして自然な環境における子どもの自然な発達を強調したために、事物教授のオスウィーゴ・プランは、教授方法の進歩において、また国家レベルでの初等教育の進歩において、極めて刺激的な運動として位置づいている[106]」。

彼は、このようにオスウィーゴ運動を評価するが、彼の言う「簡潔さ」や「応用可能性」が逆に旧来のレシテーションを強化することにもなったのである。オスウィーゴで訓練を受けた教師の実践ですら「復誦」という授業形態は免れていないのであるから、ましてや「テキスト」を放棄する以外はもともとの形態を保持してもよいのだと考える一般の教師が多数いたであろうことや、むしろ「復誦」形式が強化されたことも想像に難くはあるまい。

1−5　レシテーションの拡大解釈と新しい教授方法の模索

D. マクマリーによると、レシテーションの概念を拡張しようという理論的傾向が1870年代、80年代にはあったという。

106　Dearborn, *op. cit.*, 108.

著述家の中には、レシテーションの意味と機能とを拡張したいと願う者もいた。彼らは、記憶した事に閉じて子どもをテストすることが授業時間の唯一の対象ではないと主張した。レシテーションの機能は、教師に情報を求め、誤りの訂正を促す機会を与えたり、観察や知覚活動において子どもに知的訓練（mental training）を施したり、表現力や自立性を養ったり、興味を引き起こしたり探究心を駆り立てたり、そして注意力を高めたりすることでもあった[107]。

ここから、オスウィーゴ運動を経験した教育界では、レシテーションそのものを抜本的に捉え直そうという動きあったことが見てとれる。そのような中で輸入・受容されたのがヘルバルト主義の理論であった。

米国において、ヘルバルト主義の教授理論が紹介されたのは、まずは「5段階教授法」からであった。それは、先述のように1880年代の米国の教育に関する関心のあり方と関係している。ランデルズ（Randels, G. B.）は次のように述べている。

> 論理的にいうと、ヘルバルト主義のシステムにおいては、教授法の扱いは他の話題［訳注―中心統合法・統覚作用・開化史段階説をさす］の後にくるものである。しかし、米国においては形式段階論が体系的な取り扱いの第1番目となったのである。教授方法が数世代にわたって教育学の中で中心的な地位を占めていたという経緯もあって、米国の教師たちは、教授方法に関してはよく準備されていたのである。教育系の雑誌なども方法論の提案や議論にかなりの部分を割いていた[108]。

ランデルズの考察からもわかるように、もともとドイツにおいては、というより、ヘルバルト主義の教授理論全体の構造からいえば、まず心理学レベルで「興味論」や「統覚作用論」があり、それに基づいたカリキュラム論レ

---

107 McMurry, D., *op. cit.*, 18. 彼女はこのような「著述家」としてファーガソン（Ferguson, W. B.）、ハリス（Harris, W. T.）、スェット（Swett, J.）を挙げている。

108 Randels, G. B. (1909). *The Doctrines of Herbart in the United States*. Unpublished doctoral dissertation (Ph. D.), University of Pennsylvania, Philadelphia, PA, 55.

ベルでの「中心統合法」や「開化史段階説」の議論があって、そしてようやく教授方法が演繹的に導かれてくるはずである。しかし、すでにオスウィーゴから全米に普及していた、ペスタロッチ主義に基づく「オブジェクト・レッスン」があったり、また一方で能力心理学に依拠したページの『教授の理論と実践』が広く永く読まれていたりしたことからも、教授方法や授業形態への関心の方が先行していたことがわかるだろう。

このことは同時に、そのような新しい教授方法を適用させていくそもそもの枠組みである授業形態は一斉教授による「レシテーション」であるということが一般的に了解されていたことも意味する。例えば、マクマリーが5段階教授法を初めて紹介した1890年の著作は『レシテーションの実施方法 (How to Conduct the Recitation)』であるし、マクマリー兄弟による1897年の『レシテーションの方法』もあるが、いずれも、「復誦」という意味でレシテーションは用いられているのではなく、一般的に用いられていた「授業 (instruction)」と同義で用いられている。ここでいう「レシテーション」は、もはや「復誦」のみを意味する、かつての教授方法の一側面をさす言葉ではなく、ひろく一般的に漠然と学校の教室で行われている「授業」をさすようになっていったのである。後にF.マクマリーは、ヘルバルト主義の展開の中で授業形態の転換の可能性が生まれたといえる、次のような叙述を残している。「実践上、記憶作業が学習の大部分を占めている。レシテーションという名前がまさにこの事実を示している。（中略）レシテーションの時間という名前のかわりとして、思考の時間（thinking periods）という名はラディカルな変化を提起するものである[109]」。

このように、1909年の段階で、「レシテーション」が相対的な概念であるとして改めて自覚されたことからもわかるように、ヘルバルト主義が受容された1890年前後は相対化されにくいほどに日常語としても一般化していたこ

---

109 McMurry, F. M. (1909). *How to Study and Teaching How to Study*. Boston, New York and Chicago: Houghton Mifflin company, 9.

とがうかがえる。

以上見てきたように、19世紀後半を通じて、モニトリアル・システムの「復誦」からスタートしたレシテーションは言葉としては一般に「授業」を意味するタームにまで拡張され流布し、あらゆる教授方法を形式として規定し支えるものとなったのである。

2　米国ヘルバルト主義とレシテーション

米国ヘルバルト主義における授業形態論は19世紀末まではモニトリアル・システム以降、本質的にはその枠組みを保持していた、いわゆる「レシテーション」を継承していた。だが、その枠に独自の方法を調整・適応するという努力が重ねられてもいた。運動終焉後の1900年前後から、「中心統合法」や「開化史段階説」が全面的に改良されることになった。それらは、教育目的に照らしたとき、カリキュラムあるいは方法として限界を有しているとの自覚に至ったのである。その結果、歴史（文学）を中軸としていた「中心統合法」と「開化史段階説」の2つの概念は、もはや用いられなくなり、代わりに地理を重視した「相互関連法」概念が用いられるようになる。米国における先行研究において、この「中心統合法」から「相互関連法」への「転換」に言及したものはあるが、その背景・理由に関しては不問にされるか、デューイ、パーカーからの批判による修正と見るのが一般的である。

本節では、ドイツから紹介された1890年頃の特徴を踏まえた上で、「中心統合法」から「相互関連法」へと「転換」する際に、授業形態論の側面からは、何がどのように問題視され、改変が進められていたのかという点に着目する。

そこで、まず、その形態が前提視されていた「レシテーション」において、子どもの「統一的人格形成」が教育目的として自覚化・明確化されたとき、米国にもともとあった「レシテーション」との間に生じた「第一の齟齬」が

どのようなものであったのかを明らかにし、次いで、「転換」後の「相互関連法」と「レシテーション」という方法そのものとの間に生じた「第二の齟齬」を示す。そして、この二段階の「齟齬」の克服の延長上に、相互関連法に適した授業形態として、最終的に提案されたのが「プロジェクト」であるということを示す。

先述の「転換」には、先行研究の指摘する通り、明らかに進歩主義教育からの影響があるのだが、本節においてはヘルバルト主義の理論・実践に内在していた変容要因を取り出すことで、その「転換」を説明したい。そうすることでマクマリー独自の到達点である「プロジェクト」への転換の過程を浮き彫りにし、20世紀の彼らの活動を教育実践史に位置付けることができるはずである。

2−1　1890年頃における「レシテーション」の捉え方

ドイツ留学から帰国直後の1890年、マクマリーはNEAのセントポール大会でスターンズ（Stearns, J. W.）の論文「小学校プログラムにおける教科の相互関連（The Correlation of Subjects in Elementary Programs）[110]」のディスカッションに参加し次のように発言している。

> 中心統合法と相互関連法の2語はわれわれ多くの者にとって不明瞭・不正確であります。（中略）スターンズ教授のお考えから演繹いたしますと、現在行われている教育の結果はまとまっているのではなくばらばらであり子どもが卒業したあとに（自分で）学習したことを相互に関連させ知識を利用することになると感じていらっしゃることは明らかでしょう。学校の教育目的はそうではなくて相互に関連させ互いに結びつけることなのです。教育史上新しい問題ではございますが（中略）スターンズ教授はわれわれが教育内容の一般的な一本の線を作りだし、他の一切をそれと調和するようにすべきとの示唆を与えてくださいます[111]。

---

[110] Stearns, J. W. (1890). The Correlation of Subjects in Elementary Programs. *National Education Association Journal of Proceedings and Addresses*, 200-206.

このころは、まだ中心統合法に関する論文等は発表しておらず、「人格形成」に関わる教育目的とリンクした理論付けは細かくなしえてはいないが、相互関連法よりも発展・洗練したものとして中心統合法を想定していることが読み取れる。つまり、第一要件として、さまざまな教育内容が結び付けられた形で、子どもに提供されそしてその形で獲得されることがあげられていたことがわかる。

　また、同じ1890年、マクマリーは、『レシテーションの実施方法』を著した。この著作は、事実上彼が初めてヘルバルト主義を米国に紹介した単著である。この書の中で、彼は学校教育の目的について次のように述べている。

> われわれの知識は、関連を持ち、そしてコンパクトなまとまりへと結び付けられ、さまざまなことに利用されるときにのみわれわれに真に有用なものとなるのである。ゆえに学校の目的は、単に知識を蓄積することだけではなく、元来有していたつながり（potent combination）へと導くために、その学んだ諸事実をアレンジし、結び付け、組織し、活性化させることである[112]。

　米国ヘルバルト主義においては、知識の蓄積よりもその利用を重視するという主張がこの時期のみならず、多くの論者や他の時期においても一般的である。しかし、知識の有用性を総合的に関連させて用いることに求めるところから、学校教育の目的を「教育内容の結び付け」それ自体に求めているのがこの時期の特徴である。しかもその「結び付け」の背景には、子どもの「人格発達」よりも知識どうしの潜在的なつながり、つまり、知識（諸事実）の体系のほうに重点が置かれていることも注目に値する。なぜなら、教育内容（知識）を結びつける根拠は「相互に関連させること自体で、統一的人格

---

[111] (1890). Discussion, *National Education Association Journal of Proceedings and Addresses*, 208-209.
[112] McMurry, C. A. (1890). *How to Conduct the Recitation, and the Principles Underlying Methods of Teaching in Classes*. New York; Chicago: E. L. Kellogg, 5.

形成がなされうる」や、「社会自体が相互に関連しあっており、分立状態ではない」などと変化していくことになるからである。

とはいえ、その知識や思考方法の獲得に関しては軽視されていたわけではない。「統覚作用」という、子どもの思考プロセス仮説に基づいており、この仮説は、1895年頃は、むしろ「中心統合法」や「開化史段階説」と結び付けられて語られることが多いが、1890年頃は、授業展開プロセスに直接重ね合わせられるかたちで、説明されている。それがいわゆる「5段階教授法」に則った授業論である。

統覚作用は、次のように定義されている。「これは、統覚作用の原理と呼ばれている。すなわち、すでに獲得された似たような観念の助けを得て、新しい、あるいは部分的に新しい観念を受容していくのである[113]」。

レシテーションは、この統覚作用に基づいた「5段階教授法」を行う授業形態へと修正された。セアが指摘するように、ペスタロッチ主義と同じく、ヘルバルト主義は、モニトリアル・システム以来、レシテーションの本質は継承している。いや、それどころか、教師の指導性に負うところが大きいところから、むしろレシテーションを強化したともいえる[114]とセアは考えている。

当時、レシテーションの実践において、一般的に、「既知から未知へ」という法則が意識されていた。マクマリーも「統覚作用の原理は、『既知から未知へ』というポピュラーな考え方を正しく解釈したものである[115]」と述べているが、従来のような「知識の蓄積」がレシテーションの目的ではなく、永続的に物事に興味を有するようになることがその目的である[116]としている点で、「レシテーション」のあり方が修正されたと見てよい。では、米国へ

---

113 *Ibid.*, 9.
114 Thayer, *op. cit.*, 1-13.
115 McMurry, (1890), *op. cit.*, 13.
116 *Ibid.*, 11.

ルバルト主義において、中心統合法が具体的に主張される前の授業形態とはいかなるものであったのだろうか。

そのレシテーションのプランを表1－4に示して、その性格を分析したい。

表1－4　1890年におけるレシテーション・プラン「綿繰り機」[117]
(対象学年は不明)

教育目標	綿花から種子を取り除くために、どうやって機械が発明されたのかがわかる。
段階	実際の展開
1 予備	クラスに次のことを訊いてみる。綿花という植物について。その育て方や収穫について。その利用について。
2 提示	ホィットニーの物語や綿繰り機の発明の物語を話したり、読んで聞かせたりする。また南部における綿花栽培において、また南部の発展においてこの発明がどれほど効果的であったかに注目しなさい。
3 比較	他の重要な発明とその効果をいくつか挙げなさい。たとえば、ミシン、印刷機、蒸気機関、刈り取り機、蒸気船、テレグラフなど。これらのうち、どれがもっとも重大な結果を招いたか。
4 総合化	子どもたちに、これらすべての発明の一般的な目的について述べさせなさい。たとえば、労働力を節約するため、自然の力をより有効に利用するためなど。
5 応用	これらの便利なものの発明の結果、なにか、困難が生じているであろうか。(たとえば、機械の利用により、仕事を失った人など。)

プランとしては初期的で非常に素朴なものと言わざるを得ないがドイツから取り入れた「5段階教授法」が忠実に適用されていることがわかる。ここでの目標は、確かに「…がわかる」という、明確な知識習得が目指されているが、実際の流れを見てみると、先述したように、多方面への興味の拡大を促すように進められている。また「一つの既知から一つの未知なるものの獲得（一時に一事）」だけではなく、この主題の中だけでもさまざまに比較・総合化が促され、掲げられた目標の達成だけが目指されているのではないこと

117　*Ibid.*, 20-21.

がうかがえる。一つのレシテーションでも、全体的な教育目的実現にベクトルが向けられていることが大きな特徴のひとつであろう。

ただし、ここでの教育目的の自覚は先述のように、「人格形成」に関わるものというよりも、まだその前段階である「教育内容間の結びつけ」自体にとどまっており、なぜ「結び付け」が必要かという説明までには至っていない。

また、教師の発問が主であり、5段階教授法を進める役割を担っているのが教師であることを考えると、セアの指摘どおり、この段階ではステレオタイプなレシテーションの枠に、マクマリー独自の方法を調整して適応させていこうとする態度がうかがえる。それゆえに、不注意に5段階教授法を用いればそれがやがては無味乾燥な機械的ルーティンになってしまうことにマクマリーも懸念しているのである[118]。

このように、マクマリーにおいては5段階教授法の実践プラン作成からスタートするのであるが、教育目的の明確化、および「中心統合法」や「開化史段階説」を中心に唱えるNHS設立の前後では、旧来のレシテーションの枠組みでは、統覚作用に期待した思考方法はうまく育成されないと考え、徐々に改良を加えていくことになる。

2－2　「中心統合法」の主張と「レシテーション」

『一般的方法の要素』の第1章は「教育の主目的（The Chief Aim of Education）」について論じられている。19世紀末になっても、個々バラバラな目標は掲げられることはあっても、教育全体を貫く目的は考えられてこなかった。その個々バラバラな目標は容易に形式陶冶に結び付けられ訓練主義的性格を擁護するものになっていた。また、そのような目的・目標観が教科の複数分立化に拍車をかけ、人格の統一的発達が危ぶまれるようになった。また折か

118　*Ibid.*, 18.

らの功利主義的個人主義の広まりは将来の生活の経済的成功を教育の主目的に掲げる風潮も作りあげ、ますます子どもの全人的発達が問題視されるようになっていた。子どもの人格の統一的発達という概念はヘルバルト主義に固有なものであり、それゆえにカリキュラム編成にも具体的な形で影響を与えたものと考えられる。

　では、具体的に教育目的に関して、どのように自覚化・明確化されていったのか。まず、マクマリーは、当時の混乱している教育目的論に関して次のように述べている。

　　教育は単に学校訓練（school training）を意味するのではなく、幼児期から成熟期まで子どもを全体的に育てることを意味していることは少なくとも仮定できよう。この仮定の理由は、家庭、学校、友人、環境、そして自然から与えられるものが長年にわたって、これらさまざまな影響や成長の結果として統合されたもの（a unit）となるべき人格を作りだすからである[119]。

　混乱した教育目的論に最低限、誰もが納得し得る共通見解を示したといえよう。ここでも単なる学校の持つ訓練主義的性格を排し、統一的な人格形成に教育目的を定めようとする配慮が見られる。そこで、教育の主目的について次のように提示している。「このことはまさに、われわれが願っていたこと、つまり、道徳的人格形成という目的を教育の中心的目的として、レバーを引き、卓越した地位に押し上げたいことなのだ［訳注—傍線部分は原文ではイタリック][120]」。

　1890年頃は、知識（諸事実）が、潜在的には関連しあっていることを論拠に、教育内容の結び付けそのものが目的とされていたが、1892年の段階では、ドイツ直輸入の「宗教的品性陶冶」ではなく、米国独自の議論のなかで形成

---

[119] McMurry, C. A. (1892). *The Elements of General Method Based on the Principle of Herbart.* Bloomington, IL: The Public School Publishing Company, 7-8.
[120] *Ibid.*, 12.

された、この「人格の統一的形成」を目的として掲げ、そのもとで、結び付けが正当化されるという論法に変わっていった。

「中心統合法」に関しては、ヘルバルト・クラブ結成時期の1892年頃から、NHSの第2年報が出される1896年まで、マクマリー兄弟によって数多くの著書・論文によって解説された。その代表的なものが、『一般的方法の要素』およびNHS第1年報におけるF. マクマリーの論文「中心統合法」、次いで1895年1月号の『エデュケーショナル・レビュー（*Educational Review*）』誌に掲載されたマクマリーの論文「中心統合法」、NHS第2年報のホワイト（White, E. E.）の批判に対する「回答」である。そのうち、第1年報のF. マクマリーの論文に、もっとも体系的かつ明確に「中心統合法」の必要性が唱えられているので、それを中心にその根拠をまず見ておきたい。

第1年報でF. マクマリーは中心統合法に関して次のような論点を示している[121]。まず、中心統合法に関する6つの重要な議論が存在する。それは、人格の強さを増す、精神の統覚能力を高める、一般的に興味を高めるが、とくに授業の開始時と復習時にその興味を高める、知識の完全性を増す、時間を節約し、カリキュラムが重複し混在状態になるのを防ぐ、記憶力を高める、の6点である。

また、中心統合法は、思考の哲学的・論理的統一というよりはむしろ心理学的なそれを目指すものであるという。つまり教育内容の中身における科学性を持ったものの自然な関係は、論理的ということになる。それとは違い、学習者である子どもがそれぞれの学習内容のなかで関係があると感じるようになる、そういった関係把握が彼のいわゆる心理学的なものである。

このような関係を子どもが理解できるようにするためには諸教育内容が注意深くお互いの関係に留意しつつ配列されなければならないとし、中心となる教育内容はさまざまな思考が関わってくるものが選択されねばならないと

121　McMurry, F. M. (1895). Concentration. *The First Yearbook of the National Society for the Scientific Study of Education*, 27.

考えられた。

　次いで、それぞれの教授内容内の統一性や個別的側面は中心となる内容によって破壊されるわけではないという点である。しかし米国ヘルバルト主義における中心統合法は決して既存の各教科の分立を無条件で認めているのではない。米国ヘルバルト主義者たちの教科観には非常に重要な前提があった。それは、教育内容は決して科学そのものではないという発想である。

　これに対し、ホワイトはそれぞれの教育内容は科学性を有しているのであるから、その論理的順序が排列の原理となるべきであり、またその個々の科学性・論理性のゆえに、共通の排列の原理を持つものは統合されたとしても、各教科は分立しておかねばならないと主張する。カリキュラム上、統合の必要性のない理由を次に求めているのである。「バラバラに教えられた諸事実は生徒の思考のなかでも分立したままであるのではない。その（生徒の）心は同化と統合の能力を有しているのであり、この能力は何人かの哲学者によって夢想されている以上に教育においては基本的なものなのである[122]」。

　ホワイトは、米国ヘルバルト主義が唱えるような統合は実は生徒の心の中で自然と行われるものであるから、カリキュラム上そうする必要はないと捉えている。つまり、分立主義が基本的であり、統合の原理は、偶発的なものであるという立場になる。

　それに対して、マクマリーは、次のように述べる。「この場合、統合の原理は基本的なものであって、分立させるという考え方は偶発的なものであるということができる[123]」。

　マクマリーに代表されるヘルバルト主義の立場は単にハリスやホワイトらとは逆方向の論理を持ったものであると総括するのは早計である。ヘルバル

---

[122] White, E. E. (1896). Isolation and Unification as Bases of Courses of Study. *The Second Yearbook of the National Society for the Scientific Study of Education*, 16.
[123] McMurry, C. A. (1896). A Reply to Dr. White's Paper. *The Second Yearbook of the National Society for the Scientific Study of Education*, 24.

ト主義の前提である、教育内容は科学そのものではないという考え方は、その事実を認めるだけにとどまらず、教育の過程を考慮したカリキュラム編成を行う際、非常に重要な原則を与えることになった。

　ヘルバルト主義の排列の根拠は、科学のもつ論理性ではなく、子どもの統覚作用の発達法則、当時の別の言葉で言えば、心理学的な順序にある。それが、当時流布しつつあった進化論が背景にあるのだが、科学的であることよりも心理学的であることが、教育学的であると捉えていたヘルバルト主義者は単に教育内容ばかりに目が向いていたそれまでの教育運動から質的に転換させたものになっていたといえる。

　このように、「中心統合法」をめぐる論議は、教育内容の再編もさることながら、むしろ、子どもの思考の重要性が確認され、ここに、子どもの思考を促す授業とはどのようなものかという課題が優先的に考えられるようになったのである。つまり授業形態論としての変容の可能性がカリキュラム論としての「中心統合法」に内在していたのである。そこに生じたのが「第一の齟齬」ということになる。

　「中心統合法」において中心教科とされたのは、周知の通り、歴史（文学）であるが、それは、「統一的人格形成」という教育目的にもっとも直接的に寄与するところが大きいと考えられたからであり、また、単なる知識の蓄積ではなく思考することが何より行われやすいと考えられたからであった。以下に示す教授プランは『レシテーションの方法』からの抜粋である（表1－5）。

表1-5　1897年のレシテーション・プラン「詩『エクセルシオール』」[124]

対象学年	第6学年
教師の目標	a．有名な詩を楽しみ、文学を愛する心を高める。 b．ある道徳的な観念、つまり、ためらわずにそれと同じことをやろうとするという高遠な目標を正しく認識すること。
子どもの目標	アルプス山脈を登ろうとした若者はどうなったかを学ぶ。
主題	提示方法
ちょっとした音読、難しい単語や句の意味。ストーリー内の重要な事実。	聳え立つ山を描きなさい。そんな山に登る際に考えられる危険とは何ですか。その修道士たちはどうやって登山家たちを助けに来たのでしょうか。詩を一連ずつ読みなさい。（中略）もう一度、注意深く全体を通して詩を読みなさい。（中略）そのストーリーを語りなさい。その若者は楽しそうでしたか、それとも悲しそうでしたか。本文中の言葉で答えなさい。彼は、見かけ上、魅力的でしたか、それともあまり魅力的ではなかったでしょうか。何が彼の旅を思いとどまらせようとしましたか。彼はやめましたか。彼はどうなりましたか。
解釈。	なぜ彼がやめるはずなどなかったかその理由がわかりますか。ということは、彼はばか者ですか、それともむこうみずな冒険家ですか。
ロングフェローはこの若者を「美しい」と表現し、最後の2行で彼が天に召されたことを示している。比喩的な表現。	詩の最終節でロングフェローはどのような考えを示しているでしょうか。そのような賛同はどのように説明しますか。ストーリーは、はっきり言葉で言われていないから、どのように解釈すべきか考えてみましょう。その山はどのような意味を持っていますか。幸せな家庭ですか。その老人？　それともその少女？　その農夫？（後略）
その若者の重要な性格は非自己中心的で勇気と決断力とエネルギーを持ち合わせていることである。	その若者の重要な性格は何でしょうか。それはどのようにあらわれていますか。彼にとって価値のあるモットーとはどのようなものでしたか。「より高く（Excelsior）」としばしば繰り返す理由は？　筆者が賞賛すると思われる種類の人間はどのような人間でしょうか書きなさい。次のような人たちのことを聞いたことがありますか。ワシントン、リンカーン、その他歴史上、あるいは現代の人物。
高い理想を持った影響力のある人物はみ	よい人間がだれでも、こういった人たちと同じような性格を実践していくことが必要であると思いますか。その根拠は？　この詩

124　McMurry, C. A. & McMurry, F. M. (1897). *The Method of the Recitation.* Bloomington, IL: Public School Publishing Company, 329-332.

な、これら同じ性格を示している。	はむこうみずさをたたえますか。その根拠は？ いつわれわれはそのことを思い出す必要があるでしょうか。高い理想をもつことの利点は何ですか。モットーをもつことはどれほど役立つことなのでしょうか。
形式。言いまわし。美しさ、力強さ。	あなたの考えでは、どの連がもっとも力強く若さを表現していますか。どの連がもっとも魅力的ですか。
上手な朗読。	詩を朗読するときにどんな点に注意しなければなりませんか。音読しなさい。

　レシテーションという枠組みは保持しているために、教師主導の発問が目立っているが、「高い理想」をもつ人物を掲げることで、子どもたちにその意味や大切さを問いかけ、また考えさせるよう工夫されている。明らかに、語彙や詩の形式といった言語教育的側面は全体の流れの中では下位におかれているのが見て取れよう。

　さらに、1890年のプランに見られたような、明確な形式的「5段階」は認められない。授業論での「5段階教授法」という教授段階説の克服の意味するところは大きい。このことは、子どもの思考のプロセスを大切にしようとすると、直線的な方向性を持った、あるいは硬直化した方法ではもはや立ち行かないことを自覚したと解釈できる。

2－3　「中心統合法」から「相互関連法」への「転換」

　『一般的方法の要素』の改訂版である1903年版においては「歴史（文学）」を中心にした「中心統合法」から、「地理」を重視した「相互関連法」に大きく「転換」することになる。そのことは即ち「開化史段階説」の放棄を意味し「統一的人格形成」の方法が絶たれたことを意味する。では、教育目的そのものに変更は加えられず、大きくカリキュラム編成のし直しを可能にした理由はいかなるものであったのか。

　「中心統合法」と「開化史段階説」は不離一体のものであり、一方の放棄

は他方の放棄も意味する。その中心を担わされていた「歴史(文学)」がその地位から外されることによって、米国ヘルバルト主義の理論には事実上、目的だけが残って、目標以下、中身がないものになってしまうのである。そこで1903年版でマクマリーはかつて「中心統合法」の下位概念として使用していた「相互関連法」を提示する。「相互関連法」においては、「地理」がベースになって多角的なアプローチを行うものである。たとえば、ミシシッピ川を素材に、地域の発展(史)を学ぶことで歴史的思考を、川幅の測量などを行ってみることで算数的思考を、また植物や川の流れを取り上げて自然科学的思考を、つまり、あらゆる知識を総動員して一つのトピックにアプローチしようとする方法である。「相互関連法」における「統一的人格形成」はどのように説明されるのであろうか。1903年版では次のように説明されている。

> 相互関連法は、人格形成の観念としっかり結びついているので、学校の教育内容以上のものを含み持っている。相互関連法は家庭の影響、学校外のすべての経験と結びついていて、それらを日々の学校の学習に持ち込もうというのである。(中略)私は相互関連法の発想をすべての教育内容と子どもの経験とを非常に緊密に結びつける手段として強調したい[125]。

マクマリーは相互関連法の手順として、まず各教科内での関連を考え、ついで教科間の関連を考え、さらに子どもの実生活との関連を考える。そうすることで子どもの気持ちや意志が教科学習に引き込まれ興味がわきあがってくる。そのような経験を数多く積めば積むほど子どもの人格形成に不断に影響すると想定した。つまり、現実社会がどれひとつとして他と関連を持たずに存在しているものはなく、そのように相互に関連を持つことで発展を見て

---

[125] McMurry, C. A. (1903). *The Elements of General Method Based on the Principles of Herbart*. New York: The Macmillan Company, 162-167.

きたという事実が、子どもの統一的発達にも応用され得ると考えたのである。中心統合法・開化史段階説では縦の系として子どもの発達がやや意図的に重ね合わされていたのが、ここに至っていわば横の系に委ねることにより、あとは自然な内的発展に期待しているといえよう。

マクマリー最晩年（1927）の論文「私の教育哲学（My Philosophy of Education)」から、「中心」（center）の捉え方の変質がうかがえる。「歴史（文学）」を中心にするということを強く主張していた1892年頃と比べると（その変化が正確にいつ起こったと見るかはここではさておき）、以下の捉えのように、明確な「転換」が認められよう。

> 奇妙なことを言うようであるが複雑さが増してくるとともにその複雑な単元の中心においては思考の単純化が起こっている。たとえば、シカゴ市の中心である「ループ」地区においては、高まる密集状態が、単純化された大通りにより和らげられている。社会における組織の大きなまとまりは複雑になればなるほど、中心における構造は単純化していくのである[126]。

「中心」は、歴史（文学）のときのように排列の原理と求心性とを担わされるほど、複雑な構造を有するものであるとの考え方はもはやなされてはいない。1892年当時は、米国ヘルバルト主義者は、ドイツ・ヘルバルト主義そのままに「中心」を求めた。しかも、その中心は求心性を持っており、排列の原理も兼ね備え、他の教科を支配下に置いていた。たとえば、「文学や歴史は人間の動機や行動を扱う教科であるから、人格形成に影響を与え、そこからさまざまな思考が選択されるような教科である[127]」や、

---

[126] McMurry, C. A. (1927). My Philosophy of Education, *Peabody Journal of Education, 4*(5), 269.
[127] McMurry, F. M. (1892). Value of Herbartian Pedagogy for Normal Schools. *National Education Association Journal of Proceedings and Addresses*, 428.

> この観念の緊密な関係が教育された人間の不可欠なる特徴である。ヘルバルト主義者はこの事実を知り、そして、自分たちが教える諸観念を関係付けるように特別に配列することにより、際立った存在になっている。(中略) こういった考えを念頭に置いて、ヘルバルト主義者は一つの教科を、できる限り他のすべての教科がグルーピングされるような中心とするのである。この中心的教科は、かなりの程度、他の教科の内容とその進展とを決定付けるので、必然的にカリキュラム上、最重要教科になる。それは、歴史か文学でなければならない[128]。

と明言していたことからも、1892年当時の「中心」概念は明快であった。

このように、1892年前後の彼らの著作・論文では中心は一中心 (a/one center) であった。そして、その関心は、何を中心にするか、つまり、歴史 (文学) か、自然学習 (nature study) かという問題であった。それゆえに、彼らは人格形成と、他教科への影響関係を考えて前者を主張したのである。つまり、この時期の「中心」を巡る論敵はジャックマン (Jackman, W.) らの自然学習を軸にしようとする一派であり、「中心探し」に夢中であったといえよう。

それが、1903年頃になると、彼らの著作や論文においては、複数形の中心、つまり多中心 (centers) というように、変化する。重心を歴史から地理に動かすことにより、一中心を語らなくて済むようになったのである。

この違いを明確に示す、『一般的方法の要素』の改訂個所を抜き出すと、「われわれは、何も学校の教科の中に新しい中心を見つけたいのではない[129]」(1892) となっているのに対し、「われわれは、何も学校の教科の中に客観的な中心を見つけたいのではない[130]」(1903) となっているのである。ここに、「中心探し」を放棄したことが、顕著にあらわれている。ただしプロジェクトにおいても、(思考の) 中心は語られるが、それは「一般的観念・典型」つ

---

128 *Ibid.*, 430.
129 McMurry, C. A. (1892). *The Elements of General Method Based on the Principle of Herbart.* Bloomington, IL: The Public School Publishing Company, 99.
130 McMurry, (1903), *op. cit.*, 167.

まりタイプという言い方がされ、何か一つの教科が中心にならねばならぬというものではなくなったのである。

このようにして、1903年段階で、「中心統合法」および「開化史段階説」は姿を消し、地理をベースにしたネットワーク型の「相互関連法」に「転換」し、組織としてもNHSは消滅するなど、米国におけるヘルバルト主義者の活躍は完全に衰退したかのように見えた。

2－4 「相互関連法」における「レシテーション」の限界と「プロジェクト」の提案

『一般的方法の要素』の改訂版を発表してからは授業形態としての「レシテーション」はどのように捉えられるようになったのであろうか。最終的には「プロジェクト」を提案するに至るまでに、どのような修正・変更がなされたのであろうか。

1909年、F.マクマリーは『学び方とその教授 (*How to Study and Teaching How to Study*)』で次のように述べている。

> 実際、記憶することが、勉強の大部分を占めているのである。レシテーションというまさにこの名称がこの事実を物語っている。もし、学校にいる間が、復誦したり反復したりすることに費やされるならば、当然（教師の側の）準備も、必要とされる記憶事項の蓄積ということになる。レシテーションの代わりの名辞としての思考するための時間 (thinking periods) は学校における時間の過ごし方および教師の授業準備の方法の両面においてもラディカルな変化の到来を意味している[131]。

19世紀末に行われていた「レシテーション」は、「5段階教授法」、「統一的人格形成に寄与するような中心教科との連携」などと、さまざま工夫がな

---

131 McMurry, F. M., (1909), *op. cit.*, 9.

されてきたが、結局は「記憶」に重きが置かれる授業形態であったとの認識に立っていることがわかる。

「中心統合法」のように教育内容そのものが具体的に道徳的価値を帯びなくても、教育内容相互に関連を持たせることそれ自体が人格形成に繋がる、と考えるようになったことで、カリキュラム上の束縛、つまり道徳的価値を付与されていた読み物中心の歴史（文学）に固執する必要性がなくなり、学校や教室の枠組みを越えた、積極的・開放的な授業の形態が生み出されるようになったのではないだろうか。

ネットワーク型の「相互関連法」の提起により、より一層幅のひろい知識動員による思考が望まれるようになったために従来の座学、記憶に帰着するレシテーションが限界を有しているとの認識に至ったといえよう。これが、授業形態論の発展に向けた「第二の齟齬」なのである。レシテーションでは教師が、一定の方向性を持った子どもの思考の道筋を想定しやや意図的・段階的に知識を与えていく、あるいは見出させていくという特徴があったが、思考するための時間という捉え方をすることで授業形態をドラスティックに転換させようとした態度が見える。

ここでは、「思考するための時間」と言われているが、これが、マクマリーにおいては、「プロジェクト」に洗練されていくのである。第2章で詳述するが、具体的にプロジェクトを見ていくと、主体側からみた2分類として「子どもによるプロジェクト（自己選択的）」と「他者によるプロジェクト（ただし子どもにふさわしく、また彼らが引き込まれるような）」があり学校ではこの両面が必要と強調する。また、プロジェクトを語るとき、そもそも架橋、運河建設、鉄道敷設といった実際の事業プロジェクトに教育的示唆を見出しその有効性を説くことが多い。マクマリーは、「より大きな世界に自らを適応させようという衝動のなかで、子どもたちは気がつけば、このようなプロジェクトに、それが過去において開発されものであろうと、現在身の回りの生活上起こっていることであろうとすでに関わっているのである[132]」と述べ

る。中心統合法・開化史段階説・レシテーションというパッケージでは気がつけば社会に関わっているというよりは、教師側から慎重に用意された中での社会適応が考案されていた。それにひきかえ、相互関連法・プロジェクトでは、気がつけば社会にどっぷりとつかっており、その中で知識を身につけ、総合的に使用し、自らの人格形成に努めていることになる。授業形態の観点に立てば、マクマリーのいうプロジェクトとは知識の総動員により、つまり思考と努力を促し育てる方法であり、あるプロジェクトを成し遂げることのみならず、そのようなプロセスも重要視されたのである。

3　小括

　以上のように、モントリアル・システム以来、全米に広まったレシテーションという教授方法は、「復誦」という原義を内包しつつ、一般に「授業」を意味するタームにまで昇華し、固定化していった。19世紀後半は、理論史上、思想史上は、モントリアル・システム、ページの教授方法、オスウィーゴ運動、そして米国ヘルバルト主義運動と変化していく。だが、どの時代にも、「復誦」さながらのレシテーションが新教育運動に対峙するものとして併存し、克服の対象に据えられてはいながら、部分的改良にとどまったために、かえって「レシテーション」を概念拡張させながら、強化させていく構造に帰してしまったことがわかる。

　また、先行研究におけるこれらの教授理論に関するムーヴメントの叙述のされ方は、単に時系列にそって相互無関係に編年的に並べられるものから、ある程度の影響関係を指摘するものまでさまざまである。19世紀後半の米国において、公立の初等学校やノーマル・スクールの附属学校の教室で、何がどのように教えられたのかをそれまで実際に行われていた授業実践（これが

132　McMurry, C. A. (1920). *Teaching by Projects: a Basis for Purposeful Study*, The Macmillan Company, 2.

レシテーション概念に裏打ちされた「授業」である）との関係で叙述する必要性、すなわち、教育実践史による叙述が必要である。「授業」という概念にまで一般化したレシテーションに対し、もはや教授方法の改善のみでは打開できないことを悟り、授業形態そのものの転換の必要性を感じ、20世紀にドラスティックな改革を進めたのが、マクマリーであった。

そのマクマリーにおいては、「レシテーション」という授業形態をめぐって二度の変容の契機を経ながら「プロジェクト」に辿りつき、それが、ネットワーク型の「相互関連法」にはもっとも適した授業形態として提案されるに至った。

改めてその流れを整理すると、1890年頃は、子どもとは切り離された諸事実が潜在的に関連しあっているという、知識の体系から素朴に「相互関連法」を説くことが多かった。そこでは、5段階教授法が適用され、中でも比較・総合化の段階が重視されて、知識の関連性が意識されたのである。

1892年頃から、「中心統合法」が、開化史段階的に統一的に人格形成を行うという教育目的のもとで体系化されていくと、5段階教授法に基づくレシテーションでは子どもが、道徳的内容に関して思考する契機に乏しいことからそのような思考を重視した形態へと変化していった。

1903年以降は、「開化史段階説」の放棄から、知識を関連して用いることそれ自体が、統一的人格形成に寄与すると捉え直し「中心統合法」から、地理をベースにしたネットワーク型の「相互関連法」に「転換」した。それと同時に、従来のレシテーションが「記憶」重視になびいてしまう授業形態であることを省みて、子どもの自発的な思考活動を重視すべく「プロジェクト」を打ち出したのであった。

第2章　タイプ・スタディ論の生成・発展過程

　第1章では、米国におけるレシテーションの定着と変容の過程に、マクマリーや米国ヘルバルト主義を支持する論者の理論を位置づけるという作業を行った。第2章では、マクマリーのタイプ・スタディ論やその実践に焦点化して検討する。タイプ・スタディというタームは、1890年代半ばにはすでにマクマリーの著作に登場している。タイプ・スタディ概念は、この後、彼が没する1929年まで約35年間一貫して使用され続けるものである。中心統合法、開化史段階説、5段階教授法（形式段階説）、統覚作用、興味論、相互関連法、子ども研究、帰納・演繹的思考、プロジェクトなどマクマリーが使用した数あるタームの中で、タイプ・スタディほど持続的に使用されたものは他にはない。他のタームは、米国ヘルバルト主義運動の盛衰と一致していたり、各時代のニーズや流行に応じて用いられたり、いずれも彼の著作の中では、各々「一時期」に収まるものばかりである。

　タイプ・スタディは、このように35年以上も用いられたとはいえ、その位置づけや使用文脈は様々であり、その変容の特徴はマクマリーの仕事を対象化する際の時期区分にも貢献する。米国ヘルバルト主義運動隆盛期にあって他のカリキュラム論概念の下位で説明的に用いられ始めた1890年代、単元論として認識され地理・歴史に限定されていく1900年頃から1910年代前半、教員養成・教師教育機能が見出される1910年代後半、プロジェクト論と合流しその意味を調整する1920年代と大別できる。本章では、この変容を詳細に追い、マクマリーのタイプ・スタディを理論的、歴史的に総括したい。

1　米国ヘルバルト主義運動期のタイプ・スタディ概念の創出

1－1　タイプ・スタディの登場

　モリス・ミッチェルは、GPCTでマクマリーにタイプ・スタディを学んで大学院を修了し、ノース・カロライナ州のエラビー（Ellerbe, NC）の小学校で実践によるタイプ・スタディの検証に関わっていた教師である。マクマリーと同時代を生きた彼は、1926年のコロンビア大学での学位論文にてマクマリーによってタイプ・スタディの概念が生成されてきた経緯を追跡している。先行研究者のアケンソンらもミッチェルを参照し、その枠組みを踏襲している。ミッチェルによれば、1895年の『コモン・スクールの初等教育のコース・オブ・スタディ[133]』、1897年の『レシテーションの方法[134]』にタイプ・スタディの萌芽が認められるが、カリキュラムの編成原理としての発展は確認できないという。

　1891年、マクマリーは、『コモン・スクールにおける地理の計画（*A Geography Plan for the Grades of the Common School*)』を著しているが、そこでは、統覚作用とそれを前提にした5段階教授法の丁寧な適用が解説されているにすぎない。そればかりか、「地理は、定義という形式で簡略化できる抽象性に乏しいため、地理においては第4段階［訳注－「一般化」段階］と第5段階［訳注－「適用」段階］はそこまで重要でもないし、しばしば行われるものでもない[135]」と断言している。マクマリーがまだミネソタ州のウィノナ・ステ

133　McMurry, C. A. (1895a). *A Course of Study for the Eight Grades of the Common School: Including a Hand Book of Practical Suggestions to Teachers.* Bloomington, IL: Public School Publishing Company.

134　McMurry, C. A., & McMurry, F. M. (1897). *The Method of the Recitation.* Bloomington, IL: Public School Publishing Company.

135　McMurry, Charles A. (1891). *A Geography Plan for the Grades of the Common School.* Winona, MN: Jones & Kroeger, printers, 64.

イト・ノーマル・スクールで5段階教授法の整備を行っていた時代（1889～1892年）の著作であるが、地理に対する価値づけが非常に低い。地理は典型性に乏しく他への適用もできない個別具体の学習領域であるとみなしていたことがうかがえる。このような初発の認識にもかかわらず、タイプ・スタディ概念が徐々に自覚されるようになり、しかもそのもっともわかりやすい事例が地理におけるタイプ・スタディであるとされるようになっていく。果たして、どのような背景や理論的・実践的転換がその契機を与えてきたのであろうか。

『ヘルバルト原理に基づく一般的方法の要素』を1892年に著わしたマクマリーは、中心統合法についての批判への応答や誤解の修正のために数多くの研究会や雑誌で発言を繰り返している。『パブリック・スクール・ジャーナル（The Public School Journal）』誌では、中心統合法は、横断的関係を作りあげるものであり、学校の教育内容と家庭での経験をも繋ぐことを強調していると説明する[136]。そして、各学問領域の系統性を破壊するのではないかという批判については、これまでに領域毎に個別に教授することしか知らないゆえの混乱にすぎないと一蹴した。なお、『一般的方法の要素』（初版あるいは2版）の中心統合法の展開計画を示すべく著わされたのが各教科・領域の『スペシャル・メソッド（Special Method）』シリーズである。ここでは領域毎の展開が『一般的方法の要素』を踏まえて構造的・従属的に示されたといえる。

『スペシャル・メソッド』シリーズは、中心統合法の中心を担う文学・歴史がまず出版され[137]、ついで、1894年には地理の初版『地理におけるスペシャル・メソッド（Special Method in Geography）』が、翌1895年にはその改訂

---

[136] McMurry, C. A. (1894a). Conclusions as to Concentration I. *The Public School Journal, 14* (3), 159.
[137] McMurry, C. A. (1893). *Special Method for Literature and History in the Common Schools*. Bloomington, IL: Public-School Publishing Company.

版も出版された。1894年の初版ですでにタイプ・スタディズ（type studies）として具体的な複数の単元を念頭に置いて登場している。だが、その単元開発は途上であり、その前書きで「筆者は、本書では大部分が概要だけを示した20のトピックについて、それらを完成版に仕立てて、より大きな本にしていく計画である[138]」とマクマリーは述べて、実際翌1895年には100ページ以上増補して出版している。いずれの版も、中心統合法と形式段階（5段階教授法）が意識されて編集されているが、1894年ですでにタイプ・スタディとして示されていることは注目に値する。1895年が初出だというミッチェルの見立てよりさらに1年さかのぼった1894年に、「萌芽」というよりもむしろ明確にタイプ・スタディが概念化されている。そこでは、現実主義的であること、因果関係を学ぶ契機となること、他の領域との関連をはかること、形式段階における比較段階の基準となることなどが長所としてあげられている[139]。この背景には、個別具体の各論で認識された地理分野とはいえ、5段階教授法に当てはめて開発すれば自ずと第3段階の「比較」でその意義に気付かされたということがあったのだと考えられる。

1－2　米国ヘルバルト主義運動隆盛期のタイプ・スタディ

　1895年、NHSの1年目の年報の補遺号に収録された討論では、マクマリーは、「我々が学校で取り上げたい文学や歴史的産物はタイプを与えてくれる。（中略）自然科学の持つ事例性や典型性は、人間的なものではないゆえに道徳的な質を有してはいない[140]」と述べている。歴史（文学）がカリキュラム編成の中心となるべきだと中心統合法を支持する発言において、典型の概念が使用されている。

138　McMurry, C. A. (1894b). *Special Method in Geography*. Bloomington, IL: Public-School Publishing Company, 3.
139　*Ibid.*, 92-98.
140　(1895). Discussion. *First Supplement to the Yearbook of National Herbart Society*, 171-172.

しかしながら、その硬直性がすでに揺らいでいることが同年5月の『エデュケーショナル・レビュー』誌にて、地理の教科としての性質を考察しているところによく現れている。歴史と比べて地理は、自然領域に対しても、広く雑多な知ゆえに相互に関連をもたせにくく散在している領域といえ、そのことで教育目的である品性陶冶に収斂させにくいという前提がマクマリーにはあった。

　しかし、内容を精査してみると、地理は歴史と自然学習（nature study）とを繋ぐ架け橋でもあり、下記のように相対的価値が内部にあることが見えてくるとマクマリーはいう。「幅広く複合的で雑多な事実や現象のなかから我々は少量を選び出さねばならない。事実の中には二次的で些末なものもあるが、中心的でその影響が広範囲に及ぶような事実もある。事実の中には孤立的で例外的なものもあるが、典型性を持ち原理や原則の事例となるものもある[141]」。ここには、すでに「中心」観念を持った典型性のアイディアが出されている。地理のタイプ・スタディの特徴として、地理の意味の広がりを代表することに加えて、魅力ある具体性や現実性をあげている。地理のタイプ・スタディを進めていると、偶発的に（incidentally）に自然学習や歴史の内容を呼び込んでいくことになると解説しているところから、地理のカリキュラムの整備が中心統合法に替わりうる新たな枠組みであるという可能性が意識され始めたことが読み取れる。この論文のタイトル「学校教科としての地理（Geography as a School Subject）」に見える「地理の存在意義」はまさにタイプ・スタディが構想できることにあると考えられていたといえる。コアの歴史と周辺に位置づく自然学習とを相互につなぐ領域として、タイプ・スタディを展開する「地理」が期待されたのだといえる。

　具体的には、4～7年生では1年につき20～30の単元での展開が望ましいと考えている。6年生の事例として29項目の単元を列挙し提案している。こ

141　McMurry, C. A. (1895b). Geography as a School Subject: Propositions and Criticisms. *Educational Review*, 9, 449.

の時期のタイプ・スタディは大単元という発想には乏しくシークエンスの論理も読み取りがたいが、自然学習や歴史との関連づけが偶発的に起こるよう整えられていることはわかる。教師は中心的な対象（central objects）を見失うことなく、教育的シークエンスと他領域との関係をいつも念頭に置いておく必要があるというが、ここで提案されるタイプ・スタディは他領域と関連づけるためのあくまでも方法的概念であり、典型性については微弱である。

　先述したように、1895年に改訂増補された『地理におけるスペシャル・メソッド』においては、第3章でタイプ・スタディの考察に加筆を行っている。そこでは、一連のタイプがどの程度地理の学習全体をカバーするのかという問いとして論じられている[142]。些末な知識の羅列に対して、構造化された知として学ぶ必要があり、そのために典型として内容を取り出す際には、慎重さが求められる。その営みは試論的・実験的であったことが読み取れる。しかし、マクマリーは、同時に、それでもなおこぼれ落ちる内容があるとすればそれは重要ではないものなのだという知のスクリーニング機能をタイプ・スタディの構成プロセスに持ち込んでいる。つまり、タイプ・スタディを構想することは知の相対的価値づけの末、取捨選択する行為と重なることになるというのである。1900年代に入ってからはむしろカリキュラムの精選の議論がタイプ・スタディ論を軸にクローズ・アップされてくるのだが、その先駆的な主張であるといえる。

　だが、1895年のマクマリーは、タイプ・スタディがすべてをカバーするとは断言せず、あくまでも中心線（a safe central line）を構成すると考え、地図の学習や反復練習などは補いとして必要だと述べている[143]。また同時期に発表された先述の論文「学校教科としての地理」でも、すべてがタイプ・スタ

---

[142] McMurry, C. A. (1895c). *Special Method in Geography for Third and Fourth Grades. Fifth Edition. Revised and Much Enlarged.* Bloomington, IL: Public-School Publishing Company, 195-196.
[143] *Ibid.*, p. 194.

ディである必要はなく、全体の半分から3分の2程度でもよく、また記憶を中心とする学習も依然として重要であると述べている[144]。これらのことから、既存のカリキュラムに整合的・折衷的に適用していくという立場であったことがわかる。

　1894年および1895年にタイプ・スタディを創出する背景に、ヘルバルト主義カリキュラム論および教授理論の討議の枠組みが柱として明確に存在しているのがわかる。つまり、タイプ・スタディはあくまでも上位にある中心統合法や形式段階説の下位概念として位置している。まず、これまでの抽象的な学問枠組みにもとづいた教育内容を排してできるだけ現実的な学習にすべきだという前提があること、そして知識事項の過多状況、増え続ける新たな教科・領域を整理するために中心統合法を主張したことから、その中心統合法を完遂させるための領域間の関連づけの必要性を強く意識して、クロス・カリキュラムのツールとしてタイプ・スタディが論じられているのである。ついで、5段階教授法にもとづく授業展開が可能になるための内容選択や配置の問題が頭をもたげるが、タイプ・スタディは第3段階である比較段階でその基準としてその効力を発揮すると考えられている。

　1896年1月、『オハイオ・エデュケーショナル・マンスリー（*Ohio Educational Monthly*）』誌にマクマリーは「帰納的な授業法（Induction and Class-Room Method）」と題する論文を寄せる。そこでは、重要なトピックの取り扱いについて考察している。それは自然で（natural）かつ合理的である（rational）ことが求められるという。マクマリーは子どもの心理的アクションと教科の論理性との間に相互に共振・符合する法則があるはずで、それを授業（レシテーション）を計画する際には考えねばならぬと強調している[145]。また同誌に同年7月に寄せられたマクマリーの「教育におけるヘルバルト運動

144　McMurry, (1895b), *op. cit.*, 462-463.
145　McMurry, C. A. (1896a). Induction and Class-Room Method. *Ohio Educational Monthly*, 45(1), 27-28.

の意味(The Meaning of the Herbart Movement in Education)」には、「結論として、ヘルバルト主義者たちについては、コース・オブ・スタディを豊かにすることで、また、授業の自然でかつ合理的な方法を見出し適用していくことによって、子どもの生活を豊かにすることを追求しているのだといえるのかもしれない[146]」とあり、物事の追究の本質において、子どもと教育内容の両者の一致点が見出せる可能性がタイプ・スタディというアイディアにはあると考え始めていたといえる。

　形式段階の洗練をねらったのが「近刊予定」とされた『レシテーションの方法』である[147]とマクマリーが示唆しているこの時期においては、それはとりもなおさず、5段階教授法におけるいわゆる「方法的単元」の部分を構成する教材として、いわば比較のための参考枠組みのような役割を果たすのがタイプ・スタディであったということなのである。

　1890年代半ば以降、マクマリーのスペシャル・メソッド・シリーズの執筆は、彼のカリキュラム論の全体構想からして不可避の仕事であったといえる。だが、それは地理を教科領域として強く自覚し始める契機ともなり、たった1つの中心に他のすべてを従属させていく構造に限界を見出すことにも繋がっていたといえる。

　1890年代半ば、ヘルバルト主義運動がNHSを中心に隆盛を極めている頃、歴史や文学をカリキュラムの主軸に据えたうえで、中心統合法・開化史段階説・形式段階説（5段階教授法）・統覚作用・興味論と次々に基礎概念を翻訳し討議を重ねる傍らで、1894年～1895年に地理の教科性の見直しを契機としてタイプ概念を創出している。この概念は、19世紀半ばのドイツの地理学者カール・リッター (Ritter, K., 1779-1859) に始まり、イングランドの歴史学者らが引き継いだのが使用起源だとする研究者もいる[148]。だが、米国の文脈に

146　McMurry, C. A. (1896b). The Meaning of the Herbart Movement in Education. *Ohio Educational Monthly*, 45(7), 318.
147　McMurry, (1896a), 27.

照らすと、それはドイツ由来ではなく、マクマリー固有の着想であり、先述のようにヘルバルト主義教授理論、とりわけ中心統合法・形式段階説を説得的に説明するためのツール概念であったことは確かである。歴史科重視から地理などの新たな内容教科も位置づけた緩やかな相互関連法へ転換していくための「気づき」と「契機」をマクマリーに与えたのが、タイプ概念であったといえる。そして、地理に重点をおきながらタイプ・スタディを論ずることが、すなわちカリキュラム再編を論ずることに重なっていく傾向を持ち始めるのである。

マクマリーは「教授と制御を拒む者たちは、たえず自然法則に反した一連の行為を求めてしまっているゆえに、自縄自縛に陥ってしまっている[149]」と、いわゆるラディカルな子ども中心主義を非難する文で論文を閉じている。ここに、当時マクマリーがもっとも気にかけていた論争相手の主張がうかがえる。彼らは、教材や教育内容のア・プリオリで客観的な設定に厳しく抵抗していたと予想される。だが、マクマリーの主張は明快で、子どもの心理的・知的な活動と教師の教授とのあいだの無矛盾性を確信していたのである。

ミッチェルやアケンソンらなどの考察とは異なり、1890年代半ばですでにタイプ・スタディが提案されていることはここで確認しておかねばならない。ただし、彼らの言うとおり、確かにカリキュラム編成の原理を担うというほどの強い概念ではない。中心統合法をめぐる議論で、何が中心になるべきかが問われたとき、歴史や文学を提唱するヘルバルト主義と自然科学を推す立場とは時折対立しているが、地理にはその両方を繋ぐ基盤を持っていることにマクマリーは気づいていた。しかも、子どもと地理的な教育内容とが共振することが想定可能だと考えている。タイプ・スタディがまだカリキュラム再編を牽引する概念にまで成長していなくても、「偶発的に」他の領域を

---

148 Hurst, H. (1948). *Illinois State Normal University and the Public Normal School Movement*. Nashville, TN: George Peabody College for Teachers, 85-86.
149 McMurry, (1896a), 32.

巻き込んでいく性質には焦点が当てられている。その意味で、地理が表舞台へと出てきたこととタイプ・スタディが自覚され始めたことは、1890年代後半に、歴史（文学）を中心とする中心統合法から相互関連法とカリキュラム論の基軸を変調させていく際の「蝶番」として機能する鍵概念になっているといえるのである。

2　単元開発論への転換

2－1　米国ヘルバルト主義運動の終焉とマクマリーの再出発

　運動体の衰退はその組織体の解体や変革、機関誌の廃刊といったわかりやすい指標をもとに判断されることが常である。それゆえに、NHSからヘルバルト（Herbart）の名が落ち、NSSSEと改称された1902年までに米国におけるヘルバルト主義運動の終焉があったとする教育史家がほとんどである。米国ヘルバルト主義運動を対象化したダンケルにおいても、ヘルバルト主義としての理論的内容を伴った著作の生産の停止を1905年に見出し、その年をもって終焉の年としている[150]ことはすでに確認した。ダンケルの区切りによると1903年のマクマリーの『一般的方法の要素』の第3版、弟フランクとの共著の『レシテーションの方法』の改訂版までが米国ヘルバルト主義としての理論的著作物ということになる。

　1899年、マクマリーは、ISNUから校長クックの誘いで同州ディカルブにある新設のNISNSに異動する。そこで教員養成プログラム開発に携わった。1907年秋以降、トレーニング・スクール部門のディレクターを1915年の異動まで務めている。また、1911年からはディカルブの教育長も兼務している。つまり、運動の終焉と呼応するように、彼の活躍の舞台は、研究運動体より

---

[150] Dunkel, H. B. (1970). *Herbart and Herbartianism: An Educational Ghost Story.* Chicago and London: The University of Chicago Press, 277-278.

第 2 章　タイプ・スタディ論の生成・発展過程　103

もむしろ本格的な教員養成現場へと変わっていったのである。

　マクマリーは NSSSE の1903年の年報で、歴史のコース・オブ・スタディを提案している。NSSSE では1902年と1903年、すなわち発足後の2年間の年報は、歴史のカリキュラムをめぐる議論が集中的に行われている。このことは、米国ヘルバルト主義理論に対する反省的総括が、歴史科の取り扱いを巡るものとされていたことのあらわれでもある。また、コース・オブ・スタディの提案を通して、中心統合法や開化史段階説を乗り越えてマクマリーなりのカリキュラム上の歴史科の再定置を示したと見ることもできる。同年には、『一般的方法の要素』の全面的改訂も行われ、カリキュラム上の「歴史」の位置づけも変容しつつあったことが読み取れる。マクマリーは、「このコース・オブ・スタディは、歴史・読み・地理の内的なつながりを単純な形で示すために、歴史のみならず、関連する歴史的・古典的読み物や地理の概要も示している[151]」と述べて、歴史・読み・地理の三者の関連を強調する形式でコース・オブ・スタディを提案している。マクマリーは、歴史の内容選択に際して、年齢に適合する標準的トピック（standard topics）である必要性を述べ、特に伝記的トピックは先導的タイプ（leading types）になると「タイプ」概念を用いて解説している。そのうえで、ひとまとまりの思考として機能するための核を適切に見出して単元開発すると歴史は非常に単純化されて獲得され、それらが他との比較にも耐えうるだけの基礎として位置づくものになるという[152]。

　1902年、マクマリーは、イリノイ州の教育長会議の報告書において地理において提案されたタイプを重視した学習についてコメントを付す形で持論を展開している。地理の学習は子どもだけでなく教師にも思考が起こることを

---

[151] McMurry, C. A. (1903) Course of Study in History in the Grades. *The Second Yearbook of the National Society for the Scientific Study of Education, Part I. The Course of Study in History in the Common School.* Chicago: The University of Chicago Press, 15.
[152] *Ibid.,* 16-17.

求める性質を有しており、そのためには黒板のような教具も子どもに開放されるべきだと象徴的に述べる。知識の注入に傾きがちな地理学習への形式からの変容も構想されていることがうかがえる。このコメントの中でマクマリーはライン川の学習やニューヨーク・セントラル鉄道とペンシルベニア鉄道の2者の比較をタイプ・スタディのアイディアとして提示する。このあと長く、彼がタイプ・スタディとして頻繁に例示する「鉄道会社」の典型性とその比較は、この講演で初めて登場している。既存の教科書の有効活用を説いたり、座学（seat study）の必要となる場面を「授業中にある程度全般的に思考する学習が行なわれた（studied）あと[153]」と述べたり、口頭訓練（oral drills）を古き良き慣習であると評価するなど、マクマリーは、すでにある伝統的な教授法にできるかぎり意味を見出そうとしている。これはハード面での急変を提唱せず、既存の枠組みに親和的かつソフトに変容させていくマクマリーのスタンスが如実にあらわれているといえる。

【参考】マクマリーのタイプ・スタディ事例（「最初のパシフィック鉄道」(1907)[154]）
　　最初のパシフィック鉄道
　ロッキー山脈を越える最初の鉄道建設は連邦議会においても国民の間でも大いなる関心と熱狂を引き起こしたプロジェクトでした。1858年、太平洋への鉄道敷設の最適ルート発見のための探検と調査に議会は150000ドルを充てることにしました。毎年、この話題は議会で取り上げられ、新聞紙上でもおおいに議論されていました。カリフォルニアでの金の発見と急速な入植により山脈越えの鉄道要求は高まっていました。しかし、南北戦争前、議会では北部と南部の選出の議員の間でルートについて合意できませんでした。南部の人々は終点としてメンフィスかセントルイスを有する南部ルートを望んだのに対し、北部の人々はもっと北の

153　McMurry, C. A. (1902). Discussion. *Biennial Report of the Superintendent of Public Instruction of the State of Illinois*, 24, 141.
154　McMurry, C. A. (1907). *Larger Types of American Geography: Second Series of Type Studies*. New York: The Macmillan Company, 83-93. 子どもに対して教師がこのまま読み上げることでも理解可能なように、講述（口述）用の物語として、各タイプ・スタディは示されている。タイプ・スタディ自体に発問例などは付記されていない。

シカゴを東の起点と望んだのです。

　戦争勃発により、南部の反対は消え失せ、1862年、平原地帯と山脈を越えてカリフォルニアに至る鉄道建設法案が通過し、議会の補助金を得てその事業をなす会社が組織されました。これは、国家政府が大規模な鉄道建設を助成した最初の例となりました。民間企業はそんな大事業に乗り出せませんでした。北部の人々はそのような鉄道はカリフォルニアや西部と北部諸州がより近く結びつくことで北部を中心とする合衆国（the Union）がより強力になると感じていました。

　東の終点は、議会での法律に従い、オマハの近くのカウンシル・ブラフスとされ西はサンフランシスコとされました。1864年、議会は、鉄道建設をおこなう者により自由度の高い助成金を出すさらなる法案を通過させました。政府自身は鉄道を建設しませんが、承認を受けた企業により建設されたのです。

　ユニオン・パシフィック社はオマハから西へ、セントラル・パシフィック社はサクラメントから東へと、二つの会社は法律により共同することになり、ただちに補助金が与えられました。両社は線路の両側20マイル幅のさらなる区画を受け取ることになり、鉄路全長分の両側20マイル幅に相当するのは、全体で土地の補助はおよそ6600万エーカーになりました。予定のセクションの鉄道工事が完成すると、政府は1マイルにつき16000ドルの債権を発行しました（山脈越えの困難な敷設には1マイルあたり48000ドル、ロッキー山脈とシエラネバダ山脈間の高地では1マイルあたり32000ドル）。これらの債権は道路局に引き継がれ、経路上のさらなる工事のための資金調達のために売却されました。これらの債権は政府債になり30年で6％の利息で二社により償還される予定でした。このようにして政府はこの注目すべき事業において企業を支援しました。

　1863年、オマハで工事が始まり、最初はゆっくりと移動していきました。しかし、この2大企業－ユニオン・パシフィック社とセントラル・パシフィック社－は、どちらがより速く建設できるか、どちらが政府の土地・債権などを保証し仕事を迅速に進められるか、相互に競い始めました。

　ユニオン・パシフィック社は枕木と橋の建設材料の入手に苦労しました。まだシカゴからアイオワ州を通り抜ける鉄路は完成していなかったので、木材や枕木はミズーリ川沿いの森から調達しなければならなかったのです。鉄路が西へ進めば進むほど、これらの材料を運搬せねばならないオマハからの距離は長くなるのでした。両社がロッキー山脈にたどり着いたとき、枕木や木材は山側から入手され、線路つくりのポイントまで川に浮かべ流しました。

　ネブラスカ州とワイオミング州を抜けて道がプラット川に沿ってついていまし

た。それはカリフォルニア州にいたる古いトレイルでした。ロッキー山脈の尾根を越える困難は今ではエヴァンズ峠といわれる低い峠をみつけることで随分軽減されました。その峠により、その連山越えは緩やかな勾配建設ですみました。1867年11月までに、ノース・ウェスタン鉄道がシカゴ・オマハ間で開通し、この鉄路がユニオン・パシフィック社に建設に必要な大量の線路や橋の材料を供給することができました。

　平原を横切るにはインディアンの攻撃のためたいへんな危険が伴いました。工夫たちはスコップだけでなくライフルももって組織・配置されましたし、合衆国軍が調査キャンプを護衛するために雇われました。数百人が建設途上でインディアンに殺害されました。

　工事が進むにつれて、何千人もの工夫が雇われ、毎日のように建設資材の供給とキャンプ支援のために貨物車が必要になりました。ユニオン・パシフィック社の工事により建設キャンプはワイオミング州のブラックヒルズをぬけグリーン川の谷あいへと移動しました。調査団はグリーン川からソルトレークに至る最適ルートを忙しく見出していました。

　「冬の到来でワサッチ山脈ふもとに工夫たちは足止めになったが、長居はできなかった。闘争心で乗り越え、凍土は岩盤同様ダイナマイトで爆破した。雪氷に覆われたワサッチを抜ける線路が敷かれ、ジェネラル・ケースメント社製の線路敷設用列車の一台が線路も何もかも氷でスリップして丸ごと溝へと脱線してしまった！　モルモン教徒たちでさえ立ち上がり、ブリガム・ヤングの強い勧めによりそのレースへと力強く参加していった。当時は鉄道敷設で、のちには政治的な意味合いで、合言葉は、「なんでも要求しよう」となり、セントラル・パシフィック社の人々はオグデンのいくぶん東にあるエコーに至るまでかなり東までの建設用地図を提出してくることで東部の工夫たちを驚かせもした。

　「2社には2万人の工夫がいた。ユニオン・パシフィック社陣営のケースメント兄弟は臨機応変な処置をとった。東部の新聞は毎日ヘッドラインニュースで「ユニオン・パシフィック社は本日〜マイル建設」と流した。当初、一日一マイルもいけば上出来だと考えられていたがケースメント社は一日に2マイル敷設したし、今や一週間七日間稼働し、一時間ごとにライトがともり、黄昏時には1日8マイル近くも敷設したとして彼らの最高の努力をたたえていた。

　「セントラル・パシフィック社は、しばらくの間、杭のために停滞しているのでも、石のために止まっているのでもなかった。彼らは、建設しなければならないトンネルが14もあったが、そのすべてが終わるのを待ってはいなかった。機関

車に使うものまで含む供給品がシエラネバダ山脈を越えて運搬されていたし、工事は1869年の春、反対側からくる線路敷設とユタ州プロモントリー最終的に出会うまで推し進められた。そして、法に基づき接続が完了したと宣言される瞬間が訪れたのであった。」

「5月10日、カリフォルニア州知事でありセントラル・パシフィック社社長のリーランド・スタンフォードと、ユニオン・パシフィック社のデュラント、ダフ、シドニー・ディロンが、友人たちとともに大工事の完了を示す大きなくぎを打ち込んだ。フォート・ダグラスからやってきた守備軍の楽隊の兵士一行によって長い闘いであったという戦場のような雰囲気が醸し出された。路盤の形成で尽力したモルモン教徒たちもいたし、サンフランシスコからの日雇い労働者たちと大西洋からのアイルランド人線路敷設工夫とが邂逅した。ストローブリッジとリードというライバル関係にある二人の現場監督責任者は線路の下にカリフォルニア月桂樹を最後の枕木として敷いた。モンタナ州、アイダホ州、ネヴァダ州産の銀と金の釘が用意されて打ち込まれ、偉大なる太平洋州を代表して、ハークネス博士が、カリフォルニア州の金で飾られた最後の釘を打ち込んだのだ」(『大鉄道の戦略』フランク・H・スピアマン)。

リーランド・スタンフォード、コリス・P・ハンティントン、そしてその他のカリフォルニア州の資本家たちの経営の元にあるセントラル・パシフィック社には乗り越えなければならない大きな困難がありました。険しくそびえたつシエラネバダ山脈ではロッキー山脈よりはるかに高い峠を横切らねばならなかったのです。線路を守るために長い雪崩除けがつくられ、山脈にトンネルが掘られました。工事に使う鉄やその他の材料は、ホーン岬回りあるいはパナマ地峡経由で運ばれました。しかし、工夫たちは太平洋岸で集められる低賃金の中国人労働者により助けられました。そうでなければ、成功は難しかったでしょう。

オマハからオグデンまでの道のり（ユニオン・パシフィック社の建設区間）は1042マイルで、60,467,641ドルの費用がかかったと推定されています。ヘンリー・カーク・ホワイトは、建設で得た利益はおよそ5,691,641ドルだったと見積もっています。これに後援者たちによる株価を加えると、工事の総利益およそ16,710,432ドルになりました。

このルートの完成で、ニューヨークからサンフランシスコまでの大陸横断線が開通したことになり、全米に熱狂を生みましたし、アメリカの歴史で最も偉大な達成の一つとみなされました。このことにより西部への入植がおおいに促され、西部の産業と都市の発展につながりました。

現在のアメリカ合衆国の鉄道地図をよく見てみると、少なくとも4本の大陸横断鉄道ルートがあることがわかるでしょう。これらは、ノーザン・パシフィック鉄道、グレート・ノーザン鉄道、サンタ・フェ鉄道、そしてサザン・パシフィック鉄道です。しかし、ユニオン・パシフィック鉄道が大陸横断ルートの中央部分を独占しており、西部の入植や建設に与えた影響は絶大です。

　ユニオン・パシフィック鉄道がオグデンまで開通した時、政府は27,236,512ドルの債権をもっていましたし、鉄道にかかわることの経営権をもつ12人の取締役のうち5人は合衆国大統領により任命されることになっていました。こうして工事中も、またその後30年間も政府監督下にあり、最終的に、「クレディ・モビリエ」事件として知られる私たちの歴史上もっとも大きな経済スキャンダルにまで発展してしまいました。

　鉄道事業は政府と民間とのコントロールという経営の元ではうまくいきませんでした。議会はたえず懸念事項を調査し取り締まるよう要請されていましたし、1893年ついに管財人の手に落ちることになりました。5年間におよぶ管財人による経営のあと、その間、鉄路と設備の状況は悪化してしまいましたが、ハリマン氏とその提携者たちに買収されました。彼はまたセントラル・パシフィック鉄道の経営権も得て、サンフランシスコからオマハまでの全線を入手しました。

　ハリマン氏の手堅い経営のもとで鉄道は大部分が作り直され、その勾配はならされ、カーブもできる限り取り除かれ、トンネルも低標高で建設されました。路盤と設備は最高級なレベルになされました。これには巨額の費用がかかっていました。これらの驚くべきかつ高価な発展についてくわしくお話しましょう。

　ブラックヒルズの勾配を1マイルあたり43フィート下げるのに、一か所につき「長さ900フィート・深さ130フィートの盛り土を」しなければなりませんでした。「一回分の掘割は深さ80フィート・長さ1000フィートになった。尾根のてっぺんでは、花崗岩を貫くトンネルが長さ1800フィート、旧レベルより247フィート低く掘られた。43フィートという西側の急勾配を下るのは技術者たちの総力を結集せねばならなかった。ソルトレークの真西、ワサッチ連山については6000フィート長のトンネルを掘らねばならなかった。しかし、トンネルの素材や壁が変わったおかげで路盤や線路がゆがみねじれてしまったことがわかったとき技術者たちは仰天してしまった。トンネルの表面という表面にしつらえられた12本ずつの堅い松の木材がこの奇妙な圧力のせいでマッチ棒のようにポキリと折れていた。アスペントンネルではそのような工事用材木がばらばらの方向に幅4フィートにわたって折れてしまっていたと技術者たちは記録で述べている。ある技術者はある

日トンネル内でこれらの材木で出来た路盤の上に立っていた、そのとき、彼の下で、彼の前方200フィートの距離では路盤が、曲がったり折れたりしながら、3フィートも空中に盛り上がっていた。トンネルが完成する前に、重い鉄鋼とコンクリート工事で700フィート強も真っすぐにする必要があった。」(『大鉄道の戦略』フランク・H・スピアマン、66頁)

　オグデンからサンフランシスコに至るセントラル・パシフィック鉄道の大部分も作り直され、カーブは直線化され、新しいトンネルが掘られましたし、高いロッキーの尾根とソルトレークのまさに北側のカーブを避けるために、22マイルの間、30フィートの深さの水中で、ソルトレークの北端を直接横切るように新しいルートが建設されました。

　ハリマン一派は、サザン・パシフィック鉄道の経営権を買収し、最終的にはシカゴ・アルトン間に至ります。ハリマン線を含む地図をよく見てみると、およそ17,000マイルの鉄道がこの企業により所有され運営されていることがわかるでしょう。3年で、ハリマン氏は3つの路線を再建・向上させるのにおよそ100,000,000ドル費やしました。

　ユニオン・パシフィック鉄道とペンシルベニア鉄道とをその歴史において比較してみると、驚くべき類似性が見えてきます。どちらの場合も、巨大な事業が州や国家の監督のもとでなされました。どちらの場合も、深刻な政治的・財政的困難が起こり、大スキャンダルへと至りました。どちらの場合も、線路は最終的に民間企業に売却されましたし、強固な財務・商業ベースで作り直されていきました。

　ロッキー山脈地方とペンシルベニア鉄道やニューヨーク・セントラル鉄道のような東部地方との鉄路を比較してみると、西部の鉄路は、距離も長く、まばらにしか人がいない田舎をこえて、互いに数百マイルも離れた大都市間にのびていることがわかります。

　大規模な学校の地理の授業で与えられているようなアメリカ合衆国の鉄道地図をよく見てみると、ヴァージニア州以北の大西洋側の州、オハイオ川より上の北中部の州、カンザス州とネブラスカ州までの西部域では、緊密な鉄道網が敷かれてることがわかります。南部の州では、鉄道はその半分くらいで、他方、アメリカ合衆国の西半分の鉄道はまばらで相互に遠いものになっていることがわかります。そのような鉄道地図は人口密度やその人々によってなされているビジネスやマニュファクチャや商業を量的にもよく表しています。

　ペンシルベニア鉄道とユニオン・パシフィック鉄道との説明から言えることは、

アメリカ合衆国の鉄道の多くは徐々に合併整理され、小数の巨大企業に組織され、それぞれが数千マイルの線路を持ち、幹線と支線をもっているということです。この合併は、まず鉄道経営において大いなる節約と一体性を生み出し、次いで、途中で変更や転載なくかなりの量の貨物を数百、数千マイルでさえ幹線を通じて輸送することが可能になったことで、大いなる利益をもたらしました。果物輸送列車はカリフォルニア州からシカゴやニューヨークまで車両を変更することなく移動ができます。穀物、畜牛、小麦はオマハ、カンザスシティー、ミネアポリスから車両変更なくニューヨーク、フィラデルフィア、ボルチモアまで運ばれます。この国の商業は実にこれらの長く途切れのない輸送を求めています。

　調査報告書の諸表を見てみると、合衆国の鉄道営業マイル数は1830年以降驚くべき速さで増加し、ついに1903年には207,186マイルにまで達していることがわかります。しかもヨーロッパ全体のマイル数はわずか175,000でした。この点において、合衆国は他国の追従を許さず、全ての外国の鉄路を足し合わせたのとおよそ同じくらいのマイル数があるのです。現在の合衆国の鉄道総延長は地球を8周以上しますし、ここ数年のマイレージの延びは平均以上です。

　合衆国における鉄道死傷事故の件数を示す事故統計をみると驚かされます。1903年には、鉄道事故で9840人が亡くなり、76,533人が負傷しました。1863年のゲティスバーグの3日間戦争で5664人が双方で戦死し、27,206人が負傷しました（『センチュリー・ウォー・ブック』8巻）。この割合で行くと、ゲティスバーグの戦いが2度起こってもたった一年間の鉄道ほど人を殺したり傷つけたりしていないことになります。ここ3年間で、死亡事故は増加しました。このような悲しむべき人命の犠牲は、鉄道走行時のさらなる注意喚起や勾配のついた踏切の廃止、政府によるもっと厳格な規則運用などによって避けられるべきです。多くの巨大な鉄道会社は、自動連結器裁判のときのように、法律によってそうするよう強制されるまでは必要な向上策をとることを拒否したり無視したりしてきています。都市部においても線路を高架化し勾配付きの踏切を廃止するのに、市議会がそうしなさいというまでは遅々としていました。ドイツやイングランドの鉄道は、私たちと同じくらいの旅客輸送数ですが、合衆国のような人命が失われるようなことは見当たりません。

1907年11月1日と2日にシカゴ大学で開催された北イリノイ教員連盟（Northern Illinois Teachers' Association）の大会で自然学習と地理に関する教材

第 2 章　タイプ・スタディ論の生成・発展過程　111

選択の基準に関わる議論[155]がなされた。その場でマクマリーも「この細かな選択についての議論は手つかずのまま」であることを指摘し、いまや「何を選択するのかの基準の話からコース・オブ・スタディにおける教材選択の話へと進まねばならない」と述べ、その中身は、トピックの詳細とその取扱いだと述べた。教師にとって重要で実際的なのは、基準をめぐる理論的な論争ではなく、「何が理論の成果なのか」なのだと訴え、彼なりの結論、すなわち、自然学習と地理の内容は少数の大単元のまわりに集合させる（cluster）べきだと提案し注目を浴びている。マクマリーにとっては、米国ヘルバルト主義運動期のようなカリキュラムの選択に関する論議は現場の教師にはもはや不毛であり、歩を進めて、もっと実践的に有用な議論を教員連盟でこそしなければならないという思いもあったのだろう。また、それに加えて、教員のみならず、コース・オブ・スタディの内容選択に関わる議論をすればするほど、その内容は諸方面のニーズをくみとり肥大化することを彼は経験してきたために、既存のコース・オブ・スタディを出発点にしてその構造化・組織化を急いだほうが、積年のカリキュラムをめぐる量的な課題は解決が早いと判断していたのである。

　1903年にはすでに、マクマリーは先に規定した一般的方法の枠組みを各領域にも適用していく立場を明確にしていたといえる。つまり、各教科に固有のカリキュラム編成論があるのではなく、カリキュラムの編成はどの領域にも通ずる一般的方法論があると考えていたのである。米国ヘルバルト主義の隆盛期は、歴史を中心とする中心統合法こそが普遍的であるとして提示していたが、その後、どの領域においても共通するカリキュラム編成方法があるという認識へと転じていったといえる。主著『一般的方法の要素』から中心統合法を削除し、相互関連法に置換したことは、ただヘルバルト主義理論への批判に応じて変質していったのではない。むしろ、中心統合法では歴史領

---

[155] (1907). Editorial Notes: Notes from the meeting of the Northern Illinois Teachers' Association. *The Elementary School Teacher*, 8(4), 218.

域に閉じた偏在的なカリキュラム論を誘発してしまっていたことを反省し、カリキュラム編成の文字通りの「一般的」方法、言い換えれば、どの教科・領域にも適用可能な「一般的」方法が存在することを明確にした。それゆえに、その一般的方法を根拠として複数領域間の相互関連が生じることを示すことを第一意図とした主著の改訂作業であったといえる。そして、世紀転換期は、その一般的方法の具現化されたものがタイプ・スタディだとマクマリーが見なし始めていたころだといえる。

　このころ、広く教科領域を問わず一般的方法を下敷きにしながらスペシャル・メソッド・シリーズが次々に刊行され、1908年には『パブリック・スクール・メソッド（Public School Methods）』というタイトルの講座・実践事例本がマクマリーを中心にして共同編集・刊行されることになった。そこでは、マクマリーは「タイプ・スタディの専門家」とプロフィールに記載されている[156]。これは単元開発の専門家、ましてや地理の教材開発を専門にしていることを自称したのではなく、カリキュラムの全領域を貫く編成原理の研究者としての呼称であったと解するべきである。その意味で、彼の専門性を自他共に言い当てるタームはすでにタイプ・スタディになっていたといえよう。

　ここで、この時期のマクマリーのタイプ・スタディについて彼が好んで持ち出す「鉄道」をもとに紹介し、その特徴を見出したい。「学習単元としての鉄道（The Railroad as a Unit of Study）」と題された論文では、ペンシルベニア鉄道の学習を通して、そこで得られる中心的な思考が学年縦断的に「自然に（naturally）」発展することで、大人も未だ解決できずにいる課題の解決へと繋がっていくという壮大なカリキュラム構想が示される。

　マクマリーは、共通カリキュラム（the common school course）が想定する6年生を軸にして行なわれるペンシルベニア鉄道の学習が、前後2学年ずつの地理学習を貫いて「交通路としての鉄道（railroads as traffic routes）」という

156　McMurry, C. A. (Ed.) (1908). *Public School Methods* v.1. Chicago and New York: School Methods Company, i.

中心的な思考を持続的に発展させる[157]」ことになると期待を寄せる。細かい点だが、すでに成立しつつあった学年制を前提にカリキュラムが構想されていることも指摘しておきたい。ニューヨーク・セントラル鉄道との比較を通して、最高標高の違いや跨ぐ州数の違いをおさえ、やがて、ボルチモアやノーフォークに発する他路線へと発展し、これら合計4本のアレガニー山脈を越えて東西に走る鉄道の共通点へと至る。すると、自然に思考が発展し、それぞれの史的発展に視点が移り、ごく自然な連想として、ロッキー山脈を越える鉄道はどうだったのかを探究することになる。この線での思考が、アメリカにおける大陸横断交通への理解と進む。途中の主要都市が交通要衝としていかに重要であったかの理解も必然的に伴い、この大トピックが扱えるようになる。そして、自然と浮かび上がる問いは、東西の発展に比してなぜ南北にはメインとなるルートが生まれなかったのか、（そのことと関連して）水運が依然として重要なのはどこなのか、というものである。アメリカにおいては「山」が交通システムの発展にとって障碍とはならず、それよりも人々の人口動態のほうが重要であったという理解から、自然な帰結として全米の鉄道システムの歴史的探究が促される。そしてさらに他国・他地域での鉄道網に関心がひろがり、軍利用も含めた文明の利器として鉄道について内面化するに至る。

　マクマリーはこのように、中心的な思考が意識され自然に追究されれば、自然な思考の発展、自然に浮かび上がる問い、自然に得られる帰結などへと繋がることを説得的に示そうとした。これは教科の持つ体系とは異なり、人の思考が見せる自然な拡張や深化を想定していることに他ならない。そのためにも、発展する重要なアイディア（a growing and important idea）が教師により提示され、子どもたちの関心を引き出していくことが重要なのである。1900年代のタイプ概念はまさに人の思考の自然な連鎖を統御する「中心

---

[157] McMurry, C. A. (1907). The Railroad as a Unit of Study. *School and Home Education, 26* (10), 376.

性」・「指向性」が強調され、それがそのままカリキュラムの関連的な発展として写し取られるという構造を持っていたといえる。その意味で、かなり理論的・観念的・図式的であり、実践的検証の乏しさが見えてしまう。しかし、後の発展可能性がこの論考の段階でも見出せる。それは、この大単元を通じた学習が子どものものにとどまらない発展性をもっていることを以下のように示唆していることに見出せる。

> このように生まれてきた重要で根本的な思考は大人になっても実生活で引き続き拡大していくはずである。米国における鉄道問題はいまだ解決していないし、日々大きくもなっている。(中略)これらの問題を解決するのは学校の仕事ではない。子どもたちが大人になり市民の義務を想定するようになったとき、知的にこれらの問題を解決するような発展的な知の体系を子どもたちに提供することが学校の仕事なのだ[158]。

　子どもの学びはタイプを得ていくプロセス自体、探究的で自然な思考運動であり、子どもの生活と関心に沿ったものである。だが、そこで得られたことはさらなる持続的な発展性を有した知的体系であり、大人になっても生き続け、変わり続け、問題解決に寄与するものであるという学び像がここでは描かれている。これはまさに1920年代にプロジェクトという概念枠組みの中でタイプ・スタディを再考していくマクマリーの発展を大いに予感させるものでもある。
　翻ってみれば、子どものころに得た知的体系は決して訓練的な準備あるいは固定的なものとして獲得されるものではなく、それ自体可変的・発展的であると見ていたことになる。知の自己拡張のイメージは、大人の知の体系を完成型と見ることはもちろん、コース・オブ・スタディをもって完成とすることも求めてはいない。個人としては生涯にわたり、しかもそれが社会に直

158　*Ibid.*, 379.

接働きかけ、集団的・共同的に問題解決を促すという構図で考えられていたことはタイプ・スタディ論が内包した進歩主義的原理でもあったといえよう。

2−2 カリキュラムの単純化が深化を導くという逆説

序章でも触れたが、ミッチェルによると、1903年の『レシテーションの方法』の改訂版では、ヘルバルト主義理論の米国の現状への翻案を行ういっそうの努力はあっても、芽生え始めていたタイプ・スタディ概念はあまり明確にされることはなく、1904年の『米国合衆国地理からのタイプ・スタディ集』の方が明確化される画期だという[159]。アケンソンらも、1904年が本格的なタイプ・スタディ概念の登場であるとするが、ヘルバルト主義教授論が失われ教師のための教材編集に特化しているために大人向け読み物とも言えるものになっている点や、5段階教授法の「比較」段階が全く意識されていない点、たとえば、オハイオ川の谷を扱うのに、別立てで示されているハドソン川がなんら相互参照されていない構造になっている点などを指摘して、先行するヘルバルト主義理論と不連続な性格を指摘する。アケンソンらは、1900年代はタイプ・スタディ概念としては未成熟であると結論づけており[160]、成熟は1915年以降のGPCTでの取り組みまで待たねばならぬという。

1903年版の『地理におけるスペシャル・メソッド』は、一連の改訂増補作業のなかでは最後の改訂となり、1920年代に入っても版を重ねるロングセラーとなったが、このことは後の展開となるタイプ・スタディの本格化やプロジェクトにも耐えうる枠組みがすでにここで提示されていた著作であったこ

---

[159] Mitchell, M. R. (1926). *A Critical Evaluation of the Type Study Plan as an Organizing Principle for Texts in American History*. Nashville: George Peabody College for Teachers, 35.
[160] Akenson, J. M. & LeRiche, L. W. (1997). The Type Study and Charles A. McMurry: Structure in Early Elementary Social Studies. *Theory and Research in Social Education, 25*(1), 39-40. 確かに、構造としては、相互参照は先述の程度であるが、*Special Method* などでも言及されているように、教師自身が本書を手がかりに探究を深め、相互関連を考えて提示・比較を設定することが重要と述べている。このことから、テキストあるいは本書のような事例集の内部で相互関連が乏しいこと自体は難点にはならないだろう。

とも示唆している。彼のスペシャル・メソッド・シリーズは、どの教科・領域においても共通するのだが、この場合、「地理」が独立した地位をカリキュラムの中で得るために「一連の」典型性を示す必要があった。しかも、歴史は地理的基盤をもちながら併行させられるべきであり、地理の内容を豊かにするトピックを提案するものとして取り上げられている。地理が他の領域よりも越境性を兼ね備えていると強調されているのは興味深い。領域固有の性格を持った教科としてその地位を確立したもの[161]を他領域と構造的に相互関連させていくというのが、運動終焉後マクマリーの至りついたカリキュラム再編原理であった。また、1903年版では、重要なトピックやタイプは教師が口頭で効果的に提示していくことが重要とされている[162]。テキストの内容を復誦することが授業（レシテーション）の主たる構成要素であった実状からするとストーリー・テラーとしての教師の役割を提案したことは画期的なことであった。

さらに、雑多な事実的知識が入り込みやすい地理において、その内容を精選するための説得力のある理論が要求されるようになると、マクマリーは、タイプ・スタディを通じて、量的に限定することのメリットをあげ、学びに軽重をつけられて興味や思考を深めるとともに、「時間節約的」にも貢献することを示している[163]。

それにとどまらず、1900年代半ばには、量を減らすことでむしろ学びが深まるという逆説性を説得的に論ずる必要性がマクマリーのカリキュラム論上

---

161 McMurry, C. A. (1906). *Course of Study in the Eight Grades Vol. 1.* New York: The Macmillan Company. のはしがきに小学校の教科のラインナップが示されている。その領域固有性を持った教科と認められるものには歴史（文学）・地理・自然科学・算数・言語・手工・図画・音楽が数えられる。本書は彼が記した唯一の全教科網羅的な course of study であることを考えると、彼が領域固有性をもち教科としては共約不可能な存在として最終的に判断したものといえる。ちなみに本書では、図画と音楽のコース・オブ・スタディは自身の力量を超えており専門家による補足を期待するとされている。

162 McMurry, C. A. (1903) *Special Method in Geography from the Third through the Eighth Grade.* New York: The Macmillan Company, 111.

163 *Ibid.*, p.17.

の最大の課題になっていたといえる。それは、地理にとどまらず、20世紀へと転換した頃にはすでに多領域孤立型のカリキュラムの弊害は広く認識されており、コース・オブ・スタディや教材レベルでの知の組織化の必要性が教育誌上では通念となっていた。しかし、マクマリーの指摘にも見られるように、その整備されたカリキュラムを遂行する中で、結局はすでに確立している旧態依然としたレシテーションの実践へと回帰してしまう事例が多かった[164]ようである。

　教科内と教科を超えた2重の意味での相互関連を意識的に考察し始めたとき、彼は大単元（larger unit, large topic）を構想するようになった。マクマリーは大きな単元を選択し、取り扱う場合、次の2つの原理を認識しておく必要があると考えていた。「1点目は、そのような大きなトピックにはその核となり、組織編成原理ともなるような中心的思考がある。2点目は、この思考は拡張する。つまり、それ自体生きており、適切な条件下で成長するにちがいない。この中心的な思考の自然な発展が我々の授業のプロセスとなるのである[165]」。核となるような知はそれ自体、自己拡張する性質を有しており、それが授業過程を規定するという、カリキュラムのシークエンスとスコープの両方を支配するいわば「知の自己拡張」論が明確に打ち出されている。知の自己拡張論は、1900年代半ば以降、マクマリーに固有なカリキュラム編成の構想基盤となる。

　マクマリーの典型の取り出し方の特徴が、先述した「鉄道」のタイプ・スタディや、5年生向けの単元「とうもろこし（corn）」にも明確に見てとれる。たとえば、単元「とうもろこし」の場合、一つは、他の類似の穀物の存在、他の産物の類似した流通のあり方の存在、などを議論の暗黙の前提にして重複を意図的に排することによりカリキュラムのスリム化を図ろうとするメッセージがある。もう一つは、知の拡張性である。知が自己拡張する文脈

---

[164] McMurry, C. A. (1907). Central Units of Study. *School and Home Education*, 26(9), 336.
[165] *Ibid.*, 336.

と言い換えてもよい。「とうもろこし」は、その学習を領域横断的に進めれば進めるほど、新たな知を呼び込み、取り扱う知の範囲を拡張させていく。この思考枠組みは学習者に強く訴えかける効果を有し、彼らの知的な関心も維持させるだけの動機付けも有するものとなる[166]。知の限定と拡張は単純にカリキュラムを量的に捉えれば矛盾するようにみえる。しかし、マクマリーにとって、構造的にコントロールされた結果の網羅的知は学びの必然的帰結であるが、無秩序な羅列的提示は非難されるべきものであったのだといえる。ここに、カリキュラムの単純化が結果として構造的な知の体系を学習者に生み出し、深化したものになるという逆説性を主張する根拠が見出せる。

　しかも、この単元「とうもろこし」は北イリノイ教育長・校長会議がディカルブで1912年5月3日と4日に開催されたときに基調提案として示された。ディカルブの学校公開がマクマリーのガイドのもと行われたのに加えて、「7人委員会（Committee of Seven）」の実践的条件に関する研究の成果発表として、パーカー・スクールの地元地理学習の提案、シカゴ大学教育学部による小学校理科の提案とならんでマクマリーによる「ディカルブの諸学校で実践された4年生あるいは5年生によるとうもろこしの研究」が提案されている[167]。学校公開があったことから、実践事実とあわせてタイプ・スタディが演示されたものと推測される。ちなみに、7人委員会は前年の1911年に「特別の教科―初等理科（special subject-elementary science）」に関するコース・オブ・スタディの報告書[168]を出しており、そのなかで、人文地理・自然地理も含みこんだ広範な学習領域にタイプ・スタディもいくぶん含んで言及していて、この報告書にもとづき、先述の3つの実践提案がなされたのである。こ

166　McMurry, C. A. (1912) Corn. *The Elementary School teacher, 12*(7), 297-298.
167　Tear, D. A. (1912). Editorial Notes: The DeKalb Meeting. *The Elementary School Teacher, 12*(8), 390-391.
168　Tear, D. A., Bone, H. A., Clark, M. G., Jones, R. G., Meyers, I. B., Smith, J. L., & Whitten, C. W. (1911). Superintendents' and Principals' Association of Northern Illinois. Report of Committee of Seven on an Outline Course of Study on a Scientific Basis. Special Subject-Elementary Science. *The Elementary School Teacher, 11*(8), 393-449.

こでの公表は多くの教育誌でも言及されていて相当なインパクトがあったものと思われる。

3　ドイツ再訪問を契機としたタイプ・スタディ論の転換

3－1　米国教育界からみた1910年代のドイツ

　マクマリーが1913年の夏にヨーロッパを歴訪したこと、とりわけドイツでラインに再会し彼のサマー・スクールに出席したことは先行研究ではまったく触れられていない。しかし、1910年代後半以降のマクマリーの理論と実践、さらには教員養成改革論に大きな影響を与えたのは、このドイツ再訪であったと考えられる。1913年といえば、第一次世界大戦が勃発する1914年の直前であり、ドイツの教育事情が先進性をもって米国に紹介される最後の機会であったともいえる。

　米国ヘルバルト主義が運動として形を見せ始めたのは、1870年代末から1880年代にかけて多くの若者がドイツに渡り、ドイツ・ヘルバルト主義者から学んだことによる。では、1880年代と違って1910年代半ばには、米国の教育者たちはドイツから何を学んでいたのだろう。そのことを知る手がかりのひとつに、オハイオ州ライマ（Lima, OH）の中学校の校長であったステファンズ（Steffens, S.）の1912年のレポートがある[169]。1912年6月21日から7月19日のあいだ、ドイツ各地の中等学校を訪問したステファンズによると、学位を得ることによる教師の地位の高さ、良質な教員養成、一生涯の職業と見なされる教職、就学時間の長さ（休暇の短さ）、教科書は参考程度の利用で教師が主体となってトピックを教える様子、保護者の教育に関する価値付けの高さ、など米国との比較において驚きをもって報告されている。1880年代、す

169　Steffens, S. (1912). A Visit to Secondary Schools in Germany. *Ohio Educational Monthly*, *61*(10), 509-512.

なわち、マクマリーら留学生を中心に翻訳を通じて米国にヘルバルト主義が輸入されたとき、その主たる受け入れ機関は ISNU などの教員養成機関であったにもかかわらず、教員養成論そのものよりも教授理論やカリキュラム論が強調されていた。しかし、1910年代においては、ドイツの教員養成の質の高さが注目されていたことがわかる。

3－2　ドイツの先進性と向き合うマクマリー

1913年に記された未公刊エッセイ「25年を経たドイツの学校の変化 (Changes in German Schools in Twenty-five Years[170])」はマクマリーが1910年代においてヘルバルト主義運動とどのように距離をとろうとしていたかがうかがえる貴重な史料といえる。このエッセイにおいて、マクマリーは自身が25年前にドイツ留学して旺盛に学んだドイツ・ヘルバルト主義がその本国でどのように変容したのかについては一切検討を加えず、新理論や実践の紹介に徹している。女子教育の拡大や産業教育の広まりなど、より広汎にドイツの教育や研究環境を分析している。

1913年に、マクマリーは『スクール・アンド・ホーム・エデュケーション』誌に「ドイツのイエナ大学でのバケーション・コース（Vacation Course at the University of Jena, Germany[171]）」と題した報告を寄せている。その年は、ラインの着任25周年を祝う年でもあり、偶然にも第一次世界大戦前年でドイツへの留学は最後のチャンスとなった。米国ヘルバルト主義の教育運動もすでに終わって約10年が過ぎ、マクマリー自身もヘルバルト主義教授理論に数多くの修正を十分に加えていた時期にラインを再訪していることは興味深い。マクマリーは、現地で附属学校の公開実践を多く観察し、ラインの講義で強

170　McMurry, C. A. (1913a). Changes in German Schools in Twenty-Five Years. Unpublished manuscript, Charles A. McMurry papers, (Box 5, File 5), Northern Illinois Regional History Center, Northern Illinois University, Dekalb, IL, 1-3.

171　McMurry, C. A. (1913b). Vacation Course at the University of Jena, Germany. *School and Home Education, 33*(3), 89-91.

調されたことを彼なりに再構成してここで報告している。たとえば、ラインはイエナの地で苦学して優秀な物理学者となったエルンスト・アッベ（Abbe, E. K., 1840-1905）を引き合いに出して教育に対する挑戦と理想の重要性を説いた。そこでラインは受講生に対し3つの問いを与えている[172]。1点目は、宗教や公共道徳にのみ帰するのではない、ひろく個々の世界観に関わる教育目的とは何か。その際、ヘルバルトの名を再び参照している。2点目は、心理学の発展を期待しながら、子どもへの教育可能性についての問いである。そして、3点目は、教育は個のためか社会のためかという問いであり、その一つの止揚的解決をペスタロッチの取り組みに見出している。

　もともとのラインの講義においてか、あるいはマクマリーの報告書においてか、どちらの段階で起こっていたのかは不明であるが、形式段階説や中心統合法、さらには開化史段階説といったキーワードはもはや言及されていない。マクマリーの報告では、「ヴィルヘルム・ラインの深化した理論」から多くを学んだと述べられている。教育は生活全体と関連していること、教育史とりわけ外国の教育史研究と学校現場での実証研究の2方向が教育研究としては必要であること、などがラインにより主張されている。1913年の「イエナ詣で」でマクマリーが学び取ったのは、当時まさに米国で主張していたことと符合する、生活と全面的に関連させた教育の価値についてであった。教育研究は教育史や外国の実践から学ぶべきというラインの教えは米国ヘルバルト主義運動の第一人者であったマクマリーの回顧がいくぶん反映されていると考えられる。他方で、経験にもとづき実証的に教育原理を組織させていくことの重要性は、ノーマル・スクールで現場と協働しながら理論形成していたマクマリーの仕事を価値づける内容でもあったであろう。また、そこでは視学・指導の質も問われている。これらのメッセージは、マクマリー自身の研究史や研究枠組と符合するものであり、それを正当化する根拠を恩師

172　*Ibid.*, 91.

の言葉に求めたともいえる。いずれにせよ、このライン再訪は学校現場での経験に基づく実証研究をより推進させていく必要性を彼に新たにさせたことは間違いない。

　また、ノーザン・イリノイ大学のマクマリー・ペーパーズには「恵まれたティーチャーズ・カレッジの貢献（Contribution of the Endowed Teachers College）」というタイトルのメモが残されており、このメモの最後に「イエナにて」と記されていることから、1913年に執筆されたものである考えられる。このメモは、先述のように、ドイツの教員養成の質の高さに感銘をうけ、それに高等教育機関が積極的に関わっていることから、米国でのティーチャーズ・カレッジの変革が必要であるという問題意識が芽生えて執筆されたものであると推察される。ティーチャーズ・カレッジ等の高等教育機関で、学問と実践とが結合することで、時間もリソースも持たない一般の教師たちにはなかなか解決不可能な重要な教育問題を探究していくべきであると説く。ノーマル・スクールがティーチャーズ・カレッジや大学と切断され、それぞれが独自に展開していることに限界を感じていることがわかる。カリキュラムの実践上の課題を解決するにはドイツのようにより高度な学術的手法が盛り込まれないといけないし、今は過渡期として教師から離れた専門家により実践的課題が解決されるという形態をとらざるを得ないが将来的には教師自身がその両面を持つようになることを願っている[173]。

　先述の未公刊エッセイ「25年を経たドイツの学校の変化」では、ドイツの教育事情を多岐にわたって記録している。この未公刊エッセイは後述する内務省教育局のクラックストン（Claxton, P. P.）長官に宛てられた私信そのものである可能性もあるが断定はできていない。まず、変化を望む米国とは異なり、100年以上も前からシステムができあがっているドイツではまさに保守

---

[173] McMurry, C. A. (1913c). Contribution of the Endowed Teachers College. Unpublished manuscript, Charles A. McMurry papers, (Box 5, File 5), Northern Illinois Regional History Center, Northern Illinois University, Dekalb, IL.

主義の台頭を見ており、それだけ「学校システムが人々の生活に力強く根差している[174]」ことの証左だと見ている。さらに、ケルシェンシュタイナー（Kerchensteiner, G., 1854-1932）の労作教育論とその実践に言及している。労作教育の実践はデューイの影響が色濃く見られるが、米国と違ってドイツでの成功の秘訣は多様な就学期間をとりまとめて6年制の学校教育制度へと改革できたことも大きいとマクマリーは見ている。また同時に、マンハイム市の事例を取り上げて、都市部の学校での能力別編成の実践も紹介しつつ、驚きをもってかなりの分量を割いてその詳細を整理している。この内容については、『内務省教育局長官年次報告書（*Report of Commissioner of Education*）』の諸外国教育事情のセクションの「ドイツ」の項目でも言及されている。そこでは、マクマリーから長官に宛てられた私信をもとにして、実験的に行なわれている「マンハイム・システム」は小学校における柔軟なクラス分け方式であると紹介されている[175]。しかし一方で、母集団の規模に留意する必要性やカリキュラムとの調整の妥当性も含めて能力別編成には懐疑的な視点をマクマリーが有していることがそのエッセイからは読み取れる[176]。マクマリーは、制度的充実がデューイらにより米国で主唱される進歩主義教育実践を具体的成功に導くという見方は示しながらも、能力別にトラッキングされていく仕組みも併せ持つドイツの学校制度には結論として批判的な立場をとらざるを得なかった。なぜなら、マクマリーの想定するタイプ・スタディは、デューイの実験学校事例とは異なり、極めて米国の現実に即した進歩主義教育実践であるという自負もあったし、そもそもタイプ・スタディは能力レベルの事前想定も、さらには厳格な対応学年もないゆるやかな枠組のなかで構想された単元論であったからだ。ドイツの先進性に驚きは持ちつつ、すでに

174　McMurry, (1913a), *op. cit.*, 1.
175　(1914). Germany. *Report of Commissioner of Education for the Year Ended June 30, 1913, 1*, 816.
176　McMurry, (1913a), *op. cit.*, 4-5.

米国の現実とそれに応ずる形で整えてきた自身の単元論とは大きく方向性を違えて来ているという感想を持ったことがこのエッセイからは読み取れる。

『内務省教育局長官年次報告書』では、マクマリーからの報告をもとにしつつも、その関心の対象は能力別編成システムの方にあった。一方で、マクマリーが教員養成機関の改革や教員養成制度の改革を痛感した背景には、20世紀に入ってから約15年間、各教科領域のメソッドを説く中で、主には地理における単元開発を彼自身「習作」としながら、ドイツでの学び直しを経て、この単元開発の主体が誰であるべきかという問いが必然的に浮かび上がってきたことがあったと指摘できる。そこで教師および教員養成機関の質に注目せざるを得なくなったのである。

以上のように、1913年の再渡欧時にドイツにおける教員養成の先進性に驚いたマクマリーはノーマル・スクールでの教員養成に限界を改めて感じていたことは明らかであり、その活躍の場をティーチャーズ・カレッジに求めるようになった可能性がある。帰国後、実際に1914年にはGPCTの創設に際し、サマー・スクールの講師を務め、翌年には異動し、本格的に教員の養成と現職教員の力量形成を考察し始めた彼は、それをタイプ・スタディの開発と実践を通じて実現していくという方向性を見出すことになった。1913年に初心に回帰すべくイエナを再訪するという経験により、1890年代から一貫した教育理論の上に立っているという自己認識を深めることになったことはこれらの報告書、エッセイやメモから読み取れる。また、この留学が、翌1914年に実践書『教師用実践ハンドブック』、理論的整理を行った大著『対立する教授原理とその調整法』を相次いで著わす原動力になったことも間違いない。

3－3　帰国後の成果

前項で見たように、マクマリーにとってドイツ再訪問は、自身の実践と研究の履歴の妥当性の再確認と、教員養成改革論への弾みという二つの大きな

意味を伴っていた。

　マクマリーは1914年に、教育実践上の二項対立図式（dualism）を抽出し考察を加えて『対立する教授原理とその調整法』という一冊の著作にしている。この著作は1900年代以降の新旧の教育実践理論や方法論の対立とその調停を示しながらも、実際にはヘルバルト主義理論への反省的再解釈という意味も持っている。具体的には、口頭教授の是非や子どもの自発性をめぐる論点、記憶中心の学習の是非など実践現場で広く認識されていた問題を取り上げている。

　たとえば、マクマリーは、興味と努力を対立させる見方を取り上げている。これまでは、一般に努力主義が横行し、教条主義的傾向が強く、訓練により多くの雑多な知識を暗記することが求められていたという。しかし、心理学の発達により、子どもの感情に焦点が当たるようになったことや子ども研究の深まりで興味の果たす役割が重要であることが明らかになった点を踏まえて、だからといって子ども中心主義へのシフトを唱えるのではなく、うまく調整されたコース・オブ・スタディ（a well-devised course of study）により解決する[177]というようにカリキュラム開発の効果に期待する。

　また、子どもと社会をめぐる対立関係については、「学校自体が社会である、（中略）一方に、子どもを社会に向けて訓練し、社会的ニーズに従うことがあり、他方に子どもに対する社会の側の責務として子どもに自由と自己実現のための機会を与えることがある。子どもと社会はどちらにも等しく理があるように相互に適切な調整が必要である[178]」と述べて、双方向的な関係を示しているが、非対称に描きだして対立を解消するところにその特徴がある。生活と関連させてカリキュラムを構想するときも、生活を適応すべきありのまま（as it is）として捉えることよりも可変なもの（as it might be）とし

177　McMurry, C. A. (1914). *Conflicting Principles in Teaching and How to Adjust Them*. Boston, New York, Chicago: Houghton Mifflin Company, 127.
178　*Ibid.*, 42.

て捉える[179]ところにも、双方が異質な方法ではあっても共同して社会全体が変わっていくことへのマクマリーの期待もうかがえる。相互に異質な双方向性をもつことで二項対立図式に解決の光を当てるのはマクマリーの典型的な思考スタイルともいえる。

マクマリーは1910年代に提案されつつあった子ども中心主義に対しては、極めて親和的見解を持っていると自覚している。1914年の本書においても数多くの対立図式が示されているが、対峙すべき陋習はむしろ構造を持たない羅列的な伝統的形式主義にあると見て、自らの立場を進歩主義的と形容することに躊躇がない。

具体的な教授については、中心的観念を有した大単元の開発と展開という立場が繰り返される。本書においてプロジェクトの概念が以下のように出現することに注目しておきたい。「かなりの程度の勇気、技術、忍耐、頑強さを必要とするハードなプロジェクトというものはまさに若者の精神を鼓舞するのに適しているものである[180]」と、プロジェクトがタイプ・スタディの実質的内容を指す言葉として登場しているわけではないが、子どもの興味を喚起する強力な教育内容となり得ることがかなり意識されて用いられていることがわかる。

マクマリーは大単元における具体的な学習プロセスで子どもの思考がどのような道筋をたどるのかということに踏み込んで解説している。「思考の練習には2つの段階がある。第一段階は子どもたちに積極的な議論や疑問を引き起こすことである。第二段階はこの思考の活力が価値ある結論へと強化し導くことである[181]」。このように2つの段階を想定して、子どもたちの思考活動は保証されると考えており、このプロセスに関わる教師の教育方法が後述する発展的方法（development method）として位置付いていた。1914年の

---

179 *Ibid.*, 123.
180 *Ibid.*, 128.
181 *Ibid.*, 116.

カリキュラム構想に関わる議論は子どもの良質な学びの構成と同時に教師の成長自体がそもそも企図された営みとして認識されていたということができる。

4　GPCTでの単元開発とその特徴

4－1　GPCTにおけるタイプ・スタディ開発

4－1－1　NISNSからGPCTへの異動

すでに触れているように、マクマリーは1915年の新学期よりGPCTへと異動する。この異動の事情をいくつかの教育誌（紙）が取り上げている。『アトランティック・エデュケーショナル・ジャーナル（*Atlantic Educational Journal*）』誌では、1914年のサマー・スクールでの講義が絶賛を得て、GPCTの執行部から初等教育担当教授として迎えられることが決まったと報じている[182]。また、『ジャーナル・オブ・エデュケーション（*Journal of Education*）』の1915年2月11日号もマクマリーの異動が決まったことを報じている。そこでは、同時代の数多くの教育学者の中でも、初等教育科学の傑出した専門家（one of the noble specialists in elementary educational science）と絶賛されている[183]。両誌では彼の経歴がともに解説されているが、米国ヘルバルト主義理論において果たした役割はすでに言及はされず、所属以外の多くのノーマル・スクールや諸大学でのサマー・スクール等でいかに活躍しているかが紹介されるにとどまっている。

マクマリーのホーム・グラウンドでもあるイリノイ州の教育誌『スクール・アンド・ホーム・エデュケーション』は、1915年4月にクックのエッセイ「チャールズ・A・マクマリー博士：小学校の教師たちのための教師とし

182　(1915). Educational News Notes. *Atlantic Educational Journal, 10*(6), 233.
183　(1915). Dr. Charles A. McMurry. *Journal of Education, 81*(6), 153.

ての現在までの仕事（Dr. Charles A. McMurry: His Work to Date as a Teacher of Teachers for the Elementary Schools）」を異動報として掲載した。NISNS の初代校長でもあり、マクマリーを呼び寄せたクックは、マクマリーのことを彼がまだ10代のノーマル・スクール学生のころから熟知していたという。クックは米国ヘルバルト主義運動隆盛期にはもちろん、さらにそれ以降の1910年代前半までのマクマリーの「仕事」に対する最もよき理解者の一人であったといえるだろう。そのクックはマクマリーを、教育学者ではなく、「小学校の教師たちのための教師」と敬意を持って称する。マクマリーは NISNS に着任から2年と1学期たつと研究休暇に入る。4年近くの執筆活動期間と1年の他のノーマル・スクールでの校長代理を務めたため、結果的に5年と2学期分、NISNS の教壇を離れていた時期があり、1907年9月にようやく NISNS に復帰している。「彼のそばで仕事をしてきた者のみが彼の異動の意味することが理解できる。真の専門家など結局のところ数はたかが知れている[184]」とその喪失を嘆き、

> 古き親しき、また職務上でも個人的にも親交があったのが途切れてしまうことが何を意味するかは言い表しにくい。このノーマル・スクールの校長と呼ばれた男［訳注－クック自身を指す］は彼無しにはここまで来られなかったであろう。5年半不在にした時期があったが、いつだって彼が戻ってくることを期待できたのだ。今回はもう期待できない。彼の新しいタスクは今よりはるかに簡単だ。職域は狭まるがそれに応じて人生は豊かになるだろう[185]。

とエールも送る。NISNS での仕事がいかに広範囲に及ぶものであったかをうかがわせるが、一方で GPCT での仕事はマクマリーのかねてからの望みであったと推測される実践研究に集中できるようになることもクックは友人

---

[184] Cook, J. W. (1915). Dr. Charles A. McMurry: His Work to Date as a Teacher of Teachers for the Elementary Schools. *School and Home Education, 34*(8), 308.
[185] *Ibid.*, 310.

第 2 章　タイプ・スタディ論の生成・発展過程　129

として期待している。

4－1－2　単元開発の着手

　教員養成学生や現職教員も巻き込みながら実践現場でタイプ・スタディを検証しつつ開発していくという作業は、すでに異動直前の1915年に NISNS でも独自に行っているとマクマリーは主張していた[186]。マクマリーの GPCT の着任とほぼ同時に編集協力の学生組織が立ち上がり、小冊子『タイプ・スタディと授業案集 (*Type Studies and Lesson Plans of the George Peabody College for Teachers*)』が刊行されている。単元開発をして現場で実践を試行してきたものをパンフレット化したものであり、これまでのやや理念的な構想よりはかなり実践性がたかまった内容になっていると評価できる。なかには GPCT で新たにリリースされた単元もあるが、創刊号にしても、その多くの単元は NISNS 時代からすでにマクマリーが構想していたタイプ群が追試・検証されてまとめられている。NISNS 時代の1914年、GPCT にサマー・スクール講師に訪れていたときから、タイプ・スタディのシリーズ冊子を公刊することが構想されていたのであろう。この小冊子は実際には表2－1に示したように、初版ベースで1915年～1920年に公刊されていて、1920年代にいくつか不定期な番外として刊行されたものも含めると全部で24号分となる。継続的に新作を刊行している間も、また刊行に一区切りがついた1920年代においても、再版や改訂版が多く出されている。その創刊号で、マクマリーは、この冊子が、子どもの読み物教材としても取り扱いは可能だとしながら、「それら〔訳注－タイプ・スタディ集をさす〕は教師により口頭で提示され、のちに子どもたちにより読まれ議論されるかもしれない[187]」と述

---

[186] McMurry, C. A. (1915a). The Practice School The Laboratory of the Normal School. *The Northern Illinois State Normal School Quarterly, 12*(4), 6.
[187] McMurry, C. A. (1915b). Preface. *Type Studies and Lesson Plans of the George Peabody College for Teachers no.1*, 4.

べており、ここに、本冊子を参照したタイプ・スタディの実践形態がうかがえる。教師のストーリー・テリングを踏まえて子どもが討論する形態は口頭教授として注目されていたが、マクマリーはタイプ・スタディの実践はこの方法が適していると考えていた。さらに、「そのようなタイプ・スタディは歴史や地理の教科書にある重要なトピックを強化するようデザインされている[188]」と述べられていることから、既存の教科書やコース・オブ・スタディを尊重しながら、その構造化をもくろんで開発する姿勢が読み取れる。

多くのパンフレット、つまり単元が再版されており、現職教員たちに広く求められていたことがうかがえる。この隔月刊の小冊子のうち1917年に集中して3編がマクマリーによる解説号として含まれている。1917年の2(3)では、単元「ソルト川プロジェクト（The Salt River Project）」を事例にして、その取り扱い方法を示しつつ大単元の教授法一般を論じているし、同年2(5)ではコース・オブ・スタディを示すとともにその考え方を解説する。またさらに同年の3(1)では、大単元の取り扱いの一般論を整理している。そしてこれらの解説は一部修正・加筆されて、1920年の『プロジェクトによる教授』としてまとめられ、出版されることとなった。また、このころの単元開発には、マクマリーの2人の息子であるアメリカ史学者のドナルド（McMurry, D. L.）、地理学者のケネス（McMurry, K. C.）の協力を得ていたことも推察される[189]。

188　*Ibid.*, 4.
189　シリーズの事実上の最終号ともいえる番外号（1923）はドナルドによる単著「コロンブスとアメリカの発見（Columbus and the Discovery of America）」であった。

第2章 タイプ・スタディ論の生成・発展過程　131

表2-1　GPCTのタイプ・スタディ一覧
（藤本作成、再版・改訂版および不定期版を除く。）

年	月	巻	号	主題	副題
1915	10	―	1	History and Geography	1. First Steamboat on the Ohio and Mississippi 2. The Louisiana Purchase 3. The Erie Canal
1915	12	1	2	Corn and Cotton	1. Corn Production and Its Problems. 2. Corn [sic], Its History and Problems
1916	02	1	3	Biography	(1) Peter Cooper (2) George Peabody
1916	04	1	4	Western Geography	(1) The Golden Gate (2) Crossing the Cascade Mountains.
1916	06	1	5	Reading	1. Robert Bruce 2. Douglas and Randolph
1916	08	1	6	City Station	1. Vienna　2. Hamburg 3. Berlin　4. Paris
1916	10	2	1	The Panama Canal	
1916	12	2	2	Benjamin Franklin and Social Service	
1917	02	2	3	The Salt River Project and Irrigation Illustrating Method in Big Units of Study	
1917	04	2	4	Robin Hood A Basis for Story Telling and Dramatic Reading	
1917	06	2	5	A School Course in Geography and History	
1917	08	2	6	A Wheat Farm in North Dakota	
1917	10	3	1	Method in Handling Types as Large Units of Study	

1917	12	3	2	School and Home Garden	
1918	05	3	3	The Muscle Shoals	
1918	08	3	4	Teacher-Training Based on Type-Studies	
1918				Glasgow	
1918				The Virginia Plantation	
1919	02	4	1	A Health Program and Campaign Against Tuberculosis	
1919	04	4	2	New Orleans, the Gulf Port	
1919	06	4	3	The New Library for George Peabody College	
1920	01	4	4	Daniel Boone	

　このうち、単元「エリー湖の運河」に注目してみたい。1914年に著された『対立する教授原理とその調整法』(p.116)によるものと表2－1にもあるGPCT異動後の1915年に著された小冊子『タイプ・スタディと授業案集』(no.1, pp.33-34)によるものとを表2－2、表2－3に並べてみる。

表2－2　1914年の単元「エリー湖の運河」

1. 独立戦争末期の中央ニューヨークの開拓。
2. 運河構想の発展と利益に関する議論。
3. 提案された運河のルートやサイズなど。
4. 運河建設と困難な問題。
5. 運河の完成と祝賀式典。
6. 重要かつ遠大な結果。
7. 山脈を越える他の交通路。旧国道。ペンシルベニア州の運河と陸路。
8. 鉄道建設とニューヨーク・セントラル鉄道 (the New York Central Railroad)。
9. 最初の運河拡張。
10. はしけ用運河としての現在の再工事。
11. イリノイ川やミシガン湖の運河やオハイオ川の運河との比較。

表 2 − 3　1915年の単元「エリー湖の運河」

1. 独立戦争末期の中央ニューヨークとニューヨーク西部の未開拓地の状況。
2. 運河建設のプロジェクトとその利益のための議論。デウィット・クリントン（De-Witt Clinton）のアイディア。
3. 提案された運河の場所と規模。
4. 運河建設と難題。
5. 完成時の祝賀式典。
6. 結果。
7. アレゲニー山脈を超える他の交通路とエリー湖の運河との比較。旧国道。ペンシルベニア州の運河と陸路。比較と要約。
8. ニューヨーク・セントラル鉄道。
9. 運河の最初の再建と拡張。
10. 運河の2度目の再建と拡張。
11. 東西間の交通に関するまとめ。
12. エリー湖の運河とイリノイ川やミシガン湖の運河、そしてオハイオ川とエリー湖間のオハイオ運河との比較。

　表2−2と表2−3を比較してみると第11項目に当たるものが1915年に追加されているのがわかる。GPCTに移り、大学院生と編集委員会を持ち実践を行ってみて、タイプの眼目である「中心的アイディア（controlling or center idea）」に当たる「東西の交通に関するまとめ」がないと最終項目の比較作業がうまくいかないことが判明したものと考えられる。このようなマイナーチェンジを経てこの単元はより明確かつ精緻になったといえる。マクマリーの複数の著作で同じ単元事例が少しずつ改作されながら紹介されているが、このような著作間に見出される改訂箇所（展開順の変更や項目の追加・削除・拡大など）は自ら教壇にも立ち、あるいは大学院生との共同作業で、実践の事実に裏付けられながら変更されていったものであるといえる。

4−2　タイプ・スタディの具体的な扱いとカリキュラム論上の意義

　1900年代以降、マクマリーは一般的には地理や歴史を中心とした著作が主と考えられているし、一般教授理論を説く一連の著作でも具体的な実践例はいつも地理や歴史の単元ばかりである。しかし、1916年、彼は言語教育のテ

キスト『言語のレッスンと文法（Language Lessons and Grammar）』を著している。2巻本で、第1巻は言語、第2巻は文法となっている。著者の専門分野として、「言語などなどのスペシャル・メソッド（Special Method in Language, etc., etc.）」と表記されているのは意味深い。同時期の『パブリック・スクール・メソッド』シリーズでは、監修者バグリーらによってマクマリーは地理や歴史のタイプ・スタディ論者として限定されていたが、おそらくそれにはとどまらないカリキュラム全体を扱う専門性を自覚していた証左でもある。

　この言語教育に関する著作で、注目すべきは、言語・文法教育においては、厳格な習得を説いていることである[190]。地理・歴史・自然科学などの領域を新しく価値ある教科（new and valuable subject matters）と捉えるのとは対照的に言語は基礎的で確実な定着の対象となっている。ただし、その習得過程では、できるだけ自然な設定をめざし興味喚起に配慮した一貫性を有することを強調するのは彼の学習観の典型であるといえるだろう。このころ、マクマリーの実際の単元開発は地理・歴史などに限られてはいた。だが、領域限定することのない一般的方法を模索するスタンスは貫かれていたと見るべきだろう。

　ところで、マクマリーはGPCT小冊子「とうもろこしと綿花（Corn and Cotton）」において、これらのタイプ・スタディは教師と子どもの両方に向けられて作成されており、とりわけ教師にはいわば単元習作の役割を果たせるものであるという[191]。タイプ・スタディについては、問題法を採用すべきとし、以下のように「トピック」概念と「問題」概念を解説している。「全

190　McMurry, C. A. (1916). Plan of the First Book. In *Language Lessons and Grammar: Book One Language Lessons*. Indianapolis: The Bobbs-Merril Company Publishers; McMurry, C. A. (1916). Introduction for Teachers. In *Language Lessons and Grammar: Book Two Grammar*. Indianapolis: The Bobbs-Merril Company Publishers.
191　McMurry, C. A. (Ed.) (1915c). Corn and Cotton. *Type Studies and Lesson Plans of the George Peabody College for Teachers, 1*(2), 2.

体的なトピックは、一連の段階を通じて扱われる基本的な問題を提供する。個々の段階では細かな問題を取り扱う。教室において、それぞれのトピックと副次的なトピックはひとつの問題として設定されるかもしれないし、細かな事項は解決のための集約されるかもしれない[192]」という。つまり、単元全体として一つの問題があり、下位の各トピックも細かな問題を有している。すべてが問題解決を基本として進められ、そのプロセスで雑多な知識は構造的に貢献することになるのである。

　この時代、多くのテキストで大単元が採用されつつあったが、この大単元自体が雄弁に教授原理でありかつ学習の原理でもあることを物語っているとマクマリーは述べている[193]。内容と方法が不即不離であるのがタイプ・スタディであると主張するのである。子どもがどれだけ学べるかはどのように知が提示されるのかにかかっており、カリキュラムの実効面を重視していることがわかる。具体性をもち、客観的で、現実的でかつ有機的な単元は、すでに多くの学校で成功裏に実践・検証済みであるといい、たとえば、パナマ運河 (the Panama Canal) のように巨大な社会インフラができあがっていくプロセスは知的で意味に満ちあふれており、幼い子どもが巨人伝説に憧れるように、学齢期の子どもたちは巨大な事業、すなわちプロジェクトに魅了される[194]という。

　このような大単元の特徴は要約すると以下の8点になる[195]。

1．細々とした事実をグループ化する際の核となる基礎的な観念をもつ。
2．思考の発展があり、ダイナミックなエネルギーを発揮する。
3．具体的である。
4．構造的である。

192　*Ibid.*, 3.
193　McMurry, C. A. (1917a). Method in Handling Types as large Units of Study. *Type Studies and Lesson Plans of the George Peabody College for Teachers*, *3*(1), 3.
194　*Ibid.*, 7-8.
195　*Ibid.*, 16-17.

5．実際的な生活のプロジェクトである。
6．数多くの類似した内容を理解する鍵となる（key to a large number of similar undertakings）。
7．世界ができあがっていく過程である（world-building process）。
8．子どもの心に根差し、思考の習慣を育てる。

　先述したように、1917年の「ソルト川プロジェクト」において、院生の編集協力委員会代表であるドーマン（Dorman, C.）の協力を得て単元を提案したのに続いて、マクマリーはこの単元を事例として大単元の教授法を解説している。大単元を実践する前提として教師には完全性（thoroughness）が求められる。教師がまずは完全にこなれたものとして知を組織化していないとならない。教師のなかで知がバラバラだと結果的に場当たり的な展開となってしまったり、中心的な問いとは無関係な些末な事象にこだわってしまったりする可能性があるからだという[196]。また、その展開は自然であることが要求されている[197]。

　この冊子は、教師による教授法を解説するものだが、一方で注目すべきカリキュラム論が潜んでいる。「ソルト川プロジェクト」を学ぶと、ダム建設に必要な多様な領域の知が教科・領域越境的に動員されて、そこで第一の相互関連が起こる。ついで「ソルト川プロジェクト」を軸足としてインドや中国、エジプトの灌漑のしくみも比較を通じて学ぶことができる。これが第二の相互関連といえる。他領域との連関は第一の相互関連で起こるが、教科・領域内での拡張は第二の相互関連で成立する。相互関連法の成立には一般的方法としてのタイプ・スタディが必要だという枠組が確立したといえる。

　ここに、以前には明示されることがなかったマクマリーの単元開発の足場

---

[196] McMurry, C. A. (1917b). The Salt River Project and Irrigation Illustrating Method in Big Units of Study. *Type Studies and Lesson Plans of the George Peabody College for Teachers*, *2*(3), 36-38.
[197] *Ibid.*, 46.

が見出せる。それは、タイプとなるトピックの選定の指針である。単元は、まずは子どもたちにとって可視化される具体的なものであり、「学習においてはその負担を減ずることでより強固な知の組織化を実現する[198]」ものでなければならない。また単元は、それ自体に細かな越境的テーマを内包させ、他方で共振する比較対象が存在するものである必要がある。単元として内部の相互関連構造をもつことはもちろんであるが、主たる問いにおいて他への共振性をも併せ持つ。このような具体性を持った中間的な概念が精選されねばならない。「ソルト川の灌漑」はまさに中間的な概念、つまり、タイプになりうるトピックとして選定されたのである。マクマリーの相互関連は1890年代後半、つまり米国ヘルバルト主義運動隆盛期には教科・領域越境的な性格を論じられていたが、1900年代半ば以降は単元相互の拡張性に焦点が当たっている。それゆえに、地理や歴史といった各論のなかで相互関連法の意味が狭隘化していったように捉えられかねない。しかし、そもそもタイプ・スタディが先述のような視点で選択され開発されていることに鑑みると、その立場は一貫しており、むしろ相互関連法の意味が重層化していったと見る方が妥当である。中間概念として取り出されたトピックは、他との比較作業を通じてよりその典型性が増すという性質を持ち始める。学習のプロセスがカリキュラムの意味を更新していくともいえるだろう。これも中間的な概念を学べるトピックを選択した利点であるといえる。

　これらの小冊子ではもう一点指摘すべき理論更新がある。それはシークエンスの原理の理解である。古くは開化史段階説にルーツを持ちながら、地理でも歴史でも近から遠へ、あるいは時系列に沿ってという順次性を大枠で示していた。しかし、トピック間のあるいは単元間の順次性を裏付けていくために、より心理学的な立場を採るようになったということである。19世紀末から20世紀初頭にかけて、観念的な開化史段階説を提唱・追従している間に

198　Idem.

学習心理学、子ども研究は独自の進歩を見せ、多くの先行研究者はその知見がヘルバルト主義を凌駕し衰退せしめたと見ている。1910年代半ば、マクマリーの考える思考が起こるために、子どもの思考や学習そのものに対する研究成果が必要であることは、彼自身も痛感していた。だが、実際、その適用は性急であり結果的に旧来の統覚作用の原理に依存する、あるいは新たな理論も統覚作用として読み替えてしまうことになってしまっている。

　とはいうものの、大単元はそれぞれ散発化してはならず、比較の基準として中心的な観念は確実に習得し、知が自ずと必然性をもって拡張していくように仕組まれている必要性を訴える。ドリルによる定着よりも、比較検証過程による定着を目指す。帰納法の発想が強固にあり、ゆえに、最初の単元、導入の単元の重要性は強調されることになる[199]。その意味で、「回復過程」や「迂回路」の想定されにくい完全に閉じた、自由度の小さいコース・オブ・スタディの編成を構想してしまう逆説を生み出してしまっている。

　このように1910年代後半、マクマリーは、中間概念を選定の判断として明確にすることで、ズームインとズームアウトが可能な俯瞰的な視座を持って単元開発を行っていた。マクマリーは選択されたトピックである（社会事業としての）プロジェクト自体が現代社会において挑戦的なものであることから、この単元を通じて子どもは問題解決していくプロセスで思考が磨かれ世界を再構成していける存在となると考えており[200]、タイプ・スタディとして選択されたプロジェクトにダイナミズムを見出していることがわかる。カリキュラムとしての固定性が生み出されたこととは裏腹にその内部における動的性格が学びを創っていることになる。この意味で、彼のカリキュラム論とタイプ・スタディ開発は静的に社会適応的に機能するのみと評価するのは間違っており、むしろ自然に問題解決的に、時にはそれが社会改造的に機能することが意図されていたといえるし、彼が自身のカリキュラム論は進歩的で

199　McMurry, C. A. (1917a). *op. cit.*, 41-44; 47.
200　McMurry, C. A. (1917b). *op. cit.*, 44.

第 2 章　タイプ・スタディ論の生成・発展過程　139

あると自覚していたことの証でもあろう。そして、このような展開は何も初等教育にのみ限定したものではなかったことは、「相互関連法と高校の教科（Correlation and High School Studies[201]）」などでも大単元の効用について述べていることにも表れているし、1916年ニューヨークで開催されたNEAの大会で大きなトピックを単元化することで集約的な学習が成立することをタイプ概念に触れながら中等教育でも適用可能なことを提案している[202]ところにも明らかである。

　マクマリーは、タイプ・スタディの単元開発を進める一方で、単元のシークエンスを記したコース・オブ・スタディの整備にも努めて、両者を一体のものとして提案することを常に行っている。スペシャル・メソッド・シリーズでもタイプ・スタディはコース・オブ・スタディとセットでたえず示されている。1917年6月、すでに2カ年かけてすでに19本のタイプ・スタディをGPCTにて小冊子として提示されていたが、歴史と地理の2つのコースがいかに相補的・互恵的かを示しながら、その併行展開が効果的になるようにコース・オブ・スタディについて1号分を費やして解説している。これまで、単元提案のみ（一部にその解説付き）で発刊されてきた一連の小冊子であったが、はじめて異質な性格をもつ号として発刊されたことになる。

　第6章で検討するように、地方教育誌を中心にこのタイプ・スタディ小冊子シリーズへの注目度が一気に高まった時期ゆえに、誤解や批判を回避するべく、単元開発の号を一度休止してでもコース・オブ・スタディを理論的に裏付けて提示する必要性があったといえる。「少数の重要なタイプでは地理や歴史を網羅できないという反論は全くの誤った判断である。子どもにより完全にかつ適切に実践される大トピックは学びにおいてなしうるもっとも効

201　McMurry, C. A. (1910). Correlation and High School Studies. *School and Home Education*, 29(9), 297-300.
202　McMurry, C. A. (1916). The Intensive Study of Large Topics. In NEA. *Addresses and Proceedings of the Fifty-Fourth Annual Meeting Held at New York City 1-8 July*, 54, 411-412.

率的な節約法なのである[203]」という。タイプ・スタディに向けられた批判はその取り扱われる内容の偏在性にあった。1917年当時、大単元による学習には大きな抵抗があったことがここからも読み取れる。たとえば、観念を一般的観念（general notions）と個別的観念（individual notions）にわけ、マクマリーらにより後者がないがしろにされる傾向が生まれてきたと見る研究者もいた[204]。タイプ・スタディによるカリキュラムの構造化には、まずこのような批判に応えねばならない状況があった。また、同時に既定のテキストやコース・オブ・スタディへの配慮があり、それらといかにタイプ・スタディとが親和的かを説得する意図も含まれている。

　さらに、マクマリーは「これらの小冊子は、メイン・テーマを豊かにしたり組織化したりする直接的な手段として、いかなる地理の通常の教科書とも連携して使用可能である。通常の教科書は短文で示されており、それを補強する、より大規模で豊かな素材が学校ではほとんどどこでも望まれている[205]」と述べ、開発されたタイプ・スタディは既存のテキストを豊かにかつ組織化することで構造として理解できるように活用されることを望んでいる。既定のコース・オブ・スタディとの親和性についてここでもあらためて強調されている。タイプ・スタディを系統的に示すことの長所は公定カリキュラムとの関連を提示するだけではなく、網羅的に学ぶことを強く主張する立場の論者への反論・説明機能も有していた。

　単元開発・提案を中断してまで、これらの小冊子の趣旨を説明したマクマリーは、先述のように寄せられる批判や疑念に応えるに際し、ただ理論的な枠組として反論したのではない。

203　McMurry, C. A. (1917c). A School Course in Geography and History Based on Large Units. *Type Studies and Lesson Plans of the George Peabody College for Teachers*, *2*(5), 4.
204　Ruediger, W. C. (1916). Teaching Individual Notions. *The Elementary School Journal*, *16*(5), 257-260.
205　McMurry, (1917c), *op. cit.*, 7-8.

それぞれの大単元において、それが進展していくと、持ち込まれ、一連のものとして組織化される重要な事項の数は驚くほど相当なものとなる。意図的に外してきた二次的な事項の多くは、大単元を構成する不可欠なパーツとして再び現われてくることに驚かされる。実際に、中心的な単元にとって必要な補完データとして適切な場と手段となるのだ。このような細かな知の要素が中心的な単元へと組織化されることで、知の全体系が的確な扱いと見通しのなかへと導かれることとなる。そしてそのことは主たるトピックと従属的なパーツとの正しい関係を示すことになるのだ。知識を強固な知の連関へと構築し組織化するというこのような思慮深い選別の過程が記憶の屋台骨にもなるのである[206]。

と、彼自身が実践を通して得た経験に裏打ちされているという実感が込められて語られる。

　細々とした羅列的な知は、大単元のなかでその適切な位置を得て全体として構造化されると考え、結果的にその定着にも貢献する。マクマリーが知の獲得を前提としてこのように大単元を主張するのは、主知主義的な立場への配慮があったからだけではなく、彼自身も、知は適用するためのツールであるかぎり、構造化されて定着されていることが重要であると考えていたことにもよる。その立場は５段階教授法の最後の適用段階を比較と組織化・一般化の２段階を経てたどりつく最も重要な局面であると一貫して主張していた1890年代から変わらないものである。知の自己拡張や内容選択、カリキュラムの編成形態などはあくまでも比較や組織化・一般化のプロセスで学びが起こる局面として重視されていたにすぎない。マクマリーは、カリキュラム再編をめぐる数多くの著作も残してきた。その理由は最終的にはその知がいかに実生活で適用・応用されるのかという目的がたえずあったからである。雑多な羅列的な知の記憶では実生活に適用するツールとしては不適当であるし、適用しようという興味も意志も生じないことが最大の課題であった。さらに、不幸にもカリキュラムのオーバーロードがその状況に拍車をかけていた時代

206　*Ibid.*, 5.

に彼はカリキュラム論を苦慮して構築していたことがわかるだろう。

4-3　プロジェクト概念への合流

4-3-1　コース・オブ・スタディの束縛からの脱却

　1917年、「教育的にいうと、子どもの知的そして身体的活動を活性化し、注意深い思考と計画を要する素材の中に子どもたちを放り込み、手段を目的に調整し、取り組む際に知性と配慮と技術を発達させ、そして一つの価値ある作業にそって一貫して努力し続けることを励ますということについて、ガーデンをおいて他に効果的なプロジェクトはない[207]」と、このようにマクマリーはプロジェクト概念を極めて先駆的かつ進歩主義的に使用している。後に彼がプロジェクトとして位置づける先人の事業としてのプロジェクトとは別に、子どもの目的的活動が重視される単元がむしろ先行してプロジェクトとして使用されていたことがわかる。1919年の単元「健康プログラムと反肺結核運動（A Health Program and Campaign against Tuberculosis）」においてもプロジェクト概念で説明がされている[208]。マクマリーは、目的実現のために、知や技や意志を総動員していくことなどをプロジェクトの活動内部に求めている。このようにプロジェクトがどのような要件を備えているかをここで明確にしているわけだが、逆にこの捉えから、地理や歴史のタイプ・スタディの展開方法に問題法にかえてプロジェクトを後に当てていくことにも彼の中では違和感が生じなかったものと考えられる。

　実は、1920年前後、マクマリーは、（社会事業を意味する）プロジェクトのような大単元の出現にあわせるようにして、既存のコース・オブ・スタディはまだまだ内容とその組織化という意味では貧しい故に大胆に作り替えてい

207　McMurry, C. A. (Ed.), Cleaton, S. C. (1917). School and Home Garden. *Type Studies and Lesson Plans of the George Peabody College for Teachers,* 3(2), 3.

208　McMurry, C. A. (1919). A Health Program and Campaign against Tuberculosis. *Type Studies and Lesson Plans of the George Peabody College for Teachers,* 4(1), 3.

くべきだと主張するようになる。これまでとは逆転した主張であることにも注意したい。コース・オブ・スタディを適切に解釈することで、中心的観念や思考の線を見出して単元開発していくというベクトルで以前は語られていたのが、大単元の取り扱いを可能にするためにむしろコース・オブ・スタディそのものを変えていくべきだという逆ベクトルの議論を展開し始めたことになる。

　1920年、まさに教育界で焦点の当たっていたプロジェクト（法）の議論にマクマリーも彼なりの方法で参加していった。その著作が『プロジェクトによる教授』である。副題は「目的を持った学習の基礎（*A Basis for Purposeful Study*）」であり、「目的を持った」というキーワードを形容詞として採用しているのは、キルパトリックによるプロジェクトの定義「社会的環境の中で行われる全身全霊で目的を持った活動[209]」を彷彿とさせる。

　この書は第1章が、いわゆる新たな「書き下ろし」であり、プロジェクト概念に関わる解説を既存の概念とすり合わせながら解説している。しかし、第2章以降は、タイプ・スタディ論、大単元論と実践事例およびその解説であり、第12章・13章の大部分、他章の一部は、GPCTで出版していた小冊子からの転載である。そもそも、『一般的方法の要素』の後継に当たる著作は長らく出されてはいなかった。その後継書の執筆を1910年代半ば以降に書きためた論考を中心にして再構成する形で計画していたのではないかと推測される。1918年以前にまとまっていれば、『タイプ・スタディによる教授』あるいは『大単元による教授』と題されていたかもしれない。本書は教科・領域を超えてタイプ・スタディ概念を軸とし包括的・理論的に事例紹介を加えた教授理論書でもあり、ノーマル・スクールやティーチャーズ・カレッジでの新たなテキストにもなるものであった。1918年以降、プロジェクトという世を席巻している新概念に触れ、自身のタイプ・スタディをもとにした大

209　Kilpatrick, W. H. (1918). The Project Method. *Teachers College Record, 19*(4), 320.

単元論そのものに符合すると彼には映ったのであろう。タイプ・スタディの内容と形態をより的確に表現した概念としてプロジェクトを積極的に吸収し使用したものと考えられる。タイプ・スタディをプロジェクトと発展的に読みかえて、カリキュラムと実践の改善を目指した作品であるといえる。

　1920年前後はプロジェクト（法）だけではなく、ミニマム・エッセンシャルズ（minimum essentials）論も胎動を始めており、カリキュラム論上の進歩主義・本質主義の二項対立図式が明確になり始めていたころでもあった。マクマリーは後者について静的な操作にすぎないカリキュラム論だと警句を発し[210]ており、自らの構想する理論や方法に頻繁に「進歩主義的」の形容を行う。1920年のカリキュラム論調では、すでに二項のどちらに位置するかの立場表明が迫られつつあったことも推測される。

　プロジェクト概念と既存の持論との整合性を図ろうとする意図は、『プロジェクトによる教授』の冒頭の留意事項に表明されていて、「我々は、思慮深い目的を見通して、知を完全なる全体性つまりプロジェクトへと組織せねばならない。我々は、教授の際、むきだしの知識なのか、それとも凝集され中心化された建設的なプロジェクトなのかを区別しなければならない[211]」という。目的概念の明確化など、プロジェクト法の影響を見出せるものの、その他の表現はタイプ・スタディを構成する大単元論そのままである。そのうえで、マクマリーは、第1章で、「ひとつは、子どもがその欲求や必要感にせまられてとりくむプロジェクトであり、（中略）もう一つは、子どもが専有できて、容易に引き込まれ、専心的注意をふり向けるような他者のプロジェクトである[212]」と、プロジェクトには2種類あると区別を論じている。キルパトリックらの提唱するプロジェクトは、前者を意味し、その事例として、

---

[210] McMurry, C. A. (1920). *Teaching by Projects: A Basis for Purposeful Study*. New York: The Macmillan Company, 184-185.
[211] *Ibid.*, v.
[212] *Ibid.*, 1.

鳥の巣箱づくり、うさぎの罠作り、手作り電話などを例示している。後者は、サンフランシスコ港の造営や運河建設、ロビンソン・クルーソーになぞらえた洞穴づくりやボートづくり、家畜飼育などが想定されており、まさに、地理や歴史を中心にしてマクマリーにより考案されてきた大単元を指す。彼は、両者がともに有効であると語るのだが、後者にアクセントを置いて、社会的関係からプロジェクトを捉えることを強調する。マクマリーによるプロジェクトは「明確な目的を持って実用的な知の重要な中心に焦点をあてて、強固かつ賢明に組織化された思考の体系[213]」であると定義される。

タイプ・スタディ論の事実上の再提示とはいえ、キルパトリックとの決定的な違いが見出せる。プロジェクトを対象にしたとき、時空は異なれども大人も子どももその関わりに見せる知的・身体的態度は同形性を有していると考えられている。ゆえに、キルパトリックにおける「目的」は子どもにのみ属するが、マクマリーにおいては、子どものそれと大人のそれとの二重性を持っている。学校と実生活とを相似と見て、経験から高い質の思考を経て得る価値は学校ならではのものであり、両者を相似とみつつも、学校生活の方がより洗練されているはずだという[214]。ここに、彼は、プロジェクト概念のもつラディカルさを認識し、期待を持ってタイプ・スタディ論を更新した真意がうかがえる。

プロジェクト概念と接触したことで、子どもの「目的を持った」活動という側面が強調されるようになったが、それだけにとどまらない。興味に支えられた問いの連鎖がより大きな次なるプロジェクトや大単元に包摂され組織化されていくという見方をしていることは、これまでは見出せなかった見解である。客観的に見て、依然として習得すべき内容はあるにしても、その代わりに、まさにオフセット（offset）として、子どもの表現の自由やオリジナリティをもって問題解決のプロセスがあるべきだと主張される[215]ようになっ

213　*Ibid.*, 13.
214　*Ibid.*, 174-175.

た。ある意味で、コース・オブ・スタディにもとづいて完結的なまとまりを持っていた単元が揺らぎ始めたといえる。これらはプロジェクト概念包摂後のタイプ・スタディ論の深化である。また、大単元の終わりには、小論文や作文を作り、主題を子どもなりに再組織化することのメリットも強調され[216]、追体験や適応にとどまる議論からようやく脱却することに成功したと見ることができるだろう。

4－3－2 『プロジェクトによる教授』の補足メモ

ある雑誌での書評は『プロジェクトによる教授』が出版されるや、非常に厳しい批判を掲載している。

> 筆者が《タイプ・スタディ》のもつ重要性を主張したいがために、自身の古い《タイプ・スタディ》というワインを取り出し、新しい《プロジェクト・スタディ》というボトルに注いでしまっているようにわれわれには映るのだ。我々は、筆者が自己活動のドクトリンがいかに教育において重要かを認識していないのではないだろうかと思う。本書を手にした読者は教科の論理的編成を誇大視してしまい心理学的編成を見過ごしてしまいがちになるのではないかと思う。結果として読者は子どもの自発的な活動のかわりに記憶中心の教授をしてしまうことになるだろう[217]。

と酷評する。

マクマリーは、1922年頃[218]に『プロジェクトによる教授』の内容に関しての９項目の補足メモを残している[219]。このメモの用途は講演メモなのか出版社向けのメモなのかは不明である。先行研究者やマクマリーと同時代の研究

---

215 *Ibid.*, 233.
216 *Ibid.*, 235.
217 (1920). Reviews and Book Notes. *The School Review*, 28(4), 311.
218 このメモの時期の特定は困難であるが、NIUのフォルダーにある前後の史料の執筆年に加えて、1923年の *How to Organize the Curriculum* の執筆枠組みを示してもいることから1922年頃であると推定される。

者にはまったく注目されていない未公刊メモである。このようなメモの存在は、1920年に本書公刊以降、さまざまな教育方法論が流行するなかで、プロジェクト論に合流したタイプ・スタディ論にどのような批判が向けられたのかを物語ってもいる。その一例が先述の書評である。新たな方法が提案されるたびに、旧来の方法に関する欠陥が指摘されるのは一般的であり、このメモ自体がそれらへの簡潔な応答として示されていることがわかる。このような情勢に対する彼の不満は1923年の論文「盛衰（Ebb and Flow）」にもよくあらわれている。この『プロジェクトによる教授』に対する補足メモは、1923年の次作『カリキュラムの編成法』に繋げるための下地にもなっているといえる。

1. 本書は教授や教員養成を直接扱ってきた長年にわたる経験のたまものである。若い［訳注―young と二重線で消されている］教師たちの手の中に、日々のプランですぐにでも役立つようなアイディアや素材を与えるようデザインされている。
2. 本書で例示されたプロジェクト・プランは注意深く準備され大単元を行うクラスで検証された長年の経験の成果である。そのような授業はノーマル・スクールや教師たちへの現場指導時（supervisory work with teachers）でも完全に試行されてきた。
3. 本書は少数の主要教授原理が教科や教室で直接機能するような理論と実践の組み合わせを示している。
4. 学校のニーズに対するこの種の実際的適用についてはどのページにおいても明快であり、全章が広範囲におよぶ学校の教科領域の授業において立ち現れる原則を直接的に実演できるようになっている。

本書は現場ですぐに活用できるようになっているとし、最初は「若い教師

219　McMurry, C. A. (circa 1922). Points to Be Noted in the Book on *Teaching by Projects*. Unpublished manuscript, Charles A. McMurry papers, (Box 5, File 5), Northern Illinois Regional History Center, Northern Illinois University, Dekalb, IL.

に」と限定しかけてはいたものの、それを改め若い教師のみならずあらゆる教師に資することを強調している。また編集に至るまで、ノーマル・スクールなどで実際に実践によって直接検証されてきたこと、すなわち実証あるいは経験に裏打ちされていることを冒頭で示すなど、単なる理論書ではないことを述べておく意味が当時にはあったことがうかがえる。だからこそ、理論と実践が乖離した教育書とはなっていないとの自負がみえる。

    5．これらの有用な実演は昨今の進歩主義教育と直接生きた形でつながっている。問題解決法、生産的演習（constructive exercises）、ガーデン・アンド・ファーム・プロジェクト、社会化されたレシテーション、教科間の緊密な相互関連法、身の回りの生活への教科の適用など。
    6．計画全体は思考を前進させる際に絶えず相互に作用・反作用する帰納的・演繹的プロセスの緊密な結びつきに基づいている。帰納と演繹とを分断したり対立させたりするのは誤りである。

当時興隆しつつあった進歩主義教育と軌を一にしていることを示しているが、同時に、さまざまに流行する教育方法論を包摂しうるものとして本書を位置づけていることは興味深い。それだけ、新たな方法論からも批判されていたことがうかがえる。また、それらを支えている基本概念が子どもの思考原理、すなわち帰納・演繹のプロセスであることを述べており、彼らのプロジェクトが子どもの段階的な思考スタイルを前提にしていることがあらためて明示されている。

    7．これらの教科には単純明快な教育哲学がある。それはいくつかの主要なトピックを中心におき完全に習得することで授業を拡張し豊かにしていくという努力である。単純だけど深く、より一貫性のある学的研究がたえず示されている。

トピックを絞り込むことで生じる系統的な科学性の乏しさへの危惧は後にも同僚であり地理教科書を編んでいるパーキンス（Parkins, A. E.）らによっても表明されるが、その懸念の払拭が重要課題でもあった。彼のタイプ・スタディ論の眼目は、網羅性がなくても典型性がいかに科学的で開かれたものであるかを説得的に示せるかにかかっていたといえる。

8．大単元を取り扱う2つの主な段階はこの基本的な単純さを示している。実は、それらは、教師たちにはおなじみのかつての5段階教授法の単純化でもある。

9．自己活動や興味といった子どもたちのニーズはこれらすべての学習において、もちろん大前提とされている。

ここでの指摘は極めて重要である。5段階教授法のかなりの普及も前提視されており、彼自身のプロジェクト教授論も形式段階論のアレンジであると現職教員たちを説得しようとしている。とはいえ、最後に進歩主義教育の大原則を補足していることで、形式段階のもつ教師主導への警戒をマクマリー自身も了解していたことがわかる。

4－3－3　タイプ・スタディ論およびプロジェクト論の成熟

　フランクリン・ボビットが、1918年に『カリキュラム（*The Curriculum*）』を著わし、カリキュラムという用語がコース・オブ・スタディに替わる概念として普及し始めていた。ボビットが主張するように、カリキュラムの編成、具体的にはコース・オブ・スタディの策定行為は教師や行政官たちによる前例踏襲的な作業ではなく、それよりもはるかに高い専門性を必要とされるものだという考え方が急速に広まり、時間節約的な効率性を実現するうえでもこのカリキュラム編成の専門化は支持されるようになっていた。

　マクマリーも、1910年代半ば以降、教師の専門性の向上を考慮するとき、

カリキュラム開発の研究者による専有化には踏み切れないまでも、少なくとも自身がカリキュラム開発とその実践の両方を演示できる専門家ではあろうとしていた。実際、1924年の『ジャーナル・オブ・エデュケーション』誌には、マクマリーが現地に赴き、自ら足で資・史料を発掘し、単元開発に勤しむ姿を「マクマリーのチャタヌーガ調査（McMurry's Chattanooga Survey[220]）」と題して報告されている。他の町には見られないような地理的条件や南北戦争の悲劇以来の歴史的状況をマクマリーなりに取材して整理し、「マクマリー博士は、新世界と旧世界を、新しい宗教と古い宗教を、新しい教育と古い教育を、新しい社会生活と我々が見てきた古い生活とをつなぐ諸事実を見事に組織化してみせた」とその調査・整理の成果を絶賛し、「『チャタヌーガ：学校で使用するためのその歴史と地理（Chattanooga: Its History and Geography for Use in Schools）』、グローブ・ブック・カンパニー（the Globe Book Company, Morristown, Tennessee）は、商務省の監督下でチャールズ・A・マクマリー博士がこの町の研究を行った成果である。結果として各学校はいまも本書を使っているし、これまで出版されたなかで町の生活をテーマにした最良のテキストとして長く使用され続けるであろう」と教材的価値も高く評価している。この雑誌の編集者も、当時各地で行われていた「調査活動」（学校調査運動を指す）とは少しニュアンスの異なる「調査」として「マクマリーのチャタヌーガ調査」を掲げる。そして、学校調査を彷彿とさせる紹介の仕方をしていることからも、教育の科学化の方向性に包摂してマクマリーの教材開発のあり方を称揚しているといえよう。これまでのマクマリーの単元開発は有力な文献を多くたずね、教師や子どもの読み物向けに再構成するのが主であった。だが、ローカルでありながら、「町の生活」の典型性を持つものを見出すため、史跡・現場等に自ら足を運んで記述を行うことで「科学性」を高めようとしていたこともうかがえるエピソードである。

220　(1924). McMurry's Chattanooga Survey. *Journal of Education*, 100(11), 284.

1920年にプロジェクトを用いた教授の具体像を示したマクマリーは、続いて1923年に『カリキュラムの編成法』を著わした。理論書としては彼の最後の仕事となる。理論書とはいえ、何に留意してカリキュラムを編成すべきかを単元内容の具体例を添えて展開するのは他の著作と共通している。巻末にはカリキュラムの提案を行っており、これまでのコース・オブ・スタディという語が使われなくなっているのも特徴である。マクマリーもカリキュラム概念をこれまでのコース・オブ・スタディという概念を包摂する上位概念として捉えようとしていたことがわかる。

プロジェクトの必然性については、

> 思考し、判断し、推論し、評価することは量的なものではなく、未熟で物質的で不合理な基準で測りえないものである。思考はつねに発展性をもち、ダイナミックである。そして思考は必要不可欠なものである。生気のない知はすべて活力と動機を欠いている。外的な世界はそこにあるものすべてが動いているから、そのような知は生活とも活動とも関わりをもたないのである。プロジェクトというものはまさに機能しているプロセスのなかにあるのである[221]。

と述べ、さらに、ダイナミズムを持った思考を質的に高め、生活と結びつくことで子どもの冒険心をくすぐり何かを作りたいという本能に火をつけ[222]学びの動機が生まれるようなプロセスがプロジェクトであると明示している。ダイナミズムを持つためには方略的な中心（strategic centers）[223]を知の中から見出すことが重要だという。中心を形容する語はこれまで「重要な（important）」や「支配的な（controlling）」などであったが、『カリキュラムの編成法』では「方略的な（strategic）」が用いられ始め、カリキュラム編成に直

---

[221] McMurry, C. A. (1923a). *How to Organize the Curriculum*. New York: The Macmillan Company, 22.
[222] *Ibid.*, 62.
[223] *Ibid.*, 23.

接寄与する概念として自覚されていることがわかる。

　先述したように、1920年の『プロジェクトによる教授』では、2種類のプロジェクトが想定されていたが、1923年のこの書では、子どものプロジェクト（Children's projects）、教師によって提案され子どもによって遂行されるサジェスティド・プロジェクト（Suggested projects）、そして、大きな生活プロジェクト（Larger life projects）があり[224]、いうまでもなくマクマリーは第3のプロジェクトを重視する。1920年の段階では、子ども自身のプロジェクトをも実践上包括する形式で、生活プロジェクトを想定していたが、1923年では別類型としている。プロジェクトの本質については、

> 実生活のもとで発展していく実際的なプロジェクトは、教師が用意した問題よりももっと予測不能な偶発的なこと（contingencies）にでくわす。本当のプロジェクトというものは、見通しと内省的な思考を求めるにあたって厳しく妥協を許さないものである。そのような計画がうまく実行されるためには、必要不可欠な事項すべてを見事にコントロールし組織することが必要である[225]。

と述べる。偶発性があるからこそ、それに立ち向かうために、知を統御する視座に支えられて動員されるというプロジェクトに対する捉え方は、知が雑多で過多状態にあるコース・オブ・スタディを整理することを主張していたかつての枠組みそのものである。つまり、プロジェクトの存在そのものがカリキュラムの編成原理と完全に一致していると見るに至ったということである。

　マクマリーによれば、プロジェクトを通じた知の追究は、教師と子どもの共同作業（coöperative companionship）による[226]のであるが、そのことは決して対等な関係性を意味はしていない。教師は発展的方法を駆使して、子ども

---

[224] *Ibid.*, 127-129.
[225] *Ibid.*, 265.
[226] *Ibid.*, 31.

の自発的な思考を促し、知を獲得していくという解釈である。その非対称性はあるとしても、カリキュラムが適切に再編されると教師と子どもの協力的な思考（coöperative thinking）[227]が生まれるという発想は、教師主導か子ども中心かに揺れる当時にあっては特異であったといえる。また、これまで述べてきたように、マクマリーのプロジェクトが大人と子どものそれぞれに知的追究を求めるものであったこともこのアイディアの背後にはあるといえる。

　カリキュラムをめぐっては、1920年代もかわらず、膨大な量の知とそれを闇雲に包含するカリキュラムに対し、いかにすればそれを軽減できるかという問いが相変わらず論じられていた。その問いに対し、内容選択的な文脈でカリキュラム論が洗練されていく傾向が続いていたが、注目を集めていたのがミニマム・エッセンシャルズの考え方である。マクマリーはその指向性に一定の理解を示しつつも、排除することによって減らすことに終始するのは、量の議論になってしまった限界だと批判する。羅列したものから相対的価値を吟味して間引いていく方法ではなく、少数の支配的なアイディア（controlling ideas）や方略的な中心（strategic centers）を見出し構造化することでこの問題を解決する枠組みに立つ[228]という。ある意味で、マクマリーは、量的問題を質の問題へと転換させることを主張していた。彼の言葉を借りれば、実践的なグループ化（practical groupings）を行なっているのであって、論理的な分類（logical classifications）を行なっているのではない[229]といえる。その成立の具体的要件が、生活プロジェクトに基づく再編[230]と示し、再び大単元にもとづく教師の成長[231]が先に必要になるという展開になる。大単元を導入することでコース・オブ・スタディは一見複雑化しているように見えるが、実は構造的になることで単純化と充実化とが同時に起こっている[232]という。

227　*Ibid.*, 117.
228　*Ibid.*, 33-35; 195.
229　*Ibid.*, 71.
230　*Ibid.*, 40.
231　*Ibid.*, 42.

ここに、コース・オブ・スタディやテキストのように明示されたカリキュラムの限界があり、それを歯がゆく感じるマクマリーの苦悩が見て取れる。明示されたカリキュラムを分析的に見ると複雑化しているように見えても、それが必ずしも子どもにとっても複雑な経験になっているかというとそうとはいえない[233]。むしろ進行する経験は単純で、学ぶ内容は充実していくという事実に見出せる。用語上は相互に矛盾するようなカリキュラム概念も実践上は調和と併存を見ることが可能であることにマクマリーは気づいていた。このことは、「これらの思考の線に沿ってここぞという方略的な要所要所で知を集中的に組織すればカリキュラムを驚くほど単純化しかつ豊かにすることにつながることが見出されたのだ[234]」と「見出された」という言い方をマクマリーがしていることからも明らかである。また、現場と関わりながら、実証的にカリキュラム論を構築してきたマクマリーだからこそこのような見解に至りつけたのである。そして改革の方向性は、彼による造語「リスクール（reschool）」を用いて、学校は学校なりに生活的な方法で行うこと（re-schooling in the ways of life）[235] を目指すことになる。

マクマリーによるこのようなカリキュラムの再定義にはそれなりの「子ども観」の更新も伴っている。マクマリーは、「子どもたちの大脳は、筋肉と同様アクティブで活力あふれるものである。心と体は密接な協調関係にあり、一方の高まりは他方に影響を及ぼし、結果として連携関係となる。（中略）我々は初等教育の子どもたちですら、知的すなわちアイディアを持っていると確信せざるを得ない[236]」と述べる。現場を多く見てきたマクマリーならではの感想とも言えるが、身体と知性の関係を探りたいという問題意識は根付いた子ども研究のたまものでもある。子どもをそれ自体有能な存在としてみ

232　*Ibid.*, 76-77.
233　*Ibid.*, 76.
234　*Ibid.*, 78.
235　*Ibid.*, 57.
236　*Ibid.*, 95-96.

ることは、カリキュラムの経験主体として子どもを明確に位置づける意志の表れでもある。複雑化するカリキュラムも子どもにとってはそうでもないと語るマクマリーには、経験されるカリキュラムの子どもの側にたった意味が深く自覚されていたといえるだろう。

最後の理論書となった『カリキュラムの編成法』は、タイプ・スタディやプロジェクトに基づいたマクマリーの経験および実証されたカリキュラム論の集大成であり、子ども観は更新され、大人と子どもが非対称に課題に向き合うことでダイナミズムが成立する構図にたどり着いたのである。

5　タイプ・スタディ論とプロジェクト論の受難

5－1　マクマリーの意図との齟齬

サミュエル・パーカー（Parker, S. C.）は、マクマリーが1923年に著した『カリキュラムの編成法』の書評を同年に行なった。パーカーは、1903年にタイプ・スタディの議論は始まったと見るが、1920年の『プロジェクトによる教授』で現代的に体系化され、1923年の本書においても、コース・オブ・スタディの現状への不満と憤りを表明するのは、いつものマクマリーのスタイルである[237]と評する。一方で、1910年代とは異なり、1920年代には地理の教科書もずいぶん改良されてきたことにマクマリーは注目していないのではないかとその現状認識を訝る。

そのうえで、パーカーは、「マクマリー教授にとって、これらの原理に早い段階で気づき強調したことに功績を見出さないといけない。彼の初期の著作に不案内な読者は彼のよく知られた意見を興味深く本書で読むことになるだろう[238]」と締め括る。パーカーはマクマリーの所論は何も変わっていない

237　Parker, S. C. (1923). How to Organize the Curriculum by Charles A. McMurry. *The Elementary School Journal, 24*(1), 67.

と見ており、その気づきの歴史的な先駆性のみが賞賛に値すると見ているようだ。

マクマリーの同僚でもあり、地理のテキストについても弟フランクも交えて協同していたパーキンスは、教科書作成から数年を経て、マクマリーのタイプ・スタディに対しやや批判的な立場へと変化してきたようである。1926年、パーキンスはタイプ・スタディの価値は認めつつも、地理という教科の科学性を脅かすものとして警戒し始めていることがわかる。

> タイプ・スタディは米国の教育において「大単元」を導入してきた、あるいは少なくとも導入に貢献してきた。だが、系統的な地理に対してそれは多くの欠点を持ち、かなりの危険性もある。（中略）それゆえに、どの地域であっても学ばれたタイプはその地域に典型的であることにすぎないはずだ。（中略）子どもたちは高次な現代的教授と特徴づけられる目的を持った自発的な活動へと導かれてはいない。高度な教授のニーズを満たしているのは、そのタイプがプロジェクトや問題として教授されるときに限るのである[239]。

と述べ、プロジェクトそのものについてはむしろ有用性を説くパーキンスは、タイプ・スタディとプロジェクトは別物と考えていたようである。タイプ・スタディ論では、地理の体系性が損なわれると危惧するぐらいに、細部が省略されていることを問題視している。地理教育の視点から、地域の固有性を強調し、たとえばパナマ運河はやはりパナマに独自な展開をとげたのであってそう簡単には他に演繹できないこと、つまり、タイプ・スタディの眼目である典型性に疑義を唱えるのである。簡素化すること、数少ないトピックに厳選することは、人類の叡智を動員したプロジェクトにもとづいて教授することとは原理的には異なっていたとする批判であったといえる。さらに教授

---

238 *Ibid.*, 68.
239 Parkins, A. E. (1926). Some Tendencies in Elementary Education and their Possible Effect on Geography. *Journal of Geography, 25*(3), 84.

法としても教師に高い力量が求められ困難を極めている点なども批判点として挙げている。

　おそらく同僚であったパーキンスの批判はマクマリーにとっては厳しく響くものであったと考えられる。1920年代の執筆の多くが開発よりもタイプ・スタディやプロジェクトの防護に集中しているが、パーキンスのような理解者からの批判への応答であったと考えられる。ゆえに、後述するように、マクマリーは内容のベースや選択については議論を行わずむしろ簡素化と厳選の意義を子どもの学習論に重ねて、つまり帰納・演繹のプロセスで語ることに腐心していたことの背後にはこのような論点が出されていたことがわかる。

　ドノヴァン（Donovan, H. L.）は、GPCTで学位を取得しているが、1927年のマクマリーの教歴50年を祝う会の幹事を担当した人物である。彼は、1925年、本質主義の理論枠組みになぞらえて大単元論を描いている。

> ジョージ・ピーボディ・カレッジ・フォー・ティーチャーズのチャールズ・A・マクマリー博士はこのこと［訳注－ミニマム・エッセンシャルズをさす］を基礎として編成されたコース・オブ・スタディや教科書を表現するに的確なフレーズを用いてきた。彼は、それらを《にやついた骸骨（grinning skeletons）》とよぶ。社会諸科学やその種の内容教科におけるミニマム・エッセンシャルズは、記憶すべき事実の集積とは定義できない。それらにおいては、重要なトピック、大きなムーヴメント、大単元、《社会や産業プロジェクトのまわりに知を強固にグルーピングさせること》（マクマリー『カリキュラムの編成法』より）、人間が興味をもつ問題の見地からエッセンシャルズを定めるべきだろう。これらは人間が行う活動の種類のタイプと解釈される[240]。

と述べ、タイプの選定のプロセスに本質主義的傾向をみとめたものと考えられる。マクマリーのタイプ・スタディ論が、必ずしも知識の暗記を強調せず

---

[240] Donovan, H. L. (1925). Minimum Essentials in Elementary Education. *Peabody Journal of Education*, 2(4), 212.

汎用性の高いタイプを構造的に絞り込んでいく点において、本質主義と極めて高い親和性を有していたと解釈されていたのである。

マクマリーの著作に通じた人物たちによる微かだが決定的な齟齬は彼をかなり苦慮させたことと思われる。とりわけ近しい同僚や指導学生により、タイプ・スタディやプロジェクトが系統的な学習や本質主義との関係で誤解されるのは、多くの一般教師や、ましてや立場を異にする論者においてはさらに大きな誤解を生んでいる可能性を示唆しており、マクマリーとしてもその説得や内省を迫られることになったであろう。1920年代半ば以降、最晩年の彼の著作はそのような誤解への応答を旨とする作品ばかりであったといってもよい。

5−2　教育流行現象への批判

マクマリーは、1923年、『ピーボディ・ジャーナル・オブ・エデュケーション (*Peabody Journal of Education*)』誌の創刊に際し、2本の論文を連続で寄稿している。「教育における凡庸の支配 (The Reign of the Commonplace in Education)」と「盛衰」である。その内容はどちらも1890年代以降消長激しい教育方法論やカリキュラム論を冷ややかに眺めたうえで、流行の背後に共通するような本質をしっかり見ることを主張する、より総括的な視座を示そうとする意図を持った論文になっている。それゆえに、この2本の論文についてはやや詳細に検討を加えたい。

「教育における凡庸の支配」では、マクマリーは教科書の質の向上を子どもの思考材料となりつつある点に見出し、帰納法的な授業アプローチの進行も評価している。しかし、揺れ動く教育論に以下のような見解を示している。

> 形式主義 (formalism) という古き悪魔は手に負えない者であり、鋭い反動主義者でもある。彼は確固たる決意で闘っている。（中略）しかし、教育というものは周期的な変動に陥りやすく、極端に走る。これらの極端な傾向の一つが今はっ

きりとした発展を遂げ、流行の只中にある。それは、鈍く単調な方法であれこれ考えを表明する習性でもある。精神薄弱（feeble-mindedness〔ママ〕）と紙一重の精神の退化である[241]。

と非常に厳しく糾弾する。強固に保守の方向に引き戻す形式主義的な教育論はまさに彼には魔物と映ったようである。とはいえ、かつては自らも運動を牽引し、そして退潮していった経験もあるからこそ、1920年代のプロジェクト法や教育測定運動、問題法、ミニマム・エッセンシャルズといった流行に翻弄される教育界を苦々しく眺めてもいる。

　さらに、カリキュラムを行動心理学的なプログラムと捉えようとする方向性、とりわけ刺激と反応で説明しようとする当時の枠組みをおそらく念頭に置きつつ、マクマリーは、

> 拡充され豊かになったカリキュラムを有しているという事実は、子どもたちがこれらの優れた刺激に完全に反応することを保証するものでもないし、子どもたちがこれらの気高い教科群の教育的そして文化的価値を内面化しているということを保証するものでもない。（中略）近年の学校制度や教科の進歩のおかげで驚くほどのリソースが我々の手の内にある。しっかり教育を受け、知識と専門的経験を完全に備えた教師がいまや教育には必要なのである[242]。

と述べ、カリキュラムの拡充と充実が必ずしも学びを保証しないという認識が示されている。質の向上はもはやカリキュラムや教材の向上というより教師の質の向上を求める段階に来ているという。

　マクマリーは、あらためて、子どもの本質を外界に対し興味に満ちあふれた存在として描き出し、その力を十分発揮させうる対象として、つまり彼ら

---

[241] McMurry, C. A. (1923b). The Reign of the Commonplace in Education. *Peabody Journal of Education*, 1(1), 10.
[242] Ibid., 12-13.

の思考を十分に促すにたる対象として、カリキュラムを構想するあるいは選択することが力説される[243]。それは、子どもたちの放漫な活動や彼ら自身の課題意識ではない。さりとて大人の課題の押しつけでもない。大人と子どもがともに発達すべきというイメージを持ちながら、両者に共通の同時代的な課題に、あるいはそのような課題として解釈できる歴史的課題に向き合うことが想定されている。科学や産業の進歩、文化の高まりを実感できた20世紀初頭において、これほどまでに子どもの好奇心に応ずるにふさわしい対象は他にないといえるほど恵まれた時代であるとの認識を楽観的に持ち得たことがうかがえる。労働にしても産業にしてもその構造がまだ可視化されていたし、革命よりも改革による進歩が政治課題でもあった時代においては、既存の知を適用していきながら主体的に社会参加を実現し、社会改造の主体になっていくという個の社会的発達イメージは持ちやすかったといえる。

論文「盛衰」では、タイトルの暗喩「潮の干満」になぞらえて、文学や産業教育・家庭科教育・衛生教育・健康教育など幅広い分野の新たな教授法の導入を批判的に検討しながら、地理と歴史を「双子教科（twin subjects）[244]」と位置づけて、新たな教授法を分析している。その対象は実質的には自らが主張するタイプ・スタディ論である。

実践レベルでの流行と「衰退」についても率直に認めており注目に値する。地理と歴史とが一体化した領域でのプロジェクト事例としてパナマ運河をあげて、ナイアガラの水力発電にも拡張しうること、そして水の有する力に関する典型性へとつながることも示唆して、その効用をあらためて強調している。にもかかわらず、実践レベルでは早くも衰退を見せていることに強烈な不満が表明されるとともに、その原因について、辛抱強く成果がでるまで待てない教育者たちの性急さとレベルの維持向上に事欠く教師の力量不足とを挙げている[245]。

---

243 *Ibid.*, 14.
244 McMurry, C. A. (1923c). Ebb and Flow. *Peabody Journal of Education*, *1*(2), 66.

1923年といえば、タイプ・スタディが本格的に実践・検証・普及され始めてからおよそ10年がたっているが、プロジェクトとして再概念化されてからはわずか数年である。カリキュラム開発としての成熟を見ぬまま揺れ動き、衰退傾向を持ってしまったことへの失望が示される。また、同時に、1920年代半ば、つまり彼の晩年において、マクマリーが教育理論に説得力を持たせるには何が必要かを集中的に検討していたことがわかる。論文「盛衰」では５つの流行現象を捉えて考察している。流行の背後にある本質を今一度確認してそれらが一つの運動として機能することが教育改革につながるのだと締め括る[246]。実践による検証と哲学的な意味づけをその解決枠組みとしてマクマリーは採用し、それを併せ持つ自身のプロジェクト論は散発的な位置を有するのではなく、長く機能する改革運動の一部なのだと見ていることがわかる。

5－3　退潮のなかでのディフェンスと再整理

1925年の『プラクティカル・ティーチング』は第１巻のみが出版され、マクマリーにとっては事実上最後の単著作となった。続編の出版が想定されていたのであろう。本書の記述によると、注意深く計画された４つのプロジェクトがスタンダードとして提案されており、冒頭のタイプ・スタディおよびプロジェクトの解説も含めて、マクマリーの実践書の集大成的位置づけであるともいえる。しかも、その記述方法はどの単著作とも共通して具体的実践計画事例が掲げられることに特徴がある。本書はとくに、「まず、完全なる実用的な教育哲学を持ち、ついで、教科を完全に把握し、最後に子どもについての知的で共感的で多面的な知識をもつ。（中略）それらは、一般の教師たちに直ちに役立つであろう[247]」と教師の専門性を具体化して強調する。

『プラクティカル・ティーチング』においても、他著作と同様、専門家に

245　*Ibid.*, 66-67.
246　*Ibid.*, 68.

よる単元開発の役割を述べながらも、経験豊富な教師の具体的実践を通して若手教員の成長を促すなど、教員の力量形成にかなり配慮された描かれ方をしている。目下の教材開発の焦点はまさにその汎用性にあると確信するに至ったのである。様々に提案される新興の教育方法や旧来の方法であっても進歩性さえ基盤としていれば、問題解決学習であれ、地図学習であれ、劇化であれ、ディベートであれ、相互関連法であれ、タイプ・スタディは包摂しうると自負していた。新規に開発され注目を集める各方法論よりも上位概念として自己の理論を位置づけようとしたのである。「うまく実践されたプロジェクトやタイプ・スタディは若い教師たちにとってもわかりやすいものである[248]」と、若手教員への範となる実践への言及の文脈でもプロジェクトとタイプ・スタディが併記されているのは注目に値するが、その総合性・上位性に教員の成長を促すと捉えていることがわかる。

そのうえで、「タイプ・スタディは思考を劇化する（Type studies dramatize ideas）[249]」と述べて、無味乾燥な知にストーリーを展開させていくという性質を本書では強調するようになる。これほどまでドラマの性質が押し出されることはこれまでなかった。ゆえに「劇化」は、プロジェクト、タイプ・スタディのもつダイナミズムを表現するのに適当な言葉としてマクマリーの意図と合致したものと思われる。「プロジェクトは無味乾燥なお説教ではなく、２幕を有する演劇のようなものである[250]」と演劇のメタファーを用いながら、

> 我々がタイプ・スタディと呼ぶものは、多くの個別ケースにあてはまることがわかった原理をあらわしたものである。第一幕では、タイプ・スタディは思考のための劇的な（dramatic）設定を行うものとなり、第二幕では、広く適用するという生産的な原理を展開させる。大単元における典型的要素を無視することは照明

247　McMurry, C. A. (1925). *Practical Teaching Book One: Large Projects in Geography*. Richmond, VA: Johnson Publishing Company, 2.
248　*Ibid.*, 3.
249　*Ibid.*, 5.
250　*Ibid.*, 4.

を消すことを意味するが、そこに正しい道を与えれば知の広い高速道路を開くことになる。（中略）具体的な単元における知の組織化は教科における複雑さや混乱に対する唯一の眼に見える防御策である。教師たちはいまこの大きくて単純な授業計画へと舵を切りつつある[251]。

と述べる。概念そのものをダイナミックに学び取る、彼の主張に従えば、他の概念と比較させながら獲得する段階と、それを実際場面にダイナミックに応用していく段階とを示す。

　旧来の、つまり1910年代頃展開・主張されていたタイプ・スタディに対しても反省が施されている。

> 今までパンフレットの形で発行してきたタイプ・スタディは詳細さやイメージを伴った、整然とした記述的な扱いを目的としてきたし、メインのアイディアを完全に整えるために必要な諸事実を関連付けてきた。（中略）タイプ・スタディは詳細な方法でも質問の形式でも個別指導あるいはクラスでの視覚事例の取り扱いでも、緊急性の高いことや困難なことに対応できるだけのうまい工夫においても、どれもうまく機能していないと批判されてきた[252]。

と、1910年代半ばからGPCTにておよそ10年間出版・重版を行ってきたタイプ・スタディの小冊子について、その意味を改めて示す一方で、いったい何が批判されていたのかが明らかにされている。この混乱の解決策として、より現実生活へと拡張したものに改良していくとともに、現場レベルで方法概念を二層化することを提案している。まずは、教科が求めてくるロジカルなものが大枠としてのメジャー・メソッド（major method）であり、具体的な教室でたえず生起する困難に内容に即して対応していくマイナー・メソッド（minor method）である。タイプ・スタディを実生活に拡張するというと

251　*Ibid.*, 6-7.
252　*Ibid.*, 9.

き、それは、想像可能性・再現性を高めることをねらいとしている。この二層性が、先述の劇化概念とパラレルに捉えられている。マクマリーは、「もっとも効率的な方法で教授原理を劇化したい」と切り出し、劇化概念の2つの層が取り出される。まずは、タイプ・スタディの内容構造そのもの、つまりこれがメジャー・メソッドに該当する。そして「教育における最難関は直接に演示することでいかに享受するかを示すことである。(中略) 子どもが使えるような例示や適用の枠組みと同様に教具を工夫する際に思慮深く反省的に研究することや優れた先見性をもつこと[253]」、つまりマイナー・メソッドである。マクマリーは後者の困難さを自覚しており、彼の関心がこちらへとシフトした結果、教材開発プロセス自体が、汎用性を持ち、教員の力量を高める方向が体系的に打ち出されたことに繋がっているといえる。

　他方で、科学性やミニマム・エッセンシャルズを重視する立場からの批判にも彼は晒されていた。それに対し、「知へのこのような近道は、いかなる真の価値ある知にもたどり着く確かな道には決してならない。(中略) 広範な知の世界のなかで地の利を生かした見晴らし場所を与えてくれるものと捉えるタイプの観点からは、タイプ・スタディは節約には不可欠なものである。知の深さと考える力とは表面的な学習からは決して生まれてこない[254]」と述べる。同僚のパーキンスらの地理としての体系の崩壊や矮小化を危惧する声に応えた主張であると考えられる。構造を持たないミニマム・エッセンシャルズは言うに及ばず、科学的な順次性や内容選択を訴える立場も、学ぶ子どもの側に立った時の知の形成過程に着眼はしていない。

　タイプ・スタディの開発における教師の自主性に対する懸念もたえず批判として向けられていたことは、1910年代から変わらない。「いつの日か、教師が大きくうまく整えられた実り多いトピックを扱うことに経験を積んだとき、自分の手で素材を集め、大きなタイプ・スタディを独創的に扱い機能さ

253　*Ibid.*, 10.
254　*Ibid.*, 17.

せようとするかもしれない[255]」と、今は、教師に重荷を背負わせない段階だと見ていたマクマリーだが、いずれ教師の力量の高まりが行き着く先について期待を込めて述べている。さらにいえば、決して、固定化された教材ではないことは劇化概念でも表明されているが、シナリオとしては確固たるものとして提示されても、その実践展開のプロセスでダイナミックに改変されていくことは歓迎されているし、それこそが教員の成長プロセスなのだと考えられていた。

　1926年、マクマリーは『アメリカン・レビュー・オブ・レビューズ (*The American Review of Reviews*)』誌に「学校と生活との間にある溝に橋を架ける：生きた人間の経験に基づいたカリキュラム (Bridging the Gap between School and Life: A Curriculum based on Vital Human Experience)」という論文を寄稿した。進歩主義教育の実践について自らの所論もその流れにあるとしながらカリキュラムの再編の必要性に言及している。1929年に彼は没するが、まさにこのテーマは文字通り彼自身のライフワークとなっていたことがわかる。

　　生活を基盤として組織され進められてきた重要な事業は学校の日々のプログラムに具体化されている。(中略) 進歩主義的な学校は、完全な設定かつ生来の居場所で生活上の問題を扱い始めている。この種の学習では子どもたちは単語やフレーズを暗記しようとはしない。彼らは経験しているのである。彼らは家庭や共同体の関心事を直接扱っているのである。彼らの思考は生活に根差している。彼らは必要な活動や周囲の世界についてのはっきりとした知性を得ている。私たちの生きる現代社会の構造と組織は徐々に子どもの知の中で実験的に展開しているのである[256]。

255　*Ibid.*, 18-19.
256　McMurry, C. A. (1926). Bridging the Gap between School and Life: A Curriculum Based on Vital Human Experience. *The American Review of Reviews*, 73, 299.

と述べ、外的世界のもつ構造と組織が子どもの精神に対して働きかけることへの信頼とその親和性が表明されている。また経験概念が積極的に使用されている点はタイプ・スタディでカリキュラム再編を論じられている段階には見られなかったことである。

「生活から導き出される典型プロジェクトは中心性を構築する。その中心性とは、数多くの経験的素材がうまく高められ統合性や強靭さのあるものへと結びつけられていくようなものの中心にある方略的なポイントである。そのような思考の中心は、広い視野を伴って、世界を理解するための手段を与えてくれるのだ[257]」とあるように、本質はかつてのタイプ・スタディとなんら変わらないものの、その用語が典型プロジェクト（typical projects）と換言されている点にマクマリーなりの進歩主義的総括が表れている。あくまでも外的世界を捉えていくことをねらいとしつつ、プロジェクト概念が良質な経験を提供するものとして示されている。「幸いなことに、この広い知の世界は単純である。というのは、タイプという原理で全体が構造化されているからだ。一つをよく知れば即座に百万の解釈ができるのだ。13年間の創意工夫を経て、フォード（Ford）はひとつの機械を作り上げた。それ以来、彼は何百万も生み出している[258]」と彼の世界観が示される。何かを代表させるシステムは、民主政治システムやこの引用にあるように工場における大量生産システムにも符合するものとして解説されており、時代に即応する教育方法でありカリキュラムでもあるとマクマリーが確信していたことがうかがえる。

5－4　マクマリーの到達点と総括

1927年に教歴50周年をむかえたマクマリーに対し、GPCTは祝賀会を催した。そこでのマクマリーによる記念講演が「私の教育哲学」であり、その原稿はヴァンダービルト大学のスペシャル・コレクションズのマクマリー・

257　*Ibid.*, 300.
258　*Ibid.*, 301.

ペーパーズにもノーザン・イリノイ大学のマクマリー・ペーパーズにも収められているが、一部改稿されて『ピーボディ・ジャーナル・オブ・エデュケーション』誌に収録されている。

　マクマリーは社会と個を調和的に結びつける知としての教育哲学の必要性を訴える[259]。そのうえで、教育哲学は３つの段階を経て成熟していくと考えている。まず、教育に関して哲学的に幅広く調査を行い、次いで、慎重でバランスのとれたスタンスを持ち、最後に、知の諸要素を束ねる力として機能する。それらは、あくまでも子どもの諸活動やひたむきな努力にはたらきかけて未熟な状態から成熟した状態へと導くことを目的としている。マクマリーは、ルソーやパーカーを例示して急進的な進歩主義には理解を示しつつも、しかしながら「子どもはこの世界をありのままのとしてそこで育たねばならない（the child must grow up in this world as it is[260]）」と現状の受容と適応をやはり直視する。そして、教師による環境設定や加工を正当化し、そのうえで子どもに適切な生活が実現できるようにと捉えるのは、彼なりのパターナリズムとも言えよう。とくに1920年代にあって、マクマリーに見えていた子どもが生きている世界は、極めて治安が悪い状態にあり、今日も生きていることにしばしば感謝するぐらいだと嘆息するほどであった[261]。ゆえに、その劣悪な学校外環境もラディカルな進歩主義教育に踏み込むことを躊躇させたのである。学校は、変革を求めながらも、そのスピードの遅さを十分理解しており、急激な変化に実際ついて行けない保守的な機関であることもマクマリーが認めていた。

　この講演で特徴的なのは、なぜマクマリーが大単元の「大」にこだわったのかが述べられていることである。学校世界で扱うことはあまりに「小」さ

259　McMurry, C. A. (1927). My Philosophy of Education. *Peabody Journal of Education*, 4(5), 261.
260　*Ibid.*, 262.
261　*Ibid.*, 263.

いものであり、それに対して学校外世界で起こっていること、とりわけビジネスや事業は「大」きい。後者では、学校で学んだような知が大規模に組み合わされ統合されて目的を達成しつつある。急激な社会変化に対して学校で学ぶ知は極めて変化が遅いと彼は嘆き、瑣事の取り扱いから学校カリキュラムが脱することがいまだに重要課題であるという認識を示している。このように学校が変わるイメージとして彼は、「知の獲得過程では学校は実生活を複製してなければならない（In its knowledge-gaining processes the school must duplicate life[262]）」と象徴的にいう。学校と生活（社会）の関係については、生活原理という概念を用いながら、学校に生活のエネルギーが入り込むことでカリキュラム上の主たる問題が解決すると考え、一方、批判されている学術的な知についてもその組織の問題を解決すれば、あらゆる知が使用可能であるという[263]。

　知の実生活への適用を意図するマクマリーには、大単元が範とするプロジェクトのもつ複雑さと不確実さこそが魅力的に映っていたようである。「パナマ運河のような複雑で生活的プロジェクトでは矛盾や敵対が起こり、手に負えない諸事実も浮かび上がり、厳しい二項対立が生まれ予期しないハプニングに満ちている。これらはどんな教師をも混乱させそして興奮状態へと放り込むものである[264]」と、再びパナマ運河建設を引き合いに出しながら、知のダイナミズムのイメージを提供している。しかし、大人たちの大事業をカリキュラムモデルとした場合、子どもたちはどれほどそれを辿ることができるのだろうか。マクマリーは子どもの興味や生来の「本能」が外的な世界との交渉を望むことを前提とし、またそれを経験的に実証してきたことを強調している[265]。ここに描かれた教師の興奮は子どもたちの生来の興奮でもある。

262　*Ibid.*, 264.
263　*Ibid.*, 265.
264　*Ibid.*, 266.
265　*Ibid.*, 268.

最晩年の1928年に書かれた「教育のスポンサーとしての哲学（Philosophy as Sponsor for Education）」では、哲学史をたどりながら、とかく二項対立図式に陥りやすい教育界を嘆き、哲学が弁証法的に果たす役割、その中庸の重要さについて以下のように述べている。

> 哲学は戦争だけに異議を唱えているのではなく、あらゆる醜い諍いに異議を唱えているのである。ディベート形式においてすら、哲学は節制と譲歩の精神を育ててくれる。論争的な問いにおいては、哲学は極論と偏見に抵抗してくれる。まず、哲学は世界を真っ二つに引き裂くような自然で不可避な二元論を記述し、そしてこれらが容易に諍いを生み出すかもしれないことに気付いている。哲学は、人類のあらゆる進歩において、対立する党派間に敵対心が生まれ、その相反する二項の格闘と対立が社会を高次なものへと前進させていることがわかっている。（中略）二元論や敵対の多くはより優れた統合原理を見出すことで解決される。争いの精神を鎮め、敵を友へと変容させるような大きな視野を得ること、これこそが哲学の仕事である[266]。

と哲学の枠組みに大いに期待を寄せる。見方を変えれば、ここまで強調するほどに、1920年代にはすでに、実践レベルから理論を想定する場合に、おそらくは主知主義と子ども中心主義とがはげしく対立し、その様相にマクマリーも辟易していたことがうかがえるし、自身の立場が一方の極のように誤解されていることへの強い批判意識があったものと推察される。この状況に対し、丁寧に実践で妥当性を示していくこともさることながら、当時は「上位」と考えられていた哲学、さらにはヘルバルト以来の倫理学・美学領域にその調停を期待しているところにデュアリズムの抱える困難さがかえって浮き彫りになっていたともいえるだろう。

　晩年の２論文がいずれも哲学をタイトルに持つのは興味深い。彼が教歴50

---

[266] McMurry, C. A. (1928). Philosophy as Sponsor for Education. *Peabody Journal of Education*, 5(4), 202.

年のうち35年近く積極的に開発してきたタイプ・スタディそのものが社会と子どもという二項を弁証法的に統合する実践形式でもあり、そのタイプ・スタディ概念も教育哲学そのものであったとマクマリーは結論するに至ったのである。

6 小括

1923年の『カリキュラムの編成法』にて、マクマリーは、かつてのヘルバルト主義理論の総括を以下のように行なっている。これだけ明確に1890年代のヘルバルト主義理論に論評を与えるのは本書以外には見当たらない。あくまでも、カリキュラム編成の歴史と現状を述べる第1章での言及に過ぎないが貴重である。

> 開化史段階説はいくぶん有用だと思えた。しかし、その示すところは曖昧であった。粗く定義された時代に応じた子どもの本能や衝動に基づいていたものの、確固たる知的基盤を欠いていたようであった。しかしながら、この理論は教育における貴重な実験として示唆的で有り続けている。30年くらい前、ヘルバルトの道徳教育ドクトリンに基づいた強固な中心統合法の理論は、かなりの注目を浴びたが、この国においては完全なコース・オブ・スタディにまでは機能しなかった。徐々にフェイドアウトしていったのである[267]。

と、かなり正当で厳しい自己評価を与えているといえる。開化史段階説については、一定の価値を認めつつも、その曖昧さや実証性の不足から子ども研究や教育心理学研究を刺激し促していく理論であったと捉えている。一方、中心統合法については、注目されなくなったとだけ述べるが、相互関連法へとシフトさせ、タイプ・スタディを構想する際も相対的価値を考慮して中心

---

[267] McMurry, (1923a), *op. cit.*, 13.

的観念と従属的観念を掲げるマクマリーのなかではかなりのインパクトのある枠組みで有り続けたことは間違いない。

実際に、米国ヘルバルト主義運動の末期には、タイプ・スタディは先述の「中心統合法から相互関連法へ」というカリキュラム編成原理のドラスティックな変容を促した。このとき、タイプ・スタディはカリキュラム再編のための説明を首尾よく行うための機能的なツールに過ぎなかった。教育内容の過多状態を脱し相互関連法を推進するのに有効な形態の一つのアイディアがタイプ・スタディであった。その着想のおかげで、5段階教授法の「比較」段階という帰納・演繹という思考が存分に必要とされる場面において、タイプ・スタディはその意義を持つという認識が得られたのである。

20世紀に入り、領域間の相互関連を強調するトーンは少し下がり、地理や歴史などの教科・領域に閉じながらも、マクマリー自身が本格的にタイプ・スタディ開発を経験することで、その知のダイナミズムを見出すことに成功する。1910年代のタイプ・スタディは開発の途上でもあり、帰納・演繹の思考の促進装置として普及が試みられる一方で、既定のコース・オブ・スタディを尊重し、むしろその中から重要なトピックを見出し、そして取り出してタイプ・スタディとして単元開発することが進められている。

本格的に自身が単元開発を行ってみることに加えて、再訪したドイツで教員養成のレベルの高さに気づかされたマクマリーは、単元開発とその実践は教師の力量形成に資するという点も注目するようになった。そして、それは1915年にGPCTに異動してからは確信に変わる。1920年以降、プロジェクト概念を積極的に使用し始めたマクマリーは単に時代の趨勢に応じて「便乗」したのではなく、タイプ・スタディの教育内容と教育方法・形態の両面を一語で適切に言い当てた言葉としてプロジェクトを「再発見」したのである。それまではプロジェクトはタイプ・スタディが好んでテーマにする、つまり獲得した知の多角的適用と問題解決過程をそれ自体の内に含みこんだ、字義通りの人間の大事業であり、「ソルト川プロジェクト」のごとく単元名

に使用されるのみであった。マクマリーはそのプロジェクトのもつ性格が、すでに成熟してきたタイプ・スタディ論に符合することを見出し、上位概念へと逆転させたのだ。

　この概念の更新について異なった視点からも統覚作用や帰納・演繹思考などによく表れているように、「段階」的な思考＝学習過程を固く信じ続けていたマクマリーにおいては、（すでにその語を積極的には用いなくなっていたとしても）いわゆる「形式段階」の第3段階（「比較」）をもともとはその念頭に置き、後にはこなれて大単元と同義使用するまでになったタイプ・スタディ概念、第5段階（「適用」）を念頭に置いたプロジェクト概念という2つの緩やかな類別の存在と、そのうえで1920年代に後者への力点移動と新たな概念的包摂があったのだという見方を示せるだろう。つまり、タイプ・スタディは他の諸概念との比較に耐えうるような大単元の本質部分を言い当てた語として、またプロジェクトは目的を持った「知の適用」を明確にする用語としてマクマリーは捉えたために、両者は一連の大単元の段階的展開のどこを強調して名辞を与えているかの違いに過ぎなかったと考えられるのである。

　1920年代半ば以降、子どもの知的関心や思考と教科や知の合理性は実生活を基盤とすれば矛盾はしないという、彼なりの弁証法的解釈を打ち出した。あらためてタイプ・スタディについて、典型プロジェクトと言い換えながらも、教育実践とは矛盾も乖離もしない教育哲学的意義を強調するに至った。それが、結果的には彼自身のライフワークとしての総括ともなったのである。

　ミッチェル、オーバーティなどマクマリーと同時代にあってタイプ・スタディを検討した研究者は誰もタイプ・スタディの内的発展の確認とその意味づけを行なっていない。マクマリーのタイプ・スタディやプロジェクトの概念は他の関連用語や経緯を参照されないまま評価が固定化されてしまったことがわかる。マクマリーにとって不幸にもこのような誤解が生じたのは、この時代に固有な原因も指摘できる。学問の系統性を教育の科学化の文脈で強調する者、カリキュラム研究を専門化することでその成果としてのミニマ

ム・エッセンシャルズを唱える者、大量の新移民の流入を経験しアメリカナイゼーション（Americanization）を目指す文脈でミニマム・エッセンシャルズを唱える者、さらには、進歩主義教育協会（Progressive Education Association、以下、PEA）を中心としたラディカルな子ども中心主義を唱える者など、まさに、1920年代は、カリキュラムを構成するうえで、子どもや教育内容選択や教師をめぐる立場が百出し、各論者が持論の新しさを主張するために、わかりやすい二項対立図式を示す時代でもあった。中には、マクマリーの立場をかつての米国ヘルバルト主義の連想から早々に知識を注入する伝統的立場と断罪する者もいたし、逆に子どもに比重をかけすぎて科学性を破壊する立場だと批判する者もいた。だが、結局のところ、進歩主義的という固まった足場から遡及的に米国ヘルバルト主義やその後のマクマリーの所論を位置づけてしまう傾向がかなり顕著になりつつあった。その評価は後世にそのまま固定的に踏襲されていくことになってしまった。

　しかし、マクマリーが晩年に嘆いたのは、このように百出し消長激しく落ち着かない教育論調や運動と、それらが共通して下敷きにしているデュアリズムであった。もちろん、同時代の研究者の混乱はマクマリーの著作『プロジェクトによる教授』自体にも起因している。つまり、その構成からしてマクマリーのプロジェクト論は形式上タイプ・スタディ論そのものであり、新味を欠いていると受けとめられても無理はなかった。

　確かに、マクマリーは、20世紀転換期以降、彼が晩年には嘆いてみせた「はやりの」諸概念を巧みに取り込んでいき、そのたびにタイプ・スタディの使用文脈は少しずつ変化していった。これははやりの理論に便乗したのではない。たえず、学校現場や教員養成現場との交渉を持ち続けたゆえに、自身もその事実を通して新概念の受容に納得できるはやりの理論と持論との整合性を思考し続けたのであった。マクマリー自身は自らのカリキュラム・教授理論は極めて進歩主義的であったとの認識がある。それは、多くの現場を視察・指導して、改善されていく現場を目の当たりにしてきた彼の手応えで

もあった。

　20世紀に入ってからは、全国的な教育誌やNEA大会、NSSSE（後のNSSE）での議論などを見ても、ヨーロッパからの先進的な教育論が米国に直輸入されもてはやされる時代はすでに19世紀の遺物となり、カリキュラムや教育方法に関する問題意識はむしろ米国内の実践現場の課題とかなり重なるものとなりつつあった。だが、それにあわせてその処方箋を書ける専門家も同時に誕生してくる時代でもあり、研究者と学校現場が分断されていく危険性は皮肉にも拡大していった。マクマリーは、タイプ・スタディ概念を軸として、つまり、これこそが研究者と学校現場との結節点になると確信して提唱し続けたのである。教員養成現場や学校教育現場、教師たちや行政官たちと、実際にはどのような関係をもち、彼の提唱するタイプ・スタディがどのようにインパクトを持ったのかを次章以降で考察していくことにする。

第3章　教員養成・教師教育を通じた
タイプ・スタディの普及過程

　第2章では、タイプ・スタディ論の変遷について時代区分したうえで時系列に従って詳述した。第3章では、マクマリーが生涯にわたり、教員養成・教師教育に携わってきたことに鑑み、彼が直接指導した学生・院生の活躍やその後の展開にマクマリーのタイプ・スタディ論と教員養成論との融合の事実を見出し検討していきたい。

　その作業の前に、タイプ・スタディ論に理論的に教員養成・教師教育の機能を内包させていった枠組みを分析し、マクマリーなりに教師の専門性および専門職性を明確にしていく過程を描き出す。それを踏まえて、直接マクマリーに師事した者たちが、実際には彼からタイプ・スタディをどのように学んでいたのかを明らかにする。

　高等教育機関で、修士号まで付与する指導を行う中で、必ずしも研究者養成を目指すのではなく（結果として研究専門職に就く者も少なくはなかったのだが）、現場での実践性を高める方向で育てていた様相を示していきたい。

1　タイプ・スタディの持つ教員養成機能の明確化

1－1　画期となる1914年と「発展的方法」の提唱

　マクマリーは1914年に、教師あるいは教員養成学生向けのハンドブック『教師用実践ハンドブック』を著わした。『ノーザン・イリノイ・ステイト・ノーマル・スクール・クォーターリー（*Northern Illinois State Normal School Quarterly*）』という季刊の小冊子が、NISNSで刊行されており、そこでは、

コース・オブ・スタディの提案や教師向けの実践マニュアルの提案などがライダ・マクマリー（McMurry, L. B., 1853-1942）などさまざまなファカルティ・スタッフによってなされていた。マクマリー自身もノーマル・スクールのカリキュラム開発や教員養成改革の提案を本冊子を通じて行なっていたが、教師用マニュアルを著わしてはいなかった。1893年（1903年に改訂版）の『レシテーションの方法』やスペシャル・メソッド・シリーズですでに表現しているという思いもマクマリーにはあったのであろう。一方、「思考の時間」という思考重視の授業構想が弟フランクをはじめ多く提案されるようになり、マクマリー自身もこの形態を重視するようになる。そこで、レシテーションというタームへの懐疑的な見方が引き起こされ、より平易で時代即応的なマニュアルを作成する必要性をマクマリーは感ずるようになった。つまり、『教師用実践ハンドブック』は、内容と方法の改革を試み、それゆえに長く版を重ねてきた『レシテーションの方法』やスペシャル・メソッドからの脱却を指向していたといえる。

　1910年代半ばには彼は新たなスペシャル・メソッドは著していない。確かに、1914年の『教師用実践ハンドブック』における授業の過程の解説の背後には形式段階説の影響を見ないわけにはいかない部分もまだ残されてはいる[268]が、その各段階での子どもの思考については1900年代以降のトレンドをかなり重視していることがわかる。同年に『対立する教授原理とその調整法』を著わし、デューイの『民主主義と教育』（1916）に先んじて教育実践における各種二項対立を列挙しその調停を試みている。ドイツ再渡航からの帰国後の1914年は、マクマリーの理論的発展にとって、2つの著作でカリキュラム論と教師教育・教員養成論とを単元論で結ぶ画期となる年でもあった。なお、マクマリーは、教員養成と現職教員の成長とは区別して論じない。各地をめぐり現職教員を対象に研修会をもつなかでは、彼が唱えようしている

268　McMurry, C. A. (1914a). *Handbook of Practice for Teachers: Practical Directions for Management and Instruction.* New York: The Macmillan Company, 38-39.

大単元論は、高等教育や教員養成の専門教育を受けてこなかった現職教員はもちろん、たとえ受けたにしても旧態依然とした教授法に固執している教師たちには未知の枠組みであった。その意味でマクマリーはノーマル・スクールやティーチャーズ・カレッジの内外を問わず一体的にカリキュラムとセットでの改革を構想していたといえる。

　マクマリーは「米国の教師たちは全体として進歩主義的であり、発展過程の途上にある。彼らは教授するなかで成長していかねばならない[269]」と教師をめぐる大きな変化を読み取りつつ、教師の現職成長論を示している。そのためにノーマル・スクールで何を学ばなければならぬかを模索していたといえる。「好きな教科のなかから、ある重要なまとまりのある学習をとりだし、すぐれた知の体系を組織し、それを記述し、その計画を教室で完全な形で実践するべきである[270]」と述べ、教師自身が、単元づくりを行なってみる経験が必要だという。この思いは、教師の専門性について適切な内容の選択と中心的な内容を軸に集めた素材とを構造的に組織化することにある[271]と述べていることにもよくあらわれている。また、マクマリーは、コース・オブ・スタディの「部分」ではなく「全体」を見渡す広い視野を教師に求め、同時にその裁量幅を拡大していく必要があると強く主張する[272]。『教師用実践ハンドブック』の結論部分でも、教師がコース・オブ・スタディ全体を見通して自主編成・自主開発ができるように、マクマリーは地理と歴史や他の領域との不可分の関係性を引き合いに出して、超領域的・相互関連的な提案を行うことを忘れてはいない[273]。

　カリキュラムの編成過程そのもの―すなわち1910年代においてはそれがそのまま大単元開発そのもの―が教師の成長と重ねて示される一方で、授業の

269　*Ibid.*, vii.
270　*Ibid.*, 23.
271　*Ibid.*, 37.
272　*Ibid.*, 73-75.
273　*Ibid.*, 140.

実践過程においては後述する発展的方法（developing method）を提唱する。この方法は、レシテーションという語に込められた復誦の重視から、子ども自身による自発的で発見的な思考プロセスへと転換していくために教師が教材提示や質問や討論の組織を工夫していく口頭教授の一種を意味している。教師の指導プロセスを否定することなく、子どもの自主的問題解決を促す方法論は、1910年代に入って問題法として提唱された方法に近似しているが、マクマリーはあえてこのタームを使用せず、発展的方法と称する。問題の質が吟味されず、結局は簡便な質疑応答に落ち着き、さらにはレシテーションの形式と親和性を持ってしまいかねない問題法とは異なり、むしろレシテーションの過程自体への反省からその筋道をいかにたどらないようにするかという戒めの意味が発展的方法には込められていたといえる。

1－2　教員養成・教師教育論とタイプ・スタディ論

1916年のNEA大会で、マクマリーは、

> 結局のところ、大問題なのが、いかに質の良い教師を見つけるかということに尽きるのです。ほんの一握りの良質な教師が大きく興味深いトピックを扱い、重要な問題や一連の問題を組織し発展させる技術を学んできました。(中略) これらの教授過程は確固たる学校のトピックで実演されねばなりません。完全かつ入念にこれらの大単元を取り扱うという意味ではかなりのことがなされてきたわけですが、まだまだなところもあります。手短に言えば、このように大単元を強調することで、高次の教師教育のプランや、よりよいコース・オブ・スタディを形成する一流のトピック群を学的研究により選択し具体化するような実践的枠組みや、そしてより豊かで思慮深い教授方法を提案しているのです[274]。

とスピーチしている。大単元をカリキュラムの再編原理として見ると同時に

---

[274] McMurry, C. A. (1916). The Intensive Study of Large Topics. In NEA. *Addresses and Proceedings of the Fifty-Fourth Annual Meeting Held at New York City 1-8 July*, 54, 415.

教員養成や専門性向上の機能としても併記するようになっている点がここでも確認できる。

　タイプ・スタディ論における単元作成の主体については、教師と「同舟 (in the same boat[275])」の立場にある専門家による[276]とされ、教師は大筋をたどりながら、細かな内容の取捨選択を行うことが期待されていた。タイプ・スタディは、特に若手教師に有益であるように計画されており、その意味でテキストや副読本の性格を持つものでもある。このように、理論と実践を併せ持ったテキストとしての性格を有することにより、教員養成と現職教員教育の質の向上と時間節約に資するものであるということが強調された。PDS等では、タイプ・スタディは教員養成学生たちが観察し討論する実践事例として活用されたり、逆に彼ら自身により実践され指導教員から批評を受けたりするという活用法の2つがあった[277]。

　マクマリーは、タイプ・スタディの理論と実践の結合性を以下のような歴史的見地にたって解説する。「この国において30年間我々の教育界の指導者や思想家たちは主に理論化を行なってきた。いまは、これらの諸理論の完全で劇的なテストを直接行う時期にある。それらの検証場所は、強固で実り多い学習に取り組む、子どもが実際に居る唯一教室のみである[278]」と述べるが、「30年間」というと、1880年代末からを意識していることになる。つまり、米国ヘルバルト主義運動の出発点から回顧して述べられており、自戒も込められた見解である。理論的解説と提案ばかりが続いてきたことに反省を加え、現場の実践による検証が必要であり、教員の科学的な力量形成が期待されている。そして30年来の理論の蓄積の成果がタイプ・スタディであると捉えて

275　McMurry, C. A. (1918a). Teacher-Training Based on Type Studies. *The George Peabody College for Teachers Type Studies and Lesson Plans of the George Peabody College for Teachers, 3*(4), 19.
276　*Ibid.*, 3.
277　*Ibid.*, 5.
278　*Ibid.*, 11.

いることがわかる。

　教師の養成と成長については、研修会や読書勉強会の開催、そして批評授業（critique lessons）が効果的である[279]と考え、またこれらすべてがタイプ・スタディの多様な検証の場でありプロセスであると考えていた。既存のテキストは改訂の速度も遅いが、タイプ・スタディはたえず現場での検証を経て精度もあがっていき、改訂作業そのものが自然と教師の力量形成に影響する。

　マクマリーは、教師の指導性を意識して、具体的な教授活動の4つの局面を提示する。「1．問いの技術。2．問題解決の機会の提供。3．発展的方法。4．復習による定着[280]」である。発展的方法とは、先述した通り、マクマリーが旧来の字義通りのレシテーション過程への反省から、思考の時間を保証するための教師の教育方法である。それは、既有知のなかに子どもを放り込み、質疑や討議を経て子ども自身で新たな知を獲得していくことを可能にする方法でもある。大単元はこの教師の問いかけを通して機能していくという口頭教授に親和的なものである。それゆえに、マクマリーはタイプ・スタディの実践を通して教師の力量が高まると考えたのである。

　発展的方法の提唱には、同時に教師と子どもの関係に対するマクマリーの非常にラディカルな見解も背後にある。

　　教師から子どもに思考や表現の荷を委ねるために、そしてときどき提案や批評をすることで巧みに思考のプロセスを導くために、とはいえ、大部分は沈黙を守る参観者であり続けるために、教師はいかに後景に身を置いておくべきかを学ばねばならない。子どもは自分の責任で物事ができるようになるべきだ。子どもは習得したと実感し、自分の観点から説明が出来るようになるまでは無知を知るべきである。教師は手を離し、子ども自身に課題と格闘させよう[281]。

279　*Ibid.*, 14.
280　McMurry, C. A. (1917a). Method in Handling Types as large Units of Study. *Type Studies and Lesson Plans of the George Peabody College for Teachers*, *3*(1), 30.
281　*Ibid.*, 38-39.

とマクマリーは1917年のタイプ・スタディ小冊子の「大単元としてのタイプの取り扱い方」で述べる。この部分は同冊子の1922年の改訂版では削除されているが、1917年において「思考の時間」を実現しうる大単元の実践のためには、教師の指導の意味を相当程度転換させる必要があったものと考えられる。

　一方、現行のコース・オブ・スタディとの折り合いについては、第2章でも解説したように、些末な事項は思い切って省略し大単元に集中するという構えをマクマリーは説いた。コース・オブ・スタディとの違いを懸念する教師の立場に寄り添った叙述ともいえるだろう。公定のコース・オブ・スタディの内容を割愛することに対する抵抗感や懐疑が教師の多くにあったことと、その効果を立証することの困難さに対するもどかしさもうかがえよう。思い切って捨てたものが「驚くことに再帰する[282]」という彼自身の経験に基づいた表現として解説されているところにその配慮が表れている。この懐疑の払拭のための検証もマクマリーに迫られていたとえる。

　このように見てくると、より教科内容に精通せねばならない、そして子どもとその知性を信頼せねばならない[283]と2つの呼びかけが矛盾なく成立するところにマクマリーの特徴が集約されているといえる。教師が知を構造的に捉えていれば、教師は口頭教授に成功し、子どもによる討議や質疑も成立し、子どもの問題解決が可能になるという構図である。

　教員養成とタイプ・スタディの関連をGPCTの小冊子で本格的に説いた1918年は、キルパトリックがプロジェクト法を提示し、ボビットがカリキュラム研究を定式化する画期的な年であった。マクマリーは、タイプ・スタディ論を発展させ、カリキュラム編成の原理としてのみならず教員養成機能をも明確に付与して、彼なりに進歩主義的なプロジェクト概念を包含しようとしていた。マクマリーが主張するプロジェクトによる教授が注目されたのも

---

[282] McMurry, (1918a), *op. cit.*, 15.
[283] *Ibid.*, 19.

教師の養成・成長にまで単元論を拡張させたことによるところが大きかったと考えられる。

このように、タイプ・スタディがいかに教員養成と教師教育に貢献するのかを説いている点は、他のプロジェクト実践が一部の先進的な実験学校以外では教師の力量不足を露呈し、結果的には実践が困難を極めたのとは対照的である。マクマリーは、現場の実践による絶えざる修正を前提にした単元に、その修正過程を含む開発理論自体に教師の養成と力量形成を含み込ませるというダイナミズムを見出していたといえる。

1−3 教師の専門性と教員養成機関が直視すべき課題

1920年代半ばに記されたと推測される一片のメモ「なぜ教職は熟練した専門家のなかでも首位に位置するのか（*Why Teaching Ranks First among Skilled Professions*）」には、以下のように教員養成に関わる者の意志が表明されている。

> この世にあるあらゆる事業の中で子どもをうまく教えるということはもっとも実践的なものである。それがうまくなされるところではどこでも、行動や行為に転化され、習慣形成により心や人格を直接に形作るものである。そのような結果を得るために、教師は生活に密着し、知や技術において完全に実践的でなければならない。知を正しい行為へとつなげる経験に子どもを誘うことは教育者たる者の最高の技術であり、優れた諸技術のなかでも最上位に位置するものである。（中略）この高次の職務と気高い技術を無知で不器用な新参者の手に委ね、何百万もの子どもたちを無知蒙昧な状態にしてしまうことは、賢明な人々であれば避けるべき大災害である。このニーズに見合うような教員を養成することは卓越した社会的責務である[284]。

---

284 McMurry, C. A. (circa 1925a). *Why Teaching Ranks First among Skilled Professions*. Unpublished manuscript, Charles A. McMurry papers, (Box 5, File 5), Northern Illinois Regional History Center, Northern Illinois University, Dekalb, IL.

同時期に書かれたと考えられるマクマリーの未公刊エッセイ「教員養成は社会改革の鍵である（*Teacher-Training Is the Key to Social Reorganization*）」において、社会がますます協調性と効率性を追求するなかで、「資格のある適任の教師は、これら積み上げられたリソースや知識を教育目的のために組織し組み合わせる際の必要不可欠なエージェントである[285]」と述べる。そして、

> 我々には疑いなく教師が必要である。それも少数ではない。何百何千のレベルの高い良質な教師が必要なのだ。だが、われわれには目下彼らを生み出す適切な手段がない。福音書があるのに説教者がいない。豊かな畑はあるのに働き手がいない。だれか、十分な数の良質な教師を準備し、彼らに高い社会的尊敬とその仕事が正当化される地位とを与える配慮深い方法を指摘できるとしたら、それは社会に対して空前の偉業（an unparalleled service）をなすことになるだろう[286]。

と教員養成の困難さと専門職としての地位向上の必要性とを痛感するとともに、自らがその福音書の説教者となるという使命感を自覚するマクマリーの意志が感じられる。教職の専門職性と専門性との両方を向上させるために、ティーチャーズ・カレッジや教員養成機関が果たすべき役割をどの水準で議論すればよいのだろうか。マクマリーは、教師の専門性については、「知を正しい行為へとつなげる経験に子どもを誘う」点に尽きると捉えており、この発想が基点となって大単元を通じた教師の力量形成を構想していたのである。

　同じく1920年代半ばに記された未公刊エッセイあるいは講演メモ「専門職としての教員養成（*Teacher Training as a Profession*）」は、ティーチャーズ・

---

[285] McMurry, C. A. (circa 1925b). *Teacher-Training Is the Key to Social Reorganization*. Unpublished manuscript, Charles A. McMurry papers, (Box 5, File 6-15), Northern Illinois Regional History Center, Northern Illinois University, Dekalb, IL, 1.
[286] *Ibid.*, 4-5.

カレッジに通う学生たちや若い教育学研究者に向けられたメッセージにもなっている。ノーマル・スクールが米国に設立されたころは善なることをなしているという無限の信頼があったが、知的な計画はどこにもなかったものだと歴史的に説き起こし、

> かといって今の我々のティーチャーズ・カレッジはカリキュラムに関しては途方に暮れている状態（at sea）であり、どのように教員を養成すべきなのかという問いは、相互に矛盾はしないまでも、ばらばらに回答が与えられているのである。専門職としての教員養成について若い教師には何が語られ得るだろうか。また、経験値は様々だが、聖なる寺院のなかで勤める我らがティーチャーズ・カレッジの教員たちには何が語られ得るだろうか[287]。

と問いかける。ここでも教員養成がいかに人類にとって社会にとって崇高な仕事なのかを全編にわたり強調しつつ、その職務にあたっては、歴史的見地に立って遂行する必要性を訴える。その理由は、

> この国の教育を変容させてきた昨今の教育運動はまもなくそれぞれ歴史の遺物となるであろう。ここ50、60年間は、教育の復活とでも称されるような教育の進歩主義運動が次々と起こるのを目撃してきた。（中略）［訳注――一部判読不能箇所］我々の最近の歴史は教育的には発酵状態にあり、あらゆる方向に急速に進歩してきた。この教育界の進歩の荒波のなかでバランスを保つためには広い歴史的見地を持つだけでなく、考える際に哲学的な深さや総合性をもち、実践的価値について健全な判断が求められる[288]。

からである。ティーチャーズ・カレッジなどでは、歴史を踏まえ、確固たる思想に裏打ちされたビジョンを持ったうえで実践的な判断ができる教員を育

---

[287] McMurry, C. A. (circa 1925c). *Teacher Training as a Profession*. Unpublished manuscript, Charles A. McMurry papers, (Box 5, File 6-15), Northern Illinois Regional History Center, Northern Illinois University, Dekalb, IL, 2.
[288] *Ibid.*, 12-13.

てることが肝要だと捉えている。

　第2章でも言及したように、1913年の渡欧時にマクマリーが残した未公刊メモ「恵まれたティーチャーズ・カレッジの貢献」によると、ティーチャーズ・カレッジ等の高等教育機関で、学問と実践とが結合して、時間もリソースも持たない一般の教師たちにはなかなか解決不可能な重要な教育問題を探究していくべきであるとの問題意識が表明されていた。米国におけるノーマル・スクールの限界と、ノーマル・スクールとティーチャーズ・カレッジ等の高等教育機関との連携の乏しさなどが、マクマリーのドイツ再渡航を契機に自覚化されたことをすでに指摘した。

　NISNSは、1915年にマクマリーがGPCTに移った後しばらくして、1921年にノーザン・イリノイ・ステイト・ティーチャーズ・カレッジ（Northern Illinois State Teachers College、以下NISTC）へと改組した。マクマリーは1925年、NISTCの本格的な初の修了生を送り出す際に、来賓として招かれ、祝辞（Commencement Address）を述べている。その読み上げ原稿がノーザン・イリノイ大学のマクマリー・ペーパーズに所蔵されている。自身がクックの勧めで前身のNISNSに着任したことや、そこでの実践がすでに「この国のノーマル・スクールのトレーニング部門で最も効率よく機能している[289]」ものであったこと、ノーマル・スクールにトレーニング・スクールを置くことが斬新であったことなどを自負をもって振り返っている。そのうえで、

> ずっとではないにせよ、これから何年間ものあいだ、ノーマル・スクールとティーチャーズ・カレッジの主たる仕事は初等学校［訳注－下線はマクマリーによる］の教員養成になるだろう。米国の教育において最も困難な問題であり、いまだに実際的な解決が見出されていない問題は、いかに僻地学校の教師たちを資格のある適任者へと養成していくかということである。このためにおよそ3分の1

---

[289] McMurry, C. A. (1925). *Commencement Address*. Unpublished manuscript, Charles A. McMurry papers, (Box 1, File 4), Northern Illinois Regional History Center, Northern Illinois University, Dekalb, IL, 7.

の子どもたちが今も質の悪い教育を受けている[290]。

と述べ、向き合わねばならない課題は、都市部の学校の教員養成というよりもむしろ地方の僻地エリアの教員の質向上にあると明言する。

後に第4章でも述べるように、「教育の科学化」が強調されている状況において、「ティーチャーズ・カレッジはこの教育科学をしっかり繋ぎ止める (harness up) 機関であり、その州の学校に準備ができた状態で出ていき、教育を力強く実践的でリアリティのあるものにしていく、そのような教員の養成を行うというタスクを実践していく機関なのである[291]」とティーチャーズ・カレッジにおける科学的な教員養成の必要性を訴える。

実践への適用だけを旨とするような養成であってはならず、教育史を踏まえれば、軽々に教育流行現象に呑み込まれてもならない。確固たる信念と使命感を持ったうえで、その専門性を発揮する高度な専門職としての教師像が描かれる。繰り返しになるが、「彼らは教授するなかで成長していかねばならない[292]」と考えるマクマリーにとって、大単元の開発および実践そして修正を通じた教員養成や現職教育が、その教師像を具現化するプログラムでもあったのである。次節では、マクマリーの具体的な教員養成の実践を検討していきたい。

2　大学院生はマクマリーのもとで何を学んだか

2−1　大学院生から見たマクマリー

1915年に、マクマリーはGPCTに異動した後、精力的に現職の教員であ

290　*Ibid.*, 15.
291　*Ibid.*, 17.
292　McMurry, (1914a), *op. cit.*, vii.

第3章　教員養成・教師教育を通じたタイプ・スタディの普及過程　187

る大学院生の指導にあたる。のちにコロンビア大学ティーチャーズ・カレッジの学長になった若き日のウィリアム・F・ラッセル（Russell, W. F.）の最初の着任地は1914年に開学したGPCTであったが、2年目の学内報に「昨年は生まれたての赤ちゃんの経験であった。（中略）新しい教員も加わったが、マクマリー博士たちは彼らが新任であることを大学院生たちにはすっかり忘れさせるぐらいにすでに存在感があった[293]」という。マクマリーは、着任早々、院生たちと共同で単元開発も行い単元集の発行も行う傍ら、教師たちのための新設の専門的な高等教育機関としてそれにふさわしい要件を求めながら指導もしていたことがうかがえる。

　GPCTの学生団体が自主的に発行していた雑誌『ピーボディ・リフレクター（Peabody Reflector）』は、学生の立場から大学教員や附属学校について記事にしているため、当時の大学院生たちがどのように学んでいたかを知る貴重な史料となっている。1925年に、同誌は、「マクマリーの文献（Bibliography of Mr. McMurry）」と題し、彼らに見つけられなかった3冊を除いてすべてリスト化する特集を行なっている[294]。膨大な彼の著作をどのような意図でこの時期に整理しておこうと企画されたのかは不明であり、学生たちのニーズに依存していたという以上のことはいえないが、マクマリーの授業と仕事が学生たちに注目されていたことは間違いないといえる。彼の著作を総評して、「タイプ・スタディの教育システム」とし、以下のように類型化した[295]。「1．特定のトピックの提案、それらが実践されるに最もふさわしい学年の提案、学年を通じての排列の提案　2．すでに教師向けあるいは子ども向けに実践されたタイプ・スタディ　a．パンフレット　b．地理・歴史・自然科学の書籍　c．完全体で実施されたタイプ・スタディを含む方法書」。これらの下位項目に示された文献は「章」レベルで区分されている。あくまで

293　(1915). The Fall Quarter, 1914 and the Fall Quarter, 1915. *Peabody Record, 1*(2), 5.
294　(1925). Bibliography of Mr. McMurry. *The Peabody Reflector, 8*(5), 16.
295　*Ibid.*, 16-19.

もタイプ・スタディに関わっていると解釈された著作が取り出され類型化されているので、マクマリーがGPCTに着任して以降執筆したものにほぼ限定されている。

とはいえ、この目録は現職教員にとって実践に直截に機能するよう整理されており、当時のGPCTの現職教員でもある学生・院生やその他の教師たちがどのようにマクマリーの著作を受容していたかがわかる史料ともなっている。それは、具体的にどの単元事例がどこに掲載されているかの索引機能を持った目録である。このことから、マクマリーから学ぼうとする読者（学生たち）の多くは、タイプ・スタディの理論やそこに反映されている知識観を共有し理解することよりも、むしろ、すぐにでも使用できることを願っており、それゆえに学年や領域に対応した展開事例や子どもたちの読み物教材が目録化されていたことがわかる。

2－2　修士論文作成を通じた大学院生たちの学び

マクマリーの具体的指導、すなわち大学院生たちの具体的な学びを知るにはシラバスの他に彼らの製作物すなわち修士論文の実態を取り上げるのが効果的である。

GPCTの便覧（bulletin）には略式ではあるが授業名、時間割、シラバス、テキストなどが掲載されている。マクマリーは、「教育（科目番号129）」のいくつかを在職中ながく担当していた。基本的には、「初等教育教授法」を主担当としているが、着任当初の1915年の便覧[296]によると、そのうちの一つで「初等教授の視学と教員養成（Supervision of Elementary Instruction and Teacher Training）」をテーマに講述している。その後も「小学校における原理と実践（Principles and Practice in the Elementary School）」、「聖書研究の授業（Instruction in Bible Studies）」なども担当している年度がある。興味深いのは1921

296　(1915). Courses and Credit. *Bulletin George Peabody College for Teachers,* 3(4).

年[297]に「プロジェクトによる教授（Teaching by Projects)」というコースが立つが、それは通学課程の正課コースではなく、通信教育課程の科目（科目番号C8）として開講され、「プロジェクトの事例が出され検討される」とある。どれだけの受講生がいたのかは史料上の制約から不明である。彼の著書がテキストとなり学ばれていたのが通信教育に限定されていたのは、同僚であるルーシー・ゲイジ（Gage, L.）やトーマス・アレクザンダー（Alexander, T.）から軽視されていたからではなく、通学課程の学生たちとはPDS等で実際に観察や演習がなされていたからだと考えられる。むしろ、PDSになかなか観察に来られない指導学生に対する補完的措置であったともいえる。ノーザン・イリノイ大学所蔵のマクマリー・ペーパーズには彼の実際の講義メモなどが大量に残されているが、その内容は彼の著作に準じるものばかりで、著作がそうであるように、極めて実用的なカリキュラム開発と実践そのものを重視したものになっていたことが読み取れる。

　一方、修士論文の中で、注目に値するのが、彼が主に指導し主査ともなったものにタイプ・スタディの単元開発をもって修士の学位の請求がなされているものがいくつか存在することである。その多くはヴァンダービルト大学に所蔵され、その一部を以下に示す。マクマリーの1929年の没後にも1本のタイプ・スタディが修士論文として提出されており、現職教員の院生にとって単元開発に取り組む修了研究が1920年代から30年代前半にかけて珍しくはなかったことがうかがえる。

表3－1　「タイプ・スタディ」をタイトルに含むGPCTの修士論文リスト

年	月	著者	修士論文題目	主査	副査	副査
1917	06	Swanson, H. G.	A Type Study in Biography George Peabody	McMurry, C. A.	Russell, W. F.	Alexander, T.

297　(1921). Courses and Credit. *Bulletin George Peabody College for Teachers*, 9(5).

1920	—	Foote, I. P.	A Louisiana Sugar Plantation and the Sugar Industry A Type Study	McMurry, C. A.	Peterson, J.	Hiner, M. C.
1923	08	Bailey, A. H.	Teaching the Cyclonic Storm Worked Out on the Type Study Plan of Teaching a Large Unit of Instruction Adapted for Instruction in Junior High School	McMurry, C. A.	Locky, J. B.	Garrison, S. C.
1924	08	Tolley, R. L.	The Migration of the Puritans A Type Study	McMurry, C. A.	Pendleton, C. S.	—
1925	08	Wright, J. T. C.	Teaching Linear, Square, and Cubic Measure-A Type Study	McMurry, C. A.	（判読不能）	Garrison, S. C.
1927	06	Robert, E. B.	Influence of Traffic on the Growth of Chicago as a Commercial Center-A Type Study	McMurry, C. A.	Wirth, F. P.	—
1927	08	McGehee, W. R.	"Great Stone Face" as a Type Study	McMurry, C. A.	Donovan, H. L.	—
1928	08	Coulter, B. L.	How Gorgas Exterminated Yellow Fever from Cuba, A Type Study	McMurry, C. A.	Knuden, C. W.	—
1932	06	Richardson, S. D.	Modern Road Building in Louisiana (A Type Study)	Leavell, U. W.	Edmiston, R. W.	—

筆者が調べた限り、表3-1のとおり、9本がその修士論文のタイトルに直接タイプ・スタディを含むものである。一見してわかるように、その生産

は1920年代半ば以降に集中する。しかも歴史や地理のみならず自然科学や数学や健康科学にまで至る。学校階梯も初等教育だけではなく中等教育も多い。この他に、タイトルに「タイプ・スタディ」のタームはなくとも単元開発やカリキュラム開発を意識して実際にはタイプ・スタディに依拠した修士論文も数多くあったと予想される。たとえば、学生発行誌には、トリー（Tolley, R. L.）と同じ年度に、ネリー・ワイマン（Wyman, N.）が大単元の試みと結果について研究したと報告されている[298]。実際、ワイマンは、1924年より3年後の1927年に、「第4学年カリキュラムの統合のための素材（*Some Material for Integrating a Fourth Grade Curriculum*）」を修士論文でまとめている[299]。ワイマンはケンタッキー州にあるマーレイ・ステイト・ノーマル・スクール・アンド・ティーチャーズ・カレッジ（Murray State Normal School and Teachers College）のトレーニング・スクールで、13人の4年生の子どもたちを相手に大単元の開発・実践を行っている。タイトルにタイプ・スタディの言葉はないが、単元開発についてはマクマリーの『カリキュラムの編成法』(1923)に学び、「スイス」、「オランダ」、「アラブ」、「アマゾンの谷」などの単元を開発している。ゆえに、事実上タイプ・スタディをテーマにした修士論文といえるのである。そこでは、子どもたちに参考図書を読むことを積極的に奨励し、「国のタイプ」、「人々のタイプ」などとしてタイプが要素的に取り上げられ学ぶしかけになっていて、よほど入念な教師の準備と目標への自覚がなければ、展開の予測が不可能であると警告もしている。結論は学力標準テストの結果で代弁させており、教育測定運動期の特徴もあらわれている。

　先述したように、1910年代後半は、院生たちと単元開発を行いそれを小冊子として公刊していたが、それに区切りが付いた頃、すなわち1920年頃から、

---

[298] (1924). Graduate Students in Peabody. *The Peabody Reflector, 6*(4), 30.
[299] Wyman, N. M. (1927). *Some Material for Integrating a Fourth Grade Curriculum.* Unpublished master's thesis, George Peabody College for Teachers, Nashville TN.

タイプ・スタディを学術論文として生産することが奨励されるようになったことがわかる。単元開発そのものが教員養成機能を有することを当該の小冊子でも論じていたマクマリーからすると、自分の指導学生に対し、タイプ・スタディの開発から実践まで取り組み論文化することを指導するのは必然性があったといえる。1920年頃までの修士論文は、タイプ・スタディの必要性についてマクマリーの古い主著『レシテーションの方法』(1903) の枠組みがそのまま適用されているケースが多く、鉄道敷設の事例をあげるなど単元開発の基礎理論解説の展開もマクマリー自身の諸論考と重なる。やはり主たる問題意識はカリキュラムの過多状態の解消であり、そのための単元開発になっているのである[300]。

各修士論文において、ベイリー (Baily, A. H.) は、統覚作用の基礎 (apperceptive basis) としてタイプ・スタディを位置づける[301]し、ライト (Wright, J. T. C.) は、数学の測定の単元の教材選択に子どもの生活に由来する必要感や必然性が重要であることを、マクマリーの娘が人形のためのベッドを創作する際に懸命に長さを測っていた逸話を用いて解説している[302]。またロバート (Robert, E. B.) は、8点にわたって、タイプ・スタディの必要性を掲げるが、相互関連を論じたり、教師が事前に内容を習得していることを求めたり、そのための生きたプロジェクトが好材料だと述べるに至る[303]までマクマリーの影響は明確である。

どの論文も現職教員の立場からタイプ・スタディが論じられるわけだが、

---

300 Swanson, H. G. (1917). *A Type Study in Biography George Peabody*. Unpublished master's thesis, George Peabody College for Teachers, Nashville TN, 1.
301 Baily, A. H. (1923). *Teaching the Cyclonic Storm Worked Out on the Type Study Plan of Teaching a Large Unit of Instruction Adapted for Instruction in Junior High School*. Unpublished master's thesis, George Peabody College for Teachers, Nashville TN, ABSTRACT.
302 Wright, J. T. C. (1925). *Teaching Linear, Square, and Cubic Measure － A Type Study*. Unpublished master's thesis, George Peabody College for Teachers, Nashville TN, 3-4.
303 Robert, E. B. (1927). *Influence of Traffic on the Growth of Chicago as a Commercial Center － A Type Study*. Unpublished master's thesis, George Peabody College for Teachers, Nashville TN, 123-124.

その理論的枠組み自体はマクマリーそのものである。多くが、カリキュラムの内容過多状態や構造の無さを取り上げていることに鑑みると、それらは指導教授に習いタイプ・スタディへと論を導く定石としての意図があったとはいえ、現職教員にとっても実践上障害となる問題であると認識されていたともいえる。だからこそ、教師とタイプ・スタディの関係が問われることになる。教師の専門性はタイプ・スタディを開発することにあるのか、それとも、それを完全にマスターして現場でうまく作動させることにあるのか、あるいはその両方なのか。このことは、マクマリーにとっても課題であったようである。いったい誰が主体的にコース・オブ・スタディのレベルで単元開発に貢献すべきかを検討しているが、これは実際に現職の指導院生たちが単元開発を行いそれを作品として公開していくことと、このようにして出来あがった単元の普及の意味との両方を考えたとき、検討せざるをえない課題として台頭していたことがわかる。

　マクマリーの没後にまとめられたリチャードソン（Richardson, S. D.）の修士論文はその意味で特異である。あくまでも教師として、すでに提案されたタイプ・スタディにその枠組みを学びながら、自分でカリキュラム開発していく作業の一貫であることが明示されている。リチャードソン以外の修士論文では、執筆者自身のメタ的な立場が問われてはいない。それゆえに、誰のための開発かということになると、広く教師が現場で使用するに耐えるものになるという貢献を唱えることになる。しかし、リチャードソンの論文は、1914年のマクマリーの『カリキュラムの編成法』の第6章、1917年の小冊子の一つ、「大単元としてのタイプの取り扱い方」から理論的枠組みや留意点を学び、そのうえでルイジアナ州の教師である彼が同州の交通システムの発達を子どもと学ぶためにどのようなことがタイプになるかを考えるということが自覚的に行われ、その開発プロセスも含めて表現されている[304]。1930年

304　Richardson, S. D. (1932). *Modern Road Building in Louisiana (A Type Study)*. Unpublished master's thesis, George Peabody College for Teachers, Nashville TN, ABSTRACT.

代に入り、あるいは指導教員がマクマリーではなくなり、タイプ・スタディを開発することあるいは単元開発の意味が限定されたとも言える。つまり、汎用性のある単元の開発と言うより、教師本人や地域に寄り添った固有の習作としてのタイプ・スタディすなわち単元開発が模索され始めていたと見ることもできる。ただし、第6章でも言及するが、リチャードソンはマクマリーが生前、相当関与したルイジアナ州の教師であることもタイプ・スタディの研究誘因となっていた可能性もおおいにある。

　他方、プロジェクト概念を用いて修士論文をまとめた事例もある。それはネル・パーキンソン（Parkinson, N.）の「2年生のプロジェクト・カリキュラムの成果：ピーボディ実演学校において（*Outgrowths of a Second Grade Project Curriculum: Peabody Demonstration School*）」である。彼女はPDSの2年生の担任教師を長く務めた。この論文をまとめたのもPDS在職中である。彼女は1926年に実践報告「2年生：休憩場所づくり（The Second Grade: Making Pallets）」を学生団体発行誌『ピーボディ・リフレクター』にて行っている。実践報告では、子どもたちに体重減少している子どもが複数いることから食後に休憩をとった方がいいとの提案を皮切りにして、子どもたちが協力してランチ後の休憩スペースのラグをつくる様子と、互いへの感謝を自覚した場面とが示されていて[305]、その報告の主眼はキルパトリックのプロジェクト法を意識したものともいえそうである。

　パーキンソンの指導教授はマクマリーの元指導学生でもあり同僚でもあったドノヴァンやフェルプス（Phelps, S.）であった。第5章でも詳述するように、マクマリー自身、頻繁にPDSに入り指導・運営に関わっていたことからするとパーキンソンも直接的、間接的にマクマリーのタイプ・スタディやプロジェクトに触れていたのは間違いない。彼女は4種類のタイプの17のプロジェクトを構想したが、この論文の主旨はその成果をスタンフォード到達

305　Parkinson, N. (1926). The Second Grade: Making Pallets, *The Peabody Reflector*, 9(5), 13.

度テスト（Stanford Achievement Test）など4つのテストで客観的に「測定」することと、主観的評価スタンダードを示して評価することであった。後者の主観的評価スタンダードを見ると彼女がキルパトリックだけでなくマクマリーのプロジェクト論も取り込んでいることが見てとれる。

a．プロジェクトがそのときのその子のニーズに合っているか
b．プロジェクトが子どもに実験・発見・創造の機会を与えているか
c．プロジェクトがその子どもの側に立って現実的な計画と思考の機会を与えているか
d．プロジェクトが共同的な作業（co-operative work）を計画しているか
e．プロジェクトが子どもの経験を豊かにしているか
f．プロジェクトが社会的な適応（social adjustment）に供しているか
g．プロジェクトが学校外での子どもの生活に関連しているか
h．プロジェクトがある種の自己表現を満足させているか
i．プロジェクトが知の獲得に導いているか
j．プロジェクトが習慣・態度・技能を高めているか

　以上の10観点をあげている[306]。そして結論としては、どのプロジェクトにおいても良い習慣・態度・傾向・性格の発達に力点が置かれていたことが示され、それとあわせて学力テスト結果が示されるが、標準テスト（SAT）では国家基準を生徒が上回ったことを示した[307]。パーキンソンのプロジェクトは必ずしもマクマリーのプロジェクト論だけに依拠しているのではないことは明らかである。単元開発をもって修士論文にするというあり方は他のマクマリーの指導学生とも共通している。

　以上見てきたように、1920年にマクマリーは『プロジェクトによる教授』

---

[306] Parkinson, N. (1927). *Outgrowths of a Second Grade Project Curriculum: Peabody Demonstration School*. Unpublished master's thesis, George Peabody College for Teachers, Nashville TN, 4-5.
[307] *Ibid.*, 204-213.

を著しているにもかかわらず、PDSの教師であったパーキンソン以外、その多くの指導学生たちがプロジェクト論に学ばず、1917年からの一連のタイプ・スタディ小冊子におけるマクマリーの解説やさかのぼって『レシテーションの方法』（1903）やまた逆に時代をくだった最新作の『カリキュラムの編成法』（1923）からタイプ・スタディを学んでいることが彼らの論文の参考文献リストから見てとれる。ヴァンダービルト大学にプロジェクトを単元開発の文脈で用いた1920〜30年代の修士論文はパーキンソン以外には一本も残されていない。指導教授のマクマリーがプロジェクト概念を積極利用していたし、何より教育誌や各種研究会ではプロジェクト概念が盛んに検討されていた時期に重なるにもかかわらず、である。このことはキルパトリックの発表以降一世風靡していたといわれているプロジェクト概念は現職教員とりわけ南部の教師たちにはなかなか消化されにくかった可能性があることを示唆しているとも言えるし、マクマリーのプロジェクト理解よりもその基礎となったタイプ・スタディ概念の方が教師たちにはより理解可能であり、受容されていたことを物語っているといえるだろう。また、指導教授のマクマリー自身が、学校現場での具体的な単元開発プロセスにおいてはプロジェクト概念の使用を好まず、指導としてタイプ・スタディ概念へと誘導していた可能性もある。このことは、マクマリーと緊密に関係を持ちながら1926年に学位論文をまとめたミッチェルがプロジェクト概念を方法概念と規定し、タイプ・スタディ概念の方をカリキュラム・教育内容概念と解釈していたことにも間接的にあらわれているといえよう。

2－3　タイプ・スタディ集に反映された指導学生の研究

　GPCTのタイプ・スタディ集の小冊子は、院生たちとの共同編集であるとされているが、実際にはそのほとんどがマクマリーの執筆によるもの、あるいは1915年以前にマクマリーによりすでにまとめられていた内容のリライトである。つまり、協力編集の真意は彼らによるPDS等での検証の方にあ

ったと考えられる。なかには、彼の指導学生が第一筆者（あるいは事実上の執筆者）であるタイプ・スタディがいくつかある。たとえば、1917年のムーア（Moore, C. H.）による「ノース・ダコタの小麦畑（A Wheat Farm in North Dakota)」とクリートン（Cleaton, S. C.）による「学校園と家庭園（School and Home Garden）」があり、1923年にイレギュラーに発行された「コロンブスとアメリカ発見（Columbus and the Discovery of America)」はマクマリーの息子で歴史学者のドナルド・マクマリーが執筆している。1923年のドナルドの例は別にして、表3－1からもわかるように、1910年代後半でタイプ・スタディをテーマにしたのは1本のみである。これは、先述のワイマンの事例からわかるように、実際の勤務校や勤務学区で実践を踏まえながら論文にまとめていくとなると数年を要したことが一つの要因と考えられる。つまり、マクマリーの着任が1915年の秋なので1910年代後半のマクマリー指導による修士論文として成るタイプ・スタディの完成は時間的に難しかったからである。その分、小冊子タイプ・スタディ集で院生の研究成果が一部先行的に反映されていた。1920年代以降は、ワイマンのように、その名にタイプ・スタディを冠したものに限らず単元開発が指導過程で積極的になされたため、逆に隔月刊の小冊子が休刊し、重版のみなされたのだと考えられる。

　学校園を中心としたタイプ・スタディの作成を行ったクリートンの事例では、マクマリーが導入として、単元開発の経緯を記している。同僚の農学の専門家にも目を通してもらい、内務省教育局の園芸教育の専門家ランデル（Randell, J. L.）にも承認を得たとしている[308]。地理や歴史の単元開発においてもかなりの文献を参照しリスト化していたマクマリーではあるが、学校園や衛生教育などの新しい分野については同僚も含めた専門家をたずね、手を加えてもらっている。教師一人の手には余ると考えていたマクマリーは、教育の専門家や諸科学の専門家が知恵を出し合って単元開発に着手する必要性

308　McMurry, C. A. (Ed.), Cleaton, S. C. (1917). School and Home Garden. *Type Studies and Lesson Plans of the George Peabody College for Teachers*, 3(2), 3.

を訴えていたが、まさに彼や彼の院生たち自身も同様に開発していたことになる。

　一方、指導学生とは厳密には呼べないが、マクマリーの指導のもとタイプ・スタディ集に独自に開発した単元をのせたのが先述した息子のドナルドである。彼のタイプ・スタディは番外的に、1923年、「コロンブスとアメリカ発見」として小冊子化された。彼はアメリカ史を専門としアイオワ大学に勤めていた。ちなみに、ドナルド自身はNISNSのトレーニング・スクールの出身であり、そこで父マクマリーや義伯母ライダのもとでタイプ・スタディを学び手として経験済みである。「プロジェクト法とはある意味で歴史を研究するケース・メソッドである[309]」とするドナルドの定義は、父マクマリーのタイプ・スタディに基づくプロジェクトを想定していることが明らかである。

　ドナルドはマクマリーが「プロジェクト法」とは述べず「プロジェクト」として内容・方法を一体化して提示しようとした意図を矮小化し、あくまでも内容は既定の整備されたものをもとにしてでも成り立つメソッドとして抽出しようとしている[310]し、同時に、歴史の科学性を重視するためか、進歩主義教育には懐疑的である[311]ことも読み取れる。要するに、ドナルドは、マクマリーの枠組みを既存の内容で処理することを想定し、結果的に形式段階説時の構造から抜け出すことは出来ないまま汎用性の高い知を量的に拡大していくことを目指しているといえる。この発想は次の引用にも明確に現れている。「プロジェクトの展開においてはどの段階でも生徒に大量の情報を所有させる状況に置くことが必要である[312]」。

　なお、第6章でも触れるが、父マクマリーの没後、ドナルドは、『歴史展

309　McMurry, D. L. (1923). A Project Method of Teaching History. *The Historical Outlook, 14* (9), 351.
310　*Ibid.*, 353.
311　*Ibid.*, 354.
312　*Ibid.*, 353.

望（The Historical Outlook）』誌に歴史（社会科）教育に関わる論文を寄せている[313]が、そのテーマはタイプ・スタディであった。しかも、ヘンリー・モリソン（Morrison, H. C.）の完全習得学習（mastery learning）に意義を見出しながらのタイプ・スタディの再解釈を試みており、その意味で知識習得のツールとしてのタイプ・スタディという見方が鮮明になっている。

2−4　指導学生の修了後の歩み

マクマリーのもとで学び、彼を主査としてタイプ・スタディ開発を趣旨とした修士論文を仕上げた学生たちは修了後どのようなポジションに就き、どのような活躍をしたのであろうか。表3−1にて、筆者が見出した大学院生たちのうち、公刊史料がある人物を取り上げてみたい。

GPCTの開学の時期から見ても、修士論文の完成が早かったのはスワンソン（Swanson, H. G.）である。スワンソンは1904年から生誕地でもあるミズーリ州スカイラー郡（Schuyler County, MO）の僻地学校で教壇に立ち、その後、ミズーリ州カークスビル（Kirksville, MO）の州立ノーマル・スクールに通いつつ、高校の校長や1912年には近隣地域の学区教育長（Queen City, MO）を務め、さらに州立ノーマル・スクールの実演学校で助手を務めた手腕が買われて、1915年にPDSの初代校長になり1918年まで務めている。つまりスワンソンはその職にありながらコース・ワークを済ませ1917年に修士論文を仕上げたことになる。その後、ノース・カロライナ州グリーンビル（Greenville, NC）にて教育長および州立ティーチャーズ・カレッジのディレクターを務めたあと、1920年に、再びミズーリ州カークスビルに戻り、州立ティーチャーズ・カレッジ（上記のノーマル・スクールの後身）で教育学部長に就いている。そこで、彼は、マクマリーから学んだことをもとにして論文「実習生の教育目標（Aims in Education for Student Teachers[314]）」を発表している。

313　McMurry, D. L. (1933). Type-study Units in the Social Studies. *Historical Outlook, 24,* 431-441.

スワンソンは、最終的には生まれ故郷にて教員養成の責任者の地位に就いた。スワンソンにおいてはその業績と経歴からしても具体的な単元開発の関心は薄れていったといえる。

　1924年に修士論文をまとめたアーヴィング・フット（Foote, I. P.）は、1922-1923年度、つまり修士在籍中にGPCT教員兼PDS校長トーマス・アレクザンダーのもとで副校長（associate principal）を務めていた[315]。修了の年、彼はPDSを離れ、ルイジアナ州のサウスウェスタン・ルイジアナ・インスティテュート（Southwestern Louisiana Institute, 現在のUniversity of Louisiana at Lafayette）に勤め始めた。彼は、教育測定運動への関心[316]を持ちつつも、教員養成機関での新たなポジションに触発され、「教育長はいかに教師たちを市の教育行政に参加させうるか（How Can a Superintendent Provide for Teacher-Participation in the Administration of a City School System?[317]）」、「州のティーチャーズ・カレッジの教員たちの訓練（The Training of Faculties of State Teachers Colleges[318]）」という2本の論文をあいついで発表した。いずれの論文でも、タイプ・スタディの開発過程で学びとった枠組の直接的な影響は見られず、たとえば後者の論文ではどの程度の学位が要求されるかということに関心が向けられている。教員養成機関のスタッフとなったフットにとって単元開発はもはや不要になったのかもしれない。だが、マクマリーがティーチャーズ・カレッジの教員たちこそが、学位の有無よりも実質的な単元や教

314　Swanson, H G. (1922). Aims in Education for Student Teachers. *Educational Administration and Supervision, 8*(5), 297-302.
315　(1923). Peabody Demonstration School. *The Fourth Annual Peabody Volunteer.* Nashville, TN: Benson Printing Company, 9.
316　Foote, I. P. (1924). The Origin of the Tests in the Otis Group Intelligence Scale: Advanced Examination, *Peabody Journal of Education, 1*(5), 237-246.
317　Foote, I. P. (1924). How can a Superintendent Provide for Teacher-Participation in the Administration of a City School System? *Education Administration & Supervision Including Teacher Training, 10,* 221-232.
318　Foote, I. P. (1924). The Training of Faculties of State Teachers Colleges, *Peabody Journal of Education, 1*(6), 313-321.

材開発に積極的に関わるべきだと主張していたことに鑑みると、フットはGPCTでの修士号獲得を機に、実践への直接的関心を失ってしまい、次のステップへと進んでしまった事例といえるだろう。

　しかし、上記2人と少し異なった展開としては、同じくマクマリーのもとでタイプ・スタディを開発し修士号を得たコールター（Coulter, B. L.）があげられる。彼は高校でも大単元の可能性を探り、『ハイ・スクール・クォータリー（*The High School Quarterly*）』誌に論文「大単元の請願と現時点での使用の困難さ（A Plea for Large Teaching Units and Some Difficulties in Their Use at the Present Time）」を寄稿した。上記の2人と似たようなキャリア・コースを歩み、ミシシッピ州のニュー・オーバニー（New Albany, MS）の教育長の立場になったコールターだが、その立場で単元開発論を語っていることが興味深い。「思考の大きな中心に知識を組織することで、カリキュラムは生活化（lifelike）するし、我々のコース・オブ・スタディから不毛で過多な内容を取り除くことになる。大単元は、コース自体におけるトピックを組織するだけでなく、単純化し、かつ豊かにし、唯一完全で科学的なコース・オブ・スタディ全体の編成を可能にする[319]」と冒頭でその必要性を述べる。コールターの枠組みはマクマリーのものと同一である。「複雑なビジネス界や知的分野は単純化され、わずかの大単元の習得により理解可能となる。プロジェクトは生徒たちに活力を与え、学習過程において加速度的な興味を持ってダイナミックな力を与え、教育プログラムにとっては貴重かつ不可欠なものである[320]」とタイプ・スタディ論を背景にしたプロジェクト論を採用している。そしてこの見解は「私自身の学校や実演学校で大単元を自分も教授したり研究したり観察したりしたことからすると、大単元はコース・オブ・スタディの適切な編成の唯一の確固たる基礎であり、カリキュラムの範囲内

---

[319] Coulter, B. L. (1927). A Plea for Large Teaching Units and Some Difficulties in Their Use at the Present Time. *The High School Quarterly, 15*(3), 153.
[320] *Ibid.,* 155.

で教授可能な単元の組織化であると私は完全に確信している[321]」と述べられ、彼の実際の経験に基づいた判断であることが読み取れる。一方で、大単元の導入における課題として、養成の問題や教師の保守的な意識の問題、形式主義への依存などをあげている。

実際に単元開発をし、実践し、修士論文としてもまとめてきたコールターだけに、その利が実感でき、その普及に努めようとしていたことがわかる。彼は、最後に現場の革新を求めて以下のように述べている。「もし、教師たちが現在の理論を実践し、目下使用可能な最善の方法に心から協調し、大きなタイプ・スタディ単元で教授するなら、われわれの教授活動は100パーセントより充実したものとなるだろう[322]」とタイプ・スタディを絶賛している。マクマリーのもとで自らも単元開発したコールターはおそらくミシシッピ州の所管学区でコース・オブ・スタディの改訂のみならず教師たちへのタイプ・スタディによる研修も実施したことであろう。

2－5　ノース・カロライナ州の教師たちの事例―彼らの書簡史料をもとに

ノース・カロライナ州（以下、NC）は、マクマリーをメンバーとするGPCTの学校調査団も入るなど、その関係はその開学以来深かった。1915年にはすでに地元教育誌にGPCTのタイプ・スタディ集に影響されたコラムが掲載されている[323]。個々の教師もGPCTの大学院生となりマクマリーとの関係を深めた事例は多い。1920年代半ば以降、NCのエラビー（Ellerbe）の小さな学校で校長を務めていたミッチェルとその同僚キー（Key, E. L.）はGPCTに通い、それぞれにマクマリーのタイプ・スタディ概念を検討している。ちなみに、エラビーの学校はPEAでも注目された実践校である（写

321　*Ibid.*, 156.
322　*Ibid.*, 157.
323　(1915). Type Studies and Lesson Plans: the Erie Canal. *North Carolina Education, 10*(4), 11.

第 3 章　教員養成・教師教育を通じたタイプ・スタディの普及過程　203

写真 2　Ellerbe Elementary School（時期不明）
(Southern Historical Collection, The Louis Round Wilson Library Special Collections, University of North Carolina at Chapel Hill 所収)

真2）。この2人の往復書簡がノース・カロライナ大学チャペルヒル校の南部史コレクションに収められているが、講義内容のみならず、進路相談に至るまでマクマリーとの関わりに関する言及は多い。

2-5-1　モリス・ミッチェルの単元論研究

　ミッチェル（写真3）は、GPCTでマクマリーに師事し、博士課程でニューヨークのティーチャーズ・カレッジでマクマリーの弟フランクとデューイのもとで、『アメリカ史のテキスト編成原理としてのタイプ・スタディの批判的検討（*A critical evaluation of the type study plan as an organizing principle for texts in American history*）』（1926）をまとめた。

　GPCTには、1924年頃に在籍し始めたことが寮の様子を伝えた私信[324]から

写真3 Mitchell, Morris Randolph（Morris R. Mitchell papers, 1898-1976. Southern Historical Collection, The Louis Round Wilson Library Special Collections, University of North Carolina at Chapel Hill 所収）

推測できる。その後、1925年半ばに修士号を得て、ニューヨークのティーチャーズ・カレッジで学んでいる。1926年の年初に、ナシュビルの友人でありチューター的役割も担っていたフェルプスからミッチェルに宛てた手紙は、ミッチェルの博士論文作成についての質問に回答を与えるものであった。そこでフェルプスは彼にティーチャーズ・カレッジにもう少しとどまるようアドバイスをした上で「君の原理を補強する事例的な教材を示すだけではなく、その教材が君の主張する通りに機能することを示すのがよいだろう。後者はいますぐにでもはっきりさせたほうがよい。マクマリー博士とともに仕事をしてきた我々なら彼の基本的スタンスとしてそれを等閑視できないはずだろう[325]」と述べて、マクマリーが実践での検証を望むことを示唆している。

　それを受けてミッチェルはマクマリーに手紙を書くが、その冒頭には「これは結局マクマリーには送らず、フェルプス博士に宛てることにした」とある。だが、その草稿は「マクマリー宛て」のままになっており、内容はマクマリーに学ぶミッチェルの立場が明確にみえる貴重な史料といえる。

324　Mitchell, M. R. (3/7/1924). *A private letter from Mitchell, M. R.* Unpublished manuscript, Morris R. Mitchell papers (#3832), (Box 6, File 57). The Southern Historical Collection, University of North Carolina at Chapel Hill, Chapel Hill, NC.
325　Phelps, S. (1/7/1926). *A private letter from Phelps, S. to Mitchell, M. R.* Unpublished manuscript, Morris R. Mitchell papers (#3832), (Box 6, File 66). The Southern Historical Collection, University of North Carolina at Chapel Hill, Chapel Hill, NC.

第3章　教員養成・教師教育を通じたタイプ・スタディの普及過程　205

1/16/1926 親愛なるマクマリー博士へ。（中略）私は何度もあなたの弟さんに博士論文に関わって指導を受けました。私は、指摘された点はその通りだと思いますし、あなたの承認を得るために、より細かなアウトラインを提出する前にもう少し考えたいと思っています。（中略）弟さんも私も現行のテキストの誤りを乗り越えた歴史単元例をあげることで議論をより具体的にするのが最善だと考えています。そのような事例を探せば探すほど、タイプ・スタディが私の基準をほぼ満たすものであるとの確信をますます得ています。（中略）あなたのご提案通り、私は具体的事例を示すために自分の考案した教材を現場で実践してみるべきかもしれません。いま、私はタイトルを「高校の歴史テキスト編成におけるタイプ・スタディ概念の優位性（*Certain Superiorities of the Type Study Idea over Present Organization of High School History Texts*）」に変更するなら、このことが必要であるのではないかと考えています。（中略）このタームを論文に入れることで私の他のプランもすべてしっくり行くように思います。デューイ博士との検討会も持ちました。（中略）彼は、教材を組織し提示するには、率直にもタイプ・スタディ概念が有用であると語りました。将来学校に戻り教科面で自分の実践を創っていく際にも、またうまくその抽象的側面を説明するにもこの論文は活かせるのではととても嬉しい思いです（後略）ミッチェル[326]。

　実際のところ、さらにタイトルは、先述のように、最終的に変更されるわけだが、具体的な実践を通して検証することを論文作成計画に組み込む点は強く意識されており、マクマリーの指導の影響の大きさを窺わせる。また、GPCTで修士号を得てからわずか1年程度の1926年8月21日にミッチェルは博士の学位を得たことから、私信でも読み取れるように、すでにGPCT時代にマクマリーやフェルプスから相当指導が入っており、かなり構想は固まっていたのであろう。ティーチャーズ・カレッジにおいて、ミッチェルはマクマリーの弟フランクとデューイの指導を受けており、その両者がタイプ・スタディに対して好意的であったことも告げている。ミッチェルの博士

326　Mitchell, M. R. (1/16/1926). *A private letter from Mitchell, M. R. to McMurry, C. A. (Phelps, S.).* Unpublished manuscript, Morris R. Mitchell papers, (Box 6, File 66). The Southern Historical Collection, University of North Carolina at Chapel Hill, Chapel Hill, NC.

論文自体が、タイプ・スタディとプロジェクト論の相違に迫り、その機能的統合を見出すものとなっていること、彼が後にPEAでも自校の実践をアピールする[327]ことになることなどを考慮すると、マクマリーのタイプ・スタディと進歩主義教育との親和性をミッチェルは誰よりも気にかけ考察していたといえる。

ところで、ミッチェルも、1927年のマクマリー教歴50年祝賀会でスピーチした１人である。彼の演題は「著者としてのチャールズ・A・マクマリー (Charles A. McMurry The Author)」で、その多作な来歴に讃辞を送っている。学生発行誌に収められたこのスピーチでは、「教室でマクマリー氏に学ぶ光栄を得た者、あるいは彼の著作をフォローする機会を得た者にとって、〈タイプ・スタディ〉、〈プロジェクト・メソッド〉、あるいは〈大単元〉という語は到底端的にはまとめられない示唆深いものであるだろう。これらの語は、教育思想に対し、生涯をかけた忍耐強く活力あふれ類まれなる才を得た努力により成し遂げられた独創的な貢献を含意している。これらの語は、教育理論が、不特定多数の教師にまで降りていき、すべての良質な教育実践へと浸透することに貢献もしている[328]」と述べられ、ミッチェル自身も研究対象としたタイプ・スタディ論のもつ現場への影響を見出し称えている。そして、その独創性からも、「マクマリー・メソッド」として歴史に刻まれるだろうと締めくくっている。

2－5－2　エドウィン・キーの苦悩とタイプ・スタディの効果研究

一方、ミッチェルの同僚の若い教師キーは、1926年の後半からミッチェルの強い勧めもあってGPCTで学び始めたようだ。ミッチェルは1926年１月

327　Mitchell, M. R. (1938). Taking Dewey Seriously. *Progressive Education, 15*(2), 110-117.
　　他に、Merritt, R. W. (1938). Community Education in Ellerbe. North Carolina, *Progressive Education, 15*(2), 121-125. がエラビーの学校の実践を報告している。
328　Mitchell, M. R. (1927). Charles A. McMurry, the Author. *The Peabody Reflector, 11*(2), 13.

第 3 章 教員養成・教師教育を通じたタイプ・スタディの普及過程　207

には彼を派遣したかったようだが、エラビーでミッチェルの不在中に校長職の代理を務めていたサイズ（Sides, L. R.）からキーは年度いっぱいまで勤務させてから大学院に送ることを決定したという私信がミッチェル宛に届いており[329]、エラビーの学校もかなりの人手不足状態にあったことがうかがえる。彼らの書簡のやりとりから、キーは次代のエラビー教育を担う優秀な若手教員として期待されていたこともわかる。

　GPCT で学び始めたキーはミッチェル宛に次のような書簡を送っている。

> 12/12/1926（中略）マクマリー博士と彼の仕事についていうと、私にとって未来を開いてくれるものとなろう。いまのところ、私は彼と彼の仕事には大変満足している。だが、思うに、彼は私のことも私の研究も高く評価はしていないのではないだろうか。私の研究について数分間彼と話した。教員をやりながら書くのだから、いいタイプ・スタディを書き、それを制御された条件下で実践し、その結果を批判に耐えうるものとする（defend）のがよかろうと彼は考えているようである。つまりタイプ・スタディとその実践的検証が論文になると。これはとてもいいプランかもしれないと思う。やってみる価値はあるように思う。（中略）それらは中等教育カリキュラムでも通用するだろう。だが、マクマリー博士がおっしゃるほどにはそう簡単にはいかないのではないだろうか。（後略）エドウィン・キー[330]。

　指導教授の 1 人であったマクマリーは、現職教員であれば単元開発を行ない、それを検証せよと指導している。初等教育ではうまくいったこれらの単元開発も果たして彼が属する中等教育でうまくいくのかという疑念が残り続け、この書簡に見えるような苦悩となってあらわれている。また、キーの

329　Sides, L. R. (12/11/1925). *A private letter from Sides, L. R. to Mitchell, M. R.* Unpublished manuscript, Morris R. Mitchell papers, (Box 6, File 65). The Southern Historical Collection, University of North Carolina at Chapel Hill, Chapel Hill, NC.
330　Key, E. L. (12/12/1926). *A private letter from Key, E. L. to Mitchell, M. R.* Unpublished manuscript, Morris R. Mitchell papers (#3832), (Box 7, File 74). The Southern Historical Collection, University of North Carolina at Chapel Hill, Chapel Hill, NC.

GPCT での成果はミッチェルが期待したほどには上がらなかったようで、フェルプスからミッチェルに宛てて、

> 先日キーが僕のところにきて彼が抱える問題について話していったよ。かなり滅入っているようだがどれだけ僕が助けになれるかはわからない。(中略) 彼のことがよく分かりかけてきたが、どうやら、彼は哲学者というより技術家(technician)だね。君ら二人の違いはどんな訓練を受けてきたかにも一部は依るのだろうが、おおかたは生来のものだろう。キーは、今学期、統計学を嬉々として学んでいるよ。学校経営の講座を離れて以来の楽しみようだ[331]。

とキーの教育実践研究の行き詰まりを伝えている。キーが教育学で論文を書くことよりすでに違った方向に進みつつあること、そしてそのことでミッチェルの期待を裏切り、ミッチェルの誤解を招くのではないかと彼が案じていることなどを率直に記している。この心配は現実のものとなり、このあと、ミッチェルとキーは決別してしまうが、1936年には、キーが新しい学校を作ることをきっかけに交友が再開している[332]。

キーは、マクマリーやフェルプス、そして先輩のミッチェルが望んだような教育学的な実践研究で成果をあげることができなかったが、統計学に親しむ「技術家」として彼なりの方法でタイプ・スタディの意味を問うことには成功している。キーは、当時流行していた教育測定運動の手法に習いながら、「タイプ・スタディの実験 (An Experiment with the Type Study)[333]」を論文としてまとめた。だが、この論文は1930年、つまりマクマリーの没後に出され

---

[331] Phelps, S. (2/1/1927). *A private letter from Phelps, S. to Mitchell, M. R.* Unpublished manuscript, Morris R. Mitchell papers (#3832), (Box 7, File 76). The Southern Historical Collection, University of North Carolina at Chapel Hill, Chapel Hill, NC.

[332] Key, E. L. (1/18/1930). *A private letter from Key, E. L. to Mitchell, M. R.* Unpublished manuscript, Morris R. Mitchell papers (#3832), (Box 8, File 89). The Southern Historical Collection, University of North Carolina at Chapel Hill, Chapel Hill, NC; Key, E. L. (10/5/1936). *A private letter from Key, E. L. to Mitchell, M. R.* Unpublished manuscript, Morris R. Mitchell papers (#3832), (Box 8, File 96). The Southern Historical Collection, University of North Carolina at Chapel Hill, Chapel Hill, NC.

ており、その事情を推測できる言及がキーから先輩ミッチェルに宛てたこの書簡のやりとりに見出せる。キーの研究のアイディアはもともと既存のタイプ・スタディの効果研究であったのだろう。なお、彼の研究成果については第4章で紹介したい。

2－6　サウス・カロライナ州の教育行政官の事例

　1910年代・1920年代のサウス・カロライナ州のコース・オブ・スタディはいずれもテキストの列挙表記のみであり、ゆえにマニュアルが別途必要とされていた。州の教員はこの公式マニュアルに従うことを要求されており、指導主事たちが細かく監督していたことがわかる。また、1人の教師が1部屋のみの学校を経営している（つまり、複式学級である）ことも農村部には多く、マニュアルの1923年版では、教師が1人の場合、2人の場合などとわけた僻地向けの「時間割」も提案されているくらいである。

　最初のマニュアルである1911年版は、州の指導主事も務め、このマニュアルの執行中の1914年に GPCT の教授にも着任したウィリアム・テイト (Tate, W. K.) らにより編纂されていて、教科領域毎に記述されている。

　1911年版での地理に関わるマニュアルでは、地理と歴史は不可分に進めるものとし、マクマリーの著作から学んでいることが読み取れる。

> 　教師はタイプ・スタディ［訳注―type studies と複数形］により地理を提示する技術を会得すべきである。マクマリーが『レシテーションの方法』においてミネアポリスの教授についてこの方法の好例を示してくれているし、『地理のスペシャル・メソッド』の10章では他にも多くのタイプ・スタディの事例が挙げられている。（中略）教師は《ジョージアはこれこれを除いてはサウス・カロライナと同じです》などといえるようになるし、必要なことは学びとったタイプから派生的なポイントを言えるようになることである。サウス・カロライナの教師ならチ

333　Key, E. L. (1930). An Experiment with the Type Study *Peabody Journal of Education, 8* (3), 157-164.

写真4　Gunter, Lueco（Lueco Gunter collection, 1900-1920. South Caroliniana Library, University of South Carolina 所収）

ャールストンを南部の海港のタイプとして親しめる学習を作れるはずである[334]。

と、タイプ・スタディを教育方法として捉えている。そして、具体的な内容はサウス・カロライナの地理として描かれた教科書に基づいて展開することとしている。ここでは地理のコース・オブ・スタディの再構造化に関する指向性は見出せない。あくまでも既存の教科書に沿ったタイプ・スタディ・メソッドの借用である。

ルエコ・ガンター（Gunter, L., 1879-1922）（写真4）は、州の僻地（rural）教育担当指導主事を務めたあと、州のコース・オブ・スタディの教師向けマニュアルを作成する責任者も務めていた。つまりテイトの仕事を引き継いだことになる。ガンターは、その経歴書[335]によると、明確に GPCT で学んだとは示されていない。だが、『サウス・カロライナ・エデュケーション（*South Carolina Education*）』誌においては僻地教育担当指導主事在任中に GPCT で学んだ[336]との記載があるし、1918年版の教育長会議年次報告書において、州の僻地エリアの学校のカリキュラムについて以下のように報告している。

334　South Carolina Department of Education (prepared by Tate, W. K.). (1911). *Teacher's Manual for the Elementary Schools of South Carolina*, Columbia, SC: The State Co., Printers, 134-135.
335　Lueco Gunter Collection, 1900-1920, Unpublished manuscript, Special Collections, South Caroliniana Library, Columbia, SC 所収。
336　Stoddard, J. A. (1920) Furman's Professor of Education. *South Carolina Education*, 2(1), 6.

第3章 教員養成・教師教育を通じたタイプ・スタディの普及過程　211

　ピーボディ・カレッジにおける本職［訳註－ガンターを指す］の関心は以下の3つの線に集中していた。チャールズ・A・マクマリー博士のもとでの初等教育カリキュラム研究、ドレスラー（Dresslar）博士のもとでの僻地校建築計画に関する研究、そして僻地校担当の指導主事たちによる毎日の会合である。本職が学校において教師と子どもとともに過去取り組んだ仕事を通じて、マクマリー博士のもとでの研究が大変有用であることがわかった。サウス・カロライナ州の僻地校指導主事によってただちに実行可能な提案がこの偉大な教師によってなされた[337]。

　ガンターが編纂した1919年版のコース・オブ・スタディの解説と教員向けマニュアルにおいては、学年と教科領域がクロスされて記述されている。そして、6年生向けの地理のマニュアルにはマクマリーが言及されている。なお、この記述は後任者ルイス（Lewis, D. L.）の編纂である1923年版でもそのまま表現が引き継がれていて、「（全米を扱う）地理の読み物教材からトピックを取り扱う際、サウス・カロライナ州の時と同様、教科書に参考文献が記されている。もし、先生方がピーボディ・カレッジのチャールズ・A・マクマリー博士に直接手紙を出せば、1冊10セントでそれらの単元を入手することができる[338]」とGPCTのタイプ・スタディ集の入手・利用が推奨されている。

　一方、このマニュアルでは、地理の知識は網羅的な取り扱いが示されている。単純化された少ない内容で発展性を期待するマクマリーのタイプ・スタディ論とはいくぶん趣旨が異なっている。だが、GPCTのタイプ・スタディの入手も推奨されていることから、その方法や読み物教材としてタイプ・

337　Gunter, L. (1919). (A)Report of State Supervisor of Rural Schools. *Fiftieth Annual Report on the State Superintendent of Education of the State of South Carolina 1918*, Columbia, SC: Gonzales and Bryan, State Printers, 79.
338　South Carolina Department of Education (prepared by Gunter, L.). (1919). *Elementary Teachers' Manual for Primary and Intermediate Grades of the Public Schools*. Columbia, SC: The State Co., Printers, 128; South Carolina Department of Education (prepared by Lewis, D. L.). (1923). *Elementary Teachers' Manual for Primary and Intermediate Grades of the Public Schools Third Edition*. Columbia, SC: The State Co., Printers, 218.

スタディは注目され受容されていたことが読み取れると同時に、タイプ・スタディという用語は単元の換言としてガンターには受け止められていた可能性を指摘できる。GPCT の小冊子がどのように活用されていたのかをうかがい知ることができる。

　コース・オブ・スタディへの影響のみならず、1920年の報告書[339]によると、1919年3月17日から21日、SC にマクマリーが滞在し、フローレンス（Florence）とアンダースン（Anderson）の両郡の僻地の学校をガンターとともに訪問したことも記載されている。ガンターは SC のコース・オブ・スタディの枠内で基本的には単元利用を行う「方法論的」意味でタイプ・スタディ論を採用していた。そして一部内容を補うべくマクマリーの開発したタイプ・スタディを借用していた。行政官としてのガンターは既定のコース・オブ・スタディに適応させた補完教材としてタイプ・スタディ（論）を受容していたのである。

3　小括

　マクマリー自身は、タイプ・スタディを現職教員と共同開発し、附属学校やプラクティス・スクールでそれを検証する過程で、カリキュラムが良質化していくことに加えて、指導学生たちの力量形成がなされていくことも目の当たりにしてきた。彼らは、タイプ・スタディ開発の意義を学び、勤務校や学区で自ら（あるいは同僚たちが）実践してその効果を質的、時には量的に検証してきた。また、マクマリーは、ティーチャーズ・カレッジにおける修士号等の取得の要件として、単元開発をもって満たすという極めて実践的な地平を拓いてもいった。

339　Gunter, L. (1920). (A) Report of State Supervisor of Rural Schools. *Fifty-First Annual Report on the State Superintendent of Education of the State of South Carolina 1919*. Columbia, SC: Gonzales and Bryan, State Printers, 36-37.

このように教員養成・教師教育機関でタイプ・スタディを学んだ者たちが、修了後に勤務地へ復任し、さらにタイプ・スタディを普及させていくことに貢献したのかといえば、ミシシッピ州のコールターの事例等、数えるほどしかその事実は確認できない。

マクマリーに直接師事した教育長、指導主事、校長たちは修了後その多くが高等教育や教員養成機関に新たなポジションを得ており、多くはカリキュラム研究や教育実践研究からは離れている。ミッチェルですら平和教育学の専門家としてカリキュラム研究から距離を置くようになっている。さらに、州レベルの教育長などはノーマル・スクールやティーチャーズ・カレッジのファカルティを兼務していることも多くあり、その専門は必ずしもカリキュラム研究や心理学にはなく、学校経営学が主であったことも、マクマリー理解がおぼつかなくなっていた背景として指摘できる。つまり、カリキュラム研究者の養成を旨としなかったマクマリーのような理論家のもとでは新たなカリキュラム研究者や、実践に根差したところで実証的研究を続けるような教師たちが後継として生まれてくることはなかなか難しかったのであり、彼が教育活動を熱心に行えば行なうほど学校現場のカリキュラム改革との間接性がより高まってしまうという皮肉な状況が生まれていたといえるのである。

高等教育機関において、実践的に研究を行うことの持つ限界は、その学究的環境や重視されている思想などに規定されるというよりも、そこで学ぶ者たちがどのような文脈や目的意識で集まってきているのかに依るのだということがわかる。第6章で取り上げるように、マクマリーが指導学生を仲介してむしろ積極的に学校現場指導に出かけたことは、この限界を十分に自覚していたからといえるのではないだろうか。

第4章　教育の科学化とタイプ・スタディ

　19世紀末から20世紀初頭にかけて、学校教育とりわけ学校経営効率とそこでの学習者である子どもを対象化し、科学的に分析して、教育理論を構築しようとする、いわゆる教育の科学化が提唱された。一方、NHSもその正式名称は「教授の科学的研究のための全米ヘルバルト協会（National Herbart Society for the Scientific Study of Teaching）」であり、科学的な教育研究を教授活動に絞りながらも、その当初から「科学化」は意識されていたことがわかる。第4章では、このような動向の中で、マクマリーら米国ヘルバルト主義の立場について、どのように彼らなりに科学化を目指し、自らの理論を補強・補正していたのかを子ども研究への積極的取り組みにまずは見出すことにする。

　NHS解消後の教育界において、科学的な教育研究は、社会的効率性の量的調査やメンタルテストに代表される教育測定・心理測定へと一気に拡大していくが、マクマリーもカリキュラムや授業実践領域を専門とする調査委員を各地で務めることで、この動向に乗り合わせていくことになる。それがタイプ・スタディを科学的な教授と位置付ける場ともなり、普及の一因ともなった可能性があるとの視角を持って、マクマリーの調査後の講評や現地の受け止めなどを分析する。

　学校現場で、現職教員への指導や情報提供を行うという講師の役割をいっそう強めたマクマリーは、教育測定運動にも礼賛の姿勢を示すことになるが、果たして一連の教育の科学化の動きは、マクマリーのタイプ・スタディ論にとって追い風であったのか、逆風であったのか、その意味を本章では問うていきたい。

1　米国ヘルバルト主義運動隆盛期の科学化の指向

　教育の科学化は、20世紀初頭に進行するのだが、それを用意したのは米国ヘルバルト主義運動あるいはNHSでの議論であったことは間違いない。ここでは、米国ヘルバルト主義による「子ども研究」を取り上げることにしたい。というのは、19世紀末の彼らの教授理論（中心統合法や開化史段階説）を補強し、20世紀初頭の新しい教授理論（相互関連法やプロジェクトなど）を準備したのが、この子ども研究であると考えられるからである。

　米国ヘルバルト主義の「子ども研究」については、マクマリーの娘のD.マクマリーによる『アメリカの小学校における歴史科の授業に対するヘルバルト主義の貢献（*Herbartian Contributions to History Instruction in American Elementary Schools*）』（1946）において、一部以下のように評価がなされているだけである。「（子ども研究の）結果は、ヘルバルト主義運動が、子どもに対してより興味を示し、教科（教材）に対してはあまり興味を示さなくなり始め、そして、フレーベル主義とヘルバルト主義がその原理において相互に近寄るようになったということである[340]」。

　D.マクマリーは、米国ヘルバルト主義運動における子ども研究の成果として、「教材中心」の枠組みから、「子ども中心」への枠組みに歩み寄りを見せるに至ったという側面を強調している。本研究でも、基本的には、「変容の契機としての子ども研究」というD.マクマリーの捉え方に異議を唱えるものではない。しかし、彼らの子ども研究が興隆した時期との関係で考えると、単に「教材中心」の議論（これは中心統合法や開化史段階説をめぐる議論をさす）からの発展というD.マクマリーの観点だけでは不十分である。とい

---

[340] McMurry, D. (1946). *Herbartian Contributions to History Instruction in American Elementary Schools*. Unpublished doctoral dissertation (Ph. D.), Teachers College, Columbia University, New York, NY, 61.

うのは、1894年に発足した「イリノイ子ども研究協会（The Illinois Society for the Child-Study）」における彼らの論考は主として1894年から1897年に集中しており[341]、この時期はNHSが発足し、そこを中心に中心統合法と開化史段階説が議論されていた時期と全く一致しているのである。してみれば、1890年代後半におけるヘルバルト主義の教授理論の展開と、また彼らによる「子ども研究」とは、後者が前者を乗り越えていく契機としての役割を果たしたと見るだけでなく、擁護あるいは補強する関係にもあったのではないかと予想される。そこで、本節では「イリノイ子ども研究協会」における彼らの所論を軸に検討し、同時期に展開していた教授理論との関係を構造的に示したい。

1－1 米国ヘルバルト主義における子ども研究への着目

　米国ヘルバルト主義の中で、積極的に子ども研究に携わったのは、ヴァンリューとマクマリー兄弟である。とくに、ヴァンリューは、1893年にI. ヴァンリュー（VanLiew, I. J.）と共にラインの『教育学の概要（Outlines of Pedagogics）』を英訳するなどヘルバルト主義の米国への導入に熱心であった一方で、イリノイ子ども研究協会の事務局長（secretary）を1894年の発足時から1897年まで務めるなど子ども研究にも意欲的であった人物でもある。米国ヘルバルト主義の事実上機関誌ともなっていたイリノイ州の教育誌『パブリック・スクール・ジャーナル』においては、1896年の9月から1897年の7月にかけて「子ども研究」というタイトルの連載もある。本節では、ヴァンリューやマクマリーの論考を軸に、ヘルバルト主義が子ども研究にどのように関

---

[341] McMurry, C. A. (1897). Child Study in the Training School, Normal, Ill. *Transactions of the Illinois Society for Child-Study, 2*(2), 139-143; VanLiew, C. C. (1894). Child Study as Related to the Work of Instruction. *Transactions of the Illinois Society for Child-Study, 1*(1), 9-21; VanLiew, C. C. (1895). The Study of the Child on Entering School. *Transactions of the Illinois Society for Child-Study, 1*(2), 48-53; VanLiew, C. C. (1897). Child-Study of Herbart. *Transactions of the Illinois Society for Child-Study, 2*(2), 126-135; VanLiew, C. C. (1897). Child Study in Illinois. *Transactions of the Illinois Society for Child-Study, 2*(2), 136-138.

わっていたかを明らかにしたい。

　子ども研究と実際の授業との関係を考える前に、そもそも子ども研究がどのような問題意識を持って登場したのかを示しておかなければならない。ヴァンリューによれば、19世紀後半まで教育システムを規定していたものを次の3点に要約している[342]。

　①人間の運命に対する様々な捉え方や生活への理想、
　②人間が追究する学問の本質やまた学問追究の際に観点としてもつ特定の目的、
　③既に確立された伝統的な慣習のもつ力。

　「生活への理想」、「学問の本質と目的」、そして「慣習」、いずれにしても、「子どもの存在」、ひいては「子どもの発達」を見るという観点が、従来の教育を規定するものにはなかったのである。

　子ども研究の必要性は、そもそもの教育の対象であるところの「子ども」から、教育学レベルでもカリキュラム論レベルでも、また教授方法レベルでも遊離してしまっていることが強く自覚されたところに生まれたのである。上の3要素はいずれも抽象的で子どもの立場に共感（sympathy）することを前提としているものではない。この共感ということばのもつ意味合いは、「教師自身の子どもへの態度」を説明しているところで次のように述べられていることからも理解できる。「教師が子どもとの単なる社交上の付き合いだけではなく、教室における本格的で刻苦な仕事の中でも、やみくもにではなく、共感的に、またものわかりよく接することを、現在の子ども研究は要求しているのである[343]」。子ども研究の必要性を訴える背景には、この引用から逆に推測される、日常の教師の子どもへの態度、すなわち、子どもに共感的ではなく、むしろ大人の用意した理想や目的を押し付けるような態度、

342　VanLiew, C. C. (1894). Child-Study as Related to Instruction. *Transactions of the Illinois Society for Child=Study, 1*(1), 9.
343　*Ibid.*, 11.

子どもの発達段階を全く配慮しない態度があることがわかるだろう。子ども研究の第一の意図には、伝統的な教育システムのみならず、教師までが、あまりにも子どものことに着目していない現状に疑義を唱える、問題提起的性格があったといえるのである。

ヴァンリューは、教育システムを構築していく際の4点目の要素を、「教育可能な存在としての子ども自身（the educable being himself）」として取り出す。この考え方は、古くはコメニウスやルソー、ペスタロッチにも遡れるものである。しかし、ヴァンリューは、論文「ヘルバルトの子ども研究」において、「ヘルバルトの仕事や彼の教育理念をより完璧に具体化していこうとした人たちの仕事は、今日の教育運動が子ども研究において声高に強調している側面について本質的なところで貢献している[344]」と述べているように、「子ども研究」の源は直接的にはヘルバルトやヘルバルト主義に求められると説明されたのである。

このように、米国ヘルバルト主義においては、ホールに始まった子ども研究の流れを自身の教授理論と矛盾するものではないと主張するのみならず、むしろ軌を一にするものであるとしている。しかも、後に詳述するが、後世みられた進歩主義と対置する立場としてのヘルバルト主義という枠組みも当時の彼らにあったわけではなく、自身の教授理論展開に自ずと子ども研究の必要性が意識されたのである。このような発想は、もちろん、ヴァンリューに限ったことではない。マクマリーは、1894年の時点で「教育における進歩の最善のあらわれの一つは、心理学者や教師がその注意を子どもの行動や興味に向けるようになってきたことである。教師や母親は、個々の子どもに目を向けるようになり、彼らのニーズに親密な共感と正しい認識を持つに至るであろう[345]」と、期待を表明している。マクマリーらが、具体的に教授理論

---

[344] VanLiew, C. C. (1897). The Child-Study of Herbart. *Transactions of the Illinois Society for Child=Study, 2*(2), 127.
[345] McMurry, C. A. (1894). Child Study. *The Public School Journal, 13*(10), 601.

を展開し始めたのが、1892年頃からであり、NHS が組織化され、科学的教育研究を標榜してスタートしたのが1895年であることに注意すると、ヘルバルト主義普及に先だって子ども研究を組み入れる態勢があったことがうかがえる。

次に、具体的に米国ヘルバルト主義による子ども研究への関わりを見ていくことにする。イリノイ子ども研究協会は1894年5月にフランシス・パーカーを会長として発足し、子どもの生活（child-life）の実地観察と議論が企画された。ブラウン（Brown, G. P.）の報告によると、1895年の5月16、17日に聞かれた大会では、当時の初等教育の「主だったリーダーたち」はメンバーとして揃っていたが、幼稚園関係者は姿を見せなかったとあり、同協会と幼稚園関係者は、子ども研究に関しては別々の道を歩むことになったのではないかと評価している[346]。心理学研究者のグループと生理学研究者のグループの2つのグループに分かれており、その研究スタイルもバラバラであった。しかし、最も実用的な成果の一つとして、「子どもの道徳訓練において親と教師の共感と協力」がなり、子どもの性格や衝動・癖などに関する両者の話し合いがもたれ、就学前の子どもへの着目がなされたことを挙げている[347]。

では、実際にイリノイ子ども研究協会では、どのような調査や研究が報告・議論されていたのだろうか。ヴァンリューは、協会の議事録報告書（transaction）の第1号の巻頭論文において、子どもの疲労に関する研究を紹介し[348]、子ども研究協会の活動と授業実践との関係のあり方を示している。その研究によれば、「記憶力の低下や知覚反応の不正確さ、反応時間の遅さ、注意力の低下、連携的な力や感情の調子の不活性などによって通常の精神疲労がわかる」とある。こういった精神活動に直接関わる症状に精通することで、聡明な教師は疲れた子どもを前にして無理に授業の成果を求めようとす

---

[346] Brown, G. P. (1895). Child-Study. *The Public School Journal*, *14*(11), 569-570.
[347] *Ibid.*, 569-570.
[348] VanLiew, (1894), *op. cit.*, 12.

ることもなくなるなど、無駄のない授業展開に、つまり授業の経済性（the economics of class instruction）につながるとヴァンリューは評価している。また、ホールらによる就学前の子どもの経験や思考の範囲（the thought circle of the child）に関する研究を取り上げ、学校が始まるその初日から、教師が子どもに携わっていくための土台を提供するものとして位置付けている。

　この就学前の子どもの生活や経験、または、子どもの性格などに関する調査・研究は、とくに、ヘルバルト主義の主唱者の一人であり、実際に初等学校の教師やノーマル・スクールでクリティック・ティーチャーを務めたライダ・マクマリーによって熱心になされた。ライダの「親を媒介とした子ども研究（Child Study through the Medium of the Parents）[349]」という論文は、1895年の春に、今期はじめて子どもを就学させる親たちに、ヴァンリューによって準備された質問項目（精神状況や癖、性格などに関する質問）にそってインタビューを行った記録である。その結果には、次のような例があげられている。「一人をのぞいて残り全員の子どもが1日の多くの時間を屋外で遊んで過ごしている。（中略）子どもたちは全員右利きである」といった例から、「子どもの知識の範囲や一般的な精神傾向」を示す例として「全ての子どもが自動車で旅行した経験があった。全員、好奇心旺盛である。一人の子どもは母親の影響からドイツ語と英語が話せるようになっている。一人の子を除いて後の子はみな、歌や詩をいくつか知っており、ある子は、マザー・グースをほとんど知っている」なども記録されている[350]。こういった調査が直ちに授業実践にどのような影響を与えたかについては、その利用方法にまで言及がなされていないし、そのような研究報告も同協会およびNHSには出されていないので断定はできない。だが、ライダは子ども研究の利点として、「教師

349　McMurry, L. B. (1895). Child-Study through the Medium of the Parents: A Report of Work Done along This Line in the Primary Department of the Illinois State Normal Training School. *Transactions of the Illinois Society for Child=Study, 1*(3), 22-30.
350　Ibid., 23-24.

の子どもへの共感をひき起こしたこと[351]」をあげているし、マクマリーも、就学前の子どもの状況がわかるようになった点と親とコンタクトを取るようになった点とを評価している[352]。

また、マクマリーは「学校遠足における子ども研究（Child Study in the school excursions)[353]」が研究領域として存在していると主張しており、同協会では具体的には研究は深まらなかったが、この観点は後の地理を重視したタイプ・スタディ論やプロジェクト論にも繋がるものとして注目される。

１－２　米国ヘルバルト主義の教授理論―子ども研究への契機

ここまで、ヴァンリューやマクマリーが、自覚的・積極的に子ども研究に携わろうとしていたことを示してきた。D.マクマリーが指摘しているような、いわゆる進歩主義との折衝の中で反省的に子ども研究にシフトしていくという捉え方は、一面的であり、実際は、教科や教材、教授方法などの諸理論の展開と無関係ではなかったのである。ここでは、米国ヘルバルト主義の教授理論の展開の中で、具体的なレベルで子ども研究がどのように自覚化されたのか、また、どのように利用されたのかについて検討を深めたい。

マクマリーは、形式段階、特に５段階教授法導入の根拠として、「統覚作用」という概念を提起した。

> くわしく正確に観察する感覚を磨き、諸事象や諸観念を比較・分類する過程をもつことで、学習における基本的な精神活動が形成される。統覚作用の原理に従って、なじみ深い古い諸観念を新しい観念とすりあわせることで、新しい知識内容を同化していくことが、一般に流布している「既知から未知へ」という観念の正しい解釈である［訳注－下線部は原文ではイタリック］[354]。

351　Ibid., 26-27.
352　McMurry, C. A. (1897). Child-Study in the Training School, Normal, ILL. *Transactions of the Illinois Society for Child=Study, 2*(2), 140.
353　Ibid., 141.

「既知から未知へ (from known to unknown)」というのが、当時の教授方法の一般的なテーゼであった。マクマリーはこれを排したのではなく、むしろこれを「再解釈」していく、あるいは「調整」していく方向で「5段階教授法」を導入するという立場をとったのである。また、この「統覚作用」という概念は、ヘルバルト主義が導入される以前の米国の心理学界や教育界において「同化 (assimilation)」とか「連合 (association)」という言葉で表現されていた。ゆえに、この概念に関してはさしたる抵抗もなく、「中心統合法」や「開化史段階説」とは切り離されて、普及する可能性を秘めていたのである。同時代を観察していたランデルズは「ヘルバルト主義のすべての原理の中で、統覚作用の原理はもっとも抵抗なく受け容れられた[355]」と述べている。このようにヘルバルト主義により教授方法の裏付けとして導入されたことで、この新しい語はむしろ教育実践の場で注目されるようになったのである。教授段階としての形式段階は、事実上、「統覚作用」の原理に裏打ちされているもので、実際、形式段階が導入される以前から既にこの原理の解説は始められていた。言い換えれば、米国ヘルバルト主義の議論の開始は、この統覚作用の原理にあるのである。

　形式段階は、統覚作用が、それまでの能力心理学による形式陶冶に代わるものとして登場し、それを教育実践に具現化したものといえるのである。

　排列の原理であった開化史段階説については、ヴァンリューが、NHSの第1年報で、次のように述べている[356]。「①子ども・教材の間に一致を見る原理が必要である。②開化史段階説がその原理である。③各時代の文化的産物は、それに相当する段階の子どもに共感的かつ親しみやすく訴えるものを

354　McMurry, C. A. (1890). *How to Conduct the Recitation, and the Principles Underlying Methods of Teaching in Classes*. New York, Chicago: E. L. Kellogg, 13.
355　Randels, G. B. (1909). *The Doctrines of Herbart in the United States*. Unpublished doctoral dissertation (Ph. D.), University of Pennsylvania, Philadelphia, PA, 32.
356　VanLiew, C. C. (1895). The Educational Theory of the Culture Epochs. *The First Yearbook of the Herbart Society for the Scientific Study of Teaching*, 116.

含んでいる」。中心統合法で、歴史・文学を中心としてカリキュラムが編成されると同時にその排列が問題となるわけであるが、進化生物学の反復説（recapitulation theory）にアナロジー関係をみ、人類（およびその文明）の発展史に子どもの発達段階を重ね合わせることで、教材の順次性を持たせようとしたのである。中心統合法と開化史段階説が不即不離の関係にあったことに鑑みると、排列の根拠は、科学のもつ論理性ではなく、子どもの統覚能力の発達法則、当時の別の言葉で言えば、心理学的な順序にあったといえるのである。

1－3　米国ヘルバルト主義における子ども研究の役割

　ヘルバルト主義は、周知の通り、教授理論に心理学的要素を組み込んだことが、その特徴として指摘される。子ども研究にいかに大きな期待がかかっていたか、もっと言えば、子ども研究にこそ彼らの教授理論の説得性がかかっていたのではないかと考えられる事情は、以下に示すような論争の中に如実に見てとれる。米国ヘルバルト主義の教授理論が直面することになった批判は、デューイによる「開化史段階説の解釈（Interpretation of the Culture Epoch Theory）」の中で提起された以下の二点の疑問に要約されている[357]。(1)そもそも人類の発展と子どもの発達は一致しているというのは事実か否か。またその基準は何なのか。(2)一般的にその一致があることを認め、現在の子どもの生活を研究することにより裏づけられたとして、学習の対象になるのが文化的産物であるという考えはどう判断されるのか。デューイは(1)については、正確な平行関係は明らかな形では存在しておらず、生物学的にいえば、反復説は胎児段階の一時期に限定され、社会に反復説を応用させることに飛躍があると考えている。たとえば、子どもが遊牧生活を送るという開化史段階にあるのであれば、何も無理に歴史や文学に求めなくても、現在の社会に

---

[357] Dewey, J. (1896). Interpretation of the Culture-epoch Theory. *The Public School Journal*, *15*(5), 233-236.

おいても、牧畜活動に相当する部分もあるとする。また、(2)については、興味を惹き起こすといっても、「現実」というよりは二次的な「おもちゃ」を与えているに過ぎないのではないかと考えているのである。

　デューイによって提出されたこの疑問に対し、同誌上で答えたのはマクマリーである。彼の論考「開化史段階（The Culture-Epochs）[358]」は、実際にデューイの上記の論考に応ずる形で展開されたものである。マクマリーはデューイの(1)に対しては、何の議論もなしに、いかなる根拠に基づいて子どもの興味や心理を「現在の社会」に置換できるのかと批判したうえで、たとえ、現在の社会に牧畜活動が全くなかったとしても、ある段階の子どもの本能や活動がそれを求める、あるいは必要とすると想定することは十分可能なことであると述べる。開化史段階説における各段階の価値は、子どもの現在のニーズにどれだけ一致しているかによるとする彼の立場は、デューイの指摘するとおり、人類発展と子どもの発達との関係は完全にパラレルというわけではないということは認めつつも、やはり、子どもの内的な発達過程においては開化史に符合するという、ゆるやかな対応があると捉えていることは明らかであろう。

　それゆえに、マクマリーは開化史段階説については、子どもに押し付けるのではなく、子どもの活動やニーズを調べ、教育研究の基礎理論とすべきであると主張する[359]。米国ヘルバルト主義においては、これまで、ア・プリオリに学年（あるいは年齢）に対応する形で「貼り付け」ていた開化史段階を、子どもの発達段階をつぶさに観察・検討することで、より正確に実証的に対応させることが子ども研究の重要課題であるとしていたことがわかる。また、それを明らかにすることによって、デューイのように、現在の社会の事象を即座に開化史に代用させることなく、たとえ現在の社会に相当するものがなくても、歴史や文学に、すなわち「教育学的に価値がある過去の文化的産

358　McMurry, C. A. (1896). The Culture-Epochs. *The Public School Journal, 15*(6), 297-299.
359　*Ibid.*, 298.

物」に、できるだけそれらを求めていくという「精選のプロセス」として開化史段階説を再解釈しようとしていたことがうかがえる。

　一方、デューイの批判の(2)については、これを、「文化的産物」対「子どもの活動」という議論として引き取り、デューイが文化的産物を教育内容にしていくことを批判していると捉え、「(デューイの批判の)問題点は、歴史と文学のもつ文化的産物に罪を負わせるか、あるいは否定しようとしているところにある[360]」と述べる。自然や社会を知覚していくのに直接経験の果たす役割の大きさは認めつつも、学校教育を念頭に置くマクマリーは、就学前の６年間に、子どもはたえず多面的な経験を積み、直接的な影響をかなり受けていることから、学校で文化的産物を統覚する積極的な体系は既に有しているのであるとして、文化的産物を教育内容としていくことを擁護するのである。文化的産物の教育内容化を補強するには、論拠として弱いし、そもそもなぜ文化的産物でなければならないのかという問いをはぐらかしているきらいもある。しかし、むしろ「実際的な問い」として、「なぜ」ではなくて「文化的産物はいかに用いられるべきか［訳注－下線部は原文でイタリック］[361]」を出す背景には、先に述べたような、就学前の子どもに関する調査・観察に取り組んだ、米国ヘルバルト主義の子ども研究に由来しているものと思われる。

　デューイの批判に対して正当に応じたとは言いがたい面もあるが、彼らにとっての子ども研究が、統覚作用のメカニズムの解明と子どもの発達段階の道筋の解明にあったことを知るには十分である。こう見てくると、米国ヘルバルト主義が、子ども研究に取り組む背景には次の２点があったことがわかる。①カリキュラム論における中心統合法は、すなわち子どもの学習プロセスを組織化・具現化したものとして性格付けられていたし、②教授段階を示した形式段階や、カリキュラム論において展開された排列の原理である開化

---

[360] *Ibid.*, 298.
[361] *Ibid.*, 299.

史段階説に理論的根拠を与えた「統覚作用」概念が存在していた。

②に関しては、開化史段階説を擁護するために子どもの発達を調査・観察するというだけでなく、就学前の子どもの実態に強く関心を寄せていたことからすると、米国ヘルバルト主義の教授理論を支える「統覚作用」に実証的な確信が望まれたことが推察される。というのは、統覚作用は「馴染み深い古い諸観念を新しいものに接するようにすることによって、新しい知識内容を同化していくこと」であるから、この論理を、年齢的に7歳から始まる初等教育（あるいはそれ以前の幼稚園段階にしても）に応用するならば、第1学年（あるいは幼稚園）、つまりは学校教育の出発点で「同化」する内容に対する「馴染み深い古い諸観念」が就学前に存在しないと、ヘルバルト主義の教授理論を支える「統覚作用」の原理やそれに伴う教材選択の根拠が、学校教育において崩れることにもなりかねなかったのである。

いずれにせよ、ヘルバルト主義が必然的に子どもの思考の「方法」や「順次性」に関心を持っていたことがわかる。ある意味では、それらが実証的に明らかにされない限りは、進歩主義的立場から先験的カリキュラム編成方法であるとの批判を免れ得なかったのである。この教授理論やカリキュラム論への批判に対して、説得的に応える、あるいは裏づけとなるのが、米国ヘルバルト主義における子ども研究の役割であったといえる。

米国ヘルバルト主義において、子ども研究とは、これまで初等学校の教師や教育学者らが教科（教材）の科学性や硬直化してしまった「レシテーション」による授業形態に拘泥し、子どもを共感的に取り上げて注目しようとしてこなかったことへの反省に立ち、親と協力して子どもを学校教育の主体としてその地位を引き上げる契機を与えるものであった。なぜ、子どもそのものを研究対象に引き上げる必要があったのかといえば、それは、保守的で思弁的な立場から、中心統合法や開化史段階説を牽制するカリキュラム論が提起されたことに対して、自身のカリキュラム論に説得性を持たせることが急務とされたからであった。形式段階にせよ、中心統合法・開化史段階説にせ

よ、いずれも、その理論的根拠として、心理学説である「統覚作用」の原理を置かねばならなかったのである。「統覚作用」の原理が機能することを証明することが、形式段階や開化史段階説を学校教育に導入するための前提であったと見ることができるのである。学校教育は、子どもの発達の連続性から見ると、いわば「途中」から始まる。ゆえに、「子ども研究」を通じて、就学前の子どもの知識や思考のあり方が明らかにされねばならなかったのである。子ども研究は「統覚作用」を軸とする自身の教授理論体系構築の土台あるいは裏づけ作業となっていた。

　米国ヘルバルト主義が19世紀末に発展させた子ども研究は、確かに、自身のカリキュラム論や教授理論に対して科学的裏付けを与える位置が付与されていた。その意味で、教育実践や教育言説を科学的なものにしていこうとする指向性は十分に備えていたと指摘できる。だが、彼らの科学化の方向は、それを専門家により専有する方向に進んでいたのではなく、学校現場にいる教師やノーマル・スクールのクリティック・ティーチャー、さらには保護者を巻き込み、彼らが位置づくことで教育実践によりリアリティを持たせようとしていたことに特徴がある。それゆえに、科学化と称して現状や経験則の追認を招いたことやその恣意性が、20世紀初頭の専門家による本格的な心理学的アプローチの前には不完全なものとして太刀打ちできなくなっていったことは否めない。米国ヘルバルト主義運動終焉の直接要因をここに見るダンケルのような先行研究者もいる。

　だが、明確なカリキュラム論や教授理論を持ちながら学校現場で解決が望まれている問題を取り上げ、その解決のために子どもを客観的に観察するというスタンスは、いわば先駆的なアクション・リサーチでもあり、教育実践研究の基礎的な立場を示そうとしていたとも評価できるであろう。

2　教育の科学化

2−1　時代精神と教育研究の状況

　鉄道網が発達し、米国の諸地域間の緊密な連携や交易が行われる時代になると、州による異質性よりもアメリカナイゼーションが意識されるようになったことは一般に言われている。広い国土と地域によるさまざまな新旧の移民の構成など20世紀への転換期には、このアメリカナイゼーションがより強く主張されるようになるが、この視座は地域や人種を超えた普遍的な価値を追求する動きを加速させると同時に、ラヴィッチが、

> 1910年代の終わりまでには、ある特定のやり方が、「現代的」、「科学的」、「進歩的」、「専門的」とみなされ、その中には、カリキュラムの差別化、職業指導、知能テスト、そして学校組織を階層的な官僚制度によって統制され、高度に中央集権化された組織へと再構築することが含まれていた。専門的な雑誌や専門家の組織はどれも同じように、「現代科学」に基づいた効率性と教育改革を求めた[362]。

と指摘しているように、専門家による教育言説の専有と官僚化を進ませることにもなった。マクマリーのような専門家と呼ばれる人たちも理論形成には全米に（あるいは世界中どこでも）通用する「普遍性」を確信していたし、まさに教育の科学化に矛盾しない状況であった。

　ところで、NSSSEの第1年報には、NHSからの名称変更の経緯や新組織名での綱領など何も示されることなく、NHS第5年報からの丸3年近くのブランクを経ているにもかかわらず、ルーシー・サモン（Salmon, L. M.）に

---

[362] Ravitch, D. (2000). *Left Back: A Century of Battles Over School Reform*. New York: A Touchstone Book.（末藤美津子・宮本健市郎・佐藤隆之［訳］(2008).『学校改革抗争の100年：20世紀アメリカ教育史』東信堂, 98）.

よる「歴史の教授におけるいくつかの原則（Some Principles in the Teaching of History）」がシカゴ大会の基調論文として掲載されるにとどまっている[363]。すでに NHS の発足段階において、その正式名称に「教授に関する科学的研究のための全米ヘルバルト協会」と「科学的な」の文言が入っていたために、あらためてその科学性を主張する必要はなかったのかもしれない。だが、協会から「ヘルバルト」の名が落ちたことで、20世紀初頭は「科学的な」という形容語句の相対的重みが増したことは間違いない。ちなみに、マクマリーは1904年まで事務局長と年報編集者を担当していた。

NSSSE から、さらに1910年に「科学的な」の語も消えて、NSSE へと変わっていく。その背景事情について、年報の編集を1916年から1941年まで担当したホイップル（Whipple, G. M.）が死の直前に打ち明け、彼の死後すぐに『スクール・アンド・ソサイエティ（School and Society）』誌に掲載された。それによると、1909年まで協会の名称に関する議論は続いていたらしく、20世紀に入っても専門家に専有された議論やモノグラフが続き、それらは広い意味でヘルバルト主義の範疇から逃れ出てはいなかったものだという[364]。

そうだとすると、「科学的であること」の実質を支配していたのが長くヘルバルト主義であったことが、現職教員を含め増え続ける会員にとっての障害になっていたことが予想される。いずれにせよ、協会内で、教育の科学化の方向性に関して、旧来のヘルバルト主義的な枠組みから脱却できずにいた勢力と、20世紀に入って教育心理学者により進歩させられた方向性との間にせめぎあいが起こっていたことがうかがえる。マクマリーは1904年に事務局長を退いてからは、NSSSE や NSSE に論考を寄せることもなく、自らが立ち上げた NHS に淵源をもつ教育学研究の母体の変遷にどのような意見を持

---

363 National Society for the Scientific Study of Education. (1902). *The First Yearbook of the National Society for the Scientific Study of Education*, Chicago. IL: The University of Chicago Press.
364 Whipple, G. M. (1941). *The Inner Working of the NSSE, School and Society*, 54, 163-164.

っていたのかは言及もないので不明のままである。

　1910年代後半、NEA の時間節約委員会の報告に始まり、ボビットやチャーターズのように、社会的効率性を重視する新たな「科学的手法を用いたカリキュラムづくり（scientific curriculum-making)[365]」が注目されるようになり、学校における時間の使い方の無駄をなくす方向性で学校（教育）調査が盛んに行われるようになった。ボビットやチャーターズ自身が調査団の委員を務める学校調査も数多くあったが、ソーンダイクやバグリー、そしてマクマリーも主たるメンバーとして調査に参加し提言を行う事例も数多くあったことから、調査の方向性については、ひろく社会的効率性を求めるものであったとしても、具体的な観点やそこでなされる改善のための講評などにはかなりばらつきがあったものと考えられる。

　他方、第一次世界大戦を契機として、軍隊テストへの参加を契機に教育心理学者による教育測定運動も台頭し、1920年代に入って隆盛を極めることになる。キルパトリックらのラディカルな子ども中心主義教育が注目されたのと教育測定運動が支持された時期が重なることも注目しておきたい。1920年代、コース・オブ・スタディに親和性をもつ傾向にあったマクマリーのタイプ・スタディ論は、教育界を席巻するこの両極の運動の中でどのように対応し、またどのように評価されたのかについても後に検討したいが、まずは、教育の科学化の方向性の象徴でもあった学校（教育）調査運動と教育測定運動について簡単に整理しておきたい。

2－2　学校（教育）調査運動

　表4－1では報告書が公刊されたことが確認出来る学校調査実施数が示されている。1929年、GPCT のキャズウェル（Caswell, H. L.）は、1910年代〜1920年代に流行した学校調査運動について考察している。彼によれば、

---

[365] Kliebard, H. M. (1987). *The Struggle for the American Curriculum, 1893-1958.* New York: Routledge & Kegan Paul, 90.

「調査運動はここ四半世紀のあいだ急速に発展した教育における科学的運動の一部である[366]」。

表 4 － 1　学校調査の実施数[367]
NUMBER OF CITY SCHOOL SURVEYS MADE BY YEARS, 1910 TO 1927

Year	Number of Surveys	Year	Number of Surveys
1910	1	1919	6
1911	2	1920	7
1912	5	1921	12
1913	7	1922	17
1914	9	1923	17
1915	7	1924	12
1916	8	1925	14
1917	10	1926	14
1918	12	1927	21

NOTE.—This includes surveys made by outside experts for which published reports were issued.

　1910年代の初めは、個々の研究者による個別調査であったが、1910年代半ばにはある程度の規模の委員会が、基金や行政調査局、さらには州教育当局、内務省教育局などで組織されるようになり都市単位の大規模調査が盛んに実施されるようになった。1916年、調査運動が大規模化し始めたころ、ヴァージニア大学が1915年までの調査傾向として、州レベル、市レベル、郡レベル、大学主催の4タイプの存在をすでに指摘していた[368]。キャズウェルの総括が1929年であることを考えると、この傾向に大きな変化はなかったようだ。ただ、1920年代に入ると、行政当局による調査は減り、GPCT をはじめアイオワ大学、コロンビア大学ティーチャーズ・カレッジ、ネブラスカ大学、ミネソタ大学、南カリフォルニア大学、オハイオ州立大学などの学内に調査専

---

[366] Caswell, H. L. (1929). Is the School Survey Movement Dead? *Peabody Journal of Education*, 7(2), 109.
[367] Idem.
[368] Manahan, J. L. (1916). *A Bibliography of Educational Surveys and Tests*, 2(3), Charlottesville, VA: The University, 54.

門の部門が設置され、地方の教育委員会などの委嘱を受けて精力的に、そしてより科学的・量的な調査が行われた。各大学主催の調査は1週間〜数週間程度の調査期間を設けて、所属する各分野の教員たちを派遣し行なうというパッケージ化されたものであった。また、ラヴィッチは、「1911年から1930年までの間に、200近くもの都市や州で、有力な教育学部の専門家によって学校調査が実施された」と述べ、彼らは、「効率性を調べる」ことを旨としていたことを指摘している[369]。

調査の観点は、学校経営、学校設備、学校建築、衛生状況、そしてコース・オブ・スタディなど多角的に検証され、さらに1920年代には子どものアチーブメント・テストも積極的に実施され、測定結果も含めて学校調査運動を形成するようになっていった。たとえば、カリフォルニア大学教育学部がリッチモンド市（Richmond, CA）の学校を調査したとき、地理では、「ハーン・ラッキー・スケール（Hahn-Lackey Scale）」と呼ばれるアチーブメント・テストを用いて調査を行ない、そのうえで、タイプ・スタディやトピック学習などの大単元がきっと有益であろうと提案しているのは興味深い[370]。アチーブメント・テストの結果から、その因果関係を詳細に詰めることなく、飛躍をもってオールタナティヴが提案されている。手続きの科学性がその提案の説得力を担保していたものと推測される。

GPCT の調査部門「調査および現場サービス部門（Division of Surveys and Filed Services）」が1952年に『調査の調査（*A Survey of Surveys*）』を公表し、約20年間の52件の調査について自己評価を含めて検討を行っている。総合的な学校調査は、教育委員会など地方の行政当局の依頼を受ける形で始まり、教育プログラム全体を評価対象とし、その改善についての講評も与えるものであったという。「調査はしばしば特定のニーズに応ずる形で始まるのだが、

369　Ravitch, (2000), 末藤他訳, (2008), 前掲書, 131.
370　Bureau of Research in Education, University of California. (1922). *Studies in Elementary Education-2* (Vol. 9 & 10). Berkeley, CA: University of California Press, 29-32.

学校制度全体を含むよう拡張され[371]」るのが一般的であったと分析されている。

　このように、学校（教育）調査運動は、教育行政官たちが教育の専門家の調査手法とそれにもとづく講評に対する大きな信頼を寄せていたために成り立っていたと見ることができる。この学校調査運動は、先述の GPCT のレビューに見られるように、特定の課題意識に端を発しつつも、一般的には学校制度全体を網羅的・総合的に調査することになり、個別の問題解決に繋がったのか否か、ましてや現場の教師たちのニーズに応じるものであったのかについては疑わしい。そればかりか、調査の大規模化や専門性の高まりに応じて、結果的に学校に対する官僚統制を強化する機能も持ってしまったことは確かであろう。マクマリーがこの運動に関わっていたのは1910年代〜20年代ゆえにまだ初期のころということになるが、果たして学校現場の教師たちの授業改善に関わるニーズにどれだけ応じることができていたのかという点については後ほど検討することにしたい。

2−3　教育測定運動

　ラヴィッチは、

> メンタルテストは、教育の科学化運動の要であった。20世紀の初めの20年間に教育心理学者は、学力テストと知能テストの二つを作り出した。学力テストは生徒が学校で学んだことを判定しようとするものであったが、一方、知能テストは生徒が何を学ぶ能力があるかを調べるものであると主張していた。前者は、教えられたり学ばれたりすることができる知識を検査したのに対して、後者は、ほとんどの心理学者が、生まれながらの、遺伝によるもので、長期にわたって比較的一定であると考えていた知的能力を検査するものであった[372]。

371　George Peabody College for Teachers. (1952). *A Survey of Surveys*, Nashville, TN, 10.
372　Ravitch, (2000), 末藤他訳, (2008), 前掲書, 98.

と2つのテストの存在を指摘している。

　また、田中も、教育測定運動は、2つの系譜を有する、と教育評価史の観点から解説する。第一の系譜である「アチーブメント・テスト」については、これまでの絶対評価の主観性・恣意性への批判意識から20世紀への転換期にはすでに誕生し始め、ソーンダイクを中心に標準テストが開発され、1910年頃にはかなりその有効性が知られていた。第二の系譜は、1910年代半ばにターマン（Terman, L., 1877-1956）に代表される知能検査法であり、これらの2つの系譜が結びついて1920年代にテストと測定をめぐる運動は教育の科学化の牽引役を担ったのはもちろん、軍隊での適用・発展も見てピークをむかえることとなった[373]。

　教育測定運動は、1930年代に入って、8年研究（Eight Year Study）やそれに関わったタイラー（Tyler, R. W., 1902-1994）により教育評価（evaluation）の概念が登場し、評価活動を通じて教育活動やカリキュラムを反省や改善するという発想、いわゆる「タイラー原理」が主張される[374]までは、ただ、子どもの区分や序列化の道具に過ぎないものであった。特に、米国においては1920年代に知能テストが主流となって発展してくことになり、その後1926年にSAT（進学適性試験、Scholastic Aptitude Test）導入へと繋がってはいくのだが、先述の性質上、既存の伝統的な学問的カリキュラムにさしたる影響を与えることはなかったというのが史実である。ボビットらによる科学的であり専門的であるとされるカリキュラム編成の手法についても、このタイラー原理以前であり、カリキュラムと評価の両者が有意義に結びつかない時代であったともいえる。

373　田中耕治（2008）.『教育評価』岩波書店, 15-21.
374　Tyler, R. W. (1949). *Basic Principles in Curriculum and Instruction*. Chicago: University of Chicago Press.

3　学校調査運動とマクマリー

3 − 1　内務省教育局主導のサンフランシスコ調査

　1916年1月のGPCTの記録によると、マクマリーは、後述する内務省教育局主催のサンフランシスコ調査に加え、カーネギー財団（The Carnegie Foundation）主催のミズーリ州の教員養成調査にも3週間にわたり協力し、ノーマル・スクールや州立大学における教員養成について調査・研究することになっていて、この学期は活動拠点をGPCTの外に移しているようだという[375]。サンフランシスコの調査は翌1917年に報告書が出される。カーネギー財団によるミズーリ州調査は1920年に大部な報告書が出される[376]が、ミズーリ州の調査団には、マクマリーの他バグリー、ジョージ・ストレイヤー（Strayer, G. D., 1876-1962）やキャンデルらもメンバーに入るという大がかりなものであった。ミズーリ州調査については、「これらの紳士（マクマリーとストレイヤー）はすでにミズーリ州の諸機関には精通していたのだが、今回の目的のもと再び現地を訪ねてもらい、彼らの知見が本報告書に具体化されている[377]」とあるのだが、マクマリーの貢献部分を特定するのは困難である。カリキュラムに関わるセクションは主にバグリーが担当したとあるので、本報告書に現れるカリキュラム評価はバグリーによるものと見るべきだろう。

375　(1916). Faculty Notes. *Peabody Record, 1*(3), Nashville, TN, 10.
376　Learned, W. S., Bagley, W. C., McMurry, C. A., Strayer, G. D., Dearborn, W. F., Kandel, I. L., & Josselyn, H. W. (1920). *The Professional Preparation of Teachers for American Public Schools : A Study Based upon an Examination of Tax-Supported Normal Schools in the State of Missouri.* New York: Carnegie Foundation for the Advancement of Teaching.
377　*Ibid.*, 5.

① サンフランシスコ調査の概要

　1914年12月から調査の準備が開始され市当局とのやりとり、予算の確定、内務省教育局内外の委員の委嘱などが1915年を通して行なわれた。実際には1916年の2月を中心に、12人の各委員が平均25～30日間、サンフランシスコに滞在して調査活動が行なわれた。12人の専門家には公民教育や手工教育などの教科領域の専門性を持った者の他に、学校経営、学校建築や移民教育、中等教育の専門家も含まれた。そのなかでマクマリーは、後のセントルイス市の教育長を務めたウィザーズ（Withers, J. W.）とともに、「初等教育、コース・オブ・スタディ、教授法」の専門家として委嘱されている[378]。マクマリーの関わりについては、『アメリカン・エデュケーション（*American Education*）』誌が、2月の1ヶ月で「マクマリー博士は、小学校のコース・オブ・スタディの完全なる検証、教室での詳細な教授法、さらには初等教育のための視学のスタンダードに至るまでに、彼の時間を捧げた[379]」と報じており、この分野についてはマクマリーが中心的役割を果たしたことがうかがえると同時に、その注目度は高かったといえる。

② マクマリーの観点

　マクマリーは、1916年のサンフランシスコの学校調査へ赴くに先立って、彼に委員を委嘱した内務省教育局のクラックストン長官宛ての私信で私見を述べている。

　　小学校において重要なことは、1．子どもとその扱い方、2．教師の選抜、養成と配備、3．コース・オブ・スタディの性質、4．授業方法の効率性、です。これら4項目に関わる効率的なスタンダード・テストは以下の2つです、1．学校の包括的で誠意ある精神。子どものなかに、そして教師と子どもの間に誠意ある

378　Bureau of Education, Department of the Interior. (1917). *The Public School System of San Francisco, California.* Washington Government, Printing Office, 5-8.
379　(1916). Educational News and Comment. *American Education, 19*(8), 483.

協働的で社会的な精神がなければなりません。2．思考する際に与えられた知識（dictated knowledge）を自由と自己信頼とに適切に結びつけること。自己信頼と自発性へと至る道は、安定した（stated）知の形式と組織化になるものです[380]。

　ここでは、カリキュラム関連を査察するマクマリーなりの評価観点が示されているといえる。注目すべきなのは、教師の養成と適切な配置に言及している点と、確固たる知の体系をベースにしてこそ自由な思考が可能になると見る自学法のイメージである。どちらも1910年代半ばのマクマリーに典型的な枠組みである。これらの観点で現場に赴き、講評を与えたものと考えられる。

　また、本状の裏面に、手書きにて追伸を記している。その内容は、本状にて同送した著作（おそらく1907年の『アメリカ地理の大単元（*Larger Types of American Geography: second series of type studies*)』か）への解説を付記している。そこで、授業構想時における大単元の果たす効用について強調し、教師の教育方法上の細かなレベルでの自由を保障するものとなることに言及している[381]。具体的な教育内容を持って現場に臨むことに対し、かえって教師の自由度を奪いかねないのではないかという批判的な声が周囲にあったと推察される。それゆえに、現場査察にて大単元論を推奨するにあたって長官宛てに事前にその意義をとりたてて説明したものと解される。

　さらに、本状からマクマリーの捉える「スタンダード・テスト」についてその特徴が指摘できる。彼は、教育測定運動下においてテストという用語を使用しつつ、その検証を目指しているものは、学校のなかにおける「精神」であり、知の適用を通じた子どもの自主性であるとする。どちらも量化して測定はできない極めて質的なものである。マクマリーは当時の量的な科

---

[380] McMurry, C. A. (1916). *A private letter from McMurry, C. A. to Claxton. P. P.* Unpublished manuscript, Charles A. McMurry papers, (Box 1, File 9), Northern Illinois Regional History Center, Northern Illinois University, DeKalb, IL.
[381] *Idem.*

学化の方向性にあった調査活動においても質的な側面を自覚的に見出し、自身の推奨する大単元論への転換を現場に求めようとする意図があったといえるだろう。調査に臨む前のマクマリーの「教育の科学化」の枠組みは、量的な評価による厳密な検証にその力点があるのではない。むしろ、具体的にカリキュラム（コース・オブ・スタディ）の改革が進み、学校における人的関係の健全化、そして知識が適切に与えられ学習者が自主的に適用していこうとする姿の確認出来る状態にあること、つまり教育過程全体の質的良化が起これば即ちそれは科学性を持ち得たことと同義であるという見方があったことが読み取れる。

③　サンフランシスコ調査報告とその意義

　内務省教育局が発行した報告書のうち、未署名ではあるが、「第4章小学校」がおそらくマクマリーの執筆あるいはマクマリーの校閲を経てまとめられた部分であると判断できる。調査団は1911年版のコース・オブ・スタディとその補遺版である1915年版を検証している。マクマリーは、印刷予算の不足からそもそも教師たちにコース・オブ・スタディが行き届いていない点を問題視しつつ、1911年版が反復・ドリル学習の強調に終始していると批判する。そして、教育目的が不明瞭な故に、何のための反復なのかが学習者にわかりにくいことを取り上げ、生活と結びついたところで効率性を求めるようマクマリーは提案する。さらに、活字化されたコース・オブ・スタディのみならず、教室での実践の方がより課題を抱えていると指摘し、地理に限定した教科論の項目ではなく「一般的特徴」の項目で、大単元の必要性を訴えている点はマクマリーの枠組みに典型的である。

> 現行のコース・オブ・スタディから少数の大きく重要な単元を選び出し、数多くの些末なトピックや単なる事実と置き換えていく。少しの大単元をカリキュラム編成の中軸として位置づける。自然な結果として、数多くの些末なトピックは姿

を消すかあるいはその中心的なトピックの従属的な場に位置づくことになる。(中略) 2点の重要な改善点が見込まれる、まずは大きなトピック内での完全な解説と取り扱い、二点目はあらゆる事実的項目は問題や支配的な思考と明確に関連づけることでグループ化する[382]。

と提案されるが、この枠組みはタイプ・スタディ論そのものである。

報告書の第4章では、6頁にわたって、旧来のコース・オブ・スタディと対比させる形で、サンフランシスコの海運発達を例に挙げパナマ運河などと絡めつつ、具体的な単元組織およびその拡張事例を示している[383]。サンフランシスコと同レベルの他都市（インディアナポリス、シカゴ、ピッツバーグ、ニューヨーク、クリーブランドなどをあげている）ではすでにこのような大単元を採用したカリキュラムを編成していることを強調しながらサンフランシスコの遅れを講評者（マクマリー）は指摘する。

さらに、サンフランシスコにおいては、教師と子どもとの関係性に旧弊さはなく協力的であるが、読み書き計算などの形式教科への偏重がみられ、地理などのより新しい内容教科に乏しいという意味において進歩主義的ではなかったと評価し、タイプ・スタディと親和性のあるストーリー・テリングや劇化などの授業法の改善、学校図書館の充実や教材・教具センターとしての学校博物館のようなものの創設も提案している[384]。

1910年代前半は、マクマリーのタイプ・スタディ論や大単元論、弟フランクの思考重視の授業論などが中西部を中心に注目されていた[385]。先述のとおり、ニューヨークへの言及はおそらく弟フランクがコロンビア大学ティーチャーズ・カレッジにてその附属学校のカリキュラムを開発・改善する責任者

---

[382] Department of the Interior Bureau of Education, (1917), *op. cit.*, 205-206.
[383] *Ibid.*, 206-211.
[384] *Ibid.*, 217-221.
[385] *Ohio Educational Monthly*誌、*School and Home Education*誌などもともと米国ヘルバルト主義教授理論を取り上げていた中西部の教育誌が1900年代〜1910年代も引き続きマクマリーの所論を取り上げている。

に就いていたことも念頭にあったのだろう。大都市圏のコース・オブ・スタディにマクマリーの大単元論の影響が見られるのはおそらくこのサンフランシスコ調査のころが最後である。

　ところで、本報告書においては「タイプ・スタディ」というタームは一度も登場しない。単元構想とカリキュラム再編の枠組みは明らかに「タイプ・スタディ」論であるにもかかわらず、その言葉で解説がなされていない。内務省教育局による最終的な校閲判断なのか、マクマリー自身が大単元という一般的なタームで意図は通じると判断したのかは不明である。いずれにせよ、全米に注目されたサンフランシスコの大規模調査を通じて、マクマリーの存在そのものあるいは（ヘルバルト主義運動隆盛時からすればかなり変容したといえる）大単元論という提言とが、サンフランシスコの次のコース・オブ・スタディ改訂という次元をはるかに超えて他州の教育当局関係者に大きなインパクトを与えたことは間違いない。

3－2　ノース・カロライナ州ウィルミントンの教育調査

　次にサンフランシスコと違って、過疎地域を多く抱える地方での調査に注目したい。1920年11月、ノース・カロライナ州（以下、NC）ウィルミントン（Wilmington）を中心にニュー・ハノーヴァー郡（New Hanover）の学校視察が行なわれたと隣州の地域教育誌『サウス・カロライナ・エデュケーション』に報告されている[386]。それによると、調査団はGPCTのファカルティ・メンバーで構成され、フェルプスをディレクターとしマクマリーらが委員として名を連ねている。GPCT発行の当該報告書『ノース・カロライナ州ニュー・ハノーヴァー郡の学校制度調査（Survey of the School System of New Hanover County, North Carolina）』によれば、郡の教育長および教育委員会のコーディネートという形式をとっており、一行にはフェルプスのもとで

386　(1921). Survey of Wilmington, N. C. *South Carolina Education, 2*(4), 18.

学校経営を学ぶ数名の大学院生も含まれていたことがわかる。マクマリーはこの報告書の第5章の「授業の方法と特質（The methods and character of instruction）」において教授実践の具体的評価を担当している。

　本報告書におけるマクマリーによる評価は非常に辛い。教科相互の関連も図られず、抽象的なコース・オブ・スタディそのままを教授し、思考法に配慮が無い、またそれゆえに子どもたちは授業への関心を欠き、集中力が途切れ教室がコントロールされていない現状が各学校及び各学校階梯で見られるなど数多くのカリキュラム上、授業実践上の問題を指摘している。マクマリーは、その原因は、もっぱら教員養成や教師教育の問題にあるとして、ウィルミントンだけに限らず全米的な問題だと提起もしている。とくに、歴史や地理において、「地理は人の行為の舞台を提供し、多くの歴史上の出来事を理解する上で基礎となる。実際、歴史上の最重要事項の多くはその基本的性格からして半ば地理的である。コロンブスの人生もそうだし、ハンニバルの闘いもそうだし、エリー運河もしかりだ[387]」と、彼が頻繁に例示する大単元をここでも言及しながら改善策を提案する。また、コース・オブ・スタディを鉄道に見立てて、「それ［訳注―コース・オブ・スタディを指す］は主要な路線図であり、主要な駅を示すものであるべきだ。教師はその中心となる駅から子どもたちを自由に田舎の探検へと向けるのである[388]」と、教師の裁量とそれゆえに必要となる力量とを強調する。ここでもマクマリーのカリキュラム論と教師教育論との不可分な関係が読み取れる。

　NCでもサンフランシスコ同様、タイプ・スタディというタームこそ使用はしていないが、実質的にはタイプ・スタディに見るカリキュラムの工夫を、1920年代に全米で関心を持たれていた「時間節約」の概念とからめて提唱しているのは興味深い。また同時に大単元の遂行は子どもたちの独立した学習、

387　George Peabody College for Teachers. (1920). *Survey of the School System of New Hanover County, North Carolina*, Nashville, TN: George Peabody College for Teachers, 75.
388　*Ibid.*, 85.

自立学習を促すとも付言する。彼は、「組織化の中心として生き生きした大プロジェクトを選ぶことによって、形式と内容という2つの教育内容群を適切かつ効率的に相互関連させそして統合することが可能となるのである。そのような大単元を完全に習得することにより若手の教師は自らの問題をうまく制御できるようになるであろう[389]」と、公表したばかりの彼固有のプロジェクト論を最終講評としている。

4　教育測定運動とタイプ・スタディの危機

　マクマリーによる教育測定運動への言及は極めて乏しい。だが、1920年代に改訂された『パブリック・スクール・メソッド』の講座本では、自らの専門性の一つに「テストと測定（tests and measurements）[390]」を含めていることには留意しておきたい。

　教育測定運動について確認できるのは、マクマリー自身が1921年に編集した『パブリック・スクール・メソッド（プロジェクト版）教師用ガイドと索引（*Public School Methods Project Edition Teachers' Guide and Index*）』での論考「コース・オブ・スタディを豊かにする（Enrichment of the Course of Study）」において部分的に言及される個所のみである。マクマリーは教育測定運動を「テストと測定の運動（Tests and Measurements Movement）」と呼び、「より科学的な正確さ（more scientific accuracy）[391]」を目指していることに積極的な意義を見出している。学校の活動におけるこれまでのテストのシステムがいかに教師により恣意的なものになっていたかを指摘し、「あまりに機械的にな

389　*Ibid.*, 86.
390　McMurry, C. A. (Ed.) (1921). *Public School Methods Project Edition Volume 1*, Chicago, IL: The School Press, Inc., iii.
391　McMurry, C. A. (1921). Enrichment of the Course of Study. In McMurry, C. A. (Ed.) (1921). *Public School Methods Project Edition Teachers' Guide and Index*. Chicago, IL: School Methods Publishing Company, 182.

りすぎないで[392]」すべての生徒に適用可能な信頼性の高いスタンダードを確立していこうとしている測定運動に対し、成功と効率性を保証するものであると極めて肯定的かつ楽観的に紹介している。地理の評価をめぐっては、マクマリーは一部の標準テストの事例を参照として示すにとどまっているが、ターマンの系譜も含めて、両系譜の文献を教師たちに示すとともにサンフランシスコ等の学校調査運動の貢献も指摘している。

　マクマリーが教育測定運動に期待した「理由」の一端がうかがえる言及がある。それは、ソーンダイクらのスペリング・テストの効用を論ずるとき、「形式教科が標準化され適切なテストがなされるようになると、つまらない繰り返し学習や無駄な練習に当てられていた時間の空費が避けられるようになる可能性がある[393]」とマクマリーは述べている。教育測定運動は、教育内容過多により実質的に地理のタイプ・スタディなど内容教科に十全な時間を割くだけの余裕がなかったコース・オブ・スタディの問題状況を解決する一助となるものであったと捉えられたのだ。「コース・オブ・スタディを豊かにする」と題した論考の中で教育測定運動に言及していることに鑑みると、あくまでもカリキュラムの再編を主目的とした簡素化・時間の効率化に資する科学的な根拠付けあるいは方法という観点で見ていたといえる。

　また、マクマリーは、結果の活用について、「都市の学校システムやそれより大規模の学校システムの調査を行う際に用いるということである[394]」といい、他方で知能テストについては、ターマンの文献を推奨しつつ、生物年齢と知能年齢のずれが発生し、後者の基礎を意味するのが「本当の能力(real ability)」であるといい、「ノーマル・スクールで養成される際にすべての教師は一般知能テストのコースを取るべきだ[395]」という。さらに、他者か

392　*Ibid.*, 183.
393　*Ibid.*, 184.
394　*Ibid.*, 187.
395　*Ibid.*, 188.

らの引用ではあるが、「ウィルソン（Wilson）とホーク（Hoke）[396]がいうには、テストの究極の目的は、個々の教師に関する限り、生徒のニーズが見えるようになり、適切な治療法を模索することにある[397]」とマクマリーは最後に断っている。このことから、タイラー原理が認識される以前にもかかわらず、測定が個々の実践レベルではどう活かされるのかということが考察されていたことがわかる。確かにカリキュラムの反省・改善という視点には乏しいとはいえ、この測定ツールが、大規模学校調査に貢献するだけでなく、個々の教師の現場での教育実践にも直接寄与することを指摘している点は注目しておきたい。

さて、タイプ・スタディが実践上どのような効果をもたらしていたかは、マクマリーにとってもそれを支持する現職の教師たちにとっても大きな関心事であったようだ。実際にその効果について科学的に検証を試みた報告は史料としても限られている。第3章でも取り上げたNCのキーは、1927～1928年に、エラビーにおいて、マクマリーの指導の下、タイプ・スタディの実験を歴史分野において第5、6、7学年を対象に約7ヶ月間かけて行った[398]。各学年に事前テストとして全米知能テスト（National Intelligence Test）のスケールA・フォーム1と2（Scale A, Forms 1 and 2）を実施し、その結果に従って等しい2グループにわけた。二期のうち一期ずつ、タイプ・スタディ採用による実践と州規定のテキスト使用による実践とを各グループ交互に同一教師が行い、再び同様の事後テストを課して個人内評価を両群について統計比較している。また同時に歴史のテストと正誤問題を課し、両群の比較も行なっている。タイプ・スタディについては、マクマリーらがまとめた小冊子のタイプ・スタディ・シリーズを用いている。

---

396 出典が明示されておらず、マクマリーが何を引用したのか不明である。
397 McMurry, (1921), *op. cit.*, 188.
398 Key, E. L. (1930). An Experiment with the Type Study. *Peabody Journal of Education, 8* (3), 157-164.

その結果、7学年は通常のテキスト使用時のほうが事前事後の比較上有効であったのだが、5、6学年についてはタイプ・スタディ採用のほうが有効であることが示された。またウォルター・ローリー卿（Sir Walter Raleigh）のトピックに関するテストではどの学年もタイプ・スタディ採用群が好成績を収めている。キーはタイプ・スタディを3年連続させて米国史のすべてをカバーしないとはっきりした結論は出せないと課題提示して論を閉じている。

　教育測定運動の真っ只中で、科学的に説得力を持たせるためには当時の知能テストに依拠して効果測定をせざるを得ない文脈もあったことがこの報告からも読み取れる。ゆえに、タイプ・スタディの本質であるとマクマリーが主張する思考のつながりそのものは把握できてはいないし、そのことにキーも気づいてはいない。ある意味で、控えめな見解を述べるキーの報告がマクマリーの没後の1930年に出されたのは興味深いが、既存のコース・オブ・スタディやそれに基づくテキスト中心の授業スタイルにタイプ・スタディがかなり挑戦的な位置づけを有していたことがうかがえるし、キーの研究はそのことを量的に実証することを試みた唯一の研究にもなっている。

5　小括

　以上見てきたように、タイプ・スタディの実践化が進展した1910年代半ばから1920年代にかけては、教育分野における科学化のプロセスが進行していた時代でもあった。この時代の楽観的な科学観においては、普遍化と個々の実践に即すということが容易に同居する状態にあった。マクマリーは1890年代より子どものもつ心理や学習の機能の本質に普遍性を見出しており、それを踏まえて、学校現場や地域の実情に寄り添うというスタンスを持っていた。タイプ・スタディに見られる典型性の抽出に際してはローカリティを意識するのだが、価値あるものをうまく探り当てることができれば、それはどのような個別事象にも普遍的に繋がる典型性がある、このことはすなわち子ども

が興味を持って知を獲得しそれを適用していくような内容となっている、と見ていたのは、先述のような科学観が背後にあったからだといえる。この強固な信念は、1890年代からの彼ら独自の子ども研究の枠組みと成果によるものといえるだろう。

　一方、学校調査運動の初期のころ、マクマリーもいくつかの公式な調査団にメンバーとして加わっていて、学校現場のカリキュラムや授業実践を分析する役割を担い、フィードバックのプロセスのなかで、実質的な改善策としてタイプ・スタディにもとづく大単元論を紹介することになる。つまり、科学性を持った調査にもとづいた、あたかもその「必然的帰結」の装いをもってタイプ・スタディ論は示されていくことになったのである。

　とはいえ、マクマリーのタイプ・スタディは1910年代終盤以降、大都市部というより南部を中心とした地方部にて受容されていくようになる。1920年代に入り、調査がより教育測定運動の色彩を濃くするに連れて大単元論が「必然的帰結」とは言いがたくなったものと推察される。

　パーキンス[399]など地理教育の専門家からみれば、マクマリーのタイプ・スタディやプロジェクトは形式的には、それがいかに典型性を帯び他への発展・適用を意図された拡張的知であると期待されていたとしても、実践的には事実的な地理の知識の伝達に帰してしまうという側面が否めないものであった。ゆえに、それらは「測定」対象としてたやすく馴染んでしまうものでもあったのだ。とすれば、「テスト」のもつ網羅性に照らすと、逆に、タイプ・スタディは内容の偏在性・凝集性が批判の的になってしまう。パーキンスも同様であるが、各論者にとって、教育測定運動との距離の取り方をめぐって何らかの態度表明は不可避であり、その意味でカリキュラムと実践をめぐる議論が測定論を契機として新たなステージへと進みつつあったといえる。マクマリーのタイプ・スタディは、教育測定運動に結果としては呑み込まれ

399　Parkins, A. E. (1926). Some Tendencies in Elementary Education and Their Possible Effect on Geography. *Journal of Geography, 25*(3), 81-89.

るものの、ついにはそれに応じきれぬ不完全なカリキュラムを提供するものとして断罪されてしまうという不本意な状況に追い込まれていったと見ることができる。

　また、キーの報告にも読み取れるように、タイプ・スタディによる学びの成果も量的に示すことが余儀なくされていたし、その結果は取り扱ったトピックのみが好成績を収め、目論まれた転移は見出されなかった。その事実については、具体的な数値で示されずとも広く危惧されていたことであったのかもしれない。知の相互のつながりや生活と結合させていくといったタイプ・スタディに期待された学びの効果は、教育測定運動のなかで開発された当時の各種の指標では把握できないものであった。時間節約的に効率化することを自らも求めたゆえの提案であったタイプ・スタディは皮肉にもその効率性を重視する風潮のなかで測定不可能な、つまり効果がうかがい知れない非効率なものとして逆に排されていくことになったのだと考えられる。ここにも、測りうるもの、つまりテストがカリキュラムを規定していくという構図が見出されるだろう。

　1920年代半ばには、学校調査運動を通じたタイプ・スタディ論の普及は史料上その名辞を拾い上げるという意味では確認できない。ただ、マクマリーが関わった調査後の提言で実質的にはタイプ・スタディの枠組みと思われるものが示されるのみである。しかも、その提言を踏まえたコース・オブ・スタディの即応的な改訂がなされたか否かは確認はできず、表面上は反映されていないように見える。

　しかし、タイプ・スタディ論は先述のように南部諸州のノーマル・スクールや地方教育当局を通じて個々の学校へと浸透していく事実がある。サンフランシスコ調査に直接的あるいは間接的に影響を受けて、他の行政当局が動いたのか否かは不明だが、連邦主導の大規模調査ゆえに広く報告者が知られたことは間違いないだろう。そのことに鑑みると、必ずしも教育の科学化の動きとは直接的に同調せず、教員の資質の欠如やコース・オブ・スタディの

未成熟など数多の課題をいまだ残していたエリアにおいては、マクマリーの所論は実践上説得力のあるものとして機能し受容されていたと考えることができる。大規模調査や教育測定などが馴染まない状況においては、タイプ・スタディや大単元によるカリキュラム開発と教員養成改革が進んだと見ることもできよう。

第5章　附属学校への関与を通じた
タイプ・スタディの開発・普及過程

　第5章では、マクマリーのタイプ・スタディ論の醸成の場でもあり、理論の検証と修正の場としても機能していた可能性がとても高いと考えられるNISNSのトレーニング・スクール、プラクティス・スクール、GPCTのPDSに注目し、マクマリーのそれらの運営、とりわけカリキュラムに関わる関与を描き出す。

　マクマリーがこれらの学校に関与していたことを実態とともに示す公刊史料は極めて限られている。それぞれの（上部）機関の便覧等に一部言及されているのみであり、マクマリーがどのようなポジションおよび資格で、どのくらいの頻度や関わりを持っていたのかを知るのは非常に困難である。ここでは、マクマリー本人の残した未公刊史料、マクマリーの同僚や指導学生さらには当該学校の子どもたちの書き残したものなどを駆使してその実態解明に迫りたい。

　果たして、タイプ・スタディを軸にした単元開発はいかにしてマクマリー自身により行われていたのか。NISNS期においてはその開発に全面的に協力し、その一部を請け負っていた女性教師の存在にも注目し、その実践の意義も明らかにする。GPCT期のPDSへの関与の解明を通じては、第3章で捉えた教師教育者としてのマクマリーの仕事の幅の広さも確認できるはずである。

1　NISNSでの学校運営

1－1　NISNSへの着任と教員養成プログラムの構築

　NISNSは、1899年の開校当初は、歩道や道路がまともに設置されていない状況で、設備も極めて不十分であった。NISNSの理事会は、ジョン・クックを校長に指名し、彼の推薦にもとづいて教員を集めた。その1人がマクマリーであった。理事会がイリノイ州知事ジョン・タナー（Tanner, J. R.）宛にまとめた報告書からは、クックがどのような基準で教員を集めていたかがうかがえる。

> ノーマルの学生たちを教授するのに高いレベルのスキルを示すのみならず、子どもを教授する際にも同等のスキルを示すようなノーマル・スクール教員の確保、それが校長の目的である。後者を確実なものにするために、ノーマルの教員がおのれの教育理論を試み、現代的な教育理論と同様、現代的な実践もともに完全に平行して保たれるようにし、子ども相手に授業を頻繁に実施しつつ、ノーマル部門とプラクティス・スクールとの間にとても親密な関係が維持されている[400]。

　ノーマル・スクールの性格上、子どもの指導にも長けていることを教員の資質としてあげていることが注目される。プラクティス・スクールとは、マッキャレル（McCarrel, F.）によれば、高等教育機関の近隣に位置する一般公立学校のうち教育実習生を積極的に受けいれていた協力校を意味しており、この当時教育実習の量的拡大と長期化傾向に対応していたことも報告されている[401]。

　米国の州立ノーマル・スクールの歴史に関して、実際に通っていたノーマ

---

[400] Northern Illinois State Normal School. (1900). *Biennial report of the trustees of the Northern Illinois State Normal School*. DeKalb, IL: Northern Illinois State Normal School, 4.

第 5 章 附属学校への関与を通じたタイプ・スタディの開発・普及過程　253

ル・スクール学生の手記や各ノーマル・スクールのカタログなどを一次史料にして描き出したクリスティン・オグレン（Ogren, C. A.）によれば、1870年代から1900年代にかけて、ノーマル・スクールにおいては観察とプラクティス（実習としての教授）の2つが中心的な活動であり、そのためのモデル・スクールがノーマル・スクールのキャンパス敷地内外に設置されていたことが報告されている[402]。NISNSではキャンパス内のトレーニング・スクールのみならず、ディカルブの公立学校もプラクティス・スクールとして使用された[403]と報告されており、後にマクマリーにより地域の学校との連携は強化されるが、開校当初から意図的に交流は実施されていたことがわかる。

また、NISNSの初期の歴史をまとめたレポートによると「その当時、教師教育においてもっとも質の高い専門家の1人が、プラクティス・スクール部門の責任者を務めたチャールズ・A・マクマリー博士であった[404]」という。同様の別のレポートでは、「チャールズ・W〔ママ〕マクマリーは実習を指導することになった。クックに加えて《ドクター》と称される唯一のファカルティー・メンバーであったマクマリーは、まさに教育界の有名人（an educational celebrity）であった[405]」と紹介されており、教師教育の分野での大家であるという認識がすでに持たれていたことに加えて、実務としても責任ある立場で教育実習指導を行っていたことがわかる。

ハースト（Hurst, H.）は、イリノイ州のノーマル・スクールをめぐる運動

---

401 McCarrel, F. (1934). An Abstract of the Development of the Training School. *Peabody Journal of Education, 11* (5), 215.
402 Ogren, C. A. (2005). *The American State Normal School: An Instrument of Great Good*. New York: Palgrave Macmillan, 136.
403 Northern Illinois State Normal School. (1900). *Biennial report of the trustees of the Northern Illinois State Normal School*. DeKalb, IL: Northern Illinois State Normal School, 4.
404 Rezny, R. R. (1966). *Reflections on the First Year: Northern Illinois State Normal School: 1899-1900*. Unpublished manuscript, UA50-2.02., Northern Illinois Regional History Center, Northern Illinois University, Dekalb, IL, 17.
405 Leighly, W. L. (1968). *A History of Northern Illinois University: The Early Years, 1893-1919*. Unpublished manuscript, UA50-2.02., Northern Illinois Regional History Center, Northern Illinois University, Dekalb, IL, 32.

史を整理した。ISNU の学長についた歴代人物に焦点をあててその時代の人事上、教育上の出来事をまとめているが、クックについては彼が新設の NISNS の校長に異動するときに、マクマリーやライダ・マクマリーなど多くの教員を ISNU より引き抜いていったことを明らかにしている[406]。実際に、1899年から1927年の間に彼ら2人を含めて33人の異動があった。

このように、クックが目をつけていたマクマリーは19世紀末頃には理論的に米国ヘルバルト主義運動を担いつつも、他方で、例えばピオリア (Peoria, IL) でエクステンション・クラスを担当するなど教育活動にも熱心であった。ハーストもヘルバルト主義の存在がクックと90年代の ISNU をまさに結びつけるものとなっていたという[407]。

NISNS 開校当初の学生数は、139人であり、そのうち136人がイリノイ州出身、2人がアイオワ州、1人がペンシルベニア州からであった[408]。翌1900年春には16人が卒業している。コースは、他大学出身者は1年間、高校卒業者は2年間、それ以下の教育機関出身者は3年間、の3つがあった。

1912〜14年頃の3つの未公刊エッセイ「ディカルブの公立学校 (The Public Schools of Dekalb)」、「トレーニング・スクール (The Training School)」、「ノーマル・スクールのトレーニング・スクール部門 (The Training School Department of the Normal School)」が、1910年代の公立小学校やノーマル・スクールの様子を描いていて興味深い。これらの史料は、1912年、後述する北イリノイ教育長・校長会議がディカルブで開かれた際、マクマリーのガイドで地域の学校見学が実施されたときのメモであった可能性もあるが、筆者が特定するまでには至っていない。1915年に2誌に掲載された「プラクティス・スクール、ノーマル・スクールの実験室 (The Practice School The Labo-

---

[406] Hurst, H. (1948). *Illinois State Normal University and the Public Normal School Movement*. Nashville, TN: George Peabody College for Teachers, 35.
[407] *Ibid.*, 39.
[408] Leighly, (1968), *op. cit.*, 26.

ratory of the Normal School)⁴⁰⁹」には、現場との協力体制を築き、単元開発を事実に即して行なっていることが強調されていて、この論文もディカルブの学校現場の様子を知る貴重な史料となっている。

　1910年代には、ディカルブに、1つの高校と4つの学校（エルウッド校（Ellwood School）、ハイッシュ校（Haish School）、グリデン校（Glidden School）、そしてノーマル・トレーニング・スクール（Normal Training School））があった。ノーマル・トレーニング・スクール（写真5）とグリデン校（写真6）には教員養成目的の小さなレシテーション・ルームが設けてあり、積極的に実習生を受け入れていた⁴¹⁰ことが別のエッセイでも言及されている。これらの学校の地下には、工場作業を模したものつくり（shop work）を目的とした部屋もあった。教師はそのほとんどがノーマル・スクールの学生であり、非常に共同的であるという。1ヶ月に1度、教師たちはノーマル・トレーニング・スクールの校長を兼務する学区の教育長（つまりマクマリー）と会合をもち、諸問題を語り合っている。コース・オブ・スタディについては4校が共有しており、その内容はノーマル・スクールの小冊子に示されていた⁴¹¹。マクマリーは、

> 我々の学校の基本的な目的は、子どもをよい道徳的習慣と、何かをなすときに多角的な知と技術を身に着けるよう訓練し、コモン・スクールにおける教育の初歩的でかつ不可欠で完全な知を与えることである。我々のコース・オブ・スタディは、我々が不要なものを取り除き、もっとも重要な少数のことを重視することで、古いコース・オブ・スタディを単純化し豊かにしようとしてきたことを示してい

409　McMurry, C. A. (1915a). The Practice School The Laboratory of the Normal School. *School and Home Education*, *34*(8), 299-301; McMurry, C. A. (1915b). The Practice School The Laboratory of the Normal School. *The Northern Illinois State Normal School Quarterly*, *12*(4), 3-6.
410　McMurry, C. A. (circa 1912a). The Training School Department of the Normal School. Unpublished manuscript, Charles A. McMurry papers, (Box 1, File 4), Northern Illinois Regional History Center, Northern Illinois University, Dekalb, IL, 1.
411　McMurry, C. A. (circa 1912b). The Public Schools of Dekalb. Unpublished manuscript, Charles A. McMurry papers, (Box 1, File 4), Northern Illinois Regional History Center, Northern Illinois University, Dekalb, IL, 1-4.

る[412]。

と述べている。このことから、ディカルブの学校がいかにマクマリーのリーダーシップが反映されていたかがわかるであろう。教育目的はヘルバルト主義理論の後継らしく道徳的習慣の形成であるとし、コース・オブ・スタディについては独自の編成法に自信を見せている。そのあり方はタイプ・スタディという用語こそ使っていないものの、瑣事を排し、数少ない重要な内容で構成するというものでタイプ・スタディに基づくカリキュラム編成論そのものである[413]。

また、独自のコース・オブ・スタディの手応えについては、子どもたちが作業を楽しみ、めざましい変容を見せる場へと学校がなってきたと実感をもって語られており、コース・オブ・スタディの作成は経験的手法で現場に即してなされてきたことがわかる。それゆえに、新奇なメソッドの提案よりも裏付けを持った教育理論であり実践や単元開発であるという確信を得ていたのであろう。

さらに、マクマリーは、具体的な教育内容として、

> ノーマル・スクールの手工部門には、この町の様々な学校出身の6、7、8年生の少年たちが半分の時間を教科学習にかけ残りの半分を木工室内の印刷部門で工場作業をするような特別クラスの教室が準備されている。8年生を終えたらすぐに、商売やある種の職業へと進むことを望んでいるグラマー・スクールの子どもたち向けに学習と作業の適切な組み合わせを示す取り組みである[414]。

---

[412] *Ibid.*, 4.
[413] マクマリー本人による経歴草稿には、教員養成と絡めて初等カリキュラムにタイプ・スタディを適用したと記されているが、晩年の振り返りに伴う解釈も介入しているといえる。1910年代当時の諸エッセイや論考から判断すると、教員養成機能については比較的自覚が薄かったと考えられる。
[414] McMurry, (circa 1912a), *op. cit.*, 4.

第5章 附属学校への関与を通じたタイプ・スタディの開発・普及過程　257

写真5　Normal Training School（1910年代中頃、現 McMurry Hall）
（Northern Illinois Regional History Center, Northern Illinois University 所収）

写真6　Glidden School（1910年代中頃）
（Northern Illinois Regional History Center, Northern Illinois University 所収）

と特筆している[415]が、職業・進路に対応した進歩主義的な実践を意識していることは明白である。このようにマクマリーが実験的に注力していた特別クラスではものつくりを高学年の半分を費やして実験的に取り組んでいるが、ラディカルな進歩主義教育との決定的違いは、知の獲得に対して段階を踏んでいる点である。5学年までは知の獲得に重点をおき、それを現実世界に適用していくというプランが組まれている。時間規模の差はあるとはいえ、形式段階の枠組みが背後にあることは明らかであろう。知はいわば形式段階上の「適用」の対象であるという理解は、ラディカルな経験主義的な教育方法の取り込みに限界をもたらしている。

マクマリーは、トレーニング・スクールについて、「この新しい建物はあるアイディア、特別で重要なアイディアを表現するものである。部屋の構造と配置はまさに他の学校建築とは異なるものを示している。(中略)有能な教師による例示的な実践の公開、学生やクリティック・ティーチャーによる観察、協議、批評が必要となる[416]」と述べ、建築からして実践を重視した設計を施し、座学にとどまらないばかりか、専門的技術の継承が批評授業[417]等の実践を通じてなされることが目指されたノーマル・トレーニング・スクールであり、1910年代当時としては珍しい存在であったことがうかがえる。この批評授業は学期中毎週実施されていて、授業後の協議で若手教員は実践原理を学ぶ機会を得ていたという。また、ノーマル・トレーニング・スクールとグリデン校の2校では、専門的で経験豊富な教師が雇われて、子どもたちに良質な教授をほどこすと同時に若い教師たちを養成する二重の役目を負っていたことも紹介されている[418]。

415　*Idem.*
416　McMurry, C. A. (circa 1912c). The Training School. Unpublished manuscript, Charles A. McMurry papers, (Box 1, File 4), Northern Illinois Regional History Center, Northern Illinois University, Dekalb, IL, 1-2. ただし、このエッセイは、彼自身によってタイトルが二重線で消されており、タイトルに normal の用語を入れようとしていた。
417　McMurry, (circa 1912a), *op. cit.*, 2.
418　*Ibid.*, 1.

先述したように、1915年、マクマリーによる「プラクティス・スクール、ノーマル・スクールの実験室」という同タイトルの論文が2誌に掲載されている。1誌目は、『スクール・アンド・ホーム・エデュケーション』誌であり、もう1誌はNISNSのクォーターリーで季刊の定期刊行物の形態をとっているがその内容はNISNSのコース・オブ・スタディや、教員のエッセイが掲載されたパンフレットのようなものであった。先に出た『スクール・アンド・ホーム・エデュケーション』誌の脚注によると、この論文は、1915年2月25日にシンシナティ（Cincinnati）で開催されたNEAの大会で読み上げられたものだとされている[419]。後者は前者の一部について誤植を修正したり冠詞を調整したりしている他、教育実習担当のクリティック・ティーチャーがどの程度の期間担当するのかの錯誤を訂正したり、教育実習期間について教員養成の現場向きに一部表現を改めている以外は、ほとんど同じ表現が用いられており、ほぼ同一論文と見なすことができる。

　この論文は、一般の学校もプラクティス・スクールとしてノーマル・スクールの実験学校と同水準で実験や挑戦的な単元への取り組みが可能なことを示すのがねらいであるが、以下に示す叙述の中で、そもそも教員養成系の教員や実習担当教員が単元構成やコース・オブ・スタディ編成に関する高い力量を有していることを強く求めている。そして、マクマリーは、

> 地理、歴史、数学、文学などなどトレーニング・スクールにおいても必要とされているように、各教科・領域の主任はトピックの完全で適切な扱いを示すことができる適任な人がなるべきである。このことは、トレーニング・スクールにおいても最も困難な問題である。人々は、誰であっても（たとえ若い教師であっても）これは務まると自明視してきたのであるが、いまだ誰もなし得ていない。実は、そのことを完全にできる人などいまだいないのである。（中略）コース・オブ・スタディの編成と重要なトピックを機能させるためにクリティック・ティーチャーやノーマル・スクール教員に仕事を分担させることがプラクティス部門の

---

[419] McMurry, (1915a), *op. cit.*, 299.

ディレクターに主に課された仕事なのだ[420]。

と述べている。このことから、まさに地理領域を中心にタイプ・スタディを検討・開発していただけでなく、ノーマル・スクールのトレーニング・スクールの責任者でもあったマクマリーにとっては、他領域での典型抽出が遅々として進まないことにもどかしさを感じていたことがわかる。コース・オブ・スタディとして具体化されていたカリキュラム開発は、個々の教科・領域により行われるべきであり、それぞれの分野の典型性とその扱いを示すことができるような、有資格で適任の指導的人物たちが担うべきと訴えている。このことは、各教科・領域の分断化が進むことを狙ったのではなく、むしろそれぞれの領域の教育的扱いを適切に示すことができれば、自ずと相互関連が起こることを期待しての主張である。もっとも実践的な部門であるはずのノーマル・スクールのトレーニング・スクール自体が、明確な目的論を持ったカリキュラム論をもたずに、旧態依然とした教材・教授論研究やその継承に終始していることこそ問題の元凶であるとマクマリーは認識していた。それに対して、プラクティス・スクールと学区の2つの学校で、同じ教育長（マクマリー自身）の下、若手教員の経験としては満足のいく結果を出していると自賛している。

　1915年のGPCTへの異動前に、NISNSの学内報に寄せられたこの論文は、マクマリーがディレクターとして最後まで解決しきれなかったNISNSの教員養成や教師教育の問題点を、カリキュラム開発の観点から鋭くかつ厳しく指摘した、いわば「引き継ぎ文書」のような性格を持っている。それゆえに、マクマリーのようなノーマル・スクールの専門家が各々の領域でタイプ・ス

---

[420] McMurry, (1915b), *op. cit.*, 5. *School and Home Education* 誌の300ページで表現は "This organization of the course of study and the distribution of tasks among critics and Normal Faculty for working up important topics constitute a problem that rests mainly upon the director of the Practice Department".（下線は筆者による）となっており、NEA全国大会ではより強く問題意識を表明していたことがうかがえる。

タディを適切に開発してくれれば、地理などの一部の領域でプラクティス・スクールにおいて示し得たような成果が広く多くの領域でも見出せていたはずだという悔しさのにじむ論考にも見える。プラクティス・スクールでの一般教員や若手教員たちのほうが、マクマリーが開発したタイプ・スタディを通じて高い成果を出していたとマクマリーは捉えていた。クリティック・ティーチャーを含む指導的立場にあるノーマル・スクールの教員たちのほうがむしろ課題を抱えており、タイプ・スタディの拡大やそれに基づくコース・オブ・スタディの効率化に関する理解がなかなか進まない現状があったようだ。

　ラヴィッチも当時のコース・オブ・スタディが「ボビットとチャーターズ以前は、素人の集まりである教育委員会と各地の教育者が、どのようなコースを提供するかを決定していた。提供されるものはどれも、驚くほどよく似通っていた[421]」と指摘しており、ボビットが明示するまでもなく、すでにカリキュラム開発には高度な専門性が必要であると認識されつつあったことがうかがえる。NISNSにおいても、先行研究者も指摘する通り、カリキュラム開発がノーマル・スクールのような教員養成機関では限界があったという問題意識がマクマリーにあったことは確かであろう。しかし、イリノイの地がヘルバルト主義のラベルが足かせになっていてタイプ・スタディ論のような新たな理論と実践の展開へとは向かいにくいものであったからだという指摘[422]は首肯しがたい。かなり大胆な実験と実践を経てその実効性をすでにディカルブにて確信していたことがこれらのエッセイは物語っている。それゆえに、タイプ・スタディを軸としたコース・オブ・スタディを、教員の意識がなかなか高まらないノーマル・スクール、その附属学校、一部の公立学校

421　Ravitch, D. (2000). *Left Back: A Century of Battles Over School Reform.* New York: A Touchstone Book.（末藤美津子・宮本健市郎・佐藤隆之［訳］(2008).『学校改革抗争の100年：20世紀アメリカ教育史』東信堂, 167.）
422　Tyler, K. D. (1982). *The Educational Life and Work of Charles A. McMurry: 1872-1929.* 190-191.

のみで検証するだけではカリキュラムの普及と検証に弱さがあると痛感していたのであろう。とはいえ、一般公立学校であるグリデン校のようなプラクティス・スクールは、もともと教育実習需要の拡大に対応するものであったのが、マクマリーにとって、その運営にも関与することで、カリキュラム開発にあたってノーマル・スクール以上に貢献した可能性は確認できた。つまり、NISNS の同僚の協力と力量は不十分でも、マクマリーは、ディカルブのような規模の町で、タイプ・スタディの実行可能性と実効性の高さに手応えを持っていたといえる。

1−2　マクマリーとライダ・マクマリーによる具体的な実践

　1915年、NISNS を去るころのマクマリーの論調には、プラクティス・スクールでのある程度の手応えを得つつも、ノーマル・スクールには不満も示されていた。しかし、マクマリーと古くからコース・オブ・スタディや具体的な教授法を共同で提案していたクリティック・ティーチャーのライダ・マクマリー（写真7）の活躍はノーマル・スクールのなかでも傑出していた。ライダは、16歳で教員となったが、より高度な養成が必要と自覚し1874年にISNU に入った[423]。1884年からイリノイ州ノーマルの公立学校で再び教壇に立ち、1891年から ISNU 教員（クリティック・ティーチャー）となる。マクマリーより1年遅れて、やはりクックの引き抜きで1900年から NISNS に異動し、途中1904年は病気休養しているが、1917年に退職するまでクリティック・ティーチャーを務めた[424]。なお、1872年にマクマリーの兄ウィリアム（McMurry, W. P.）と結婚しているので、マクマリーの義姉にあたる。

　ライダは1890年代、ISNU 時代には、米国ヘルバルト主義運動の担い手の

---

[423] McCormick, Henry. (1913). *The Women of Illinois*. Bloomington, IL: Pantagraph Printing and Stationery Company, 103.
[424] Lida Brown McMurry-Biographical Notes. Unpublished manuscript, Lida B. McMurry papers, (Box 1, File 1), Northern Illinois Regional History Center, Northern Illinois University, Dekalb, IL.

一人であり、子ども研究にも貢献している[425]。運動の隆盛期においては、クリティック・ティーチャーとして具体的な実践を通じてヘルバルト主義理論を実証しようとしていた貴重な存在でもあった。1897年の『少年少女のためのロビンソン・クルーソー物語（*Robinson Crusoe for Boys and Girls*[426]）』は、マクマリーが多くの著作で参照するなどその立論に対して大きな影響を与えている。そのライダの高い力量がクックにも買われたものと考えられる。

　NISNS着任後、ライダの『低学年向けの自然学習（*Nature Study Lessons for Primary Grade*）』には、マクマリーによるイントロダクションが含まれている。マクマリーは、

写真7　McMurry, Lida Brown（Lida B. McMurry papers. Northern Illinois Regional History Center, Northern Illinois University 所収）

　　自然の真っ只中で子どもに向き合う際、教師が取り除くべき先入観の一つは、科学上の系統と分類というアイディアである。（中略）教師の質問や提案は子どもたちをたえず観察し実験し発見する力へと励ますよう計画されている。（中略）

425　1890年代のライダ・マクマリーの著作には以下のようなものがある。McMurry, L. B. (1895). *Plan of Concentration for First Two School Years*. Bloomington, IL: Public School Publishing Company; McMurry, L. B. (1895). Child-Study through the Medium of the Parents: A Report of Work Done along This Line in the Primary Department of the Illinois State Normal Training School, *Transactions of the Illinois Society for Child=Study, 1*(3), 22-30; McMurry, L. B. (1896). From the Practice-School of the Illinois State Normal University, *Transactions of the Illinois Society for Child=Study, 2*(1), 38.
426　Defoe, D., Husted, M. H., & McMurry, L. B. (1897). *Robinson Crusoe for Boys and Girls*, Bloomington, IL: Public School Publishing Company.

たとえば「赤リス」のような、いかなるトピックを扱うにあたっても、教師によってさまざまに展開するのであるが、とはいえ若い教師がベテラン教師はどのように扱っているのかを見ることは有用である。若い教師による実践研究では、モデルに対し隷属的に模倣する必要などないのだが、経験をかさね労力をかけて成功してきた教師は精神と方法に対する洞察を与えてくれることだろう[427]。

とライダの著作の意義を述べている。ライダは低学年向けの歌、言語、物語、自然学習に関わる授業や方法の提案を数多く行っている。NISNSの学内季刊報にも、「1・2年生の子どもの興味と教科学習の相互関連（Correlation of Studies with the Interests of the Child for the First and Second School Years[428]）」、「低学年の教師へのヒント（Hints for Primary Teachers[429]）」、「低学年の座学（Seat Work for Primary Grades[430]）」などクリティック・ティーチャーらしく極めて実践的な提案論文をそれぞれ1号分全てを割いて掲載している。彼女の具体的な実践上の指南書は学生たちからも望まれていたことがわかる。1914年の著書『低学年の読みの教授法（*A Method for Teaching Primary Reading*[431]）』も含めて、単元学習を重視してカリキュラムの効率的運用を目指すなどマクマリーのアイディアや著作をかなり参照していることに加えて、ライダ自身がノーマル・スクールのトレーニング・スクールやプラクティス・スクールで自ら実践を通してその効果を確認していたこともうかがえる。

とりわけ1900年代の早い段階からライダが提案してきた自然学習については、学内報『ノーザン・イリノイ（*Northern Illinois*）』で注目されていた。

---

427 McMurry, L. B. (1905). *Nature Study Lessons for Primary Grades.* New York; London: Macmillan Company, ix-xi
428 McMurry, L. B. (1907). Correlation of Studies with the Interests of the Child for the First and Second School Years. *Northern Illinois State Normal School Quarterly, 5*(2).
429 McMurry, L. B. (1911). Hints for Primary Teachers. *Northern Illinois State Normal School Quarterly, 9*(2).
430 McMurry, L. B. (1913). Seat Work for Primary Grades. *Northern Illinois State Normal School Quarterly, 11*(2).
431 McMurry, L. B. (1914). *A Method for Teaching Primary Reading.* New York: The Macmillan Company.

第5章　附属学校への関与を通じたタイプ・スタディの開発・普及過程　265

> 彼女の存在感はすでにプラクティス・スクールでも増し、誰もが彼女のことを知り始めるようになった。上級生はアドバイザーとして彼女を迎える光栄に浴している。低学年・中学年の自然学習は、冬のための準備、霜の影響、野菜など季節の急な変化に焦点が当てられていた。そのクラスの子たちは小さな森のシナノキやヒッコリーの木の伐採後から木の年輪を見る機会を得ていた[432]

と自然学習の授業の具体的な観察によるエピソードが載せられている。ライダが『低学年向けの自然学習』の前書きで、

> 本書の授業の多くは、ある地域でのありのままの植物や動物の学習である。しかし、学習された内容は、多くの温暖な地方でも見受けられるし、授業は米国のほとんどどこででもうまく合うように手を加えることもできる。取扱い方法もまた完全に問答法で示されている。これらは『初等理科におけるスペシャル・メソッド（Special Method in Elementary Science）』に示された低学年用プランを完全に実施したものである。その本は良書の参考文献リストを完全に含み、低学年には有用である[433]。

とマクマリーの著作とセットで活用することが想定されている。内容はマクマリーが開発し、細かな留意点を含む具体的な実践化はライダが担っていたこともわかる。また、イリノイ州北部で開発されたコース・オブ・スタディとそれにもとづく実践であったとしても、内容そのものも他への応用可能な典型性も持つし、さらにマクマリーから一歩深めて、問答まで具体化された授業案や「方法」までも、少し手を加えることでどこでもその地にふさわしい内容へと適用可能、つまりタイプとなるのだという認識を示している。実践場面で指導を行ってきたライダだからこそ確信し得た「タイプ」の持つ性

---

[432] (circa 1910). Practice School Notes. *Northern Illinois, 23*, Lida B. McMurry papers, (Box 1, File 1), Northern Illinois Regional History Center, Northern Illinois University, Dekalb, IL.
[433] McMurry, L. B. (1905). *Nature Study Lessons for Primary Grades*. New York; London: Macmillan Company, v.

質であるといえる。

　では、ライダが提案していた教師と子どもの口頭教授による問答法とは具体的にどのようなものであったのかについて見ておきたい。単元「一般的なカラス（The Common Crow）」を例に取り上げる。

　　（前略）カラスがネズミをつかまえて殺す方法について観察してきたことを子どもたちに話させましょう。カラスは鶏の卵をどう扱いますか？　蔦や漆の実はどこでどうやって手に入れますか？　どうして砂や小石を食べるのでしょう？［鶏の砂嚢でわかったことを思い出す］くちばしはこの種のえさを得るのにどんなふうにふさわしいのでしょうか？　（長く尖っていて固くて強い）たくさんのえさを見つけるのかしら？『カラスのように貧しい』という表現を聞いたことがありますか？（後略）[434]。

と、具体的な観察や経験に基づいた問答を中心に進められている。本書では明記されてはいないが、ノーマル・スクールのトレーニング・スクールやプラクティス・スクールで実際に実践された内容をもとに再構成されているものと考えられる。マクマリーが指摘するように、科学上の一般化や分類などに帰着させることを急ぐのではなく、観察や実験などを通じて発見していくことが重視されている。科学の系統や一般化された内容がタイプとなり機能するのではなく、観察や実験を帰納的に積み上げることで得られる具体的内容こそがタイプとして機能することになるという原則が貫かれている。これはまさにマクマリーの考えるタイプ・スタディと重なるものである。つまり、一般化された原理や原則の解説ではなく、注意深く選択され中心的思考をもとに組織化された具体的事例こそが典型性をもつというアイディアである。

　先述の『ノーザン・イリノイ』に、プラクティス・スクール（グリデン校）の高学年の子どもたち向けには、「週に1回、ドノヒュー先生（Miss Dono-

---

[434] *Ibid.*, 110-111.

hue）かマクマリー博士かのどちらかが子どもたちにその日の興味深いトピックについてお話をしてくれた[435]」と報告されている。マクマリーが日常的に管内の学校の教室にも入り、子どもに直接関わる時間を持っていたことがわかる。また、そこでは、ストーリー・テリングの手法を用いて、子どもに興味深いトピックを語ったというから、おそらくタイプ・スタディ化されたトピックの口述を行っていたのであろう。ライダが低学年を中心にコース・オブ・スタディや教授法開発に寄与していたのに対し、マクマリーは中学年・高学年への関わりを主としていたようである。タイプ・スタディ事例となるような、マクマリーにより開発された地理のトピックにしても、実際には４年生以上の内容が想定されていることが多い。地元の地理（home geography）を遠足等を通じて自然学習と相互関連させたり、物語と関連させたりしていく低学年向けのコース・オブ・スタディはライダと共同開発していたのである。なお、ライダは、マクマリーが1915年に GPCT に異動したあと、理由は不明だが1917年に NISNS を退職し、教育職から身を引いている。

　このころのマクマリー自身の実践について、さらに具体的にその一端がわかる史料がある。コロラド州の地方教育誌がアンダーウッド（Underwood）社の立体鏡（stereoscope）と写真を取り上げ、有識者の声として、エディンバラ大学のデヴリン（D'Evelyn, F. W.）とマクマリーを紹介した。20世紀初頭、子どもの玩具としてすでに流通していた立体鏡が、歴史や地理の授業場面で教具として機能することが注目され始めていた。デヴリンが地理学習の時間の節約に貢献することをコメントしているが、マクマリーは以下のように述べている。「私は教師向けの地理の授業のなかで大いなる満足をもって立体鏡の写真を用いてきた。具体例を必要とする重要なトピックを定着させるために適切に導入されると、それらはとても役に立つ。それらは、子どもたちの強い関心をひき、それらのおかげで、彼らは、さまざまに地理や歴史

435　(circa 1910). Practice School. *Northern Illinois, 23.* Lida B. McMurry papers, (Box 1, File 1), Northern Illinois Regional History Center, Northern Illinois University, Dekalb, IL.

をよりよく理解し楽しむことができるのだ[436]」とノーマル・スクールのトレーニング・スクールやプラクティス・スクール等で彼自身が学生や教師に向けて実演し、その効果が実際に子どもにも見えたことが述べられている。この短文で示された広告紹介文に、マクマリーの教員養成実践と彼の教具を選択する視点が簡潔に現れている。まず、NISNS の授業で、地理をその内容とする授業を担当していたことにも注目しておきたい。カリキュラムの全般を論ずることを常としていたマクマリーだが、その理論的枠組みの多くが地理や歴史を参照事例として成り立っていたことからノーマル・スクールにおいてもその分野の専門家として認められていたことがわかる。さらに、具体を用いて学ぶことの大切さを各著書において主張する背後には、この新しい教具への注目からも読み取れるように、自身による具体的な実践や実演によりその効果がその都度確認されていたこともわかるだろう。

2　GPCT における学校運営

2－1　PDS の開校

　GPCT は1915年、附属の実験学校を設置し、ピーボディ実演学校（PDS）と呼ばれた。PDS は1915年の夏に、観察を目的とした小規模なサマー・スクールをスワンソン、ジョセフ・ロウマー（Roemer, J.）、トーマス・アレクザンダーらで開始した[437]。マクマリーは、記録が残る1916年以降教授会内に置かれた PDS の委員会（Committee on Peabody Demonstration School）のメン

436　McMurry, C. A., & D'Evelyn, F. W. (1906). Underwood's stereographs. *The Colorado School Journal, 21*(8), 211.
437　Alexander, T. (1925). The Peabody Demonstration School. In George Peabody College for Teachers. (1925). *The Semicentennial of George Peabody College for Teachers 1875-1925: The Proceedings of the Semicentennial Celebration February 18, 19, and 20, 1925*. Nashville, TN: George Peabody College for Teachers, 114.

バーになり[438]、1924年までその委員職を連続して続けている。1926年には同委員会の委員長も務めていることが記録に残されている[439]。マクマリーがPDSに関与している期間におけるGPCT内の歴代運営委員長（chairman）を以下の表5－1にあげる。

表5－1　GPCT内に置かれた歴代PDS運営委員長

委員長	着任年度	備考
Thomas Alexander	1916、1917、1918	
James S. Tippett	1919、1920、1921	校長も兼務
Thomas Alexander	1922、1923、1924	
Charles C. Sherrod	1925	教務主任（director of instruction）兼務
Charles A. McMurry	1926	マクマリーが委員長を務めたのはこの一期のみ
Weston W. Carpenter	1927、1928	
S. C. Garrison	1929	

1970年にPDSの高校生たち（指導者はジョンソン（Johnson, L. R.））が「アメリカの課題」という共同研究クラスで自校史『過去はプロローグ：ピーボディ実演学校、1915～1970（*The Past Is Prologue: Peabody Demonstration School, 1915-1970*)』を編集し出版した。当該校の前身から初期（1915-1925)、生徒会組織や教員、カリキュラム、財務、行事など多様な観点から分担執筆を行なっている。

本研究にとって興味深いのは、「第2章 PDSの初期、1915～1925（Early Years of Peabody Demonstration School, 1915-1925)」（Janet Clodfelter担当）と

---

[438] 1915年のGPCT着任時に委員になったのか、あるいは学校発足時に本委員会があったのかは年報からも不明である。1916年の年報では、すでにマクマリーは3人のディレクターの1人として就任にしていることから、開校時から委員であった可能性は高い。
[439] *Bulletin George Peabody College for Teachers* の1915-1929をもとにすると、マクマリーの委員長は一期（1926年）のみである。

「第8章カリキュラム開発と課外活動（Curriculum Development and Extracurricular Activities）」（Kyle Ellis 担当）である。

　PDSの最初の教師の1人は、マクマリーのもとでタイプ・スタディ開発を行ない、修士号を得たスワンソンであり、彼は校長を務めるとともに歴史と公民の教鞭も執った。またPDSの父とも呼ばれるトーマス・アレクザンダーとともに、開校当初に尽力した人物としてマクマリーとコネル（Connell, E. W.）があげられている。アレクザンダーは1914～1916年に教務主任を務め、その後コロンビア大学ティーチャーズ・カレッジに異動する1924年まで、PDSで管理職を務めている。1925年、GPCT50周年記念祝賀会でのアレクザンダーのスピーチに、

> カレッジの教員のなかで、チャールズ・A・マクマリー博士の絶え間のない、また先見の明のある関わりをお知らせしたい。彼は、学校の運営に現役として関わったわけではないが、彼の忠告と助言はいつでも自由にうかがえる状態にあった。教授会においても、学校の困難な事態は積極的に共有しポリシーの決定にはとても重要な役割を果たしてくれた[440]。

とあり、PDSの内部者としての職位は有さなかったものの運営にはかなり貢献していたことが語られている。先述の自校史本でも、マクマリーについては、アレクザンダーと同様に内部に現役としての職位はなかったことを踏まえながらも、「マクマリー博士は、職員会議にも出席し、学校運営に関して多くの有用なアドバイスをしていた。（中略）大学で初等教育の教授として務める傍らで、マクマリー博士はPDSを訪れ、1924年までとどまったのだ[441]」と紹介している。なお、先述したようにマクマリーは、その後の1926年に運営委員長も務めているので1924年以降も引き続き関与はあったと見て

440　Alexander, (1925), *op. cit.*, 117.
441　Peabody Demonstration School, & Johnson, L. R. (1970). *The past Is Prologue: Peabody Demonstration School, 1915-1970*. Nashville, TN: Peabody Demonstration School, 20.

2－2　PDSの位置づけと実践

　PDSはその前身を間接的ではあるがウィンスロップ・モデル・スクール (Winthrop Model School) にもつ。ウィンスロップ・モデル・スクールは1889年から1907年まで観察用の学校として、またさらに1911年までウィンスロップ・カレッジ (Winthrop College) のプラクティス・スクールとしても機能していた[442]。観察とプラクティスの2つの機能は、PDSの開校にあわせても十分に意識されたようである。

　1916年のGPCTの便覧分冊はPDSを詳説している。その趣旨説明のなかでは、PDSを観察センター (observational center) として機能させるにあたって、「今日知られている最善の教育理論と実践に完全にあわせることでPDSは発展していこうとしている[443]」と述べられ、「われわれの最大の関心事は単に子どもが何を知っているのかではなく、いま何であり、日々どうなろうとしているのかにあらねばならない。公教育を担う学校の強さと確かさは、生徒たちが困難にぶつかったとき、単に何を知り得たかのにとどまらず、何をなし、どうあるべきかが十分高まっているということにある[444]」と記されている。その具体として、「地理」の目標を論ずるにあたってはマクマリーの影響が明確に現れている。歴史との連携も強調したうえで、「地理は人類のホームとしての地球の学習である。取り扱われる一つ一つのトピックは人と物理的な世界との接点を示す中心的な思考を含み持っているはずである[445]」と述べるとき、その「中心的思考 (a central idea)」というキーワード

442　Alexander, (1925), *op. cit.*, 114.
443　George Peabody College for Teachers. (1916). *Bulletin George Peabody College for Teachers 5(1): Peabody Demonstration School Its Present and Future Organization*. Nashville, TN: George Peabody College for Teachers, 5.
444　*Ibid.*, 6.
445　*Ibid.*, 10.

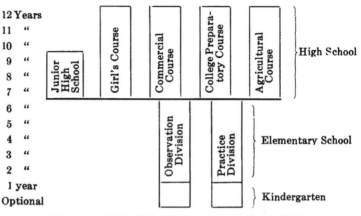

図 5 − 1 　 1916 年段階で構想された PDS の学校階梯[446]

にも明らかなようにマクマリーのタイプ・スタディを念頭に置いたカリキュラム編成がなされていることがわかる。カリキュラムを構想するとき、タイプを軸にした構造的・図式的なイメージが PDS には定着していたといえる。

　1916年において今後の発展を見通して、GPCT に来る学生のほとんどがすでに専門的な訓練を受けてきた教師たちであることから、初期段階の養成というよりはさらに高度な教師教育を目指しており、マクマリーらを念頭に置いて、「初等教育の大学教授が、自身の理論が実践で通用することを実証するために実験学校にためらいなく入りこむ[447]」と肯定的に言及して、12年間の学校体系を図5−1のように構想した。これによると、観察部門 (Observation Division) とプラクティス部門（Practice Division）にわけ、観察部門では最先端の教育実践を学生や外部者に見せることを目的とし、プラクティス部門では教育を専攻する経験豊富な学生たちが校長と大学教授の指導の下、実験的に実践を行うことを目的としている。この２つの機能の存在はオグレ

446　*Ibid.*, 14.
447　*Ibid.*, 13.

第5章　附属学校への関与を通じたタイプ・スタディの開発・普及過程　273

ンも指摘しているように、物理的な場所については、ノーマル・スクールのキャンパス内なのか、近隣の学校と提携しているのか、などさまざまではあったものの、すでに一般的なものであった[448]のだが、明確に2部門にわけて初等教育期の一つの学校に体系化して位置づけたのはPDSの特質だといえるし、マクマリーやルーシー・ゲイジ、さらにはアレクザンダーらGPCTの初等教育分野のファカルティの影響は甚大であったことがわかる。

　先述の便覧分冊では、PDSのカリキュラム編成の背後にある原理は「実生活におけるリアルな目的」であるとし、そのうえでこのようなソフト面が決定した後は、それにふさわしい建築と有能な教員の確保が次なる課題だ[449]と結ぶ。

　PDSは大学院生とともに単元開発とその検証を行うと同時に彼らを現職教員として高度に成長させる場として、すなわちマクマリーがドイツ再訪以来意図していた「ティーチャーズ・カレッジ」を支える学校として機能していた。また、ノーマル・スクールの教員の質の高まりが期待できず、それゆえ観察部門とプラクティス部門がうまく区別・両立できなかったというマクマリーのNISNSでの実践やその反省が活きていると見ることもできる。

　PDSの具体的実践については、その史料的制約から把握することはなかなか困難である。GPCTの便覧や学生誌に寄稿された内容からその断片をうかがい知ることができるが、それらからは1920年代の実践はかなり「プロジェクト」を意識しているのがわかる。「実演学校において教授はいつもチームで行う努力がなされていた[450]」との指摘にあるように、学年ごとに個々実践されていたというより、先述のようなポリシーを教員たちが共有し実践化していたといえる。

　学生団体発行誌『ピーボディ・リフレクター』は、1926年5月にPDSを

448　Ogren, (2005), *op. cit.*, 136-142.
449　George Peabody College for Teachers, (1916), *op. cit.*, 15-16.
450　Peabody Demonstration School, et al., (1970), *op. cit.*, 83.

特集し、多くの学年の実践を簡略に紹介している。低学年では、ボーン（Boren, D.）が幼稚部の実践[451]を、1年生はオーゲイン（Orgain, R.）が学校園をテーマにした実践[452]を、2年生はパーキンソンが教室内の休憩所（寝床）作りの実践[453]を、3年生はロビンソン（Robinson, M.）が人形劇をテーマにした実践[454]を各々報告している。1年生の学校園の実践については GPCT のタイプ・スタディ集にも「学校園」をテーマにした提案があり、この内容はマクマリーが NISNS 時代には見られなかったトピックであることから、PDS の実践と影響関係にあった可能性はある。また第3章でも触れたように、パーキンソンは GPCT の院生として数多くの単元開発を行い、PDS の2年生の教室で教育測定運動の手法も用いつつ検証し修士論文としてまとめた教師である。PDS という学校の創立趣旨が1926年という開校から10年以上を経ても変わらず機能させられていたことがわかる。

『ピーボディ・リフレクター』誌の同号にマクマリー自身も中学年（4、5、6年生）向けのストーリー・テリングについての重要性を論ずるエッセイを寄せている。そこでは、

> 教師により時々良質な物語が適切に提示されれば、よりよい成果へとつながる社会的な事業に子どもたちを導くような再生や劇化へとつなげられる。（中略）よい物語は、うまく語られれば、物事を日常レベルから高めることになり、それこそがこれらの学年に必要とされていることなのである。（中略）歴史でも地理でも自然科学でも文学でも、良質のストーリー・テリングをもとにより強固で生活に根差した教授活動へと至るべきである。学校のプロジェクト活動におけるより

---

451 Boren, D. (1926). The Kindergarten — Demonstration School. *The Peabody Reflector, 9*(5), Nashville, TN, 10-11.
452 Orgain, R. (1926). The First Grade: The garden. *The Peabody Reflector, 9*(5), Nashville, TN, 11-12.
453 Parkinson, N. (1926). The Second Grade: Making Pallets. *The Peabody Reflector, 9*(5), Nashville, TN, 13.
454 Robinson, M. (1926). A Third Grade Activity: The Puppet Show. *The Peabody Reflector, 9*(5), Nashville, TN, 14.

活力ある思考、自己活動、社会的活力などが自然とあとに続くことになるであろう[455]。

とストーリー・テリングの持つ効用について論じている。第4章で検討したように、マクマリーがタイプ・スタディやプロジェクトの実践過程で強調する「劇化」の効用についてもやはりPDSの中学年の具体的な実践を経て考案され検証されてきたものであったのだ。

同誌には中学年の実践自体は取り上げられていないが、子どもたちが残した文集には、5年生で乳製品工場に出かけた時の感想[456]や6年生が鋳造所（foundry）に見学に行ったときの感想[457]などが載せられていて、社会見学がかなり熱心に行われていたこともわかる。5～6年生の地理にマクマリーは特に注力していたことから、これらは、タイプ・スタディがプロジェクト学習として発展し実践化されたものの一環と見ることができる。

2－3　マクマリーの関与

1915年から隔月で刊行された小冊子のタイプ・スタディ集のシリーズは、マクマリーがGPCTの院生たちによる編集委員会組織と協力しながら単元開発をして、それらを学校現場で試行してきたものである。創刊号では、フェルプス、クラブ（Crabb(e), A. L.）、ウィーヴァー（Weaver, L.）、ヒベッツ（Hibbetts, A. I.）、ロウマーの5人の大学院生の名が編集協力委員会にあがっている。フェルプスとクラブは、のちにGPCTの教員となった。ロウマーは、開校当初、PDS校長補佐（assistant principal）も務めた人物である。

マクマリーがPDSに運営委員として開校当初から関わり、PDS内に設置

---

[455] McMurry, C. A. (1926). Story Telling in Intermediate Grades. *The Peabody Reflector, 9*(5), Nashville, TN, 19.
[456] The Elementary Grades of the Peabody Demonstration School. (1928). *The Peabody News, 4*(3), Nashville, TN, 18-19.
[457] The Elementary Grades of the Peabody Demonstration School. (1928). *The Peabody News, 4*(4), Nashville, TN, 23.

された観察部門やプラクティス部門を通じて単元開発を行なっていたことはすでに述べた。ここでは、GPCTの同僚たちの回顧録から、教員養成学生や現職教員である大学院生とともに、マクマリー自身がディカルブ時代にすでに開発していた単元事例を検証したり、さらに新たな単元開発を行なったりしていたことを裏づけたい。

　GPCT年報による委員会分掌として知る他には、マクマリーによるPDSへの直接関与を示す史料は意外にも少ない。1927年の教歴50周年祝賀行事や、1929年に彼が没したときに、同僚やPDS関係者が多くの言葉を寄せており、それらから彼のPDSへの関わりの一端を知ることができる。

　フェルプスは、カリキュラム編成に関わる論考のなかでマクマリーの研究手法について同時代の代表すべき3つの実験手法に数えて言及している。リンカーン・スクール（Lincoln School）とパーカー・スクール（Parker School）に言及した後、フェルプスは「ここ10年間GPCTの実演学校で実践されてきた、大単元を組織化するチャールズ・A・マクマリーのプロジェクトが第3にあげられる[458]」と位置づけ、GPCTに着任して早々の1916年頃からおよそ10年間にわたってたえずタイプ・スタディの実験的な開発を附属学校で実施していたことを証言している。その具体的なプロセス等については言及されていないが、教授法開発に多大な影響を及ぼしていたこととその説得力についても称揚されている。

　マクマリーの同僚であったクルーゼ（Krusé, S. A.）は、『スクール・アンド・ソサイエティ』誌の1943年6月17日号に載ったヘンリー・ジョンソン（Johnson, H.）を称えるレビューに触発され、マクマリーも大学院生のみならず小学生を教えることができる高い能力の持ち主として回顧し、読者の投稿（correspondence）欄に投稿している。マクマリーの没年ともなった1929年にまとまり、ついに彼に捧げることができなかったと悔いている自著『教員養

458　Phelps, S. (1928). Curriculum Construction. *Peabody Journal of Education*, 5(4), 228.

成カリキュラムの基礎としての教授原理に対する批判的分析(*A Critical Analysis of Principles of Teaching as a Basic Course in Teacher-Training Curricula*)』は、小学校の現場に入り自らのカリキュラム論・単元開発論でもあるタイプ・スタディを自ら実践していたマクマリーの姿が大いに貢献していると述べる[459]。クルーゼは「たまたま私は彼が低・中・高学年を教えるのを見かけた。時には一時限分、また頻繁に連続コマを持っていた。かつて私は彼が3週間もかけて5年生相手に〈タイプ・スタディ〉を開発するところも目にした。彼が子どもを教える際に私が目にしたことが私の抱えている課題にとって解決の鍵となったのだ[460]」と回想する。この記述からマクマリーは相当程度単元開発もかねて現場に入り、自ら実践も行っていたことがうかがえる。5年生での3週間の事例が触れられているが、おそらくひとまとまりの大単元を実践していたのであろう。マクマリーの複数の著作で同じ単元事例(たとえば、「エリー湖の運河」など)が少しずつ改作されながら紹介されているが、著作間に見出される改訂箇所(展開順の変更や項目の追加・削除・拡大など)は自ら教壇にも立ち、あるいは大学院生との共同作業を通じて、実践の事実に裏付けられながら変更されていたものであるといえる。

　マクマリーの同僚リーベル(Leavell, U. W.)は、1945年、マクマリーについて GPCT を創り上げたメンバーの一人として取り上げ、その経歴を簡潔に解説しつつ、教師としての力量を絶賛している。とりわけ、「GPCT での仕事として代表的になったタイプ・スタディ」ではわざわざ1段落を使って以下のように解説している。「〈タイプ・スタディ〉の単元開発はマクマリー

---

[459] マクマリーの没年である1929年に出版されたクルーゼの *A Critical Analysis of Principles of Teaching as a Basic Course in Teacher-Training Curricula* は、後の彼の回想にもあるように、マクマリーの実践研究に負うところが大きい。クルーゼは冒頭で、マクマリーを以下のように讃え、本書の献辞としている。"DEDICATED TO THE MEMORY OF CHARLES ALEXANDER MCMURRY MASTER TEACHER WHOSE CONSUMMATE SKILL IN TEACHING CHILDREN GAVE ME THE CLARIFYING INSIGHT THAT TEACHING IS PRIMARILY A FINE ART"

[460] Krusé, S. A. (1943). The Late Charles A. McMurry Met the "Acid Test" of the Master Teacher. *School and Society*, 58 (1497), 173.

博士の以下の3つのやり方でなされた。(1)この線に沿った教材の組織化を行い、(2)具体的に小学生がいるところで、実験室的環境を作り、そのような教授パターンを教員養成学生に対し実演し、(3)専門職コースにいる学生に集中的に熱心に講義を行なうことによって[461]」タイプ・スタディを開発していたという。実習生への演示、現職教員への啓発など、PDSなどで具体的な教授場面を活用しながら単元開発が行なわれていたことがここでも読み取れる。

　先述のクラブはタイプ・スタディの一連の小冊子の学生編集委員会のメンバーであり、のちにGPCTの教員となった人物である。クラブは、1927年、マクマリーの教歴50年の祝賀会に臨んで、「教師としてのマクマリー（McMurry The Teacher）」と題してスピーチを行った。その原稿はヴァンダービルト大学のスペシャル・コレクションズに所蔵されている。クラブはマクマリーを小さな子どもと小さな子どもを教える教師との両者を半世紀にわたり教授してきたと評している。彼のスピーチには興味深い2つの言及がある。一つは、「チャールズ・アレクザンダー・マクマリーがヘルバルトからその教育原理を得たというのはおそらく正しくない。（中略）マクマリー教授の教育に対する態度はヘルバルト哲学と親交を持つ前に主たる部分は出来あがっていた[462]」と述べ、ヘルバルト主義との親和性は受容ではなく、彼の中にもともとあった「興味論」が共振したのだと捉えている。ここでは、この個人的な好意的解釈の真偽は別として、教歴50周年を迎えたマクマリーの功績を振り返る際に、ヘルバルト主義に関わる評価がいまだ両義的であったことをうかがわせるところに注目しておきたい。

　もう一つの興味深い言及は、タイプ・スタディについてであるが、その解説に際して、単元「パナマ運河」を事例にあげて知の有機的結合を可能にす

461　Leavell, U. (1945). Charles Alexander McMurry (1915-March 25, 1929) Peabody's Modern Founders. *Peabody Journal of Education, 22*(5), 263.
462　Crabb, A. L. (1927). McMurry, The Teacher. Unpublished manuscript, Charles A. McMurry papers, Special Collections, Vanderbilt University, Nashville, TN.

る単元開発であるとして説明しており、

> 我々は興味深いことにその見方については不完全で不適切である。また我々は興味深いことに、キャッチフレーズに弱く、その種の標語を用いる人に特に傾倒する。たとえば、タイプ・スタディ、この語自体は陳腐で凡庸な言葉であるが、C. A. マクマリーとは切り離せないものである。だが、研究という言葉、口にするだけで10年間も教育に関わる学生を震え上がらせてきた言葉ではあるが、それはマクマリー教授を暗示はしない。研究とは何か。(中略) それは証拠探しに過ぎない。(中略) この意味において、チャールズ・アレクザンダー・マクマリーは研究における第一人者の１人である。彼の教えは証拠探しを刺激する。子どもたちがパナマ運河の学習に持ち込んださまざまな素材がいま目に見えるように思い出される。毎日のようにパナマ運河に関する素材を直接拡大させていきたいという子どもたちの欲求、運河の真実を探究し表現することに参加したいという欲求は、真の学びに内包された喜びを如実に示していたものとして思い出される[463]。

というくだりである。新しい教育論調に翻弄される教育関係者に自嘲もにじませながら、何気ない日常語を用いたタイプ・スタディの展開について言及している。そこには真実追究の「研究」がその精神としてしっかり位置づいており、その証拠に多くの実践現場にクラブも足を運んだ際、マクマリーの代表的単元である「パナマ運河」で見せた子どもたちの探究姿勢を自然と想起されることに見出している。エリー湖の運河やパナマ運河などのプロジェクトがこのようなスピーチで話題化されるほど講義や演習や会議でも繰り返しマクマリーにより言及されていたことが推測される。

　指導教員であるマクマリーはその著作においてタイプ・スタディそのものの「研究性」には言及していない。クラブはこのスピーチで真実、立証などのタームで「パナマ運河」単元の実践で起こっていたことを科学的なものとして意味づけようとしている。タイプ・スタディがその凡庸な名辞とは裏腹

463　*Ibid.*

に科学性を持ったものであることを言明する文脈に、むしろナシュビルで展開されていた単元開発に歴史的あるいは同時代的に向けられていた批判も推測される。おそらく、知の注入に陥ることが危惧されてきたのであろう。「教師」としてのマクマリーは子どもにも大学院生にも、ただ単に開発していた単元を教え与えていたのではない。子どもが「パナマ運河」の単元で現に見せたように、彼の教授活動を通じて、誰であっても「証拠さがし」としての科学性・研究性が高まっていったことが強調されている。

当時の子どもたちが記した作文や寄せ書きもマクマリーのPDS関与を示す有力な史料となる。たとえば、1927年当時4年生だった少年は「マクマリー博士は僕が今まで本では学べなかったことを教えてくれました。彼は僕にロバートソンやセビアのような偉人について教えてくれました。テネシー州やノース・カロライナ州についても教えてくれました[464]」と記した。また6年生の少年の詩にはダニエル・ブーンの話をしてくれたマクマリーを称えるフレーズが現れる[465]。7年生の少女が記した読書感想文にはマクマリーの著作『ミシシッピ・バレーの開拓者たち（*Pioneers of the Mississippi Valley*）』が取り上げられている[466]。1929年には、6年生の少女が、

> 校舎でよく見かけた優しいお顔が逝ってしまった。マクマリー博士のお顔だ。きっとみな彼を惜しんでいると思う。（中略）彼は私たちが知っているなかでもっともすばらしい歴史の先生だった。彼はたくさんの本も書いた。彼のことを知らない新入生たちもこのピーボディの偉大なる人物を惜しむことでしょう、というのは、彼らだってマクマリー博士と楽しめたはずだから[467]。

と彼の死を悼んだ。高学年からは「マクマリー博士」、低学年からは「チャ

---

[464] The Elementary School and Seventh Grade, Peabody Demonstration School. (1927). *The Peabody News*, 1.
[465] *Ibid.*, 15.
[466] *Ibid.*, 14.
[467] N. O. (1929). Dr. McMurry. *The Peabody News*, 5(4), 3.

ーリー」と親しまれていた。これらにあらわれているように、マクマリーは頻繁にPDSに入り、直接子どもたちに教授することもしばしばだったと想像できる。しかも、彼が開発したタイプ・スタディ、とりわけ地理や歴史分野にもとづいて関わっていたことが読み取れる。マクマリーの語るストーリーが多くの子どもにより印象深く語られており、タイプ・スタディの眼目である「物語（story-telling）」は子どもたちの興味・関心をおおいに引いたようである。同時に、いくつかの単元に関しては、PDSの教師には発展的方法にもとづく展開が不十分であったのか、あるいはプラクティス部門での試みであったのか、理由は判然としないが、一連の物語を扱ったのがマクマリー自身であったことも注目すべきである。いずれにせよ、マクマリー自身が演示授業を行っていたことの証左といえる。

3　小括

　1912年5月に、NISNSとディカルブの学校を会場として北イリノイ教育長・校長会議が開催された。そこでは、自然学習の整備とその他の学習領域、とりわけ地理の関連を重視したカリキュラム開発を行う方向性を示した、1911年の「7人委員会」の提言を受ける形で、実践報告と具体的な学校視察が企画された。その責任者が教育長でもあり、トレーニング・スクールのディレクターでもあったマクマリーであった。彼は、タイプ・スタディ単元の「とうもろこし」を会議で提案し、そして学校案内のガイドを行った。この大きな会議開催以前からも、ディカルブにおいては、ノーマル・スクールのトレーニング・スクールと近隣のプラクティス・スクールや一般公立学校を巻き込んで現場での実践検証を繰り返していた。そして、「教師向け」の実践事例を踏まえて、実際の子どもを通してカリキュラムや教材・教具の効用が確認され理論化されていくというマクマリーの立論スタイルが確立されていったと見ることができるだろう。1890年代に著された一般教授理論を扱う

著作が1900年代初頭に次々と改訂されていったのにはこのような具体的な実証プロセスによるものであったと見ることもできる。つまり、一連の改訂作業は米国ヘルバルト主義理論に対する批判を受けての修正というよりもむしろ、理論に偏重していた前作群を実践していくうちに、自身の具体的実践や自身が指導的に関わった学校での経験に裏打ちされながら、その実践の事実から改作を余儀なくされたと見る方が妥当だと考えられるのである。

　地方の小都市でノーマル・スクールの実習を担当する責任者として務める立場が、マクマリー特有のカリキュラム論形成に貢献した。そのインパクトの大きさは当時の地方教育誌等で取り上げられた事実にも見出されるが、地理や歴史を学ぶ際に、ただ典型性を5段階教授法で内面化することにとどまらず、そのプロセスにおいて「興味」を持ち「楽しむ」ことが理解と同等かそれ以上に強調されるという進歩主義教育の影響も有していたことは見逃せない。シカゴのように進歩主義教育が早くから発展していた巨大都市エリアも含まれる「北イリノイ」で、マクマリーのタイプ・スタディ論は、理論的注目とは別に、どれほど実践的に受け入れられたのであろうか。また、北イリノイの地での実践が目指す方向性に対して、マクマリー自身、すでに違和感を持っていたのではないだろうか。第2章でも詳述したように、1910年代の半ばにはタイプ・スタディの検討も煮詰まり、ドイツ再訪を機に、教員養成・教師教育の高度化の重視やカリキュラム開発の専門性の深まりと同時にその実践性を失わないようにするという視点での大改訂がなされるに至ったといえる。そして、ノーマル・スクールの限界を痛感し、ティーチャーズ・カレッジのようなより高度な実践研究が可能となる場を求めたのも事実であるが、一方で、彼がディカルブでの実践に手応えを感じていたのも事実である。シカゴやその周辺で隆盛を見る子ども中心主義教育の各種プランよりも、自身のタイプ・スタディ論がより適していると見通せたディカルブのような環境が当時の南部には広がっていたことをマクマリーはサマー・スクール等の非常勤講師として出講した際に感じ取っていたのかもしれない。

数多くの証言にもあるように、1915年、南部のGPCTに異動し、マクマリーは、高頻度でPDSに入り、自ら教壇にも立って、タイプ・スタディを実演し、それを踏まえてさらなる修正・改良を加えていた。その単元開発や実演のプロセスはそのままPDS内のあるいはGPCTの若い教師を育てることも意味していたし、単元を院生たちと共同編集して小冊子にまとめ公刊することで南部の教師たちの実践と成長にも貢献していた。

　PDS内に確固たるポジションを持たずに、それでいてPDSの実践にも、所属する教員への指導にも熱心であった事実はどう評価すべきだろうか。彼は、PDSへの関与については、一人の初等教育研究領域の大学教授として関わり続けることを選択した。彼の同僚たちが、マクマリーの関与を語るときに、PDSの「アクティブな」メンバーではなかったが、とわざわざ断るところにも、マクマリーの意志をうかがわせる。ディカルブでトレーニング・スクールの校長も学区教育長も務めたが、PDSではそうしなかった。当時、地名を関したプランや教育学者名を関した実験学校といった、流行や運動の発信源となるような学校の存在が全国誌・地方誌、NSSE、NEA、PEAなどでもてはやされていた。だが、実際には、PDSはついにミッチェルが称するような「マクマリー・メソッド」の学校と呼ばれることはなかった。第2章でも見たように、マクマリーはとりわけその晩年、教育における提案が流行しやすく、また冷めやすいことを深く嘆き続けた。彼は、真に実践に耐えうる枠組みは、冠不要の単元そのものにあると考えていたといえる。

　附属学校への関与のあり方が、NISNSとGPCTとでは全く異なってしまった。章を改めて後に言及することになるが、ディカルブではマクマリーが去ったあと、タイプ・スタディはたちまち注目を失い、ライダも辞職した。マクマリー異動後のNISNSの変容に校長クックも胸を痛めている[468]。タイ

468　Cook, J. W. (4/16/1916). *A private letter from Cook, J. W. to McMurry, C. A.* Unpublished manuscript, Charles A. McMurry papers, (Box 3, File 12). Regional History Center, Northern Illinois University, Dekalb, IL.

プ・スタディが一時期の流行現象で終わることに対する強い警戒心が、附属学校でメソッドとして専有・発信されることを惧れさせ、普遍性のあるものとしてその枠組みを解説し続けさせた。そして何より、その警戒心が、大学や附属学校を飛び出し、積極的に地方へと講演・研修にまわることをマクマリーに促したのである。

第6章　ノーマル・スクール、学校、教育行政当局は マクマリーから何を学んだか

　第3章では、GPCT でマクマリーから直接指導を受けた教師たちに焦点を当て、その研究や実践への翻案の実態を検討してきた。第6章では、米国ヘルバルト主義運動隆盛期には、そのキーワードの拡がりがマクマリーといかなる関連をもって受けとめられていたのか、そして本研究で注目する20世紀以降のマクマリーの所論が全国の学校教育現場にいかなる影響を与えていたのか、を地方教育誌（紙）や教育委員会報告等をもとに具体的な教師や教育行政官たちの証言を手がかりにして検討することにしたい。さらに、ノース・カロライナ州の地方都市を事例として、マクマリーによる学校現地訪問指導から、その具体像を描き出すことにする。

　マクマリー自身が1927年に記した経歴書の草稿において、1915年以降の12年間に南部14州すべてのノーマル・スクールで講義を担当し、1891年以降36年間に40州以上で、講演会や講習会を持ってきたと彼は振り返っている[469]。

　地方教育誌（紙）を詳細に見ていくと、マクマリーが教師向けに講習会を行ったり、教育委員会の招きで学校訪問指導したりしていたことが、それらの巻頭言やイベント告知欄などにて数多く言及され、報告されている。その時期は1910年代半ばから1920年代半ばまでに集中している。史料の制約から、その講演の内容や教師たちの反応など彼の訪問の詳細についてはなかなか把握が難しいが、ロードアイランド州パタキット（Pawtucket, RI）[470]、オハイ

---

[469] McMurry, C. A. (1927). *Vitae*. Unpublished manuscript, McMurry, Charles A. papers. Special Collections, Vanderbilt University, Nashville, TN.

[470] ニューイングランド地方の教育誌『アメリカン・プライマリー・ティーチャー（*American Primary Teacher*）32(5)』(1914, 197) によると1913年12月にパタキットのセントラル・フォールズの教師たちを相手に、地理について事例をあげて講演を行ったと報じている。

オ州マウント・ギリアッド（Mt. Gilead, OH）[471]とヤングズタウン（Youngstown, OH）[472]、ルイジアナ州やテキサス州のノーマル・スクール[473]や教育当局、ノース・カロライナ州グリーンズボロ（Greensboro, NC）、サウス・カロライナ州の教育当局など、確認できる史料から、概要をつかめる事例がいくつか存在する。

　マクマリーに限らず、一般的に教授理論家は、その人物に固有の何らかのキーワードが関連づけられて誌上にて紹介・言及されることが一般的である。マクマリーの場合、ヘルバルト主義運動隆盛期にはNHSでテーマ化されていたような中心統合法や開化史段階説のような語群が見出され、20世紀以降は単元論、とりわけタイプ・スタディ論とその周辺の語群が見出される。

　地方で編まれる教育誌（紙）は、その記事を、米国教育報道連盟[474]（Educational Press Association of America）のメンバー間で融通・共有しあうことも起こっていた。だが、それぞれの地域の教育課題が編集者により自覚され特集化されるなかで、それぞれが抱える課題の解決を示唆する理論や実践事例を示す意図があったことは間違いない。もちろん、教育誌（紙）は教員有志の読書サークルや教員連盟から発展し定期発刊化したものが多く、その意味でかなり高学歴の教師たちや管理職・行政職にある教師たちを中心に編まれていた可能性もあり、一般的な多くの教師たちの実践課題と一致していたかどうかには疑問が残る。とはいえ、各地域の教員連盟や教育委員会等の発行

471　Charles A. McMurry papers（Northern Illinois Regional History Center, Northern Illinois University, Dekalb）に、1918年8月26日から30日に、オハイオ州のモロー（Morrow）郡の教師たちに講演を行なった際のプログラムが収められている。マクマリーは夕方の講演を演題「タイプ・スタディの授業（Type Study Lessons）」で担当した。

472　1923年の *The Ohio Teacher*, 43(7), 326によると、マクマリーは20人の子どもを前に演示授業を行ったとある。

473　ルイジアナ州の教育誌『サザン・スクール・ワーク（*Southern School Work*）7(8)』(1919, 426) によると、1919年の夏、州ノーマル・スクールにマクマリーが訪問し1週間滞在して通常の教育活動を視察・指導する予定であるむね告知されている。

474　1895年に設立。その後、教育出版協会（Association of Educational Publishers）となり、1970年に米国出版協会（Association of American Publishers）に合流した。

主体の関心のあり方は、自地域を俯瞰することから発せられる課題意識である。それゆえ、後にサウス・カロライナ州の事例でも見るように、そこで共有・流布される理論や実践事例は指導主事や管理職を通じてかなり素朴に上意下達の様相をもって現場に浸透していたのではないかと考えられる。

1　運動隆盛期の地方教育誌におけるマクマリー

1－1　米国ヘルバルト主義運動の担い手としての評価

　NHS 発足の契機となった1895年のクリーブランドの教育長会議は米国ヘルバルト主義の急先鋒としてのマクマリーを印象づけたようである。『ペンシルベニア・スクール・ジャーナル（*Pennsylvania School Journal*）』は1895年4月号の編集後記[475]で、その会議をヘーゲル主義とヘルバルト主義の対立構図として描き出し、マクマリーらが聴衆の賞賛を勝ち得たと言及している。同年、ミネソタ州の『スクール・エデュケーション（*School Education*）』もこの対立構図を取り上げ「"ヘーゲル主義" と "ヘルバルト主義"（"Hegelian" and "Herbartian"[476]）」と題する記事があがる。そこでは、大物のあとには「小物の弟子たち」が続くというのは不幸な宿命だと述べながら、ヘーゲル主義とヘルバルト主義の両者の狭量なやりとりに対し厳しい非難を与えている。不定冠詞を用いて「ハリスとかマクマリーとかいったような（a Harris or a McMurry）」人物は真理の半分も理解してない狭量なる者たちであると酷評する。とりわけ、子どもの興味論を展開するヘルバルト主義については、遊ぶことを主とした、かなりの子ども中心主義教育者として描き出し、個を重視するあまり、社会軽視に陥り、それが結果的に個を破壊するものとなるのだとまとめる。当時の地方教育誌の編集者や寄稿者の中には米国ヘル

475　(1895). The Cleveland Meeting. *Pennsylvania School Journal, 43*(10), 448.
476　Magnusson, P. M. (1895). "Hegelian" and "Herbartian." *School Education, 14*(11), 9-10.

バルト主義に熱狂した者たちばかりがいたわけではなく、辛辣な批判的立場に立つ者も多くあった。ここでは、ヨーロッパ由来の教育論調に対し、NEAや教育長会議の場を巻き込み、極端な対立構図を現出していること自体に対する批判がなされているのである。

オハイオ州の『オハイオ・エデュケーショナル・マンスリー』誌は、マクマリー自身もヘルバルト主義教授理論を1890年代に何度か記事にして解説するなど、イリノイ州の『パブリック・スクール・ジャーナル』誌と並んで、運動隆盛期にはかなりヘルバルト主義に傾倒した地方誌の一つである。なかでもイリノイ大学のアーノルド・トンプキンス（Tompkins, A.）は、ヘルバルト主義の諸概念を本誌にて解説をしている。ISNUの学長クックがNISNSに校長として移ったあと学長になったトンプキンスは、ヘルバルト主義色を薄めていったと評価されている[477]が、1890年代の彼は、開化史段階説の実証を狙って子ども研究にも注力していた[478]。オハイオ州の教師たちである読者は、トンプキンスを通じてマクマリーや彼の開化史段階説や形式段階説にもなじんでいた。

同じオハイオ州の教育誌『オハイオ・ティーチャー（*The Ohio Teacher*）』では、1911年の段階で、州のノーマル・スクールの教育学担当者が、「マクマリー博士は形式段階の準備段階の特徴としてこの点［訳注―「データ収集」を指す］をかなり強調している[479]」とマクマリーに言及している。1910年代といえば、マクマリーもすでにヘルバルト主義教授理論の主要な概念を用いてカリキュラムを論ずることは実際にはなかった時代である。にもかかわらず、1911年に「形式段階」論者として参照されている。教育学者をはじめ、

---

[477] Hurst, H. (1948). *Illinois State Normal University and the Public Normal School Movement*. Nashville, TN: George Peabody College for Teachers, 39-41.
[478] Tompkins, A. (1895). The Theory of Culture Epochs in the Child and the Race. *The Child Study Monthly, 1*(5), 135-139.
[479] Landsittel, F. C. (1911). Induction and Deduction as Principles in High-school Teaching. *The Ohio Teacher, 31*(12), 511.

米国ヘルバルト主義の影響の強かった地域のノーマル・スクールでは、マクマリーの名はヘルバルト主義教育運動のアイコンとしての認識が根付いていた。ただし、著書からは旧来の概念は消えても、講義や講演の中では口頭で登場していた可能性はある。マクマリーの生涯を描いたケネス・タイラーが、「イリノイ州はマクマリーにとって若い頃のヘルバルト主義運動の成功の地であった。新天地なら、過去の業績に縛られずに、彼のやりたい方向を気兼ねなく追い求めることが可能になったであろう[480]」と、1915年のGPCTへの異動の意義付けを行っているが、オハイオ州のこの事例からもマクマリーが米国ヘルバルト主義隆盛期の業績と分かちがたく結びつけられて受けとめられていたことがうかがえる。

1－2　実践事例や教材の提供者として解されたマクマリー

NHSにおいて本格的にヘルバルト主義教授理論が吟味される以前の1892年、テキサス州の教育誌『テキサス・スクール・ジャーナル（*Texas School Journal*)』において、教科や領域としていまだ確立しているとは言えなかった「地理」が、マクマリーによって「一般的方法（general method）」、つまり、身近なものから遠いものへと同心円状に拡張していく（ever-widening circles）「原理（maxim）」を持ってノーマル・スクールで実践されていることが紹介されている[481]。1892年は、マクマリーがミネソタ州のウィノナ・ステイト・ノーマル・スクールで精力的にヘルバルト主義原理を実践し、それをもとに『ヘルバルト主義に基づく一般的方法の要素』の初版を著した年である。マクマリーの著作群から判断される構造は、一般的方法は、たとえ地理や歴史のトピックを事例として語ろうとも、文字通り全領域に貫徹・応用される

---

[480] Tyler, K. D. (1982). *The Educational Life and Work of Charles A. McMurry: 1872-1929.* Unpublished doctoral dissertation (EDD.), Northern Illinois University, 190-191.
[481] Borden, L. D. (1892). The Statement and Application of a Principle in Pedagogy. *Texas School Journal, 10*(4), 499.

「一般的な」原理であり、地理などの各領域論は別途『スペシャル・メソッド』シリーズで示されるものであった。だが、テキサス州のこの記事では、彼の「一般」と「スペシャル」の二本立ての意図は汲まれず、一般的方法で明示されたものも「地理」の実践事例として矮小化されて解釈されていることがわかる。テキサス州では地理分野の学年配当のあり方が、たとえば「4年生で与えられるべき地球の概念が8年生まで先延ばしに」なっていることなどに見出されるように、子どもの心理法則（law of mind）に反する[482]コース・オブ・スタディであるという課題意識のもとに、マクマリーが援用される文脈があったことがわかる。

同誌では、1894年に「学校における良書（The Best Literature in Schools）」と題する特集が編まれ、そこでも、マクマリーが言及され、彼が推す良書とその推薦理由に言及した箇所が引用形式で取り上げられている[483]。マクマリーはそれぞれの良書たるゆえんを実際には単元構造を含み持つことに求めているのだが、この特集記事では他の著名人との並列のされ方から判断すると、彼の意図よりも彼が挙げる具体的な書名の方が求められていたといえる。単元化された読み物としての性格こそがマクマリーのカリキュラム論を体現しているのだが、その理解は希薄で、単に参考書の推薦を専門家のアドバイスに期待するという学校現場のニーズとマクマリーの意図とは異なっていたことがうかがえる。

このように、実践事例や単元案に富み、それらを通じて、一般的なカリキュラム論を述べるというマクマリーの構造的な執筆意図は『一般的方法の要素』、『レシテーションの方法』、『プロジェクトによる教授』、『カリキュラムの編成法』といった一般教授理論書に一貫している。その事例が豊富になり充実することは即ち彼のカリキュラム論の精緻化と実践性の高まりの証左と

---

482 *Idem.*
483 (1894). The Best Literature in Schools [continued from June]. *Texas School Journal, 12* (7), 211-212.

もなっているのだが、その事例の質・量の充実は、かえって完成された単元やその実践マニュアルの格好の供給源とも見られることにも繋がっていたことは、このような地方教育誌に見られる引き取り方に顕著にあらわれている。このことは見方を変えると、マクマリーの本意は別にして、結果的には、単元として構成済みのタイプ・スタディがさまざまな地域で肯定的な文脈で紹介されていたことにもなる。

1913年、ミズーリ州の公立学校の年次報告書では、教師の参考書や子ども向けの文献がリスト化されている。教育の一般原理においても、歴史・地理・算数といった教科別のリストでもかなりの数のマクマリーの文献が指定されている。そこには、「マクマリーの諸文献は付帯的な読み物として有効である。原則として教科書としては不向きである[484]」と注記が付されている。タイプ・スタディを事例的に示し、現場での独自開発を促す趣旨は理解されず、直接的に使用の可否が判断されたため、ミズーリ州ではコース・オブ・スタディを充足しないものと考えられたのであろう。事例とされるひとつひとつの単元の完成度が高いゆえに、それらの単元でコース・オブ・スタディが網羅されていないことが逆に教科書指定としての扱いを躊躇させることにもなっていると考えられる。

だが、マクマリーのカリキュラム再編に関わる意図は常に矮小化、曲解、断片化されていたわけではない。1894年2月、コロラド州では、州立ノーマル・スクールのプリセプトレス（preceptress）であったエルマ・ラフ（Ruff, E.）の講演「中心統合法」が有志サークルで実施されている[485]。そこでは、マクマリーが生徒の時間と努力を節約する（economize）ことと、歴史や自然学習といった「内容」を伴う教科が中心となるべきだと説いていることがラフにより紹介されている。このラフの理解は当時のマクマリーの意図に極め

---

484 Missouri. (1913). *Sixty-Fourth Report of the Public Schools of the State of Missouri School Year Ending June 30, 1913*. Jefferson City, MO: The Hugh Stephens Printing Company, 216.
485 (1894). Pedagogical Club. *The Colorado School Journal*, 10 (99), 13.

て沿ったもので、マクマリーの中心統合法は何も歴史を中心にすること自体に執着していたわけではないことを看破していたといえる。豊富な内容をもつ教科・領域が中心統合法というカリキュラム編成原理を適用することで効率化、つまり節約が進むという関係性を十分理解しその普及が試みられていたことが読み取れる。このようなマクマリー理解は少数とはいえ一部のノーマル・スクールでなされていたことは付記しておきたい。

2　NISNS 時代の地方の学校現場指導

NISNS 時代のマクマリーがイリノイ州やオハイオ州など中西部を越えて学校現場に視察・指導に赴いていたことを示す史料はほとんど見出せない。1906～1907年度に、校長の海外留学のため校長代行としてペンシルベニア州カリフォルニア（California, PA）のノーマル・スクールに勤めていた間に、東海岸エリアにて現場訪問指導をしていた可能性はあるが、史料の制約からいまだ不確かである。筆者が見出すことができたのは、1913年、ロードアイランド州パタキット市（Pawtucket, RI）、正確には、その隣市セントラル・フォールズ市（Central Falls, RI）との共催で開かれたマクマリーの講演会である。この講演会の開催については、以下の3つの史料にて言及されている。ニューイングランド地方の教育誌『アメリカン・プライマリー・ティーチャー（*American Primary Teacher*）』第37巻5号（1914）、ロードアイランド州の教育委員会報告『第45年次州教育委員会報告書兼第70年次ロードアイランド州公立学校長官報告1915年1月（*The 45th Annual Report of the State Board of Education Together with the 70th Annual Report of the Commissioner of Public Schools of Rhode Island January, 1915*）』、同州ノーマル・スクールの年報『ロードアイランド・ノーマル・スクール年報：1914年5月ロードアイランド州ノーマル・スクール・プロビデンス校カタログ（*Rhode Island Normal School Bulletin: Catalogue and Circular of the State Normal School at Providence, R.I.*

May 1914)』の３点で、1913年12月13日に開催された講演会について数行程度ではあるが報告されている。

　ノーマル・スクール年報と教育委員会報告によると、12月13日の開催で、司会はパタキット市教育長のフランク・ドレイパー（Draper, F. O.）らが務め、マクマリーの肩書きはノーマル・トレーニング・スクールのディレクター兼市教育長となっており、演題は「教育の理論と実践における矛盾の解決法について（How to Reconcile the Contradiction in the Theory and Practice of Education[486]）」であったと報告されている。こちらは、翌1914年に公刊される『対立する教授原理とその調整法[487]』のアイディアが講述されたものと推測される。一方、『アメリカン・プライマリー・ティーチャー（*American Primary Teacher*）』の教育ニュース・コーナーで「パタキット：イリノイ州ディカルブのチャールズ・A・マクマリー教育長により先週セントラル・フォールズと本市の教師たちに対し地理に関する２つの優れた実例を踏まえた話題提供（two excellent illustrative talks on geography）があった[488]」とあるので、件の演題で中身はかなり実践的な内容であったと推察される。諸主著でも繰り返されたことだが、理論と実践の対立構図をあくまでも具体的な単元事例で示すことで弁証法的に解決しようとする、マクマリーの立場が講演会でも明確に表れているといえる。しかも事例がタイプ・スタディとして開発された地理の単元事例であったことは注目に値する。

　パタキット市にマクマリーが招聘された背景についてはその特定が史料からは困難である。まず、1914年現在の教員の構成であるが、高等教育機関で教育を受けた教師数は376、ノーマル・スクールなどで専門的な訓練をうけ

---

[486] Rhode Island Normal School. (1914). *Rhode Island Normal School Bulletin*. Providence: E. L. Freeman & Co., printers to the state, 40; Rhode Island. (1915). *The 45th Annual Report of the State Board of Education Together with the 70th Annual Report of the Commissioner of Public Schools of Rhode Island January, 1915*, a20.
[487] McMurry, C. A. (1914). *Conflicting Principles in Teaching and How to Adjust Them*. Boston, New York: Houghton Mifflin Company.
[488] (1914). Educational News. *American Primary Teacher, 37*(5), 197.

た教師数は1699、高校やアカデミーレベルで教育を受けた教師数は494、コモン・スクール（common schools）は5とその数が報告されている[489]。全教員のうち、およそ2割が専門的な高等教育を受けていなかったことがわかる。ゆえに教師の質の向上が急務であった[490]ことは確かである。

また、隣市の『セントラル・フォールズ市学校委員会年次報告書（*Annual Report of the School Committee of the City of Central Falls, R. I.*）』の1914年版[491]では、1913年の現状課題のひとつとして教室の制約から来るクラス規模設定が挙げられている。このような状況において、過密化するコース・オブ・スタディの内容にどう対応していくのかは深刻な課題であったようだ。

『ロードアイランド州パタキット市学校委員会年次報告書（*Annual Report of the School Committee of the City of Pawtucket, R. I.*）』の1906年版[492]によると、市教育長ドレイパーは1905年からその職を務めており、1910年代半ばには年次報告書において、パタキットにおける学校・家庭園活動（School and Home Garden Work in Pawtucket）、パタキット・フローベル協会報告（Report of the Pawtucket Froebel Society）など、農業教育や幼児教育において進歩主義教育の実践を所轄する部門からの報告も求めている[493]。1900年代半ばから、パタキット市では、山積する学校教育の課題に対し、教育行政の執行部はその解決を進歩主義教育の積極的受容により図ろうとしていたことがうかがえるし、その一貫でマクマリーが招聘されたものと考えられる。州教育委員会報告[494]

489　Rhode Island Education Department. (1914). *70th Annual Report of the Commissioner of Public Schools of Rhode Island*. Providence, RI: E. L. Freeman Company, State Printers, 9.
490　*Ibid.*, 21.
491　Department of Public Schools, City of Central Falls. (1914). *Annual Report of the School Committee of the City of Central Falls, R. I. for the Year Ending June 30, 1914*. Central Falls, RI: E. L. Freeman Company, Printers, 21-22.
492　Pawtucket, RI. (1906). *Annual Report of the School Committee of the City of Pawtucket, R. I. for the Year Ending June 29, 1906*. Pawtucket, RI: John W. Little & Co., Printers to the City, 1.
493　Pawtucket, RI. (1914). *Annual Report of the School Committee of the City of Pawtucket, R. I. for the Year Ending June 30, 1914*. Pawtucket, RI: Chronicle Printing Co., Printers. など1910年代半ばの数年間にわたり、このような項目の報告がある。

によると、その講師陣リストからコロンビア大学のストレイヤーなど近隣の東海岸地域から招聘されていることがわかるが、中西部という遠方からの、しかも夏休みではなく12月中旬の招聘というマクマリーの事例は少なくとも1913年のロードアイランド州においては珍しいことであり、それだけマクマリーの所論に本市では注目が集まっていたことも物語っている。

3　タイプ・スタディの現地指導による積極的普及

　テキサス州パレスティン（Palestine, TX）の教育長ギル（Gill, L. B.）は、1916年の1月にすでにGPCTのサマー・スクールへの参加を表明し、マクマリーのクラスの受講とそのテキストについての問い合わせを彼に直接行っている[495]。ギル自身の学習に活かされることはもちろん、このような図書紹介が所轄学区の教師たちにもなされた可能性はある。

　また、テキサス州ダラス市（Dallas, TX）の正・副教育委員長を長く務めたクリントン・ラッセル（Russell, C. P.）[496]は、私信をマクマリーに送り、カリキュラムの改訂と視学態勢について相談している。南部を中心として、行政官職にある教師たちが多くマクマリーにアドバイスを求めていたことが当時の書簡史料からうかがえる。ラッセルへの返信でマクマリーは、進歩主義的な教員養成の重要性を改めて強調し、「ダラスでもこの線に沿った進歩主義的運動を計画してはどうか？（中略）もし、私がボールを転がし始める際に何かお役に立てるのならそれは喜ばしいことです[497]」と、現地訪問に意欲を示している。このようなラッセルとの関係があってか、ダラス市の教員向

494　Rhode Island. (1915). *The 45th Annual Report of the State Board of Education Together with the 70th Annual Report of the Commissioner of Public Schools of Rhode Island January, 1915*, a20-a21.
495　Gill, L. B. (1916). *A private letter to Mr. Charles Alexander McMurry*. Unpublished manuscript, William Knox Tate papers, Special Collections, Vanderbilt University, Nashville, TN.
496　1914年から教育委員会メンバーに加わり、1918年からは副委員長、1924年から委員長を務めているが、この書簡がいつのものかは特定できない。

けハンドブックでは、『地理におけるスペシャル・メソッド』が参考書として挙げられ、さらに5年生の地理の展開にタイプ・スタディが位置づけられている[498]。

　GPCT の学生団体発行誌『ピーボディ・リフレクター』によると、1924年の夏にマクマリーは米国南部に講演旅行に出かけたと記されており、遠くフロリダ州まで赴いていたらしい。記事によると、どこでも元教え子たちに歓待されたとある[499]。次の表6－1に示すとおり、筆者が調べた限りでもマクマリーは多くの地で講演や研修を実施している。これに学校調査の用務でも出張することがあったので、その訪問地はマクマリー本人の言うとおり膨大である。先述したように、1915年以降の12年間に南部14州すべてのノーマル・スクールで講義を担当し、1891年以降36年間に40州以上において、講演・講習を持ってきた[500]のだが、この中でも、とりわけ南部諸州の訪問については、GPCT の彼の教え子たちからの要請であったことが想像される。GPCT でマクマリーの指導を受けた学生たちは学校現場や教育行政当局に復任し、マクマリーこそが現場の要求に応え、問題解決を促す人物だと信頼して積極的に招請していたといえるだろう。

497　McMurry, C. A. (circa 1915), *A private letter from McMurry, C. A. to Russel, C. P.* Unpublished manuscript, Charles A. McMurry papers, (Box 1, File 9), Northern Illinois Regional History Center, Northern Illinois University, Dekalb, IL.
498　Dallas Public Schools. (1919). *Teachers handbook elementary grades. Dallas Public Schools*, Dallas: Dallas High School Printshop, 78.
499　(1924). Where They Went. *The Peabody Reflector, 6*(10), Nashville, TN, 30-34.
500　McMurry, C. A. (1927). *Vitae.* Unpublished manuscript, McMurry, Charles A. papers. Special Collections, Vanderbilt University, Nashville, TN.

第6章　ノーマル・スクール、学校、教育行政当局はマクマリーから何を学んだか　297

表6−1　マクマリーが GPCT 在任中に研修講師で訪れた場所
（判明分のみ）

年	月	場所	州	演題	備考および出典
1915	秋	Hopkinsville	KY	アップトゥデイトな教師の必要性	(Dec. 21, 1915) Faculty notes. *Peabody Record* 1(2), p. 10.
1917	3/17-21	Anderson Florence	SC		Gunter, L., 1920, (A) Report of State Supervisor of Rural Schools, *Fifty-First Annual Report on the State Superintendent of Education of the State of South Carolina 1919*, Columbia, Gonzales and Bryan, State Printers, pp. 36-37
1918	8/26-30	Mt. Gilead, Morrow Co.	OH	タイプ・スタディの授業	Charles A. McMurry Papers (Northern Illinois Regional History Center, Northern Illinois University, Dekalb)
1919	夏	State Normal School	LA		(1919). *Southern School Work* 7(8), p. 426
1919	7	State Normal School at Natchitoches	LA		McMurry, C. A. (1920, Feb 29). A private letter from McMurry, C. A. to Chambers, F. D. McMurry Papers, (Box 3, File 14). Regional History Center, Northern Illinois University
1919	8	State Normal School at Springfield	MO		McMurry, C. A. (1920, Feb 29). A private letter from McMurry, C. A. to Chambers, F. D. McMurry Papers, (Box 3, File 14). Regional History Center, Northern Illinois University
1919	9	Houston	TX		郡の研修。McMurry, C. A. (1920, Feb 29). A private letter from McMurry, C. A. to Chambers, F. D. McMurry Papers, (Box 3, File 14). Regional History Center, Northern Illinois University

1919	9	State Normal School at Commence	TX		McMurry, C. A. (1920, Feb 29). A private letter from McMurry, C. A. to Chambers, F. D. McMurry Papers, (Box 3, File 14). Regional History Center, Northern Illinois University
1919	9	Eagle Lake	TX		郡の研修。McMurry, C. A. (1920, Feb 29). A private letter from McMurry, C. A. to Chambers, F. D. McMurry Papers, (Box 3, File 14). Regional History Center, Northern Illinois University
1919	9	St. Martinsville	LA		郡の研修。McMurry, C. A. (1920, Feb 29). A private letter from McMurry, C. A. to Chambers, F. D. McMurry Papers, (Box 3, File 14). Regional History Center, Northern Illinois University.
1919	10	Knoxville	TN		テネシー州東部教員会議（2日間）。McMurry, C. A. (1920, Feb 29). A private letter from McMurry, C. A. to Chambers, F. D. McMurry Papers, (Box 3, File 14). Regional History Center, Northern Illinois University
1920	1	Greensboro	NC		市の研修。McMurry, C. A. (1920, Feb 29). A private letter from McMurry, C. A. to Chambers, F. D. McMurry Papers, (Box 3, File 14). Regional History Center, Northern Illinois University
1920	1	Alexandria	LA		郡の研修。McMurry, C. A. (1920, Feb 29). A private letter from McMurry, C. A. to Chambers, F. D. McMurry Papers, (Box 3, File 14). Regional History Center, Northern Illinois University

第 6 章　ノーマル・スクール、学校、教育行政当局はマクマリーから何を学んだか　299

1920	2	St. Martins-ville	LA		郡の研修（2回目）。McMurry, C. A. (1920, Feb 29). A private letter from McMurry, C. A. to Chambers, F. D. McMurry Papers, (Box 3, File 14). Regional History Center, Northern Illinois University
1920	2	Oklahoma City	OK		州の教員会議（2日間）、NS で一週間。McMurry, C. A. (1920, Feb 29). A private letter from McMurry, C. A. to Chambers, F. D. McMurry Papers, (Box 3, File 14). Regional History Center, Northern Illinois University
1920 ?	?	Paducah	KY		学校調査及び教師たちと会合。McMurry, C. A. (1920, Feb 29). A private letter from McMurry, C. A. to Chambers, F. D. McMurry Papers, (Box 3, File 14). Regional History Center, Northern Illinois University
1923	11 ?		AR	Ebb and Flow	Evelyn Wikes とともに。(Dec., 1923) The Peabody Reflector 5(4), p. 13.
1923	11 ?		TN	Ebb and Flow	(Dec., 1923). The Peabody Reflector 5(4), p. 13.
1923	11 ?		TN	Ebb and Flow	(Dec., 1923). The Peabody Reflector 5(4), p. 13.
1923		Youngstown	OH		20人の子どもを前に演示授業。(1923). The Ohio Teacher, 43(7), p. 326.
1924	9 ?		FL		(Oct., 1924). The Peabody Reflector 6(10), p. 30-34.

　1920年2月末に、マクマリーが知人に宛てた私信で、「この1年間」学内講義とは別に南部を中心にどれだけ地方をまわり講演や講習を行ってきたかを具体的地名と期間を列挙しつつ報告している。1919年～1920年は、NC、

ミズーリ州、オクラホマ州、ジョージア州、ケンタッキー州に加えて、ルイジアナ州やテキサス州の2州への訪問が長期・複数回に及んでおり、「現在のところ、ルイジアナ州は、私が見出してきたなかで、教育活動にとっては最良の場のひとつである」と名指しして賞賛している[501]。

　たとえば、1917年にすでに『ルイジアナ・スクール・ワーク（Louisiana School Work）』誌に教師ルシル・スコット（Scott, L.）が低学年の自クラスでタイプ・スタディを実践し報告している。地元の綿花学習を事例にあげ、問答で進めていく様子を記述し、最後にはロビンソン・クルーソー物語を子どもに想起させ、綿花農家のくらしが他とは隔絶していない意味を考えさせている。このようなタイプ・スタディ（彼女はタイプ・レッスンとよぶ）を通じて、子どもの地平が広がり自分が世界の一部をなしていることを実感できるようになるという。マクマリーのいうタイプ・スタディの意義を踏まえたものとは必ずしも言えないが、この呼称をもつ単元学習を展開することで、スコットは子どもが興味関心を持って学習に没入する姿を見出し、その有効性を訴えたのである[502]。ノーマル・スクールの教員ではない一般の教師も、通常中学年で多く提案されたタイプ・スタディを低学年でも取り組んで雑誌に報告しようという気運があったことは注目に値する。

　1919年、『ルイジアナ・スクール・ワーク』の後継誌『サザン・スクール・ワーク（Southern School Work）』は、セント・マーティンズビル（St. Martinsville, LA）のマクマリーの6日間の研修コースを取り上げ、「専門家の指導の下、現実的・実際的な条件下での教員研修の価値があり、いつもの単調な教員会議からの改善となるもの[503]」としてこのような新しい研修が一般

501　McMurry, C. A. (2/29/1920). *A private letter from McMurry, C. A. to Chambers, F. D.* Unpublished manuscript, Charles A. McMurry papers, (Box 3, File 14), Northern Illinois Regional History Center, Northern Illinois University, Dekalb, IL.
502　Scott, L. (1917). A Type Lesson in Geography as Taught to the Lower Grades. *Louisiana School Work*, 5(10), 485-486.
503　(1919). A New Type of Teachers' Institute. *Southern School Work*, 8(3), 116.

化することを期待すると評価している。さらに、同年にはマクマリーが州のノーマル・スクールでも１週間の特別講義を持ったことが記録[504]にあり、『サザン・スクール・ワーク』誌にも取り上げられ[505]、指導主事たちに通常授業の現場指導のあり方が直接マクマリーから伝授されたことがうかがえる。

このようなマクマリーによるルイジアナ州訪問を経た1924年のルイジアナ州の初等教育カリキュラムを見てみると、随所でGPCTのタイプ・スタディ集パンフレットを含むマクマリーの文献が紹介され、タイプ・スタディの活用が試みられているなど、彼の指導が大きく反映されていることが読み取れる[506]。

> それぞれのトピックやタイプは全体として理解されるべきである。（中略）このためには、すぐれた教授のための予備的な準備が必要である。タイプとなるようなアイディアは授業のプロセスではしばらくの間はまったく立ち現れてこないかもしれない。でもそれは教師の念頭にはたえず位置しているし、展開を規定している。この中心的なアイディアや思考の線は議論全体がそれを蝶番のようにして動く軸である。タイプ・スタディは教材の扱いの適切な見通しを与えてくれるものであり、個々のトピックの中でどれくらいまで詳細が必要か不要かも教えてくれる。手短に言えばタイプとなるアイディアは教師に安全な取扱いの中心を与えてくれるものなのである。（中略）米国やヨーロッパから選択された大きなタイプ・スタディの多くはそれ自体のなかに強固で必要かつ自然なシークエンスを含み持っている。例えば、西部の灌漑事業なら、山脈から始めて、気候条件、ダム建設、排水溝建設、貯水池、畑への散水、生産される穀物、洪水の危険性、水利権、産物のマーケティング、他の灌漑事業との比較などなどへと進むはずである[507]。

---

504 Louisiana State Normal School. (1920). Eighteenth Biennial Report of the Louisiana State Normal School. *Normal Quarterly of the Louisiana State Normal School, 9*(3), 4.
505 (1919). State Normal Notes. *Southern School Work, 7*(8), 426.
506 Louisiana Department of Education. (1924). *State Course of Study for Elementary Schools of Louisiana*. Baton Rouge, LA: Ramires-Jones Printing Company.
507 *Ibid.*, 180-181.

と述べられ、かなりタイプ・スタディの理解が進んでいたことがわかる。

しかも、ルイジアナ州は現場の教師が留意しておくべきこととして、タイプ・スタディにおける中心的概念は授業中に子どもの側ではそう早く簡単に可視化されるものではなく、むしろこの発想は教師の単元構想のなかにこそ根付いていることのほうが重要だと踏み込んだ解釈を示している。タイプ・スタディはあくまでも教師の単元開発や授業展開の見通しを提供するものであるとコース・オブ・スタディに明記したルイジアナ州当局は、子どもがどれだけタイプを意識して学習するかについては不問にしている。タイプ・スタディのような大単元であれば自動的に子どもの興味や問題意識を次々と喚起していき、子ども自身は無自覚のうちにも結果としてまとまりをもって他への応用が利くものを獲得することとなるという捉えをしているからである。コース・オブ・スタディにおいて、教師の単元開発・授業づくりの基本的立場をタイプ・スタディに求めている。その意味で、タイプ・スタディはカリキュラムを論ずる上では子どもを受動的位置に置くが、当該の子どもは自然に主体的に学ぶという構図を用意している。子どもの学習の展開には楽観的で、むしろ教員養成や教師教育への寄与をタイプ・スタディに求めるようになったマクマリーの力点の比重移動をルイジアナ州当局も完全にトレースしているといえる。

さらに、ルイジアナ州は、単元例「ミネアポリス」の展開を概括したうえで、「ひとつの大きなタイプ・スタディはそのまわりに事実的な地理事項のさまざまな体系を組織化する傾向がある。中心的で支配的なアイディアと明確な関連を持って、諸事実は見出される。幅広い地理の知識が立ち現れるのだ。統合的で中心的な教授のアイディアを持たずして、都市名や湖、河川、諸地域を独立した地理の事項として学び場所を覚えることを主張するのは困難である[508]」と解説する。「灌漑事業」の他にも「ミネアポリス」を事例に

---

508 *Ibid.*, 182-183.

第6章　ノーマル・スクール、学校、教育行政当局はマクマリーから何を学んだか　303

あげる方略も、細かな事実的知識がどのように配されることになるかを論ずる構造もマクマリーと完全に一致している。マクマリーがルイジアナ州の実践を高く評価するのもうなずける。彼の視点や枠組みをここまで忠実にコース・オブ・スタディ化し得た事例も珍しく、マクマリーが現地のノーマル・スクールに集中講義に入り、多くの教区（parish）の教育委員会主催の研修会も重ねてきた成果でもあるといえるだろう。

つづいて、具体的な研修会の模様がうかがえる事例を取り上げたい。マクマリーは、1918年8月26日〜30日にオハイオ州マウント・ギリアッド（Mt. Gilead, OH）で講習会の講師に招かれている。モロー郡（Morrow County）内の各地教育委員会メンバーに向けてセッションは持たれた。彼の講義は8月29日（木）の夜、つまり、セッション全体のメインの時間枠で開催された。

その講習会のプログラム・パンフレットには、マクマリーが「タイプ・スタディの授業（Type Study Lessons）」と題して講演をしていることが記されているが、その細目を見ると、タイプ・スタディ論を語ったのではなく、個々の単元内容を解説していることがわかる。具体的には「(1)歴史：ミシシッピ川最初の蒸気船、(2)読み物：ロビン・フッド物語、(3)地理：ソルト川プロジェクト、(4)公民と歴史：ベンジャミン・フランクリンと社会貢献、(5)科学と地理：都市衛生」と講義テーマが示されている[509]。これらのタイトルから判断するに、内容はGPCT発行の小冊子をもとに講述されたものと思われる。もはや「タイプ・スタディとは何か」を論ずる段階にはなく、具体的な教育内容を「実演的に」示しながら教師に追体験してもらうことを企図していたようだ。

この講習会のマクマリーの講義は、現場サイドのニーズを反映するとともに、彼自身の普及へのスタンスもあらわれている。というのは、スペシャ

---

[509] Williamson, J. D. (1918). *Fifty-Second Annual Institute Morrow County Teachers August 26-30, 1918.* Unpublished pamphlet, Charles A. McMurry papers, Northern Illinois Regional History Center, Northern Illinois University, Dekalb, IL.

ル・メソッド・シリーズは言うに及ばず総論を扱った著作においてもたえず彼は具体的単元をその完成型として例示することを行なっているからだ。現場の教師たちこそがカリキュラム編成の主人公であり、実践の主体であるとの認識が明確にあるゆえに、そこにアピールする方法で提示していく方略ともいえよう。

4 タイプ・スタディはいかに実践されたか

4－1 教員養成機関でのタイプ・スタディ試案

　エドワーズ（Edwards, E. R.）はミシガン州において1919年から1925年の間の小学校の地理のコース・オブ・スタディを調査し、1926年、『地理ジャーナル（*Journal of Geography*）』誌に報告した。そのコースの数は85に及ぶ。よく使用されていたテキストはター＆マクマリーのシリーズで、その他はフライ・アトウッド（Frye-Atwood）、ブリガム（Brigham）、マクファーレン（McFarlane）のテキストが続く。プロジェクト概念についての合意形成はなく、視点として活用するところもあれば教材として開発しているところもあったようだ。「タイプやタイプ・スタディはうすうす気づいている以上に数は多い。全体として、13のコース・オブ・スタディがかなり練られたタイプ・スタディをリスト化している。13の内9つはタイプ・スタディを体系的にとり行っている[510]」と述べ、その整備は進んでいたことが読み取れる。

　マクマリーの直接指導がなくとも、彼に影響をうけた教育学者のもとで現職教員たちがタイプ・スタディの名の下に単元開発を行っていた事例が史料からいくつか確認できる。

　1905年、サンフランシスコの州立ノーマル・スクールで地理教育を担当し

---

[510] Edwards, E. R. (1927). A Summary Review of an Analytical Survey of Current Courses of Study in Elementary School Geography, *Journal of Geography*, 26, 301.

ていたウォルター・ケニオン（Kenyon, W. J.）は、教師向けハンドブック『地理における教師用ハンドブック第1部南北アメリカ（*A Teachers' Handbook in Geography PART I North and South America*）』でマクマリーの単元論を取り上げている。3年生から8年生までの地域ごとのコース・オブ・スタディを以下のように示す。

表6－2　ケニオンの示した地理のコース・オブ・スタディ[511]

学年	地域ごとのコース・オブ・スタディ（Course of Study by Regions）
3	北極圏のアメリカ、スペイン系の南部、サハラ地域、アマゾン地域、未開地域、南米の北部地域、中国、西インド諸島、オランダ、南太平洋諸島、アラスカ、中央アフリカ、パタゴニア、ハワイ諸島、日本
4	太平洋地域（米国）、東インド、コットン・ベルト（米国）、パレスチナ、ラプラタ地域、スカンディナビア、ブラジル高地、ナイル地域、スイス、グレイジング地域（米国）、トルコ（ヨーロッパ）、西海岸（南米）、フィリピン、オーストラリア、プラトー地域（米国）、インド
5	イスラム・アジア、カナダ（南部）、スペイン（とポルトガル）、南アフリカ、3年生のトピックの復習
6	ギリシャ、アパラチア地域（米国）、海洋、4年生のトピックの復習
7	湖水地域（米国）、イタリア、ニューイングランド、ロシア（シベリアとともに）、プレーリー地域（米国）、イギリス、中央大西洋海岸線（米国）、5年生及び6年生のトピックの復習
8	ドイツ、バルカン諸国、フランス（とベルギー）、オーストリア・ハンガリー、7年生のトピックの復習、経済圏、人種分布

表6－2からも明らかなように、ケニオンの構想するコース・オブ・スタディは、マクマリーの主張する「近から遠へ」の原則を採用していない。8年生のトピック選択から考えると、シークエンスはむしろ文明発展史、つまり開化史段階説の影響をゆるやかに残したものとなっている可能性がある。

511　Kenyon, W. J. (1905). *A Teachers' Handbook in Geography PART I North and South America*. San Francisco: C. A. Murdock & Co., Printers, 10.

そして、結果的に地域としては網羅的に取り扱うことを前提としている。

ケニオンは単元概念についてマクマリーからの借用および適用だとしたうえで、「これらの単元は、通常の文化に普遍的な全ての情報を含むと同時に、特殊なことはすべて除外して、その地域の重要な説明のひな形（epitome）あるいは概要（brief）を構成する。一つの地域の諸単元はまとまればバラの蕾に喩えられるかもしれない、つまり潜在的に花となるあらゆる特徴を内包させているようなもので、まさにその内容を完全な形で開こうとするものである[512]」と解説し、以下のような単元事例を示す。

表6－3　ケニオンの単元事例[513]

単元	ニューイングランドの諸単元の内容
1	ここはピルグリム・ファーザーズの地であり、文字通り名声の地である。
2	ニューイングランドは重要な漁業を有しており、グロスター（Gloucester）はすばらしい漁港である。
3	痩せた土地で岩がちの田舎は農業には向いていないがすぐれた採石場である。ニューイングランド地方の湖や海の断崖は有名な夏の保養地となっている。
4	メイン州の材木は多くの船舶を建造してきた。
5	川は強力な滝を有しており、マニュファクチャ都市が成長した。
6	入り組んだ海岸線はよい港に向いており、ボストンはその代表格である。
7	ニューイングランドはクランベリーやメイプル・シュガーの生産や製氷を行っている。

ケニオンはマクマリーのタイプ概念を概要やひな形と言い換えてしまうのだが、表6－3にその意図が明確に表れている。彼の言う単元とはトピックを分節化してなされる解説（description）にあたるものであり、そのひとつひとつは「バラの蕾」に充填された要素的存在に過ぎない。タイプを学ぶこ

---

[512] *Ibid.*, 10-11.
[513] *Ibid.*, 11.

第6章　ノーマル・スクール、学校、教育行政当局はマクマリーから何を学んだか　307

とで汎用性を持ったものの見方が獲得されること、つまり開花したバラが学習者の他の事象を見る見方となることを目指すのではなく、一つのトピックを完成させるためのパーツとなるのが各単元である、言い換えればバラの開花が目的なのである。拡張性に関しても、方向性に関しても、マクマリーのタイプ・スタディ概念とは逆向きに構想されているといえる。コース・オブ・スタディに明記された既存の知を量的に保存しようとする立場にたって、マクマリーのタイプ・スタディを理解しようとした際に生ずる誤解である。

次に取り上げるサイラス・ミード（Mead, C. D.）はインディアナ州スペンサー（Spencer, IN）で初等・中等の学校で教師を務め、世紀転換期にはインディアナ州の各地の学校で校長も務めた。1904年から1910年まで同州フォート・ウェイン（Fort Wayne, IN）にあったインディアナ精神薄弱児学校（Indiana School for Feeble Minded Youth）の校長を務めた。そのあと、オハイオ州のシンシナティ大学カレッジ・フォー・ティーチャーズ（College for Teachers, University of Cincinnati）の初等教育担当教員として着任し、心理学分野の専門家として教育測定運動の流れに乗りテスト開発や測定研究も行う傍ら、現職教員らを指導した。後に彼はカリフォルニア大学バークレイ校（University of California, Berkeley）に異動し、学校調査運動に積極的に関わることになった。

史料として特定するのは困難ではあるが、インディアナ州の西部にあるスペンサーで教員を19世紀末から20世紀初頭に務めていたミードならば、ヘルバルト主義教授理論やNISNS時代のマクマリーの所論に触れる機会は多かったと思われる。1916年に『アトランティック・エデュケーショナル・ジャーナル』誌にミードは彼の指導院生であり現職教員であったマチルダ・フォン・デル・ハルベン（Von der Halben, M.）と共著で「米国南部の地理に関する5年生のタイプ・スタディ集（A Series of Fifth Grade Type Studies on the Geography of the Southern Section of the United States[514]）」と題して数号にわたり単元提案している。『アトランティック・エデュケーショナル・ジャーナ

ル」には、ミードら以外にも、やはり同大学院の2人の女性教育実習生（student teacher）のルシル・シッボールド（Sibbald, L. F.）とヘレン・ステイプルフォード（Stapleford, H. L.）により開発された単元「フロリダ州の果物のタイプ・スタディと冬季リゾート地としてのフロリダ州（A Type Study of Fruit in Florida, and Florida as a Winter Resort[515]）」も同年に掲載されている。ミードらとシッボールドらの2つの単元をここでは取り上げ、タイプ・スタディの当時の受容と展開のされかたを検討したい。なお、翌1917年にはコロンビア大学ティーチャーズ・カレッジのチャールズ・ハント（Hunt, C. W.）の「アラスカ：タイプ・スタディ（Alaska-A Type Study[516]）」も同誌に掲載されるが、その形式はミードらのものと酷似している。

以下に示した表6－4は、ミードらによるタイプ・スタディの「レッスン1」である。彼らはレッスン11までの11回分を同誌で提案している。レッスン1に続いて、レッスン2以降、人口・地形・綿花栽培・ルイジアナ州と砂糖・たばこ栽培と展開していく。一連のタイプ・スタディとされていることからも分かるように、人口や綿花栽培などが一つ一つのタイプ・スタディと捉えられている。

表6－4　米国南部の地理における5年生のタイプ・スタディ・シリーズ[517]

レッスン1 なぜ南部を学	Ⅰ、学習する理由 (1) わが国の一部である。 (2) のちの南北戦争の学習のための基礎となる。

514　Mead, C. D., & Von der Halben, M. (1916). A Series of Fifth Grade Type Studies on the Geography of the Southern Section of the United States. *Atlantic Educational Journal, 11*(5), 237-239; 11(7), 346-349; 11(10), 534-537; 12(1), 11-15.
515　Sibbald, L. F., & Stapleford, H. L. (1916). A Type Study of Fruit in Florida, and Florida as a Winter Resort. *Atlantic Educational Journal, 12*(1), 41-43.
516　Hunt, C. W. (1917). Alaska-A Type Study. *Atlantic Educational Journal, 12*(6), 308-309.
517　Mead, Cyrus. D., & Von der Halben, Matilda. (1916). A Series of Fifth Grade Type Studies on the Geography of the Southern Section of the United States, *Atlantic Educational Journal, 11*(5), 237-239.

第6章　ノーマル・スクール、学校、教育行政当局はマクマリーから何を学んだか　309

ぶのか？ —概要	(3) シンシナティと交易関係がある。 Ⅱ、シンシナティが南部と交易するのによい位置にあるのか否かを見出すこと。 (1) 鉄道。 (2) 河川。
教師のねらい	生徒たちを南部に精通させること。
子どもたちのねらい	南部について学ぶ理由がわかり、シンシナティがこの交易を行うのによい位置にあるのかどうかがわかること。
導入	アメリカ合衆国のどこの部分を学んできたか？　地図のところにきてその一つを指さしなさい。そこに属する州名をあげなさい。これから学ぶ合衆国の部分は南部と呼ばれている。なぜこんなふうによばれているのだと思う？ 地図のところにきて南部を指さしなさい。そこに属する州名をあげなさい。
問題Ⅰ	今日の最初の問題は南部を学習する理由がわかることです。（問題を板書し、その下に子どもといっしょに考え、理由を列挙していく。） (1) 私たちの国の一部であるから。 (2) 南北戦争の物語の基礎をつくる。リンカーンの名前で想起する偉大な運動は何ですか？　これらの奴隷はどこにいましたか？　彼がこのような努力をした結果どうなったでしょうか？　このことはどれくらい後の歴史学習の助けになるでしょうか？ (3) 私たちと交易関係があるから。もし南部がなかったら私たちの生活はうまくいくでしょうか？　なぜうまくいかないのでしょうか？（なぜなら南部は私たちに送るものがあるし、逆に私たちにも送るものがあるから。）この物品の交換のことを何と呼ぶか？（交易、輸出、輸入。）では他に南部を学ぶ理由は何でしょうか？（交易関係があるから。）南部は私たちに何を送ってくるのでしょうか？（砂糖、たばこ、米、果物。これらを黒板に列挙する。もし生徒たちが品目を挙げられなかったら、絵や絵はがきなどから解釈させる。）○ページに戻りなさい。（綿花生産地図。）この地図で何がわかりますか？　なぜある部分が黒く塗られているのですか？　私たちの問題が何であったか、どのように回答してきたか誰か立って言ってくれますか？
問題Ⅱ	シンシナティがこの交易を行うのによい位置にあるのかどうかがわかること。 　教材。南部を示す壁地図。大きな鉄道図。L. & N.、Q. & C.、C. & O.、N. & W. 商工会議所地図。「原材料の中心地シンシナティ」 (1) 鉄道。 (a) これが何なのか誰か言えますか？（L. & N. 鉄道図。）黒い線は何でしょうか？なぜ L. & N. と呼ばれているのでしょうか？（もともとルイビルからナシュビルへと建設されたから。）シンシナティにやってくる他の鉄道の名前を文字であげることができますか？　地図上でこれらの都市を見

つけなさい。ルイビルとナシュビルからも他の鉄路が延びています。これはどういうことでしょうか？ なぜ延伸が必要だったのでしょうか？ L. & N. が通過する州を挙げなさい。(板書する。1人が壁地図のところにきて残りの生徒は席で地図をなぞる。)南部のどの部分をこの路線は全体としてカバーしていますか？(半分か1/3。)私たちの地理教科書の人口分布表を見てみましょう。何人の人がこれらの州に住んでいるでしょうか。あなたは、各州の人口を黒板に書いてもいい。南部の人口は全部で何人か確認しましょう。これらの黒い線からどこが最大人口だと予想しますか？大都市のいくつかを見つけなさい。なぜそれらの都市がそれほど大きく発展したのだといえますか？私たちは何をしようとしてきましたか？ どんな理由を得ましたか？(他の鉄道地図も同様の方法で行う。)

(2) 河川。

(a) シンシナティが南部との交易に適した地であることについて他の理由がわかりますか？(オハイオ川とミシシッピ川。)これらの川が通過する州をあげなさい。川が通過するこれらの州の内、いくつかの州が鉄道にも触れていますか？ シンシナティと川によって接触のある大都市をいくつかあげなさい。これらの事実からシンシナティの場所について何がわかりますか？ 私たちが解決しようとしてきた2つの主な問題について誰が立って言えますか？ 1問目、2問目の答えを言ってください。これらの問題と答えとをおおまかにあなたのノート(もしくは地理のブックレット)に書きなさい。

(Folder of L & N Railroad)

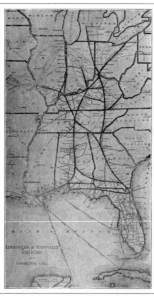

表6－4からもわかるように、一回分のタイプ・スタディは、南部を学習する意味の確認が行われたあと、学習者である子どもたちの住むシンシナティが南部との交易拠点になっていることを理解することという2つの問題を解決する単元として示され、教師との問答を通じて進められていく。米国南部の地理について、結果的には網羅的にすべてを学ぶことが計画されており、タイプ・スタディは一連の教材の一分節として解されていることがわかる。しかも、問題解決に必要な発見は子どもによりなされるのではなく教師からの問いに埋め込まれる形に終始してしまう。たとえば、「なぜ延伸が必要だったのでしょうか」と鉄道延伸の必要性を問いながら、「私たちの地理教科書の人口分布表を見てみましょう。何人の人がこれらの州に住んでいるでしょうか。」と問い、子どもは地図や資料から読み取ったことを発表するのみである。教師の問いの繰り出しにより、かなり誘導された結果、子どもが発するのは事項的回答のみとなっている。形式は初発の問いに丁寧に迫り、最終的に答えが出てそれを確認するということになっているが、従来のレシテーションとそのあり方はほとんど変わらない。ハントの単元「アラスカ」も同様である。米国の遠隔地領のタイプを学ぶことが目指されているが、結局は問答法で進み、子どもはいくらでアラスカを買ったのかを覚えることが着地点となる[518]。ただ、ミードらの場合、教育学者の指導の下、現職教員が協同的に単元開発するという構図はマクマリーがタイプ・スタディを通じて意図した教員養成・教師教育の姿でもあることは指摘できる。

表6－5はシッボールドらの提案である。フロリダ州について学ぶ地理の単元である。

---

518 Hunt, (1917), *op. cit.*, 308.

表6-5　単元「フロリダにおける果物のタイプ・スタディと冬季リゾートとしてのフロリダ」[519]

概要	シンシナティが使う南部の果物。 　　レモン、オレンジ、パイナップル、グレープフルーツ。 なぜフロリダ州は主たる果物生産州となっているのか。 　　気候。 　　　　気温と位置。 　　　　降雨。 　　　　土壌。 果樹園のタイプ・スタディ。 　　土壌の準備。 　　植樹と培養。 冬季リゾートとしてのフロリダ州。 　　健康のための利点。 　　娯楽のための利点。 交通機関。 　　娯楽。 　　果物輸送。 　　輸送基地。 まとめ。
教材	ターとマクマリーの諸テキスト。レッドウェイとヒンマンの諸テキスト。カーペンター『北アメリカ』Sarasota-Venice Co., ブックレット。L. & N. と Q. & C. の鉄道図。『デンバーの畑と農地』雑誌。『カントリーの紳士』。
I	シンシナティが利用する南部の果物。 （中略）
II	なぜフロリダ州は主たる果物生産州となっているのかを考えよう。 （中略）
III	果樹園のタイプ・スタディ。 　1、土壌の準備。 　　どんなガーデンであっても君はどんな準備をしますか？（耕し、ならし、除草する。）植える場所を棒でマークし、30×30あるいは40×40の規模で植える。何で木はそれだけ離して植えないといけないのだろうか？（生長するスペースの確保と日光が一本一本に当たるため。）フィラーを置く必要があるなら、他の木と半分くらいの距離をあける。（15フィート。）桃の木はフィラーとして用いられることが多い。なぜかわかりますか？（なぜならオレンジが実をつける前に桃は実をつけるからです。）どこで木を入手しますか？（苗床。）苗床から移植されるとき、束にされ溝におかれ根は土で覆われている。これは「仮植

519　Sibbald & Stapleford, (1916), *op. cit.*, 41-43.

第 6 章　ノーマル・スクール、学校、教育行政当局はマクマリーから何を学んだか　313

	え」と呼ばれます。 　２、植樹。 　植樹の時、１バレルの水に浸す。なぜか？（太陽が根っこを乾かしてしまわないように。）木のために穴をどれだけ掘られるのか？（２フィート半の深さと２フィートの幅。）植樹され、土が足でかぶされる。なぜか？（根付かせ、空気を入れないために。） 　野菜を植える。 　木の列の間に小さな野菜を植えるのがなぜよいのですか？（地面での日光の照り返しが若木には有害だから。） 　３、培養 　野菜は木から３フィート離す。なぜか？（木の近くの土はきれいにしておかないといけない。）毎年木を刈り込む。なぜか？ １　中央が空いた状態で、太陽光がすべての実に届くぐらいの形にしておくため。 ２　果実が収穫しやすいように木を低く保つため。 　リンゴは６年で実がなり、桃は３年で実がなりだし５年で終わり、オレンジは８年で実がなる。
Ⅳ	冬季リゾート地としてのフロリダ州。 (中略)
Ⅴ	交通機関。 (中略)
まとめ	フロリダ州について私たちが学んできたことについて誰がまとめられますか？（気候、土壌のため、また霜がめったに降りないために一大果物州となっている。狩猟、釣りなどの機会に恵まれており冬季リゾートにも適している。また交通の便もよい。）

　表６－５からわかるように、シッボールドらの考えるタイプ・スタディはフロリダ州全体に関わる単元を意味するのではない。コース・オブ・スタディにあるフロリダ州の学習を網羅的に扱うプロセスで、フロリダ州に固有性を持たない「果物の栽培」に関わるトピックだけがタイプとして位置付けられている。シッボールドらにとってタイプ・スタディは一事例のもつ典型性が重視されるのではなく、普遍的事実の部分のみがタイプなのである。一連の地理の教材の中で、ある特定の地域や状況にのみ依存することがないような普遍的な知識内容が扱われるところがタイプ・スタディであると解されて

いる。

　マクマリーは、その単元を学ぶことで網羅的な知の獲得や重複を回避できるという点と、他の類似事項に子ども自身が応用していけるという点をタイプ・スタディの効果として期待した。ミードらやハント、それにシッボールドらはともに、まったくといってよいほどその意図を無視あるいは誤解しているのがわかる。

　マクマリーが不満としていたようなレシテーション実践事例は以下のような展開をするものであったと明言されている。

> 教師―《ルイジアナ購入について話しなさい。》生徒―《ジェファソンがナポレオンから数百万ドルで買いました。》教師―《それでは、ジェファソンは南西部の人たちがどれだけミシシッピ川の河口を入手したいのかがわかっていて、パリの交渉人であったリビングストンとモンローにニューオリンズとほんの小さな河口部分を買うことを承認していたというわけですね。でも交渉人はナポレオンからルイジアナ全体を1500万ドルで提供され、その申し出を受け入れた、と》生徒―《はい、ぼくが言いたかったことです。》（中略）教師―《カンザス・ネブラスカ法の効果は何でしたか？》（後略）520。

　おそらくマクマリーはこれと同様の展開を実際に多く目の当たりにしてきたのであろう。しかし、ミードらの実践例にも見られるように、タイプ・スタディの名の下に旧態依然としたレシテーションが実際には展開していたことが推察される。マクマリーは、このようなレシテーションは子どもの思考を促さない典型的な誤りだと指弾する。

　『アトランティック・エデュケーショナル・ジャーナル』誌で1916年頃に集中的に提案された複数のタイプ・スタディの事例は、地理に関する知識を網羅的にカバーするのみならず、展開においても旧弊なレシテーションの方

520　McMurry, C. A. (1914). *Conflicting Principles in Teaching and How to Adjust Them*. Boston, New York, Chicago: Houghton Mifflin Company, 116-117.

法に依拠していたといえるし、たとえカリキュラムや単元の構造に改良が加えられようとしたとしても、それに見合うだけの教育方法が模索されなければ、旧来のレシテーションが単元展開を逆規定してしまっていたのである。

シンシナティのミードの他にも、教員養成機関に勤める教員がタイプ・スタディを開発し地域の学校への普及を試みていた人物がいる。ハリエット・スミス（Smith, H.）は『地理ジャーナル』誌に、テキサス州ハンツビル（Huntsville, TX）のサム・ヒューストン・ノーマル・インスティテュート（Sam Houston Normal Institute）での実践プラン「材木業のプロジェクト（Project on Lumbering）」を紹介している。興味深いのは、彼女は、1921年の報告だからか、マクマリーの提唱するタイプ・スタディを軸としながらプロジェクトという語を用いて単元開発を行なっている点である。マクマリーの『米国地理からのタイプ・スタディ集』を参照したと明示する以外にも、英語との相互関連や偶発的に（incidentally）語法を学んだりする点[521]などはまさにマクマリーの枠組みを反映している実践であることが読み取れる。GPCTから近く、マクマリー自身も州内各地を巡ったテキサス州だからこそ、マクマリーの指導とノーマル・スクールの教師による理解も進んでいたのかもしれない。

4−2　ゴーガンズのタイプ・スタディ開発

第3章で、行政官ガンターについてすでに検討したように、サウス・カロライナ州（以下、SC）では州都コロンビア（Columbia）の教育行政当局とGPCTとの関係が深まる中でコース・オブ・スタディや単元づくりにおいてマクマリーの影響が色濃く見出される。そのことは、地元教育誌『サウス・カロライナ・エデュケーション』や教育長会議報告などから読み取れる。ここではSCのニューベリー郡指導主事から州都コロンビアのあるリッチラ

521　Smith, H. (1921). Project on Lumbering. *Journal of Geography*, *20*, 314-315.

ンド (Richland) 郡指導主事に転じ、自らタイプ・スタディを開発し地元教育誌に掲載したセイディ・ゴーガンズ (Goggans, S., 1888-1967)[522]に注目したい。

ニューベリー郡の教育長ジョージ・ブラウン (Brown, G. D.) は1915年版の年次報告書でニューベリー郡について報告している。出席義務制へと移行しつつある様子や1人の教師による複式の学校が所管内に多くあること、さらには農業教育の一環として「トマト・クラブ (Tomato Club)」の活動を報告する一方で、「当局にとって、学校にとって、教師にとって、郡全体にとってセイディ・ゴーガンズ指導主事の働きはこのうえなく価値があるものである。ゴーガンズ女史は活力があり良心的な人である[523]」と彼女の働きを名指しで賞賛し州当局に報告している。

ゴーガンズは1915年の年次報告としてニューベリー郡について、郡内のべ129校を訪問したと述べている。年間に129校の訪問数はその登校日数からしても尋常でない数字だといえる。いかに彼女が現場に足を運び指導を行なっていたがうかがえよう。報告書では、日頃とは異なる演示授業 (demonstration lesson) がベテラン教師たちによりなされ、それを若手の教師たちに示していくという研修の実態が記されている。また、ウィリアム・テイトの編集したコース・オブ・スタディの解説マニュアルを用いて行った実践もあわせて報告している[524]。GPCTの僻地教育を専門とする教授でもあり、先述の教師用マニュアルを作成するなどサウス・カロライナ州と縁のあるテイトの

---

[522] なお、彼女は、博士論文「初等教育カリキュラム編成における作業単元と興味の中心 (*Units of Work and Centers of Interest in the Organization of the Elementary School Curriculum*)」(1940) をまとめており、単元論全体を総括してタイプ・スタディをどう位置づけなおしたのかなど別途検討が必要である。

[523] Brown, G. D. (1916). Newberry County. In *Forty-Seventh Annual Report on the State Superintendent of Education of the State of South Carolina 1915*. Columbia, SC: Gonzales and Bryan, State Printers, 72.

[524] Goggans, S. (1916). Newberry County. In *Forty-Seventh Annual Report on the State Superintendent of Education of the State of South Carolina 1915*. Columbia, SC: Gonzales and Bryan, State Printers, 138.

影響が大きかったことがうかがえる。また、テイトを通じて GPCT との影響関係が深まり、後に彼女がマクマリーの唱えたタイプ・スタディを開発することに繋がったものと考えられる。

　ニューベリーで2年間指導主事を務めたあと、州都コロンビアのあるリッチランド郡に異動したゴーガンズは1916年版の年次報告で、貧困地域の改革として、視聴覚機器を積極的に利用するなどして地域の人々の関心を高める方策をとり、子どもの就学・出席を促す努力をしているとしている。また彼女自身が、58人の教師たちが参加するサマー・スクールで、演示授業を行なうなど具体的な実践を示したり、月単位の指導計画を立ててその遂行をどの学校階梯ででも行うよう指導したりしたことも報告されている[525]。ここからゴーガンズが、自らも各校に足を運び実演しつつ、カリキュラム編成とあわせて現場の教師たちの力量形成を願っていたことがわかる。この立場がマクマリーのタイプ・スタディと親和性を持たないわけがなかった。

　やがて、ゴーガンズは指導主事の立場からタイプ・スタディに基づく単元開発を行い、『サウス・カロライナ・エデュケーション』に1920年と1921年に5号にわたって連載することになった。その単元数はマクマリーの小冊子の借用と思われるものも含めて以下の34にのぼる[526]。

・綿花と綿花プランテーション

・たばこ栽培

・大西洋岸の輸送園芸（truck farming）

・州都コロンビア

・現代的な宿営地、キャンプ・ジャクソン

---

[525] Goggans, S. (1917). Richland County. In *Forty-Eight Annual Report on the State Superintendent of Education of the State of South Carolina 1916*. Columbia, SC: Gonzales and Bryan, State Printers, 68.

[526] Goggans, S. (1920). Type-Studies in the Geography of North America for the Grade Teacher. *South Carolina Education, 2*(1), 10-11, 23; *2*(2), 13, 19-20; *2*(3), 25-26; (1921). *2*(4), 25-26; *2*(5), 24-25.

- サウス・カロライナ州の歴史都市、チャールストン
- ルイジアナ州の砂糖プランテーション
- ガルフ・ポート、ニューオリンズ
- ミシシッピ川の全体
- アパラチア山脈の全体
- 首都ワシントン
- ペンシルバニアの炭鉱
- 鉄とスチール
- ミシガン湖と五大湖
- レイク・ポート、シカゴ
- ナイアガラの滝
- エリー湖の運河
- 偉大なる大西洋の港、ニューヨーク
- タラ漁とグロスター
- 材木キャンプと製材
- トウモロコシとコーン・ベルト
- 小麦とノース・ダコタ州の小麦畑
- 酪農場
- ルーズヴェルト・ダムと灌漑
- カリフォルニア州・コロラド州の金銀鉱とモンタナ州の銅鉱
- イエローストーンとその他の国立公園
- 太平洋の港、サンフランシスコ
- 南部の鉄道
- わが国にとってのアラスカの価値
- カナダの物理的特徴と固有の仕事
- メキシコと熱帯産物
- パナマ運河

・キューバと米国の島嶼領
・太陽と月との関連する地球

　一見してもわかるように、マクマリー自身により開発されたタイプ・スタディも複数含まれている。1920年11月、『サウス・カロライナ・エデュケーション』第2巻2号ではすでに12番目のタイプ・スタディまで開発・紹介されていたが、その号の編集後記にて「読者のみなさんは、ゴーガンズさんのタイプ・スタディを読み終えたら、それで終わった気になってはいけない。それは始める準備が出来たにすぎないのだ。そのタイプ・スタディを切り抜きし、それをあなたがたの地理の教科書に挟みなさい。（中略）実際、それらの参照無しに地理を教えようとしようものならおそらく失敗するでしょう[527]」とコメントされている。編集者もゴーガンズのタイプ・スタディに大いに期待を寄せていたことがわかる。

　具体的な単元事例を以下の表6－6に示す。

表6－6　最初のタイプ・スタディ：綿花と紡績工場（Cotton and a Cotton Mill）[528]

参照	SC副読本、p.6、7、2、1、8、9。 表、p.169、171。 巻末付録、p.3、4、8、9、13。 教科書、pp.41-44、51-60、169、171。
1	サウス・カロライナ州ニューベリーから9マイル離れたところにある綿花プランテーション。
2	様子、植え付け、作物の栽培。ワタハナゾウムシ対策。
3	収穫、綿繰り、出荷。
4	サウス・カロライナ州に見る多品種、さまざまな質、世界も同様。
5	成長のための適切な条件。米国のコットン・ベルト。他国。
6	チャールストン、南部の紡績工場、ニューイングランドの紡績工場などへの輸送。

527　(1920). Editorial Comment, *South Carolina Education*, 2(2), 14.
528　Goggans, S. (1920). Type-Studies in the Geography of North America for the Grade Teacher. *South Carolina Education*, 2(1), 11; 23.

7	ニューベリー紡績工場（サウス・カロライナ州ニューベリー）。工場見学で見られるプロセス。
8	サウス・カロライナ州、特にピードモント・アルパイン地域の紡績工場。
9	南部やニューイングランドなどの綿花製造業。
10	綿花を通じて世界に対する南部の重要性。
11	綿花の使用。

　表6－6からわかるように、近から遠への同心円拡大の核は、具体的なSCのニューベリー郡周辺でタイプを学びとることにある。そして綿花のトピック全体を学ぶことで、他のいくつかの類似構造をもつ産業は扱われないで済む。まさにマクマリーのタイプ・スタディ論が地域の実情にあわせて実践化されたものといえる。

　ゴーガンズは単元開発にあたり、教科書学習を批判しつつ、

> 私は、チャールズ・A・マクマリー博士からタイプによる地理やその他の教科の教授方法について学べたことをうれしく思っている。それ以来、私はもはや雑多な事実やバラバラの本の知識を6年生に提示することに公平な目を向けられなくなった。逆に、私は、ある産業や状況をひとつ据えてそのまわりに細かな事実を関わらせていき、そこで得た思考が他でも応用されていることに子どもが気づくように教材を組織化したいと思うようになった[529]。

と述べる。タイプ・スタディの実践化については、誤解や矮小化やそれに基づく批判が散見されるなか、彼女はマクマリーのタイプ・スタディ論を忠実に学んでいることがわかる。彼女は、実際に現場で教師自身がカリキュラムを構想する際の困難さを念頭に置いて、「北米で最も重要なトピックは何かということについてなかなか合意するのは困難であるが、上に掲げたようなタイプは価値があると皆うなずけるだろう。いくつかの職業や都市は取り扱

---

[529] *Ibid.,* 10.

いを保留にしたかもしれないが、これらのタイプに詳細な肉付けを行うかどうかが見えてくるにつれて、あるものは確実に残されていくにちがいない530」と述べる。何を重要と考え選択するかは教師それぞれに違いがあるとはいえ、タイプとして合意できるものは残されているとして、タイプ・スタディの普遍性を実感している。

さらに予想される難点として、「初めてタイプ・スタディに取り組むとき、教師は大変骨を折るし、素材は獲得しがたいし、子どもはテキスト上を右往左往するにちがいないということである」と指摘するが、

> 教師は視野が拡がる多くの事実を学ぶことを楽しむものだし、習得した各タイプにより成長もする。十分な素材は『地理（The Geography）』、『カーペンターの北米地理読み物（Carpenter's Geographical Reader of North America）』やマクマリー博士により作られたタイプ・スタディ集や地理雑誌から得られる。子どもたちはバラバラの大量の事項を暗記せずに済むと喜び、アウトラインに本の何ページに書いてあるかが示されていれば特に困ることもない531。

と、そういった批判点に対し反駁してみせ、タイプ・スタディの消極性を打ち消し、すでに実践され検証されたトピックがマクマリーのもとから入手できることが強調されている。彼女自身も単元開発を試みたからこそ、マクマリーの小冊子の価値が見出せたのだろう。なお、彼女の示すマクマリーの文献は以下の通りである。1冊10セントでマクマリーから直接得られるものとしてGPCTの小冊子、1909年にA・フラナガン（A. Flanagan, Chicago）から出されたパンフレット532の『アルプス山脈（The Alps）』、『ライン川（The Rhine）』、そして『地元地理における遠足と授業』（1904）、『米国地理からの

530　*Ibid.*, 11
531　*Idem.*
532　いずれもメイン・タイトルは『地理における中心的トピック（Central Topics in Geography）』である。

タイプ・スタディ集』(1904)、『米国地理の大単元』(1907)、『パイオニアの歴史物語』(1904)[533] の4冊である。GPCTの小冊子以外は、どれもマクマリーがNISNS時代に副読本化されたものばかりである。

このように、ゴーガンズは批判に対応するのみならず、以下のようにその積極性について論じている観点が興味深い。

> 詳細なことは人間の生活との関連で可視化される。不要な細事は省略される。細かな事実は絵にされると注意を引く。絵や記事などをタイプ・スタディと記載された大きな封筒に集めることにより収集本能が発揮される。歴史、地理、その他の教科が相互に関連づけられる。タイプ相互の相互関連も起こるとき、復習は頻繁かつ自然に起こる。子どもたちは今取り組んでいることの事実に関する知識を正確かつ幅広くもつ。子どもたちはさまざまな仕事に必要なことは何かをよりよく知ることができる[534]。

学校現場に従事する立場ゆえに見えてくるタイプ・スタディの受容視点は貴重である。地方担当行政官であったゴーガンズは、学校現場への指導を通じてかなり自由度高くカリキュラムに関われる立場であった。それゆえに、単元開発を軸にしたカリキュラム編成の原理としてのタイプ・スタディ論を学びとり、それを実践に移す努力がなされたことがわかる。

5　GPCT時代の現地指導の具体例

本節では、ノース・カロライナ州に注目し、年次報告書等に寄稿する機会の多かった教育長、指導主事、校長などの職にあった人物の証言を手がかり

533　正確には以下の2冊の著作を指していると考えられる。McMurry, C. A. (1904). *Pioneers on land and sea; stories of the eastern states and of ocean explorers.* New York; London: The Macmillan Company; McMurry, C. A. (1904). *Pioneers of the Rocky Mountains and the West.* New York; London: Macmillan Company.

534　Goggans, (1920), *op. cit.*, 11.

第 6 章 ノーマル・スクール、学校、教育行政当局はマクマリーから何を学んだか 323

にして、マクマリーの訪問や交流の実態を見出す。その際、それらの人物の遺した書簡や未公刊文書も参照しながら、マクマリーのタイプ・スタディ（論）が直接的な関与を通じてどのように普及していたのかを検討する。

5−1　ノース・カロライナ州とマクマリーの接点

　ノース・カロライナ州（以下、NC）もまた、GPCT との関係は深かった。個々の教師も GPCT の大学院生となりマクマリーとの関係を深めた事例は多い。第 3 章でも紹介したように、1920 年代半ば以降、NC のエラビーの小さな学校で校長を務めていたミッチェルとその同僚キーは GPCT に通い、それぞれにマクマリーのタイプ・スタディ概念を検討している。エラビーの学校は PEA でも注目された実践校である。

　だが、NC におけるマクマリーの影響は、GPCT での単元開発以前にも認められる。ある地方誌が GPCT にマクマリーが異動するニュースを取り上げた際、年次の特定はなされていないものの NC を含む南部諸州にてサマー・スクールを担当したと報じている[535]。1911 年、ローリー（Raleigh）で開催された教員総会（teachers' assembly）にて、女性教師マリオン・スティーヴンス（Stevens, M.）はグラマー・スクールのコース・オブ・スタディを論ずる中で「マクマリーのレシテーションは（中略）うまくまとめられていて依拠しやすいし、5 段階教授法に基づいている[536]」とマクマリーに言及し、彼の『スペシャル・メソッド』シリーズを教師たちに推奨している[537]。タイプ・スタディ論が注目されることはなく、形式段階説に基づいたレシテーシ

535　(1915). Educational News Notes, *Atlantic Educational Journal, 10*(6), 233. これによると、サマー・スクールで南部の諸大学（ヴァージニア大学、ウェスト・ヴァージニア大学、ノース・カロライナ大学、テネシー大学、ミシシッピ大学、アラバマ大学、アーカンソー大学、テキサス大学）を 1 期ずつ担当したとある。
536　Stevens, M. (1912). A Five-year Course of Study for Grammar Grade Teachers. *Proceedings and Addresses of the Twenty-Eighth Annual Session of the North Carolina Teachers' Assembly Raleigh November 29-December 2, 1911*, 121.
537　*Ibid.*, 122.

ョンを取り上げる文脈であることに留意しておく必要がある。GPCTに異動してくる1915年以前は、コース・オブ・スタディを検討する際に、ヘルバルト主義理論のうち理解されやすい5段階教授法が依然として参照され、その文脈でマクマリーの名が上がっていたのである。

1910年代半ばになると、NCでも地理の単元開発がかなり進行するようになる。1914年、「地理における作業の提案 (Suggestions for Work in Geography[538])」と題する記事が『ノース・カロライナ・エデュケーション (North Carolina Education)』誌に掲載される。「平原 (plain)」や「群島 (archipelago)」などの語群が示され、「3. ____のグループはしばしば____とも呼ばれます」など16の空欄補充用文章も併記されていて、すぐに学校現場にて取り組めるよう示されている。このように、依然として、知識とその綴り字を組み合わせた形態も重視されていたことがわかるが、教科書を暗記するよりも興味深いことを行うよう教師たちに呼びかけてもいる。そのために、金曜午後の研修時間に「興味深い出来事」として「パナマ運河」や「メキシコ」などを学び合ったり、NCの木や森や農産物、諸都市などを取り上げ一つ以上のトピックとしてまとめたり、学校で子どもたちに読んであげたい地理の物語を選んだりするなどすることも提案している。例示されているトピックはマクマリーが単元化している同時代的な出来事であり、研修や副読本などを通じた単元開発や単元事例の学習はマクマリーがすでに各地で実施しているスタイルでもあった。さらに、同年に同誌において、マクマリー名で自著『教師用実践ハンドブック』のポイントを解説する「教室での作業のための授業計画 (The Planning of Lessons for Class Room Work[539])」と題する記事も寄せられる。この要約的記事では「同化」段階で果たす大単元の役割として語られるなど往年の形式段階説も意識されて解説されるが、教師は研究者であると

---

538 (1914). Suggestions for Work in Geography. *North Carolina Education*, 8(10), 14.
539 McMurry, C. A. (1914). The Planning of Lessons for Class Room Work. *North Carolina Education*, 9(1), 4.

同時にオーガナイジング・シンカー（organizing thinker）である必要性を論じることで単元開発の意義を強調したり、大単元こそが子どもの知識と思考力の発達の一里塚になると締めくくったりするなどNISNSで整理されてきた単元論がわかりやすく示されている。

この後1915年にマクマリーがGPCTに着任してから積極的にタイプ・スタディを実践していく土壌はすでにできあがっていたことは、1915年12月の『ノース・カロライナ・エデュケーション』誌にいちはやく隔月刊行のGPCTのタイプ・スタディ集の小冊子が内容とともに紹介されていることからも指摘できる。ここからもマクマリーの単元論に関する枠組は同誌編集者サイドにはかなり理解が進んでいたといえる。そこでは、タイプ・スタディの特徴を編集者なりに解釈して以下のように紹介する。

> これらのタイプは歴史や地理分野から採用され、重要なトピックについて教科書よりも完全で豊かに教師が取り扱えるようにしてくれる。さらに、日々の授業案の確固たる基礎を提案し、他の重要なトピックもどんなふうに取り組んだらいいかの示唆も教師に与えてくれる。マクマリー教授は南部の教師の質の向上を目指している（rendering the teacher of the South a distinct service）。彼は、その専門性（profession）はかなり弱いとの観点に立って仕事をしており、ノース・カロライナの教師はみなこれらの提案から多くの利益を得られるだろう[540]。

この解説のあと、具体例として「エリー湖の運河」を取り上げ抜粋を掲載するのだが、注目すべきは、「南部の教師たち」の専門性の強化をねらう文脈でタイプ・スタディが益すると説いている点にある。タイプ・スタディは子どもが学びとったタイプをもとに他への汎用性を発揮するのみならず、教師の単元開発にとっての拡張性も併せ持つことを理解し、州内の教師に広めようと判断していたことがわかる。また、南部の教師たち、とりわけNCの

540　(1915). Type Studies and Lesson Plans: the Erie Canal. *North Carolina Education*, 10(4), 11.

教師たちにとって、マクマリーがテネシー州のGPCTにイリノイ州から異動してきたことの意義、つまり南部の教員養成・教師教育の進展に寄与することへの大いなる期待が感じられる。

5－2　ノース・カロライナ州での現地指導

　NCのグリーンズボロのアシュボロ・ストリート校（Asheboro Street School）で校長を務めていたメルヴィン・アンドリューズ（Andrews, M. B.）は、1920年に2人の著名な教育学者を現場視察指導に招いたことを『ノース・カロライナ・エデュケーション』誌に報告している。マクマリーの私信においてもこの訪問は言及されている[541]。アンドリューズは1919年から州のグラマー・スクールの校長会会長を務めており[542]、NC内ではかなり有名であったようだ。招聘されたのはマクマリーとコロンビア大学のストレイヤーである。とりわけ、マクマリーのことは「明敏な敵（a shrewd enemy）[543]」と表現され、出迎えるに当たって相当に学校現場は身構えていたことが示されている。マクマリーは1920年1月12日から17日にかけてグリーンズボロ市内の黒人向けの学校も含む全学校を訪問し、多くの教室を観察し、自らも3～4コマ授業を実演した。生徒のみならず教師たちにも多くのメッセージを残したと記されており、どこでも讃辞をもって受け入れられたようだ。

　どうやらアンドリューズがマクマリーの姿を見たのは今回が初めてではないらしく、小柄のマクマリーがずいぶんと年老いたことを詳細に記述しているが、体力も知力もまったく衰えはないと評している。グリーンズボロの教師たちの中には、マクマリーが厳しい指摘をして自分たちの意欲が減退する

541　McMurry, C. A. (2/29/1920). *A private letter from McMurry, C. A. to Chambers, F. D.* Unpublished manuscript, Charles A. McMurry papers, (Box 3, File 14), Northern Illinois Regional History Center, Northern Illinois University, Dekalb, IL.
542　Trinity College Alumni Association. (1920). *Trinity Alumni Register,* 5(4), Durham, NC: The Seeman Printery, 284.
543　Andrews, M. B. (1920). The Visit of a Great Instructor and His Advocacy of Larger Units of Study. *North Carolina Education,* 14(7), 3.

のではないかと不平をもらすものがいたが、マクマリー自身がまさに彼の理論に教えるとおりに実践してみせたことを通して、その週の終わりには彼の考えに納得するようになったらしい。また、「彼は、未熟な教師に急な変容を求めたりはしなかったし、忍耐を要するあらゆることがじっくり時間をかけて伸びていくものにちがいない[544]」と述べていることから、現場に無理強いはせず、現場を理解した上で、時間をかけた専門性の向上を説いていたことがうかがえる。

アンドリューズはマクマリーのことを「熱い一念を有する人物（a man of one burning idea）」とも表現している。それは、教育内容の多量化はかえってコース・オブ・スタディを貧しくしてきたという一念であり、それゆえに大単元を提唱するに至ったのだと理解されている。

1917年のGPCTで発行した小冊子で掲載された論文「大単元としてのタイプの取り扱い方」を引用しながら、アンドリューズは以下の要点を見出している[545]。大単元のもつ簡便化させる力（the simplifying power of larger units of study）、自己運動する観念（the idea already making its own way）、教育方法としての卓越した効率性（the superior effectiveness of the method）、具体的な経験への耐性（standing the test of experience）である。ここに、現場サイドから見てマクマリーのタイプ・スタディ論の何が重要であったと解されていたかがうかがえる。タイプ・スタディはそもそも単元の大型化の議論であると理解され、当時注目されていた子どもの経験の重視への懸念は払拭されるという論法で意図的に補われている点は注目に値する。それだけ主知主義への危惧が現場でも認識されていたということであろう。そして、知そのものが有する自己拡張性が期待できて教育方法としても優位性を持つばかりか、同時にカリキュラムの構造化・スリム化にも寄与するものであると確信されていた。

544　*Ibid.*, 4-5.
545　*Ibid.*, 3-4.

マクマリーの講義をうけて、アンドリューズがまとめた教師たちとマクマリーとの質疑応答[546]が興味深い。
・どうやってはじめればよいか？
・教師はこの計画に対して、いつになったら準備が出来たと考えられるか？
・いまや教師は多忙のなかにあり時間を見出すのが難しい。大単元の授業を準備するのに半年かそれ以上かかるかもしれないがどうすればよいか。

これらに対してマクマリーが真摯に回答しているのがわかるが、最後の問いに対しては、そもそもこの課題には、たとえば4年生は地理で、5年生は歴史でという具合に何年もかけて取り組めばよいのであって、教師が同僚と協力しながら単元をお互い貸し借りして試していくのがよいだろうとし、結局のところ、おおもとの基本となるアイディアはそう多量ではなく忙殺感にさいなまれる必要はないでしょうとアドバイスしている。マクマリーは、カリキュラムは現場に即して共同開発されるべきものと説き、現場の教師たちが結局は何を苦悩としているのかを非常に的確に把握していたといえよう。

最後にアンドリューズは、このようなマクマリーとのやりとりをうけて、参加した教師たちを共同体の人たちと呼び、マクマリーの理論と実践を普遍的な価値のあるものだと支持し、このような研修プログラムが時々開催されるべきだといった、彼らの肯定的な感想を掲載することでまとめとしている。

このNCの事例から、マクマリーが現場の教師たちにタイプ・スタディとそれに基づくカリキュラム再編および授業づくりを、数日かけて丁寧に、現場の現状にあわせながら、実演しつつ納得がいくように説明していった様子がうかがえる。

546　*Ibid.*, 5.

6　タイプ・スタディの後退

6－1　タイプ・スタディの継続の断念

　マクマリーのタイプ・スタディの普及はニューヨークやシカゴのような大都市圏においてはあまり見られなかった。なかには、ミシガン州デトロイト市の公立小学校のように、1900年代はタイプ・スタディをコース・オブ・スタディで示してきたにもかかわらず、1910年代後半には明確にその意義を否定して、ミニマム・エッセンシャルズの立場を採用する方向に転換している事例もある。デトロイト市教育長チャールズ・チャドスィー（Chadsey, C. E.）は、1914-1915年度に教師や校長たちからなる委員会をたちあげて、小学校の地理のコース・オブ・スタディの改訂を指示した。そのメンバーの１人であるケアリー・スクール（Cary School）の校長だったバートン・バーンズ（Barnes, B. A.）は、

> デトロイトの最新のコース・オブ・スタディはタイプ・スタディ［訳注―type studiesと複数形表記］をかなり強調した。以前は、地図学習（map study）を強調しすぎることもあった。タイプ・スタディを強調した結果、その教授は地図からずいぶんと遠ざかり、生徒たちはニューヨークやシカゴのような都市の場所にも驚くほど弱くなってしまった。授業の全時間かけて結果的に抜け落ちることが多い内容の学習（careless content work to absorb all the time of classes）に陥るこの傾向に対してその埋め合わせをするために、場所に関するミニマム・エッセンシャルズのリストを用意した。それぞれの場所はみな、リスト化される前に慎重に議論された。問われたのは《この場所はデトロイトと直接関係があるか？》だった[547]。

---

[547] Barnes, B. A. (1916). Geography in Detroit Elementary Schools. *Journal of Geography, 14*, 148.

と述べる。マクマリーがNISNSに在籍していた時期からすでにタイプ・スタディが引き起こす知の定着の問題、とりわけ内容知がおろそかになる問題が認識されており、この改訂が教科書の編集に追いついてはいないとはいえ、「大きな一歩」となると述べられている[548]。

同じデトロイトでも教員養成・教師教育に関わるティーチャーズ・カレッジ（Detroit Teachers College）では1920年代に入ってもマクマリーのタイプ・スタディやプロジェクトについて引き続き学ばれていたようである。レーン（Lane, J. A.）はデトロイト・ティーチャーズ・カレッジのカリキュラムを紹介している。31週目にはマクマリーのテキスト『プロジェクトによる教授』を扱い、以下のような課題が示されている。

> 《プロジェクトによる教授》とは何を意味するか。このタイプの教授は以前のものとどこが異なっているか。どの点で発展しているといえるか。マクマリーにより述べられた２種類のタイプのプロジェクトについてあなたなりの言葉で違いを説明しなさい。トレーニング・スクールで実際に観察した上記のプロジェクトのうち一つについて詳細に述べなさい[549]。

とあり、ここでは、マクマリーのプロジェクトが旧来のタイプ・スタディよりも発展したものであるという前提で理解され、学生たちに提示されていることがわかる。しかも、ノーマル・スクールですでに実践化されていたこともうかがえる。またレーンは、翌32週目には、「通常のコース・オブ・スタディに述べられている教材単元を無視してプロジェクトによる教授を実践することが可能か[550]」と課題提示していることから、マクマリーのプロジェクトが公定のコース・オブ・スタディとどのように折り合いをつけるのかが問

548　*Ibid.*, 150.
549　Lane, J. A. (1922). The Fort Wayne Plan of Student Teaching Observation and Reports. *Educational Administration and Supervision*, 8, 101.
550　*Ibid.*, 102.

題だと認識されていたことも読み取れて興味深い。なぜなら、先述したように、デトロイトではすでにコース・オブ・スタディはミニマム・エッセンシャルズを重視する方向で改訂がなされており、そのカリキュラムとの整合性を学生たちに考えさせていることになるからだ。

また、マクマリーが勤め、校長クックや義姉アイダとともに構築してきたNISNSのカリキュラムについては、1915年以降、すなわちマクマリーがGPCTに異動した後、とりわけ地理のコース・オブ・スタディはどうなったのだろうか。

1916年の『ノーザン・イリノイ・ステイト・ノーマル・スクール・クォーターリー』がコース・オブ・スタディの改訂を報告している。そこからは、マクマリーの影響を色濃く残していることがわかる。テキストはターとマクマリーの地理教科書が指定され、その展開は一連のタイプ・スタディで構成されている。「タイプや単元学習を行うにあたり、その取り扱い方法の基礎や背後にある重要なトピックについて注意深くアウトラインを作りなさい。そのようなアウトラインは子どもたちにより口頭でも筆記でも再生されるときの基礎となるはずで、個々の子どものノートにも体裁良く記されることになるだろう。(中略)すべてのトピックはより重要な事実を定着させる際に注意深い反復学習が必要となる[551]」と、タイプ・スタディという用語が確かに見出せる。だが、もはやマクマリーの主張した意義などは強調されることなく、どのように教授されるべきかを子どものノートにまで踏み込んで解説され、多くのテキストの使用が奨励されたり、記憶のための反復練習が強調されたりしていることがわかる。事実上、ここからは旧態依然としたレシテーションへの回帰が見てとれる。

実際の単元事例で見てみると、1916年、NISNSのスミスが提案した「とうもろこしの学習(The Study of Corn)[552]」は、第2章で紹介したマクマリー

---

[551] Northern Illinois State Normal School. (1916). Course of Study for the Training Department. *The Northern Illinois State Normal School Quarterly*, 13(4), 58-59.

の1912年のタイプ・スタディ「とうもろこし[553]」と比較するとその違いが顕著である。マクマリーの「とうもろこし」はタイプに着眼することで、他の領域での学習との重複を回避することと、そのタイプが有する知の自己拡張性、すなわち獲得した知が次々と新たな問題を呼び起こす性質が示されていた。しかし、スミスの単元では、「農家はどのくらいとうもろこしの芽が出るのを待ちますか？（8日間です）。とうもろこしと同じ時期に育つものは他に何がありますか？（雑草です）。（中略）とうもろこしの見た目はどんなですか？　どのくらいの高さにまで生長しますか？」という具合に典型的なレシテーションとして進む。スミスの目標は「どのようにとうもろこしが育てられるのかがわかり、コーン・ベルトについて理解すること」である。農業教育に完全に閉じた形で展開する伝統的なレシテーションへの回帰がここでも確認できる。

6－2　マクマリー没後のタイプ・スタディの矮小化の典型例

　ドナルド・マクマリーはアメリカ史を専門としアイオワ大学に勤めていた。彼はマクマリーの長男である。父マクマリーの死後、ドナルドは、『歴史展望』誌に歴史（社会科）教育に関わる論文を寄せているが、そのテーマはタイプ・スタディであった。しかも、モリソンの完全習得学習に意義を見出しながらのタイプ・スタディの再解釈を試みており、その意味で知識習得のツールとしてのタイプ・スタディという見方が鮮明になっている。

　マクマリーの定義を忠実に再掲してはいるが、興味深いのは大単元をマクマリーはしばしば主張していたものの、その内のある種の単元を「プロジェクト」と称していたと述べている[554]ことである。あくまでも大人のプロジェ

552　Smith, F. M. (1916). The Study of Corn: A Third Grade Lesson on Agriculture. *Atlantic Educational Journal, 12*(1), 44.
553　McMurry, C. A. (1912). Corn. *Elementary School Teacher, 12*(7), 297.
554　McMurry, D. L. (1933). Type-Study Units in the Social Studies. *The Historical Outlook, 24*(8), 433.

クトを示しているのであって子どもの模型作りのレベルとは異なることも付言している。社会科はその性質上一般化が困難な事象が多いことを認めつつ、だからこそ、「タイプ・スタディは一般論形成のプロセスの近道である[555]」と述べていることからも、タイプ・スタディの貢献は知の類型化・一般化された形での獲得に資することを強調していることがわかる。加えて、ドナルドは、これまでのタイプ・スタディの特徴を、「(1)集中的で具体的な典型事例学習、(2)概念形成に帰着するような、他の事例との手短な比較[556]」と2点に整理し、特に2点目がユニークだとした。マクマリーがプロジェクトに着目したとき、プロセスにおいて知を動員しようとする子どもの知的態度や思考に意義を見出していたのとは対照的にドナルドにおいては典型化された内容が獲得すべき教育内容の効果的な羅列として見なされている。このことは後退ともいえるが、一方でカリキュラムのスリム化の方向性を指向した議論からすれば起こりうる一つの帰結ともいえる。マクマリーのタイプのイメージをモリソンの枠組みも援用して第三者が具体化すると、概念の一般化による知識獲得促進の装置として矮小化されてしまう典型例ともいえるだろう。

このような限定的な理解は、典型性とは別にそれ自体を学ばねばならないような内容があることを念頭に置いて、タイプ・スタディの乱用をドナルドが戒めていることにもあらわれている。ドナルドはミッチェルを引用しながら、キルパトリックのプロジェクト法とマクマリーのタイプ・スタディとを比較して、タイプ・スタディはあくまでも教材論であるとし、その教材の準備のプロセスが教授の段階も示していることから教授法としても機能するのだと総括する。マクマリーのプロジェクト論とキルパトリックとの比較は行なわれていないが、ドナルドは教材あるいは教授方法を意味する概念として解釈していることは明らかである。

マクマリーはメジャー・メソッドとマイナー・メソッドとを区別していた。

---

555 *Ibid.*, 434.
556 *Ibid.*, 435.

前者は教材の選択と組織化であり、後者は教室レベルでの調整と準備を意味している。前者については、「これは学者や教員養成家や特定の目的のもとに著述するという技術を持った専門家の仕事である[557]」と述べる。確かにマクマリーも単元開発における専門家の役割をこのように言及していた。だが、マクマリーの真意は、このメジャー・メソッドも本来は教師の専門的な職能に含まれるものという認識の上で、大学等における専門家が果たす役割を自覚していたのであって、教師の専門性を後者に矮小化していたわけではない。この相違は大きい。タイプ・スタディを所与のものとして静的に捉えるか、あるいはいわゆる PCK（教授学的内容知、Pedagogical Content Knowledge）を想定して単元開発・遂行に関わる教師像を描くかによって、タイプ・スタディが持つ意味はかなり異なってくる。興味を持ってその単元に子どもがどのように関わってくるか、その結果何が得られるのかを議論するに際しても、単元開発での教師の位置を固定化するか否かで異なってくる。ドナルドの解釈では、教師以上に子どもは学びに対して受動的な存在としてしか表現できないであろう。

　ドナルドに代表されるマクマリーのタイプ・スタディ論の解説は、タイプ・スタディを問題解決学習のための一連の「問題集」として描出することになり、プロジェクトはその代表的なジャンルを示しているに過ぎなくなってしまっている。

　以上見てきたように、マクマリーのタイプ・スタディの意義―カリキュラム再編の要であること、生活と関連させ子どもの思考を促すことで旧来のレシテーション展開を乗り越える実践を提案していたこと、若手の教員を中心に養成と教師教育に大きく貢献すること―これらは軽視あるいは誤解され、結果としてタイプ・スタディは否定されるか、せいぜい効率性を高める教材の一分節程度と化し、まもなくそのターム自体が使われなくなった。

557　*Ibid.*, 438.

7　小括

7-1　マクマリーの所論の公的な受容

　本章で見てきたように、マクマリーに教えを請うた、あるいはマクマリーの著作から積極的に学び、タイプ・スタディの効用を説いたのは、郡や市の教育行政官である教育長や指導主事たち、ノーマル・スクールやティーチャーズ・カレッジの初等教育担当教員たち、そして地域の校長会の役員たちであった。いずれも現場の教師たちに対し指導的立場にある人物がほとんどである。本章で扱ったのは、その史料的制約から、マクマリーを招聘するに至った背景の部分的解明、彼ら自身の単元論や彼らが開発した具体的な単元に限られる。

　パタキット市の教育長ドレイパーのように管内の教育を進歩主義教育化したいと願う教育長により招聘をうけた事例、SCのガンターのように既定のコース・オブ・スタディの取り扱いを解説する際に、タイプ・スタディが教材事例の一部として示された事例が確認できた。本研究ではその影響関係の経路までは跡付けできなかったが、ミシガン州のように、タイプ・スタディがコース・オブ・スタディで位置づけられていた例なども確かめられた。テキサス州のある郡の教育長や教育委員長はマクマリーに私信を送り、自らの学びに加え、所轄内のコース・オブ・スタディの改訂や視学のあり方を問うている。教育行政に関わり、コース・オブ・スタディを確実に遂行する立場にある教師たちは、カリキュラムの過多状態を解消するのにあわせて管内のさまざまな状況にある若手教員が進歩主義教育的に力量を形成することが必要であると主張するマクマリーの理念に同調するのは困難ではなかったのであろう。各州の主要都市においてもノーマル・スクールやその周辺ではタイプ・スタディが注目されたことはうかがえるが、主要都市の一般公立学校に

まで流布したかどうかはそのコース・オブ・スタディなどからは読み取れない。このことから、マクマリーのタイプ・スタディは、結果的には、農村部・僻地において支持を得ていたものと考えられる。とはいえ、そのような状況の学区が全米的には大部分を占めていたことは間違いない。SC や NC の事例からもわかるように、そもそも力量に欠ける若い教師が一人で複数クラス（学年）を扱うような学校がほとんどであるような地域において、タイプ・スタディは注目された。すでに完成された教材として機能する単元という意味でも、また、開発・実践過程における教師の力量形成に資するという意味でも、地方教育当局がマクマリーのタイプ・スタディに注目していたといえるだろう。

しかし、その理念を実践化する際には、マクマリーのタイプ・スタディを、既存のコース・オブ・スタディを補完する教材程度にしか受けとめることができず、さらに、その使用を奨励することで進歩主義的な教育へと改革がなされたと考えられていた。このことから、コース・オブ・スタディを根本的に作りかえることにまで至らなかったのは、彼らの置かれた立場上の限界と評価することもできるが、1910年代後半から1920年代にかけて、カリキュラム編成の専門性が彼らに自覚されないまま、高等教育機関の研究者たち、とりわけシーゲルやラヴィッチが指摘するカリキュラム研究の専門家や教育心理学者たちに専有され始めていたこととも無縁ではなかったといえる。現場とは距離をおき、カリキュラムの編成に関して、行政官としての立場にあって、実際には流行しているメソッドやカリキュラムを管内に適用させようとすることが常態となりつつあった。SC において編まれたコース・オブ・スタディもその冒頭で明確に他州の枠組を援用していたことを述べているのもその一例といえよう。

7－2　誰がマクマリーの所論に共鳴したのか

続いて、マクマリーが直接教鞭を執った NISNS や GPCT 以外のノーマ

ル・スクールやティーチャーズ・カレッジへの影響はどのようなものであったのだろうか。米国ヘルバルト主義運動隆盛期には、その主要概念の理解に苦心し、マクマリーのカリキュラム編成に関わる理論枠組を構造的に解説できる者はそう多くはなかったことが確認された。リーブマンやダンケルが量的に調査したように、米国ヘルバルト主義運動の終焉直後から本格的に中西部のみならず全米のノーマル・スクールやティーチャーズ・カレッジでマクマリーのテキストが採用され、教授されていたのである。先行研究者は量的な拡大に着目しているがそれ以上の分析はなされてはいない。しかし、シンシナティのミードらの事例にも見出せるように、コース・オブ・スタディの改良には及ばず、既存のコース・オブ・スタディや教科書をそのまま利用しながら、マクマリーのカリキュラム論を断片的に援用するというのが実態としてあった。またサンフランシスコのケニオンの例にも見出せたように、タイプ概念が曲解されることも起こっていた。ノーマル・スクールやティーチャーズ・カレッジが発信する単元事例は、タイプ・スタディだけでなく問答法や「社会化されたレシテーション（socialized recitation）」、さらにはプロジェクトなど提案性の高いキーワードが内包され、それゆえにジャーナル等で大きく取り上げられていた。マクマリーのテキストが採用されて、古い概念では形式段階説が、そして1910年代以降はタイプ・スタディが受容されていき、量的な拡大は指摘できるものの、実践化の過程では一機能として部分化されて変質し、それがタイプ・スタディとして理解され実質的には拡大していったことがわかる。

　次に、大学教員や教育長レベルとは異なり、学校現場に入って日常的に指導を行っていた教師、クリティック・ティーチャーや指導主事について整理したい。第5章でも検討したNISNSのクリティック・ティーチャーのライダ・マクマリーや、本章で取り上げたSCのゴーガンズは、着任以来、相当な数の現地指導を行ない、単元提案やカリキュラムの提案を行い、それらを活字にもしたし、さらには教師たちを前にして具体的な演示実践をするなど、

職務そのものであるとはいえ、そのあり方はマクマリーと類似している。ライダ・マクマリーはマクマリーとの共著も出すなど、当然、マクマリーの構想意図も身近で捉え共感できたゆえにマクマリーの理論の実践化の第一功労者であったといってもよい。

一方、ゴーガンズはといえば、SCの指導主事をしながら、一時的にGPCTに在籍し、初等教育のカリキュラムも学んだが、もともとは同州の教育行政の要職も務めていたテイトのもとで学ぶことを主としていた。だが、テイトがGPCTに着任してほどなくして没したこともあって、直接か間接かは史料的に特定できないのだが、マクマリーから相当深く学び、その単元論に精通していたことは確認できる。そして、彼女は、本章で取り扱った時期の後、ニューヨークのティーチャーズ・カレッジで1940年に博士論文『初等教育カリキュラムの編成における活動単元と興味の中心 (*Units of Work and Centers of Interest in the Organization of the Elementary School Curriculum*)』を著した。そのなかで、マクマリーが参照されるのは『歴史におけるスペシャル・メソッド』の1冊のみである。だが、単元学習や興味論が彼女の研究の中核を占めていることにマクマリーの痕跡を見ないわけにはいかない。しかも、ゴーガンズは「知」をめぐる一節で、「バグリーが詳細に説明した知と、教育的経験の一部としての知では根本的な違いがある。経験上、知は何かぶちあたった困難を解決するのに助けとなるような有機的組織体 (organism) によって学び取られるのだ[558]」と述べ、そのとらえは、マクマリーのダイナミックな知識観、プロジェクトのようなまとまりを持ったオーガニズムを意識した単元観を彷彿とさせる。その後、ゴーガンズは、出身校のウィンスロップ・カレッジ (Winthrop College、現在のウィンスロップ大学) で教員養成の教員をしている。本章のみならず本研究全体を通しても数多くの

---

[558] Goggans, S. (1940). *Units of Work and Centers of Interest in the Organization of the Elementary School Curriculum.* Unpublished doctoral dissertation (Ph. D.), Columbia University, New York NY, 92.

タイプ・スタディ事例を紹介したが、ゴーガンズの提案は、限りなくマクマリーのものに近い。郡の指導主事として、州の定めるコース・オブ・スタディを踏まえた現地指導を行うなかで郡内の多くの教員たちがその内容の多さに扱いあぐね授業がうまくいかないという事例を日常的に目の当たりしていたゴーガンズは、だからこそ、マクマリーのタイプ・スタディ論との出会いを喜べたのだろう。マクマリーがタイプ・スタディを通じて実現したかった改革の必要性を実践現場の文脈で引き取ることができた事例である。

このことは2つの意味を持っている。まずは、ゴーガンズのような立場の教師が共感できたということは、とりもなおさず、そのような問題意識を整理しマクマリーと共有できたのは教育長や校長らではなく、ライダ・マクマリーやゴーガンズのように日常的に複数の学校に入り教師たちと授業を一緒に創っていたような指導者たちであったということである。もう一点は、マクマリーの実践現場における問題意識がかなり実態を反映していたということでもある。

7－3　学校現場の教師たちはマクマリーから学べたのか

本研究では深く考察をしてこなかったが、マクマリーの招聘を依頼するのは例外なく白人の教育行政職や校長である。周知の通り、1910年代～1920年代の南部は高等教育に至るまで人種的分離（segregation）が貫徹されていた。GPCTを終えて本務に復任し要職に就いていく者も、教育行政の要職にあるような者も例外なく白人でありそのほとんどが男性であった。この時代、教育改革は人種的分離に齟齬をきたさない範囲で目指されており、その意味で進歩主義が皮肉にも裕福な白人層の描く社会に適合していたという評価はもはや定説となっている。ここで留意しておかなければならないのは、何度も述べてきたように、マクマリー自身もマクマリーに学んだ人々も自らを進歩主義的教育改革に取り組んでいたという自覚があったということである。南部で積極的に受容されていた改革の方向性はGPCTが讃辞をもってむか

えたマクマリーのような社会適応を念頭に置いたものであったというのが実態であった。それが教育内容にあったのか教育方法にあったのか、あるいは子ども観や社会観にあったのか、多様な分析が別に必要となるであろうが、ここで注目したいのはマクマリー自身に人種的分離の意図があったかどうかをうかがい知るエピソードがあることである。

NCのグリーンズボロでは、マクマリーはアンドリューズの導きにより、黒人の学校も例外なく数日かけて訪問し指導したことが報告されていた。一般的にいうと、この事例は極めて異例であったといえる。しかし、マクマリー自身、ドイツ再訪をきっかけにして、タイプ・スタディを開発し実践することは普遍性を持っており、子どもの能力別編成を想定することにも否定的な意見を持つぐらいであったから、人種や移民的背景なども超越したものと考えていたのであろう。また、マクマリーが教条的な講演・研修スタイルをとらず、現場のカリキュラムの遂行に関する苦悩に共感的に寄り添う立場であったために広く現場では受け入れられたことは、グリーンズボロの教師たちの感想にも表れているし、ルイジアナ州の教育誌にもこれこそが日常化すべき研修スタイルだと驚きをもって受け入れられていたことにも表れている。

一般的な教師がどのようにマクマリーの指導を受け、どのように自らの実践とつなげていたのかは史料的に確認できないが、アンドリューズの記録からもわかるように、多忙のなかでもタイプ・スタディに同僚と協力して進めてみようと考えるようになり、このような研修会を定期的に持ちたいと願うようになったのである。とはいえ、自らの実践にどこかうまくいかないことがあったとしてもその原因を突き止め問題解決していくことが励まされたのだとは言い難い。レシテーション形式、あるいはそれすらもなしえていない教師たちが自ら行っている実践を相対化し分析することは、おそらくマクマリーも、その著作の上の論調とは違って、研修場面では当事者たちに突きつけたりはしていなかったのであろう。そのことは、マクマリーに対する教師たちの事前の警戒心が現場指導を経ていっきに変わり、その評価が反転して

いく様子からもうかがえる。カリキュラム全体を自ら改変していくまでには至らないし、そのようなことを教師も望んでいなかった。実際タイプ・スタディに取り組むことで過多状態のカリキュラムのスリム化が実施されるというようなことは、現場の教師には考慮の外にあることであった。アンドリューズが目撃した管内の教師たちの変化は、実際にマクマリーが演示してみせる授業で子どもが興味を持って取り組む姿を目の当たりにし、この状態こそが自らの実践が目指すべきものであったのだと自覚化できたことを意味している。実は、この驚きと変容は先にあげたゴーガンズの、もはや雑多な知識を子どもに与えるだけの授業は評価できなくなったという趣旨の発言にも集約されているといえる。

　マクマリーに対する上位の行政官たちの受けとめと、学校現場に寄り添い指導する職務の教師たちの受けとめのうち、どちらが実際に現場の教師たちの学びに繋がり、実践に影響を与えていたのかという問いについて答えるのは困難である。しかしNCのグリーンズボロの教師たちの反応からすると、おそらく後者の方がより影響力を持っていたと考えられる。

　このように教師たちや行政官たち、さらには教員養成機関のファカルティたちも、マクマリーから直接的、間接的にタイプ・スタディを学んでいた。だが、マクマリーが離任後、あるいは没後、短期には「その地から去る」と、その後、タイプ・スタディがどれほど実践され続けたのかはつかみにくい。明確に後退したり、否定されたりした事例もあった。要は、マクマリーという「人」に依存し、インパクトを維持していたカリキュラムであったともいえよう。

　しかしながら、彼らが学んだと考えられるものは、決して「タイプ・スタディ」という名辞とパッケージ化された単元のみではあるまい。その単元開発の具体的手法や子どもの生活との関連に配慮することといった開発プロセスで留意すべきこと、授業を実践するときに注意すべき発問の方法、さらにはマクマリーのカリキュラム開発に見せる精神や、若手教員の養成にかける

熱意など、どれも受け手には断片的であったかもしれないが、それらは各人・各地域なりに根付いていった可能性はある。この点は「タイプ・スタディ」という名辞そのものに拘泥せず、タイプ・スタディに内包されたカリキュラム論や単元論のもつ意義や本質のレベルにおいて解きほぐし、改めて分析する必要があるだろう。

終章　カリキュラムとその実践思想を読み解く基盤

　終章では、本研究全体を通じて得た知見を序章で設定した3点の課題に応ずる形で再整理し、考察することにしたい。そして、それらを踏まえて、本研究の意義と限界を明示するとともに、将来的にさらに深めていく必要のある課題もあわせて提示する。

1　タイプ・スタディ概念の史的変容が示唆するもの

　本研究の第一の課題は「タイプ・スタディ概念の使用文脈の変遷を明確にすることを通じて、マクマリーのカリキュラム論や教授理論そのものの質的転換を捉えること」であった。

　第1章では、カリキュラム開発史上、すでに通念化している19世紀のムーヴメント交代、すなわちモニトリアル・システムに始まり、オスウィーゴ運動を経て米国ヘルバルト主義運動へという流れについて具体的な授業に着目して再検討した。授業形態の変遷を追うと、「レシテーション」というタームが「復誦・反復」というその本質的語義を内に強固に宿しながら、通常の「授業」そのものを指す概念へと変化していったことがわかった。そして、その概念を引き継ぎながらも同時にその問題点を暴き出し自ら乗り越えようと格闘したのが米国ヘルバルト主義運動であったと再解釈できる。その表面上は、開化史段階説の放棄、中心統合法から相互関連法へのカリキュラム編成原理への転換、さらに5段階教授法の形骸化を認めたうえでの放棄などというふうに、ここでも先行研究と同じく抽出することができた。しかし、その実相は、レシテーションの縛りから逃れ、いかに生活と関連し子ども自身の思考を伴った学習へと改善するべきかという授業実践レベルでのマイナー

チェンジの連続であったといえる。その授業実践レベルでの修正と提案をかなり成熟させたのが、米国ヘルバルト主義運動終焉後の20世紀以降のマクマリーの仕事であった。また、そのマイナーチェンジを理論的に支え、反作用でその理論自体の再編も行ってきたのが、第2章で考察したタイプ・スタディ論であった。

第2章で明らかにしたように、タイプ・スタディ概念は、1890年代後半、中心統合法の実践的翻案を行う際に登場し、その説明的概念に位置していたが、その後35年以上にわたって一貫してマクマリーの理論・実践の基礎として機能し続けることになった。中心統合法から相互関連法へとカリキュラムの編成原理の主張軸が変化したのも、マクマリーがタイプ・スタディ概念を積極的に使用し自らも単元開発を試みるようになったことにあったという見方を本研究では示した。マクマリーは、1900年代を中心に、カリキュラム全体を貫く機能的概念としてタイプ・スタディを主張し続ける。だが、実際は、地理や歴史などの一部の教科・領域における単元開発へとマクマリーは集中するようになる。ノーマル・スクールの他の専門領域の教員たちが各々の専門性を発揮してマクマリーの手が及ばない領域でのタイプ・スタディ開発を進めてくれることを彼は願った。だが、NISNSのファカルティは必ずしも積極的ではなかったために、タイプ・スタディは地理・歴史の単元論として流布するようになる。1913年にドイツを再訪したマクマリーは、独米の教育の質の違いを教員養成や教師教育、さらにはそれに関わる専門家や機関の質の違いに見出し、第3章でも述べたように、タイプ・スタディの開発および実践を通した教員の養成や力量形成を力説するようになった。

1915年にGPCTに異動して以降、マクマリーは、理論形成と実践を通した検証に注力できるようになり、「タイプ・スタディ集」としてかなりの数の単元を開発・公刊し注目されるに至った。1920年代、いわゆる子ども中心主義によるプロジェクト論が流行すると、人間の叡智を結集した大規模な社会的事業を意味する「プロジェクト」こそ、地理を中心としたタイプ・スタ

終章　カリキュラムとその実践思想を読み解く基盤　345

ディの「典型性」を具現化した教育内容であると、マクマリーなりにプロジェクト概念を引き取るようになる。このように、プロジェクト論に合流することでタイプ・スタディとして示される教育内容が社会的大事業に限定される傾向を持つようになった。タイプ・スタディとプロジェクトという2つのタームを時には同義のものとして使用したり、時には「プロジェクトはタイプ・スタディの一つのフェーズであり、おそらく最も重要なフェーズである[559]」と述べ包含関係で捉えたりする。さらに、二重性を持ったプロジェクトを晩年の著作では「典型プロジェクト（typical projects）」と呼ぶようになる。ここにマクマリーのプロジェクト論とタイプ・スタディ論をめぐる関係認識の到達点を見出すことができる。

　先述したように、タイプ・スタディの変容は、せいぜい問答に終始し、思考過程をそのうちに包含することをなかなか簡単にはゆるさない強固な「レシテーション」の縛りからの脱却過程でもあった。20世紀に入り、産業構造の転換や進歩主義教育が唱えた職業教育論があいまってコース・オブ・スタディは量的に拡大する。もはや相互関連法によるスリム化というマクマリーの積年のもくろみは実現しえなくなった。さらに悪いことには、コース・オブ・スタディが量としての知を要求すれば要求するほど結果的に復誦・記憶重視のレシテーション回帰が加速することにも繋がった。小・中学校レベルのカリキュラムの改善を目指すマクマリーは、この問題に対して、ハイ・スクールのように単純にカリキュラム上の「選択」の問題として引き取ることはできなかった。すべての子どもにとって学ぶべき価値があること、それはすなわちマクマリーに言わせれば、子どもが興味を持ちその作業に没入するような大人のプロジェクトの追体験ということになるのだが、それらを軸にした授業にしていくことを目指してコース・オブ・スタディそのものを再構

559　McMurry, C. A. (1921). Enrichment of the Course of Study. In McMurry, C. A. (Ed.), *Public School Methods Project Edition Teachers' Guide and Index*. Chicago, IL: School Methods Publishing Company, 151.

造化していくことを強調するようになった。タイプ・スタディを行うと決めたことでいったん後景にまわっていた些末な知識事項は、大きな活動へと没入していく中で偶発的に再回収されていくというマクマリーの枠組みは、タイプ・スタディにこだわり具体的に自らも実践してきた彼ゆえの確信でもあった。活動分析法や社会分析法にもとづいて演繹的にコース・オブ・スタディを形成するようなミニマム・エッセンシャルズを唱えるのでもなく、かといって子ども中心主義に徹するのでもない。20世紀に入り、「レシテーション」から「（タイプ・スタディによる）思考の時間」へと力点を移していくのに呼応して、いわば浅く広いカリキュラムから濃く充実したカリキュラムになることを構想したのである。このように見てくると、マクマリーのカリキュラム論はエッセンシャリズムに属するとか、モリソンの5段階教授法やその後の完全習得学習の源流となったという一般的理解は、進歩主義との対置構造や5段階教授法という形式論に導かれた誤った評価であることは明らかである。

　米国ヘルバルト主義運動から20世紀へと至るマクマリーのカリキュラム論とは、外在的な所定の知の離合集散を論ずる枠組みなのではなく、大人もその解決に大きな抵抗のあるような課題を前にして、実際に子どもが考え活動することで自己拡張的に連鎖していく知やその体系とは何かを問い、実証的に再構成していく枠組みを指すものであったといえる。

2　マクマリーに直接師事した教師たちや附属学校とタイプ・スタディ

　第2の課題は「ノーマル・スクールやティーチャーズ・カレッジでマクマリーに直接学んだ者たちがどのようにタイプ・スタディを具体化させようとしていたかを明らかにすること」であった。そのために、第3章では、マクマリーに師事した学生・院生であった教師たちに注目し、第5章では、マク

マリーが日常的に運営やカリキュラム開発に関与したNISNS附属のトレーニング・スクールおよびディカルブのプラクティス・スクール、GPCT附属のPDSやそれらの教師たちに注目した。

マクマリーは、1910年代後半以降、タイプ・スタディ概念に明確に教員養成・教師教育の機能を込めてその意義を強調するようになった。そして彼がそのように主張する根拠をもっとも直接的に求めることができるのが、彼のもとでタイプ・スタディ開発を行うことでGPCTの修士号を得て、教育界に戻っていった教師たちの存在である。NISNS期には、単元開発を行うことをノーマル・スクールの学生たちにそこまで要求はしていなかった。それは、ティーチャーズ・カレッジではなくノーマル・スクールゆえの限界でもあるし、同時にそこのファカルティの力量や専門性の課題でもあったからだ。

GPCTの学生誌でも注目されていたように、学生たちは、たとえ修士論文としてタイプ・スタディを仕上げるところまでたどり着かなくても、タイプ・スタディ関連の書物は多く読み、演習として試作・習作していたことがうかがえた。そしてマクマリーを修士論文の主査としてタイプ・スタディ開発を行った教師たちは修了後ほとんど例外なく行政職・管理職に就くか、ノーマル・スクールやティーチャーズ・カレッジの教員となっている。なかには、そのような新たな地位から大単元の必要性を地元の教師たちや指導学生に説いた教師もいたし、タイプ・スタディをコース・オブ・スタディに反映させる権限を持つ地位に立ち、それを実現した者もいた。しかし、いずれもタイプ・スタディのアイディアを採用することで、既存のコース・オブ・スタディをドラスティックに改変するほどには、つまりマクマリーが描いたタイプ・スタディの第一機能ともいえる「カリキュラム再編機能」を活かすほどには至らなかった。せいぜい数ある教材の一つとして、あるいは記憶中心の学習への補完的位置としてタイプ・スタディが紹介され推奨される程度であったのである。

皮肉なことではあるが、総じて、タイプ・スタディをマクマリーのもとで

専門的に開発するという経験を持った教師たちは結果的に学校現場を離れ、実際にタイプ・スタディの実証を行うことも継続的に単元開発することもないままに、教授理論を講述するポジションへと移行していったのである。マクマリーはティーチャーズ・カレッジのような高度な教員養成・教師教育機関でこそカリキュラム開発を行うべきと構想したにもかかわらず、そのルートは白人男性教師のキャリア・アップの場としての機能がむしろ期待されており、マクマリーの描いたような実践レベルでのカリキュラムや授業の改革には結びつきにくいという現実があった。

　第5章でみたように、マクマリーが所属したNISNSやGPCTのいわゆる附属の学校機関では、マクマリー以外にも多くのファカルティの関与はありながらも、マクマリーの影響が大きかったという証言はどちらにも共通している。

　NISNSでは、マクマリーは、附属のトレーニング・スクールの校長と周辺学区の教育長とを一時期兼務する。1912年、シカゴという大都市を含むイリノイ州北部エリアの校長・教育長の会合において、タイプ・スタディとそれにもとづく実践提案、そして学校公開を責任者という立場で行ってみせた。NISNSのトレーニング・スクールやプラクティス・スクール、そして他の公立学校の計4校が共通のコース・オブ・スタディを持っていた。低・中学年ではタイプ・スタディを軸とした知の獲得段階を基盤として描きつつ、グラマー・スクール段階では将来の職業に応じた教育を行うことで、進歩主義教育との接合をうまく行っていた。つまり、5年生程度を境界として「知の獲得段階」と「知の適用段階＝進歩主義的な職業教育」にわけるという具合に、ゆるやかに拡張された形式段階を実践化していたわけである。そしてその反響は絶大であり、周辺諸州やその州立ノーマル・スクールのみならず、遠く東海岸のロードアイランド州でもタイプ・スタディの意義についての講演を依頼されるほどであった。しかし、第6章でも取り上げたように、マクマリーが1915年にNISNSを去ったあとは、急速にタイプ・スタディを軸と

したカリキュラム開発は後退し、旧態依然としたレシテーションに回帰する。また二人三脚でカリキュラム開発を行ってきたライダ・マクマリーも早々と退職することになってしまう。

　GPCTでのPDSに対しては、NISNSのように直接運営に関わることはせず、あくまでも上部組織である高等教育機関のメンバーとして関わり、「実験主義」的なスタンスを貫いていた。これは当時の教育の科学化の時流とも無縁ではないだろう。PDS内に設けられたプラクティス部門で、マクマリー自らも子どもたちを相手にして積極的にタイプ・スタディを試行し、また指導院生もそこで検証を重ねていた。その成果としての単元開発はGPCT発行の小冊子『タイプ・スタディ集』として実を結び、とりわけ米国南部で注目を浴びていた。PDSの教師の中にはマクマリーらにGPCTで学び、やはりタイプ・スタディやプロジェクトを学んで修士・学術論文化した者もいる。それでもマクマリーがNISNSの時のようにPDSを拠点にしてタイプ・スタディをメソッドとして打ち出すことをせず、あくまでもGPCTにおいて院生たちの合作としてタイプ・スタディを提案していたのは、特定の学校と結びついた「メソッド」というように流行現象化されることを回避したかったからだと考えられる。

　GPCTは、1927年にマクマリーの教歴50周年祝賀会を大々的に執り行い、その教育界への貢献を讃えた。その場でも「タイプ・スタディ」が、マクマリーの功績を語るうえで蔑ろにはできないキーワードとして各スピーチにも登場し、当時のおよそすべての有名な教育学者たちも祝電や書簡を通じて「タイプ・スタディ」論に言及していた[560]。だが、1929年のマクマリーの没後は、タイプ・スタディを冠する修士論文は1本のみ生産されるにとどまっ

---

[560] ヴァンダービルト大学スペシャル・コレクションズにあるマクマリー文書の多くは、1927年の教歴50周年祝賀会関連行事に関する史料であり、デューイやバグリーらからの祝意やマクマリーとの関係性を述べる書簡類が多く保存されている。そこでは、米国ヘルバルト主義運動を懐古するものより、タイプ・スタディをマクマリーのキーワードとして想起し言及しているものが多い。

た。PDSも教育測定運動のただ中で学力効果測定に研究関心をシフトさせていき、ついに「タイプ・スタディ」というターム自体語られなくなってしまった。

3　学校現場におけるタイプ・スタディの受容と変質

　第3の課題は「マクマリーが自ら足を運んで、現地で研修会を持ったり、視察指導を行ったりする過程で、タイプ・スタディはどのように受容されたり変容を迫られたりしたのかを明らかにすること」であった。

　1890年代の米国ヘルバルト主義運動隆盛期には、ドイツの概念を次々と米国に翻案していくことで、マクマリーらはハリスやホワイトのような旧弊な伝統主義と対決するという構図が生み出され、マクマリーらはNEAなどの全国誌（紙）で一躍注目を浴びるようになった。ISNUに所属しながらも、サマー・スクールなどでは中西部やその周辺のノーマル・スクールに出講し、積極的にヘルバルト主義教授理論を説いていた。しかし、NHSがNSSSEにかわった1900年初頭頃、他のヘルバルト主義論者には、次々と高等教育機関等の管理職や有名大学のポジションが用意されていく[561]のと同時に彼らの論文はほとんど生産されなくなる。マクマリーも、全国誌（紙）レベルでの発言はほとんどなくなり、事務局長を務めたNSSSEにおいてすら歴史のコース・オブ・スタディを論じた以外には発信を控えるようになる。マクマリーは高等教育機関の管理職などにおさまることなく、新設のノーマル・スクールであるNISNSに現役教員として異動し、学会や研究会の第一線からは距離を置き、実際の教員養成・教師教育の場に没入していくようになった。

---

[561] ドガーモは1890年代にすでにスォースモア・カレッジ（Swarthmore College）の学長を務めその後コーネル大学に移る。ヴァンリューは現カリフォルニア州立大学チコ校（California State University-Chico）の前身カリフォルニア州立ノーマル・スクール・チコ校（California State Normal School at Chico）の校長に着任し、1910年退任後はサンフランシスコの教科書会社に勤めている。

終章　カリキュラムとその実践思想を読み解く基盤　351

　NISNS着任後の数年で、マクマリーは、トレーニング・スクールの基盤を整えたあと早々に1905年頃まで数年におよぶサバティカルをとった。先行研究者のダンケルの見立てによれば、このころがヘルバルト主義としての最後の仕事をまとめ上げた時期にあたり、つまりは米国ヘルバルト主義運動の事実上の終焉ということになる。しかし、その期間、マクマリーは米国ヘルバルト主義の痕跡を残した旧作の改稿にのみ腐心していたのではない。実際には、全米各地を旅行し、見聞を広めていたことが経歴草稿には記されていた。その成果が、1903年には『地理におけるスペシャル・メソッド』を中学年に絞って練り直し、新単元をふんだんに例示したことや、1904年の『米国地理からのタイプ・スタディ』、『陸と海のパイオニアたち：東部各州と海洋冒険家の物語』、『ロッキー山脈と西部のパイオニアたち』の公刊である。また、1906年には2巻に及ぶ『初等教育のコース・オブ・スタディ』としてカリキュラムの全体像を示し直すという新たな展開を見せた時期、つまりタイプ・スタディを主軸とする単元開発の経験を積み、その観点からカリキュラム改革を考え始めていた時期にもあたる。

　サバティカルがあけたマクマリーは、いったんペンシルベニア州のノーマル・スクールに身を置くが、そのころから、単元開発の仕事が注目を集めるようになり、大型講座本『パブリック・スクール・メソッド』の編著・監修を任されるようになった。なお、この数巻からなる講座本は数回にわたってシリーズそのもののコンセプトがかわっていくが、一度だけバグリーが監修を担当した以外はマクマリーが監修している。これにより1910年頃までに全国誌・地方誌をとわず、ふたたびマクマリーの名前が「大単元論」の提唱者として再登場するようになる。このように、論文や著書を通じてタイプ・スタディや大単元論は知られるようになったといえる。また、各地での講演や研究会での提案などを重ね、先述のように1912年には責任者として大単元を実践する学校を公開もした。このように、1900～1910年代前半のNISNS期は、足元の学校という場を確固たる検証の場としてタイプ・スタディに基づ

いた単元開発に時間をかけて自らも取り組むことで、確信を持って、その意義を語り始めた時期といえるだろう。

　第6章でも見たように、タイプ・スタディというターム自体は各地のノーマル・スクールやティーチャーズ・カレッジで注目され、まるで追従するようにその名を冠した実践が多く試みられた。だが、その多くは旧来のレシテーションへの回帰ともいえるものや、膨大な地理のコース・オブ・スタディのごく一部を取り出して、すでにマクマリーらにより開発された単元がうまくあてはまれば補完的に活用するというものがほとんどである。せめて地理分野だけでもカリキュラムそのものを見通したうえで作り替えていくということもなく、マクマリーのタイプ・スタディ論の眼目にあたる機能はそこでは全く無視されていたといえる。

　第4章で見たように、GPCTに異動するほぼ同じタイミングで、内務省教育局主催のサンフランシスコ市調査の委員を委嘱され、その後もミズーリ州やノース・カロライナ州などの大規模調査に次々と関わった。現場のカリキュラム上の困難な課題にタイプ・スタディ論で応ずるといういわば「上からの」提案も行う機会も得た。教育の科学化を唱える時流に乗って、科学的に調査された結果の提言という形がとられたこのタイプ・スタディ普及のチャンネルは、少なくとも各市・各州のその後のコース・オブ・スタディを見る限り、それほど効果的ではなかったようだ。確かにミズーリ州ではノーマル・スクールがマクマリーのタイプ・スタディ関連著作を参考書として紹介することなどは一部にあったが、調査後の「治療薬」としてタイプ・スタディを実際に導入し位置づけた事例はやはり確認できず、必ずしも効果的なものであったとはいえない。

　前節でも確認できたように、直接マクマリーに師事した者たちの手によってタイプ・スタディが喧伝されることも多くはなかった。マクマリーが現場でタイプ・スタディが機能するものとして、手応えを感じていたのは、大学キャンパス内での指導でも「上からの」提言でもなく、やはり学校現場から

終章　カリキュラムとその実践思想を読み解く基盤　353

請われて訪ねた現地訪問指導の方にあったと考えられる。1910年代後半から1920年代、高頻度でさまざまな州、自治体やノーマル・スクールに講師として招かれた。一度訪問するとたいてい現地に1週間以上滞在した。ノース・カロライナ州の事例でも確認できたように、そこの所管の学校を白人・黒人の分け隔てなく視察したうえで教師たちの現状に寄り添いながら、自ら実演をしてみせることで変革の可能性を教師たちに実感させるという丁寧な繰り返しがなされた。1920年代のルイジアナ州については、マクマリー自身も絶賛したように、積極的にタイプ・スタディを取り入れ、コース・オブ・スタディ自体がその線に沿って構造化されている。テキサス州ダラス市などでもマクマリーに指導を請い、タイプ・スタディがコース・オブ・スタディに反映されていった。またサウス・カロライナ州では、女性指導主事ゴーガンズにより、マクマリーらが開発したタイプ・スタディも混在させながら、地理全体のカリキュラムを再編する提案を地元教育誌の連載で行い、注目を受けた。いずれも地理教育の領域内に納まるものであったが、マクマリーの意図をかなり忠実に反映させたカリキュラムとなっていたことは確かである。

　他方、教育測定運動が注目され、全米各地でテストによる学力達成が意識されるようになるなかで、大都市を中心にミニマム・エッセンシャルズが称揚されるか、あるいは時にはその反作用とも見える子ども中心主義の試みがなされるかという時代に入った。だが、南部を中心とするノーマル・スクールや学校にとって、自身の向き合う課題には教育測定運動が指向する量的調査が意味を持たないことは明らかであった。あいかわらず教員の力量不足に加え、複式学級を中心として必ずしも社会効率性の理念に則れない現状にあった。結果として、タイプ・スタディは大都市では受容がなされなかったが、地方誌などをもとにすると、大都市以外では誤解や変質も含めながらも積極的に紹介され受容されようとしていたことが見て取れる。サウス・カロライナ州のガンターのいうように、行政職や管理職であった者が、1910年代〜1920年代に提出されていたさまざまなカリキュラム論や教授理論を通覧した

とき、タイプ・スタディ論が当時もっとも現実的で実践可能であるというように見えたのかもしれない。

　このような受容の動きはあったものの、一方で1920年代後半に「社会科」として地理をふくむ広領域教科が自覚されるようになり、そしてマクマリーの死、世界恐慌の経験があり、1930年代に入って、教育の科学的管理の進行と浸透、さらに戦時を迎え科学教育の優位性の認識の広まりなどタイプ・スタディ論の継続には悪材料が揃ってしまう。何より、1920年代までカリキュラムとして構想できた大人の大事業「プロジェクト」は、その仕組みもいきさつも可視化されやすく子どもの学びへと翻案しやすかったのかもしれない。だが、1930年代に入ると技術革新を経て人類のなすプロジェクトが必ずしも子どもの追体験を単純にはゆるさないようなものへと発展していくなかで、タイプ・スタディの主張は急速に力を持たなくなっていった。

4　教授理論家と学校現場の関係性を捉える視座

　リーブマンの研究によると、ノーマル・スクールやティーチャーズ・カレッジにおけるテキストとして、あるいは教育委員会主導でまとめられたコース・オブ・スタディや教員マニュアル等の文書に参考文献として、どの著作がどのくらいの期間にわたって採用・掲載されているかをもとに1920年代まで米国ヘルバルト主義の影響はあったと結論付けられる。ダンケルも米国ヘルバルト主義運動の終焉とは別に彼らの著作がどのくらい再版を重ねていたかを出版社資料などをもとに言及し、その息の長さを指摘する。ブラウンの研究のように、形式段階などのキーワードがどの程度1920年代に入っても多様な教授理論家に引き継がれていたかに注目し、その影響を論じようとしたものもある。

　確かにマクマリーは、その生涯を通じて、教授理論家としてもカリキュラム研究者としても米国において影響力を持った人物であった。連邦主催の学

校調査の委員にもカリキュラムや教授理論の専門家として指名されるような人物であり、教師向けの大型講座本や事例集の監修を務めるような人物でもあった。地方教育誌などのニュースで取り上げられる際には、「偉大な(great)」という形容句を伴う教育者として描かれることも多い。

しかし、マクマリーが学校現場に影響を与えたというとき、果たしてそれは何に注目してのことだったのだろうか。米国ヘルバルト主義運動の急先鋒として、あるいはタイプ・スタディ論の提唱者として、彼が発信した論文や著作の多さに依拠してそのように結論しているのだろうか。あるいはその著作の売れ行きが物語るのだろうか。これらはいずれも間接的な代理指標に過ぎない。

マクマリーの場合、タイプ・スタディとは開発された単元そのものであると同時にカリキュラム再編の枠組みでもある。それゆえにその普及や影響下にある実践を明確に定義して、量的に把握することは不可能である。

本研究では、人的接点を中心として取り出しつつ、マクマリーから学校現場へというベクトルを意識しながら、「タイプ・スタディ」というタームが伝わり具体的なプランの形をとったり実践化されたりする様相をできるだけ多様に描き出した。また、逆に学校現場や行政当局の側にはどういった文脈や課題意識があり、マクマリーを見つけ出し、あるいはマクマリーとうまく出会い、その所論を受容していく、あるいは加工し消化していったのかという、先述のベクトルとは逆の視点も史料から読み取れるかぎりできるだけ反映させるよう本研究では努めた。

このような視座をもつことで、教授理論家の所論が学校現場に対し一方的に注ぎ込まれ、流行期を過ぎれば別のものがまた入り込むという見方を払拭することに成功した。また、教授理論家の理論形成および検証の過程と、実践家には実践家固有の文脈と課題意識形成の現実とがあって、その双方が適切な機会を得て出会い、いわば共生・互恵的な関係が生まれたとき、教授理論家の側からみれば、「現場に影響を与え、自らの理論も精錬された」、学校

現場の側からみれば「マクマリーの（タイプ・スタディ（論）の）影響があった」などと評ずることができるようになるのだということも示し得た。実践家固有の文脈については、地域による特色、すなわち州や自治体の教員養成の仕組みや学校の官僚的統制の強弱によっても個々バラバラである。少なくとも、モニトリアル・システムからオスウィーゴ運動下のオブジェクト・レッスン、そして一時期はヘルバルト主義理論の試行など、カリキュラム開発史の描いた通りに歩んだという学校の実例はむしろ史料から一例も見出せなかった。本研究で取り上げた、つまりマクマリーが何らかの形で関わったような事例は、口頭教授も満足に行われることがなく狭義のレシテーションがマクマリーの訪問指導のあった日まで続いており、コース・オブ・スタディも部分的にしか実行できていないような実情であった。それでいて、行政官や管理職以外にはそのことを問題と意識していることも少なく、むしろ多忙感や待遇、施設の貧しさなどに一般教師たちの意識は傾いていたといってよい。したがって、学校現場がマクマリーを招きその問題解決を求めたとしても、その後、その日以来完全に「マクマリー・メソッド」として適用されたわけでもないし、かといってタイプ・スタディ論から何も学ばなかったわけでもないことは多くの記録が物語っていた。一方で、たとえサマー・スクールであってもマクマリーのもとで学ぶことができる教師はほんの一握りのエリートたちであったことはサウス・カロライナ州のガンターやゴーガンズ、ノース・カロライナ州のミッチェルやキーが派遣されたいきさつからもうかがえ、一般の教師が継続的にマクマリーから学び続けることは困難なことであったことがわかる。

　本研究でも確認してきたように、あるところでは、僻地校で複式学級を運営する未熟な教員の手助けとなるようにと願い、テキスト中心の系統的レシテーションではないタイプ・スタディのメリットを見出してその普及を試みていたし、またあるところでは、既存のコース・オブ・スタディに整合させる形で静的なテキスト学習への刺激としてタイプ・スタディを導入すること

終章　カリキュラムとその実践思想を読み解く基盤　357

を狙っていた。またあるところでは、進歩主義教育という時流に乗ることが自己目的化し、旧態依然とした単元構想にタイプ・スタディという名を付けることで改革を演出しようとしていたし、それとは対照的に、マクマリーの所論に忠実に単元づくりから再現して独自の単元を多く開発し、自身の所轄のエリアで指導主事として実演してまで広めようとした事例もあった。

　本研究において、マクマリーや彼の所論が学校現場に影響を及ぼすというときのそのありようが、以下の４つに類別できることが明らかになった。直接的な師弟関係が見出せるケース（NISNS や GPCT での指導学生とマクマリーの関係とそれらの附属学校等における教師とマクマリーの関係）、制度的に学校現場と関わったケース（サンフランシスコ、ミズーリ州、ノース・カロライナ州のように公的な学校調査等の機会を通じた現場とマクマリーとの関係）、自発的に学校現場と関わったケース（南部の諸州・諸都市で見られたように行政当局や学校現場からの指名依頼を受けて訪問指導してできた現場とマクマリーの関係）、間接的にマクマリーから学んで実践化したケース（テキスト採用した多くのノーマル・スクールや、サウス・カロライナ州のガンターやゴーガンズのように、サマー・スクール受講や著作・論文・研究会等を通じてマクマリーの所論が学ばれたケース）、の４つである。

　本研究を通じて、この４つのチャンネルを通した多様な事例を検討した結果、まず、マクマリーの所論に忠実に学び実践しようとした人物は２人、ライダ・マクマリーとゴーガンズがあげられる。この２人に共通している点は、イリノイ州ディカルブ郡とサウス・カロライナ州ニューベリー郡という地域性もそうなのだが、クリティック・ティーチャーや郡担当の指導主事といったその実質的な職務の方にある。２人とも、日常的に教室や学校に入り、自身が実演しながら若い教師を育てるというポジションに居たことである。この２人は、単元による授業実践が小学生には有効であり、そのなかでもタイプ・スタディを通じて得られる展開、すなわち具体的で個別の教育内容が実は同時に普遍性を持つという展開に魅了されている。一般の教師というわけ

ではないが、学校現場の実情や教師の力量がよく理解できていた指導的な2人の女性教師に学ばれ実践化されていたことは、言い換えれば、それだけマクマリーのタイプ・スタディ論は地方の小規模な町の実態に整合的であったということでもある。次に、大規模かつ公的にマクマリーのタイプ・スタディ論が位置づいたのはルイジアナ州である。これは州の行政当局やノーマル・スクールとの関係が基盤にあることは間違いないが、それ以上に注目されるのは、マクマリーの訪問頻度と研修スタイルである。ルイジアナ州内でノーマル・スクールが置かれているような主要都市にマクマリーは何度も足を運び、研修会を持った。その彼自身による実演や教師の具体的な実践をベースにした斬新な運営は地元誌でも絶賛されていた。それゆえに、マクマリーの私信において開陳されたように、「いままで見た中でももっともうまくいっている」州だという感想にも繋がったのだろう。これらの事例は、教授理論家の枠組みは、ある特殊な状況や文脈において整合的に機能するということ、そして、教授理論家によるアプローチの方法、さらには頻度が実際の実践には影響するということを物語っている。

　教授理論家と学校現場の関係について、ライダやゴーガンズやルイジアナ州のような好事例は実際には稀であり、そのほとんどが、部分的、選択的あるいは名目的な受容関係であったことがわかった。このことは特段否定的に表現しているわけではない。ある地域の行政官の立場にある者が、教授理論家による一回あるいは短期の講演で何を自分の課題として引き取るかは教授理論家の理論体系が規定するわけではない。マクマリーのタイプ・スタディを断片的に受容すれば、あとはそれを補完するような他の有力な手法や、改善されることのない伝統的手法も同時期に混在させながら、そしてそれでいて当面は事足りていたということでもある。しかし、そのような断片的受容が何を引き起こしていたかといえば、タイプ・スタディ論のもつ特質、すなわち、知の自己拡張をベースにした体系化と領域越境的な相互関連を生み出す性質を視点としたカリキュラム編成論の基盤を提供している点、「たまた

ま」その時代にその単元構造と親和性を持ったかに見えた大事業としての「プロジェクト」という具体的内容を示した点、のうち後者だけが引き継がれていき、それをもとに後世の批判が生ずるようになったということである。前者の重要性は、マクマリーが任地から去ると、さらに細かく言えば「講習地から去ると」、あるいは没すると急速に見失われていくさま、形骸化されていくさまも示したが、まさに「人」＝マクマリーに依存するカリキュラム論であったともいえる。この点も教授理論家と実践家の関係を追うことで導き出せた結論である。

　このように、「タイプ・スタディ」という名辞をもとにして、言い換えれば、それを「検索語句」として、どれだけ教師たちにそれが継承されたのかを抽出し、さらに、そのことにマクマリーの影響を見出すというのは極めて困難であることがわかった。しかし、その後の展開においては、その時々の時代的制約を受けながら、たとえば、NCの2人の教師についていえば、キーは新しい学校を創り、ミッチェルは平和教育学をその専門としていった。そのとき、彼らの新たな視角にどのくらいマクマリーの痕跡が見出せるのだろう。また、SCのゴーガンズは、タイプ・スタディを自作してから20年ほどたって、「単元学習」に関する学位論文をまとめたのだが、そこではタイプ・スタディには言及されなかったし、マクマリーの著作も1冊しか参照されなかった。しかしながら、彼女の論文に見出せる知の捉え方や、知の獲得に必要な設定の問題はマクマリーの提唱したものと近似していた。このような「影響」、すなわち明示的ではない継承が生ずるのは、実践家ゴーガンズにはゴーガンズに固有の問題意識や彼女に見えていたSCの学校の実情と課題、とりわけ複式学級でともするとテキスト中心のレシテーションに終始しがちの教室の改善という課題があったからであり、マクマリーの理論形成過程や哲学とは無縁のものであった。にもかかわらず、あるいは、それゆえに、彼女はある時期マクマリーのタイプ・スタディ論に心酔し、そして、タイプ・スタディ論を超えた単元開発へのこだわりがライフワークとなった。

本研究を通じて、教授理論家の実践あるいは実践家への影響を論ずるとき、教授理論家の理論形成過程を追うこと、実践家の課題意識の醸成過程を追うこと、両者の接点の偶発性と必然性を考察すること、そしてその接点が両者にどのような変容を迫ったのかを見出すこと、の4つの視座が不可欠であることが明らかになったといえる。

5　カリキュラム開発史研究に対する意義

稲垣忠彦は『増補版明治教授理論史研究』のなかで、日本におけるヘルバルト主義の普及と影響について、

> ヘルバルトの段階論の持っていた思想が消失しツィラー、ラインにおける理論の構成が失われ、短絡化した伝達の形式へと退化している。（中略）この定式が、日本の公教育の場にひろく普及していった。それは教育内容の公的規定とともに、方法を定式化することにより、公教育教授実践の定型化をおし進めていった。そして、公教育の教授実践を画一化することにより一定の質的水準を保証し、同時にその実践の質と発展を限定した[562]。

とし、公教育教授定型の主軸として総括する。この見方は、いまでも、授業実践の展開の定型的な段階論に、「5段階教授法の痕跡」あるいは「定着」を見出す際に意識されるものである。稲垣の指摘は、背後にある思想や理論は消失しても形式のみが強固に残り、あまつさえ常態化してしまうという史的展開を鋭く突いている。

このことは米国ヘルバルト主義においても同じように指摘できるであろう。ただし、米国ヘルバルト主義において痕跡化し定着化したのは5段階教授法ではない。確かに今でも定式化した授業展開がないわけではないが、それは

562　稲垣忠彦（1995）.『増補　明治教授理論史研究』評論社、p. 429.

ヘルバルト主義理論に由来するというよりむしろヘルバルト主義の5段階教授法を導入してもなお乗り越えることができずに終わってしまった旧来の「レシテーション」に由来しているものといえる。5段階教授法については20世紀転換期にその形骸化が十分に認識され、すでに顧みられなくなっていた。

では、いったい何が残されたといえるのだろうか。

その回答の一つとして、カリキュラムを「事前に確定して提示するというパッケージ化された編成のあり方」のほうが米国ヘルバルト主義に、その起点をもつ「定型」となり常態化に繋がったということは指摘できる。米国ヘルバルト主義運動以前、コース・オブ・スタディについては確定的ではなく、極めて流動的であった。だからといって、19世紀後半のカリキュラムはダイナミズムを有したものであったというわけではない。むしろ、何ら依拠するものがなく場当たり的に選択されていたにすぎなかった。1890年代に入り、コース・オブ・スタディにおいて、定まらない教科の枠組みをめぐって、中心統合法、相互関連法、コーディネーション法（coordination）[563]、多教科分立型など激しく議論がなされる場を作り出したのが米国ヘルバルト主義であった。結果的に、何をどのように子どもに提示するべきなのかという単純にスコープとシークエンスに焦点化した議論が跋扈し、事前確定提示型のカリキュラムを前提視する枠組みを作り上げてしまったのである。この強固なカリキュラム論の前提をNHS内に居ながら突き崩そうとしたのが、パーカーやデューイであったことも周知のことであろう。

だが、事前確定提示型の問題点を認識し、それを乗り越える方途は、「子どもを中心とすべき」という言説にしか見出せなかったのだろうか。第2章を中心に検討してきたように、マクマリーのタイプ・スタディ論は決して静的な事前確定提示型のカリキュラムを示そうとしていたのではなかった。確

---

[563] 本研究では触れなかったが、ドガーモが提唱した多中心の統合法である。

かに提示されるカリキュラムとしては、「ペンシルベニア鉄道」や「パナマ運河」といったまとまりを持った単元であり、それが事前確定提示型とみなされ、サミュエル・パーカーやオーバーティらに酷評されていた。だが、そこで構想されていた実際の実践においては、知の整理と自己拡張により偶発性を持ちながらも他に応用可能な典型性を普遍的に学ぶことができるという展開であった。進行過程で興味と思考を誘発し新たなる知を積極的に求めるという子どもの経験を用意したことは極めてダイナミックなものであった。そして、子どもの学びの進行自体、言い換えれば経験そのものがカリキュラムの精選を結果として物語るという構想だったのである。それは、決して、活動分析法や社会分析法による事前の知の選定では無い。トピックは事前に提示されても、学びの進行が結果として内容知を選定するという、実践過程を前提として出来上がるカリキュラム論だったのである。マクマリーは、プロジェクトを持ち出すことで、子どもや子どもの生活に着眼しながらも、教師も子どもと同質の課題に異質な次元で向き合うことで、その過程に双方が関わっていけることを主張していた。実践的に双方の興味が、次元は違えどもうまく調和するというような課題や題材が実在するのかという批判は当時も向けられてはいた。だが、子どもか教師かの一方に力点が偏在し、結果的に知の静的な伝達に陥るということを避けようとしたマクマリーの構想は、子どもとカリキュラム、子どもと教師、という二項対立図式への彼なりの解答であったといえる。

　本研究のカリキュラム開発史研究への示唆ということになれば、まず、20世紀に入ってからのマクマリーのタイプ・スタディ論の展開を先述のようなダイナミックな構想を持っていたものとして見出して位置づけることが必要となるだろう。タイプ・スタディ論では、カリキュラムのスコープは子どもの興味を喚起するようなトピック（プロジェクト）が選択されるのであり、そのシークエンスは学問上の系統性や論理性ではなく、知の適用場面における自然な（偶発的な）自己拡張性に求められる。そして、その自己拡張は越

境的な相互関連を次々と引き起こす。言い換えれば、マクマリーのカリキュラム論は、コース・オブ・スタディ等に表現されるカリキュラムと、タイプ・スタディの実践展開でダイナミズムを見せるカリキュラムとの二重性を持ったものであった。それゆえ、コース・オブ・スタディ等に掲げられるカリキュラムだけを捉えれば、事前確定され提示されるだけの静的なカリキュラム論にも見え、これが子ども中心主義者からの批判を誘発するようにもなったし、他方で、ミニマム・エッセンシャルズを規定しているわけでもないからエッセンシャリストからもその不十分さを指摘されてしまう。だが、主眼は後者の実践展開で見せるダイナミックなカリキュラムであったことに鑑みると、単純に、エッセンシャリズムの源流として描いたり、進歩主義教育との対置構造で論じたりすることはもう不可能なはずである。またモリソン等の形式段階論者はマクマリーにルーツを見出すのではなく、1890年代の米国ヘルバルト主義のまさに「形式」に倣ったものと見るべきであろう。

　タイプ・スタディ論は単元学習論や教授論にとどまるものではなく、カリキュラムを編成する理論そのものであったといえる。このことは同時に、単元学習論史、とりわけプロジェクトやプロジェクト法に関する研究に対して、マクマリーと彼のタイプ・スタディ論、プロジェクト論の位置づけに関する再考を迫るものとなる。というのは、1920年以降、プロジェクト概念を積極的に使用し始めたマクマリーは単に時代の趨勢に応じて「便乗」したのではなく、タイプ・スタディの教育内容と教育方法・形態の両面を一語で適切に言い当てた言葉としてプロジェクトを「再発見」したと解釈できるからである。キルパトリック以前における、まさに「プロジェクト前史」は、農業教育や手工分野に散見される[564]というのみならず、1900年代半ば以降に、地理や歴史といった一般の教科領域においてプロジェクトという名辞こそ明確に

---

[564] Prewett, C. R. (1951). *The Development of the Unit Method of Teaching from the Herbartian Movement to the Present.* Unpublished doctoral dissertation (Ph. D.), The University of North Carolina at Chapel Hill, Chapel Hill, NC, 37-60.

与えられてはいなかったがマクマリーによってすでに構造化されていたといえるからである。

6　さらなる検討課題

　PDSにおけるマクマリーの具体的な関わりは、現時点ではナシュビルの大学附属学校（旧PDS）の文書整理中で未公開であったことから、その詳細をつかむことができなかった。この史料群が閲覧できるようになると、PDSのプラクティス部門での単元開発の具体的な様相がつかめるようになるだろう。

　次いで、本研究で視点にした「教授理論家と実践家との関係」において、現時点での史料的制約から注目できたのは、行政官や学校の管理職、後に高等教育機関に着任した元教師など、指導的立場にあり、その意見を地元教育誌などで発信するような立場にある者たちに限定されている。マクマリーの所論が実践現場においてどのような影響を持っていたのか、逆に実践現場の教師たちがどのようにマクマリーの所論に直接的あるいは間接的にアクセスし、その価値を判断し得たのかについては、さらに、一般の教師たちの「声」に耳を傾ける必要がある。そのためには、たとえば、ライダ・マクマリーやゴーガンズを始め、マクマリーの所論に学んだ者たちの指導で日々の実践を行っていたような教師たちの手になる日記や書簡等の一次史料を特定し検討する必要がある。

　さらに、人種やジェンダーに関わる職位偏重の地域差、教育行政の整備に関する地域差、教師の資格認定の整備に関する地域差、またそのような時期であったからこそ、教職の専門職性に関する理解の地域差などは、「米国」とはひとくくりにはできないぐらいに、かなりあったと予想される。本研究では、これらの背景を精確に押さえることまでは出来なかった。カリキュラム開発史の観点に、人種・ジェンダーに関わる教育史や教育行政史の視点が

加われば、本研究で取り上げた人物たちがなぜそのようなポジションに就き得たのか、またそのことにより規定される言説なども含めて考察することが可能となるであろう。

　最後に、本研究は「教授理論家と実践家との関係」についてマクマリーをケースとして考察したのだが、果たして、弟のフランク・マクマリーのケースはどうであったのか、あるいはバグリー、デューイ、キルパトリック、ボビット、チャーターズ、ボーダなど他の教授理論家たちにはどのような関係があったと見出せるのか、など多様なケースを検討することで20世紀転換期のカリキュラム研究創成の時期にどのような特異性や可能性があったのかを見極めることが可能となるだろう。

参考文献一覧

文書館等の資料（個別に特定できる資料は外国語文献一覧に含めた）

Brown Family papers. Special Collections, South Caroliniana Library, University of South Carolina, Columbia, SC.

Charles A. McMurry papers. Northern Illinois Regional History Center, Northern Illinois University, Dekalb, IL.

Charles A. McMurry papers. Special Collections, Vanderbilt University, Nashville, TN.

Lida B. McMurry papers. Northern Illinois Regional History Center, Northern Illinois University, Dekalb, IL.

Lucy Gage papers. Special Collections, Vanderbilt University, Nashville, TN.

Lueco Gunter papers. Special Collections, South Caroliniana Library, University of South Carolina, Columbia, SC.

Microfilming of Damaged Peabody College Theses and Dissertations. Education Library, Vanderbilt University, Nashville, TN.

Morris R. Mitchell papers. The Southern Historical Collection, University of North Carolina at Chapel Hill, Chapel Hill, NC.

Peabody Education Fund Collection. Special Collections, Vanderbilt University, Nashville, TN.

University Archives. Northern Illinois Regional History Center, Northern Illinois University, Dekalb, IL.

Wardlaw Patterson papers (1859-1948). Special Collections, South Caroliniana Library, University of South Carolina, Columbia, SC.

William K. Tate papers. Special Collections, South Caroliniana Library, University of South Carolina, Columbia, SC.

William K. Tate papers. Special Collections, Vanderbilt University, Nashville, TN.

外国語文献（邦訳書も含む）

(1887). Child Study. *Illinois School Journal, 6*(12), 458-459.

(1887). The Essentials of a Recitation. *Illinois School Journal, 6*(12), 456-458.

(1892). The Schoolmasters' Club. *The Public School Journal, 12*(3), 145.
(1894). The Best Literature in Schools [continued from June]. *Texas School Journal, 12*(7), 211-212.
(1894). Concentration of Studies. *The Public School Journal, 13*(10), 591-592.
(1894). Editorial: Herbartianism in Education. *The Public School Journal, 14*(4), 222-223.
(1894). Editorial: The Herbartians in American Education. *The Public School Journal, 14*(2), 100-101.
(1894). The Herbart Club. *Journal of Education, 40*(7), 131.
(1894). Pedagogical Club. *The Colorado School Journal, 10*(99), 13.
(1894). Recent Educational Literature. *The Public School Journal, 13*(10), 592-593.
(1895). Child Study. *The Public School Journal, 14*(10), 569-570.
(1895). The Cleveland Meeting. *Pennsylvania School Journal, 43*(10), 448.
(1895). Correlation's Future. *Journal of Education, 42*(14), 248-249.
(1895). Dr. McMurry's Books. *The Public School Journal, 14*(9), 521.
(1895). Dr.McMurry's New Book. *The Public School Journal, 14*(7), 394-396.
(1895). Editorial: A New Book on Herbart. *The Public School Journal, 14*(9), 509-510.
(1895). Herbart. *Journal of Education, 41*(17), 285.
(1895). Herbart's "interest". *Journal of Education, 41*(18), 300.
(1895). Illinois Normal University. *The Public School Journal, 14*(11), 625-626.
(1895). Introduction to the Herbartian System. *The Dial: A Semi-monthly Journal of Literacy Criticism, Discussion, and Information, 18*(212), 245.
(1895). Journalism in Education. *The Public School Journal, 14*(10), 570-571.
(1895). Report on Correlation. *The Public School Journal, 14*(10), 569.
(1896). Editorial: Dr. Chas. A. McMurry. *The Public School Journal, 15*(9), 496.
(1896). Editorial: Interest and Will. *The Public School Journal, 15*(6), 392-393.
(1896). Educational Notes. *The Colorado School Journal, 12*(126), 125.
(1896). Training Schools for Other States. *School Education, 15*(6), 7.
(1897). The McMurry Method of the Recitation. *The Public School Journal, 17*(4), 217.
(1897). Practical Correlation. *Journal of Education, 45*(23), 369.
(1898). About Herbart. *Journal of Education, 47*(17), 264.

(1898). Arnold Tomkins on Herbartianism. *The Western Teacher, 7*(2), 39-40.
(1898). The To-morrow of Herbartianism. *Journal of Education, 47*(17), 264.
(1899). "Dedicating" a Normal School. *The Western Teacher, 8*(2), 39-40.
(1900). The Herbart Society. *School and Home Education, 20*(2), 93-94.
(1900). The National Society for the Scientific Study of Education. *School and Home Education, 20*(3), 147.
(1901). Reorganized Herbart Society. *School and Home Education, 20*(7), 355.
(1902). News and Notes. *Texas School Journal, 20*(6), 293-294.
(1905). The Herbart Society. *The Western Teacher, 13*(7), 237-238.
(1905). M'Murry's Method of the Recitation. *Ohio Educational Monthly, 54*(12), 694-696.
(5/28/1905). State Normal Schools: Some Fine Institutions in the Western States. *The Sun*, 14.
(1905). The Summer Schools. *The Louisiana School Review, 12*(9), 15-16.
(1906). The Herbart Society and English. *School and Home Education, 25*(8), 327-329.
(1906). The Method of the Recitation. *Ohio Educational Monthly, 55*(1), 15-17.
(1907). Editorial Notes: Notes from the meeting of the Northern Illinois Teachers' Association. *The Elementary School Teacher, 8*(4), 218-222.
(1907). Teachers' Institutes. *The Ohio Teacher, 28*(3), 117.
(circa 1910). *Practice School*. Lida B. McMurry papers, (Box 1, File 1). Northern Illinois Regional History Center, Northern Illinois University, Dekalb, IL.
(1914). Educational News. *American Primary Teacher, 37*(5), 197.
(1914). Germany. *Report of Commissioner of Education for the Year Ended June 30, 1913, 1*, 813-830.
(1914). Suggestions for Work in Geography. *North Carolina Education, 8*(10), 14.
(1915). Dr. Charles A. McMurry. *Journal of Education, 81*(6), 153.
(1915). Educational News Notes. *Atlantic Educational Journal, 10*(6), 233-234.
(1915). Educational Writings. *The Elementary School Journal, 15*(5), 234-242.
(1915). Faculty Notes. *Peabody Record, 1*(2), 10.
(1915). The Fall Quarter, 1914 and the Fall Quarter, 1915. *Peabody Record, 1*(2), 5.
(1915). Promotions without Examinations. *The Educational Exchange, 30*(9), 20.
(1915). Type Studies and Lesson Plans: the Erie Canal. *North Carolina Education,*

10(4), 11.
- (1916). Educational News and Comment. *American Education, 19*(8), 483.
- (1916). Faculty Notes. *Peabody Record, 1*(3), 10.
- (1916). *Why Teachers College Needs an Associated Elementary and Secondary School.* Gottesman Libraries Archive, Teachers College, Columbia University.
- (1919). State Normal Notes. *Southern School Work, 7*(8), 426.
- (1920). Another Great Refusal. *South Carolina Education, 2*(2), 14.
- (1920). Book Table: Teaching by Projects. *The Journal of Education, 91*(15), 414.
- (1920). Teaching by Projects by Charles A. McMurry. *The School Review, 28*(4), 310-311.
- (1921) Are Teachers Human Beings? — Yep, Mine Are. *The American School Board Journal, 62*(4), 47-48.
- (1921). Survey of Wilmington, N.C. *South Carolina Education, 2*(4), 18.
- (1922). Assembly Notes. *The Peabody Reflector, 3*(2), 6.
- (1922). Biographical Sketches of the Peabody Faculty: 7 — Dr. Charles Alexander McMurry. *3*(4), 1.
- (1923). *The Peabody Reflector, 5*(12).
- (1923). Peabody Demonstration School. *The Fourth Annual Peabody Volunteer.* Nashville, TN: Benson Printing Company, 9
- (1923). Teachers' Associations. *The Ohio Teacher, 43*(7), 326.
- (1924). Graduate Students in Peabody. *The Peabody Reflector, 6*(4), 30.
- (1924). Where They Went. *The Peabody Reflector, 6*(10), 30-34.
- (1924). McMurry's Chattanooga Survey. *Journal of Education, 100*(11), 284.
- (1925). Bibliography of Mr. McMurry. *The Peabody Reflector, 8*(5), 16-19.
- (1927). Charles A. McMurry Completes Fifty Years of Teaching. *Peabody Journal of Education, 4*(5), 307.
- (1927). Charles Alexander McMurry. *The Phi Delta Kappan, 9*(5), 144-145.
- (1927). Founder's Day: McMurry Week. *The Peabody Reflector, 11*(2), 14.
- (1927). Tributes to Charles A. McMurry. *The Peabody Reflector, 11*(2), 15-17.
- (1927). McMurry Week. *The Peabody Reflector, 11*(3), 7-8.
- (1927). Peabody Demonstration School Honors Mr. McMurry. *The Peabody Reflector, 11*(3), 26-27.

(3/6/1927). School to Image Life Sought by Dr. McMurry: After a Half Century of Teaching, Peabody College Professor Finds the Real Problem Is to Adjust Children to the New World Order. *The New York Times*, XX10.

(1929). The Greatest New Thing. *The Peabody Reflector and Alumni News, 2*(4), 7; 39.

(1929). Memorial Services for Charles A. McMurry. *The Peabody Reflector and Alumni News, 2*(5), 7-11.

(1929). The Peabody Demonstration School. *The Peabody Reflector and Alumni News, 2*(1), 7-12.

(1929). The Teacher Goes Home. *The Peabody Reflector and Alumni News, 2*(4), 5-6.

(1929). Three Birthdays. *The Peabody Reflector and Alumni News, 2*(2), 8.

Akenson, J. E. (1987). Historical Factors in the Development of Elementary Social Studies: Focus on the Expanding Environments. *Theory and Research in Social Education, 15*(3), 155-171.

Akenson, J. E. (1989). The Expanding Environments and Elementary Education: A Critical Perspective. *Theory and Research in Social Education, 27*(1), 33-52.

Akenson, J. E., & LeRiche, L. W. (1997). The Type Study and Charles A. McMurry: Structure in Early Elementary Social Studies. *Theory and Research in Social Education, 25*(1), 34-53.

Alberty, H. B. (1927). *A Study of the Project Method in Education*. Columbus, OH: The Ohio State University Press.

Alberty, H. B., & Thayer, V. T. (1931). *Supervision in the Secondary School*. Boston, New York, Chicago: D. C. Heath and Company.

Alderman, E. A. (1917). *The Function and Needs of Schools of Education in Universities and Colleges*. New York, NY: General Education Board.

Allen, J. H. (1910). The Value of Chemistry as a High School Subject. *School Science and Mathematics, 10*(9), 788-800.

Allyn, R. (1887). Recitations. *Illinois School Journal, 6*(5), 138-141.

Allyn, R. (1887). Recitations : Varieties of Them or Their Methods. *Illinois School Journal, 6*(6), 180-181.

Allyn, R. (1887). Recitations : Varieties of Them and Their Methods. *Illinois School Journal, 6*(6), 225-226.

Allyn, R. (1887). Recitations : Varieties of Them and Their Methods. *Illinois School Journal, 6*(7), 275-277.

Andrews, M. B. (1920). The Visit of a Great Instructor and His Advocacy of Larger Units of Study. *North Carolina Education, 14*(7), 3-5.

Bagley, W. C. (1905). *The Educative Process.* New York: Macmillan.

Bagley, W. C. (1915). The Determination of Minimum Essentials in Elementary Geography and History. *The Fourteenth Yearbook of the National Society for the Study of Education, 1,* 131-146.

Bagley, W. C. (1917). Present-Day Minimal Essentials in The United States History as Taught in the Seventh and Eighth Grades. *The Sixteenth Yearbook of the National Society for the Study of Education, 1,* 143-155.

Bagley, W. C. (1918). The Place of Duty and Discipline in a Democratic Scheme of Education. *Teachers College Record, 19*(5), 419-430.

Bagley, W. C. (2/19/1927). *A private letter from Bagley, W. C. to Donnovan, H. L.* Unpublished manuscript, Charles A. McMurry papers. Special Collections, Vanderbilt University, Nashville, TN.

Bagley, W. C. (1930). What Is a Good School? *South Carolina Education, 11*(7), 205-206.

Bailey, A. H. (1923). *Teaching the Cyclonic Storm Worked Out on the Type Study Plan of Teaching a Large Unit of Instruction Adapted for Instruction in Junior High School.* Unpublished master's thesis, George Peabody College for Teachers, Nashville, TN.

Baldwin, J. M. (1892). How Does the Concept Arise from the Percept? *The Public School Journal, 11*(6), 293-294.

Balliet, T. M. (1894). The Co-ordination of Studies. *Journal of Education, 38*(23), 383; 385.

Bamberger, F. E. (1920). Teaching by Projects—By Charles McMurry. *Educational Review, 60*(1), 72-76.

Barnes, B. A. (1916). Geography in Detroit Elementary Schools. *Journal of Geography, 14,* 144-150.

Bass, G. H. (1895). "Concentration". *The Public School Journal, 14*(8), 442-443.

Bennett, G. E. (1916). Geography of the Southern States: Plans for a Series of Lessons Based on Frye's First Course in Geography. *Atlantic Educational Jour-*

nal, *11*(6), 296-300.

Block, L. J. (1892). How Do Concepts Arise from Percepts? *The Public School Journal, 11*(7), 348-349.

Board of Education, City of Buffalo. (1921). *Course of Study in Geography Grades Four, Five and Six*. Buffalo, NY.

Board of Education of the City of Detroit. (1917). *Course of Study in Geography, Detroit Public Schools, September, 1917*. Detroit, MI: Friesema Bros. Print. Co.

Board of Education of the City of Detroit. (1921). *A Course of Study in Geography*. Detroit, MI.

Bobbitt, F. (1918). *The Curriculum*. Boston; New York: Houghton Mifflin Company.

Bode, B. H. (1927). *Modern Educational Theories*. New York: The Macmillan Company.

Bode, B. H. (1931). Modern Trends in Education. *South Carolina Education, 12*(6), 165-166.

Bonser, F. G. (1920). *The Elementary School Curriculum*. New York: The Macmillan Company.

Bonser, F. G. (1924). The Fundamental Character of the Project Method. *Progressive Education, 1*(2), 62-63.

Boone, R. G. (1901). The Type in Teaching. *Education, 21*(6), 335-340.

Borden, L. D. (1892). The Statement and Application of a Principle in Pedagogy. *Texas School Journal, 10*(4), 497-501.

Boren, D. (1926). The Kindergarten: Demonstration School. *The Peabody Reflector, 9*(5), 10-11.

Bradshaw, J. T. (1895). Object of the Recitaion. *The Public School Journal, 14*(6), 324-325.

Branom, F. K. (1922). The Project in Geography. *Education, 42*(5), 261-274.

Branom, M. E. (1917). The Project-Problem Method of Teaching Geography. *Journal of Geography, 16*, 333.

Branom, M. E. (1918). The Value of the Project-Problem Method in Elementary Education. *The Elementary School Journal, 18*(8), 618-622.

Branom, M. E. (1919). *The Project Method in Education*. Boston, MA: R. G. Badger.

Branom, M. E., & Branom, F. K. (1921). *The Teaching of Geography, Emphasizing* the Project, or Active Method. Boston: Ginn and Company.

Brauner, C. J. (1964). *American Educational Theory*. Englewood Cliffs, NJ: Prentice-Hall.

Brogden, L. C. (1/1/1910). *Report of the Supervision of Rural Elementary Schools in North Carolina*. Special Collections, Vanderbilt University, Nashville, TN.

Brown, E. E. (1894). The Herbartian Doctrine of Interest. *The Public School Journal, 13*(8), 451-454.

Brown, E. E. (3/25/1929). *Sympathy letter from Brown, E. E. to McMurry, L. B.* Unpublished manuscript, Charles A. McMurry papers, (Box 1, File 11). Northern Illinois Regional History Center, Northern Illinois University, Dekalb, IL.

Brown, G. A. (1900). The Illinois School Masters Club. *School and Home Education, 19*(8), 388-393.

Brown, G.A. (1906). Educational Survey. *School and Home Education, 26*(4), 147-148.

Brown, G. A. (1915). Sharp Teachers and Expert Educators. *School and Home Education, 34*(6), 201-202.

Brown, G. D. (1916). Newberry County. In *Forty-Seventh Annual Report of the State Superintendent of Education of the State of South Carolina 1915*, Columbia, SC: Gonzales & Bryan, State Printers, 70-73.

Brown, G. P. (1887). A Mind Study. *Illinois School Journal, 6*(6), 213-215.

Brown, G. P. (1887). Illustration that Does not Illustrate. *Illinois School Journal, 6*(7), 264-265.

Brown, G. P. (1887). Child Study. *Illinois School Journal, 6*(7), 266-267.

Brown, G. P. (1887). Child Study. *Illinois School Journal, 6*(9), 317-318.

Brown, G. P. (1887). Child Study. *Illinois School Journal, 6*(10), 361-363.

Brown, G. P. (1887). Child Study. *Illinois School Journal, 7*(2), 59-60.

Brown, G. P. (1887). Child Study. *Illinois School Journal, 7*(3), 110-111.

Brown, G. P. (1888). Child Study. *Illinois School Journal, 7*(5), 204-205.

Brown, G. P. (1888). Child Study. *Illinois School Journal, 7*(6), 252-253.

Brown, G. P. (1888). Child Study. *Illinois School Journal, 7*(8), 358-360.

Brown, G. P. (1888). Child Study. *Illinois School Journal, 7*(11), 497-500.

Brown, G. P. (1888). Child Study. *Illinois School Journal, 8*(1), 16-17.

Brown, G. P. (1888). Child Study. *Illinois School Journal, 8*(2), 61-62.

Brown, G. P. (1889). Child Study. *Illinois School Journal, 8*(5), 218-220.
Brown, G. P. (1889). Child Study. *Illinois School Journal, 8*(7), 312-314.
Brown, G. P. (1889). Pedagogical Inquiry. *The Public School Journal, 9*(1), 11-12.
Brown, G. P. (1891). The Education of the Will. *The Public School Journal, 10*(11), 537-538.
Brown, G. P. (1892). The Evils of Gradation and Course of Study. *The Public School Journal, 12*(2), 82-84.
Brown, G. P. (1893). Educational Psychology. *The Public School Journal, 12*(4), 225-226.
Brown, G. P. (1893). Herbartianism. *The Public School Journal, 12*(5), 252.
Brown, G. P. (1893). Educational Psychology. *The Public School Journal, 12*(5), 284-285.
Brown, G. P. (1893). The Relative Values of Studies. *The Public School Journal, 12*(9), 509-512.
Brown, G. P. (1893). American Herbartianism. *The Public School Journal, 12*(9), 548.
Brown, G. P. (1894). The Practical in "Concentration". *The Public School Journal, 14*(4), 195-197.
Brown, G. P. (1895). Correlation and Concentration. *The Public School Journal, 14*(8), 417-418.
Brown, G. P. (1895). Herbart, Hegel, and the Will. *The Public School Journal, 14*(9), 473-476.
Brown, G. P. (1895). Child-Study. *The Public School Journal, 14*(11), 569-570.
Brown, G. P. (1895). Metaphysics and Pedagogics. *The Public School Journal, 14*(11), 593-595.
Brown, G. P. (1896). Two Views of Child Study. *The Public School Journal, 16*(2), 75-76.
Brown, G. P. (1900). Evolution and Education. *School and Home Education, 19*(8), 396-398.
Browne, R. B. (1929). *The Present Status of Herbartianism in the United States*. Unpublished master's thesis, The University of Illinois at Urbana-Champaign, Champaign, IL.
Bullough, R. V. Jr. (1976). *Harold B. Alberty and Boyd H. Bode: Pioneers in Cur-*

riculum Theory. Unpublished doctoral dissertation (Ph.D.), The Ohio State University, Columbus, OH.

Bureau of Education, Department of the Interior. (1917). *The Public School System of San Francisco, California* (Vol. 46). Washington D.C.: Government Printing Office.

Bureau of Research in Education, University of California. (1922). *Studies in Elementary Education—2* (Vol. 9 & 10). Berkeley, CA: University of California Press.

Burton, W. H. (1922). *Supervision and the Improvement of Teaching*. New York: D. Appleton and Company.

Butler, N. M. (1898). *The Meaning of Education, and Other Essays and Addresses*. New York, London: The Macmillan Company.

Butler, N. M. (5/30/1901). *A private letter from Butler, N. M. to DeGarmo, C.* Unpublished manuscript, Charles A. McMurry papers, (Box 1, File 8). Northern Illinois Regional History Center, Northern Illinois University, Dekalb, IL.

Caldwell, O. W. (1909). The Course in Botany. *School Science and Mathematics, 9* (1), 54-66.

Castle, L. E. (1934). History Teaching and Character Education. *Social Studies, 25* (5), 234-236.

Caswell, H. L. (1929). Is the School Survey Movement Dead? *Peabody Journal of Education, 7*(2), 108-114.

Cavins, E. W. (1898). Have We a Science of Education. *The School News and Practical Educator, 11*(6), 183-185.

Chamberlain, A. H. (1905). Is the Elementary-School Curriculum Adjusted? *Elementary School Teacher, 5*(5), 302-310.

Chamberlain, J. F. (1910). The Industrial and Social Basis of Elementary Geography. *Atlantic Educational Journal, 5*(7), 251-252.

Charters, W. W. (1923). *Curriculum Construction*. New York: Macmillan.

Chicago Institute Academic and Pedagogic. (1900). *The Course of Study: A Monthly Publication for Teachers and Parents Devoted to the Work of the Chicago Institute, Academic and Pedagogic*. Chicago, IL: Chicago Institute, Academic and Pedagogic.

Clark, R. B. (1918). *A Curriculum in Elementary Geography*. Unpublished master's thesis, The University of Nebraska – Lincoln, Lincoln NE.

Collings, E. (1923). *An Experiment with a Project Curriculum*. New York: The Macmillan Company.

Collins, C. R. J. (1969). *The Herbartian Teachers College, University of Buffalo School of Pedagogy 1895-1898*. Unpublished doctoral dissertation (EDD.), State University of New York at Buffalo, Buffalo, NY.

Colvin, S. S. (1911). *The Learning Process*. New York: Macmillan.

Cook, J. W. (1895). Modern Educational Movements. *The Public School Journal, 14* (7), 361-366.

Cook, J. W. (1895). Modern Educational Movements. *The Public School Journal, 14* (8), 423-430.

Cook, J. W. (1908). Northern Illinois State Normal School, Dekalb. *Biennial Report of the Superintendent of Public Instruction of the State of Illinois, 27*, 174-182.

Cook, J. W. (1912). *Educational History of Illinois Growth and Progress in Educational Affairs of the State from the Earliest Day to the Present with Portraits and Biographies*. Chicago, IL: Henry O. Shepard Co.

Cook, J. W. (1912). Northern Illinois State Normal School, Dekalb. *Biennial Report of the Superintendent of Public Instruction of the State of Illinois, 29*, 552-560.

Cook, J. W. (1914). Northern Illinois State Normal School, Dekalb. *Biennial Report of the Superintendent of Public Instruction of the State of Illinois, 30*, 416-423.

Cook, J. W. (1915). The Organization and Function of a Practice School. *The Northern Illinois State Normal School Quarterly, 12*(4), 7-16.

Cook, J. W. (4/16/1916). *A private letter from Cook, J. W. to McMurry, C. A*. Unpublished manuscript, Charles A. McMurry papers, (Box 3, File 12). Northern Illinois Regional History Center, Northern Illinois University, Dekalb, IL.

Cook, J. W. (1916). Report of Northern Illinois State Normal School, Dekalb. *Biennial Report of the Superintendent of Public Instruction of the State of Illinois, 31*, 513-524.

Cooper, W. J. (1919). *The Public Schools Social Studies Report: A Report by the Director of Social Studies Which Represents a Partial Curriculum—in Process of Evolution—for Geography and History*. Oakland, CA.

Coulter, B. L. (1927). A Plea for Larger Teaching Units and Some Difficulties in Their Use at the Present Time. *High School Quarterly, 15*(3), 153-157.

Coulter, B. L. (1928). *How Gorgas Experimented Yellow Fever from Cuba: A Type Study.* Unpublished master's thesis, George Peabody College for Teachers, Nashville, TN.

Cowper, M. O. (1925). Cotton-Cloth: A Type Study of Social Process. *Social Forces, 4*(1), 169-174.

Crabb, A. L. (1927). *McMurry, The Teacher.* Unpublished manuscript, Charles A. McMurry papers. Special Collections, Vanderbilt University, Nashville, TN.

Crabb, A. L. (1929). McMurry: The Teacher. *The Peabody Reflector and Alumni News, 2*(2), 10-12.

Crabb, A. L. (1935). *The Genealogy of George Peabody College for Teachers Covering a Period of One Hundred and Fifty Years.* Nashville, TN.

Crabb, A. L. (1941). *The Historical Background of Peabody College Covering a Period of One Hundred and Fifty-five Years* (Vol. 30). Nashiville, TN: George Peabody College for Teachers.

Cruikshank, K. A. (1993). *The Rise and Fall of American Herbartianism: Dynamics of an Educational Reform Movement.* Unpublished doctoral dissertation (Ph.D.), The University of Wisconsin — Madison, Madison, WI.

Crum, M. (1923). A Project in Church History: The Protestant Reformation. *South Carolina Education, 5*(3), 19-21.

Cuban, L. (1993). *How Teachers Taught: Constancy and Change in American Classrooms 1890-1990 Second Edition,* New York, NY: Teachers College Press.

Cubberley, E. P. (1931). What Should Be the Professional Relationship between Teacher and Principal, Principal and Superintendent, and Teacher and Superintendent? *South Carolina Education, 12*(7), 231-233.

Cunningham, H. A. (1925). Teaching "How to Study". *School Review, 33*(5), 355-362.

Daily, B. W. (1916). The Erie Canal: Lesson Plan for Intermediate Geography. *Atlantic Educational Journal, 11*(7), 350-351.

Daily, B. W. (1916). The Southern States: A Study for Advanced Geography Class. *Atlantic Educational Journal, 11*(6), 300-302.

Dallas Public Schools. (1919). *Teachers Handbook Elementary Grades. Dallas Public Schools.* Dallas, TX: Dallas High School Printshop.

Darroch, A. (1903). *Herbart and the Herbartian Theory of Education a Criticism.* London ; New York: Longmans, Green, and co.

Daum, N. F. (1896). Culture Epoch Theory. *The Public School Journal, 15*(9), 509-510.

Davis, S. E. (1919). *Educational Periodicals during the Nineteenth Century.* Washington: Govt. Print. Off.

Dearborn, N. H. (1925). *The Oswego Movement in American Education.* New York, NY: Bureau of Publications, Teachers College, Columbia University.

Defoe, D., Cowper, W., Husted, M. H., & McMurry, L. B. (1894). *Robinson Crusoe for Boys and Girls.* Bloomington, IL: Public School Publishing Company.

DeGarmo, C. (1886). Glimpses at German Pedagogy: A Philosophic Basis for Order in Instruction. *Illinois School Journal, 6*(4), 80-82.

DeGarmo, C. (1887). Glimpses at German Pedagogy: A Philosophic Basis for Order in Instruction. *Illinois School Journal, 6*(5), 121-123.

DeGarmo, C. (1887). Glimpses at German Pedagogy: A Philosophic Basis for Order in Instruction. *Illinois School Journal, 6*(6), 166-168.

DeGarmo, C. (1887). Glimpses at German Pedagogy: A Philosophic Basis for Order in Instruction. *Illinois School Journal, 6*(6), 210-213.

DeGarmo, C. (1887). Glimpses at German Pedagogy: A Philosophic Basis for Order in Instruction. *Illinois School Journal, 6*(7), 261-263.

DeGarmo, C. (1887). Glimpses at German Pedagogy: A Philosophic Basis for Order in Instruction. *Illinois School Journal, 6*(9), 312-314.

DeGarmo, C. (1887). Glimpses at German Pedagogy: A Philosophic Basis for Order in Instruction. *Illinois School Journal, 6*(11), 405-407.

DeGarmo, C. (1889). Some Essentials of Psychology for Teachers. *The Public School Journal, 9*(4), 155-156.

DeGarmo, C. (1890). A Letter from Mr. DeGarmo. *The Public School Journal, 9*(7), 334-336.

DeGarmo, C. (1890). Propositions Regarding the Educational Value of Natural Science in Elementary Schools. *The Public School Journal, 9*(9), 413-415.

DeGarmo, C. (1890). Relation of Instruction to Will-Training. *National Education Association of the United States Journal of Proceedings and Addresses*, 118-125.

DeGarmo, C. (1891). What Does "Apperception" Mean? *The Public School Journal, 10*(11), 559-561.

DeGarmo, C. (1890). Relation of the Kindergarten to the Primary School. *Education, 11*(3), 154-157.

DeGarmo, C. (1891). A Basis for Ethical Training in Elementary Schools. *National Education Association of the United States Journal of Proceedings and Addresses*, 170-177.

DeGarmo, C. (1891). What Constitutes Professional Work in a Normal School. *National Education Association of the United States Journal of Proceedings and Addresses*, 719-724.

DeGarmo, C. (1892). Coordination of Normal School and University in Training Teachers. *National Education Association of the United States Journal of Proceedings and Addresses*, 411-414.

DeGarmo, C. (1892). German Contributions to the Coordination of Studies. *Educational Review, 4*, 422-437.

DeGarmo, C. (1892). A Popular View of Apperception. *The Public School Journal, 12*(3), 135-139.

DeGarmo, C. (1893). *The Essentials of Method : A Discussion of the Essential Form of Right Methods in Teaching: Observation, Generalization, Application*. Boston: D.C. Heath.

DeGarmo, C. (1893). General Method. *Educational Review, 5*, 392-392.

DeGarmo, C. (1893). A Working Basis for the Correlation of Studies. *Educational Review, 5*, 451-466.

DeGarmo, C. (1894). The Economic Idea in the Elementary School. *The Public School Journal, 13*(8), 444-447.

DeGarmo, C. (1894). Moral Training through the Common Brandres. *National Education Association of the United States Journal of Proceedings and Addresses*, 165-173.

DeGarmo, C. (1894). The Principles of the Herbartian School. *Journal of Education, 40*(23), 392.

DeGarmo, C. (1894). Report on Committee on the Relation of Normal Schools to Universities. *National Education Association of the United States Journal of Proceedings and Addresses*, 821-825.

DeGarmo, C. (1894). The Univeristy in Its Relation to the Teaching Professions. *National Education Association of the United States Journal of Proceedings and Addresses*, 554-559.

DeGarmo, C. (1895). Influence of Herbart's Doctrine on the Course of Study in the Common Schools. *Journal of Education, 42*(7), 125-126.

DeGarmo, C. (1895). Is Herbart's Theory of Interest dangerous? *The Public School Journal, 14*(9), 514-515.

DeGarmo, C. (1896). Will and Education. *The Public School Journal, 15*(5), 273-274.

DeGarmo, C. (1896). A Dynamic Theory of Will. *The Public School Journal, 15*(6), 336-339.

DeGarmo, C. (1896). Non Social Ideals of Character. *The Public School Journal, 16*(1), 15-16.

DeGarmo, C. (1895). The Will and Education. *Education, 16*(4), 240-242.

DeGarmo, C. (1896). Concentration as Means of Developing Character. *National Education Association of the United States Journal of Proceedings and Addresses*, 309-314.

DeGarmo, C. (1896). A Dynamic Theory of Will. *Education, 16*(6), 337-343.

DeGarmo, C. (1896). The Significance of Herbart for Secondary and Higher Education. *Educational Review, 11*, 40-57.

DeGarmo, C. (1897). Social Aspects of Education. *Ohio Educational Monthly, 46*(4), 174-177.

DeGarmo, C. (1897). Some Consequences of a Social View of Education. *Ohio Educational Monthly, 46*(5), 218-222.

DeGarmo, C. (1898). Interest in Study. *School and Home Education, 18*(4), 169-171.

DeGarmo, C. (1898). The Point of View (John Frederick Herbart). *Journal of Education, 47*(17), 259.

DeGarmo, C. (1899). Scientific vs. Poetic Study of Education. *Educational Review, 17*, 209-226.

DeGarmo, C. (1900). The Order of Appeal in Nature Study. *School and Home Education, 20*(4), 181-183.

DeGarmo, C. (1901). Women in Education. *School and Home Education, 20*(6),

282-285.

DeGarmo, C. (1901). Education and Survival. *School and Home Education, 20*(10), 494-497.

DeGarmo, C. (6/3/1901). *A private letter from DeGarmo, C. to McMurry, C. A.* Unpublished manuscript, Charles A. McMurry papers, (Box 1, File 8). Regional History Center, Northen Illinois University.

DeGarmo, C. (5/5/1901). *A private letter from DeGarmo, C. to McMurry, C. A.* Unpublished manuscript, Charles A. McMurry papers, (Box 1, File 8). Northern Illinois Regional History Center, Northern Illinois University, Dekalb, IL.

DeGarmo, C. (1901). Psychology for the Teacher. *School and Home Education, 21* (2), 102.

DeGarmo, C. (2/1/1927). *A private letter from DeGarmo, C. to Donovan, H. L.* Unpublished manuscript, Charles A. McMurry papers. Special Collections, Vanderbilt University, Nashville, TN.

DeGarmo, C. (4/24/1929). *Sympathy letter from DeGarmo, C. to Emily McMurry.* Unpublished manuscript, Charles A. McMurry papers, (Box 1, File 11). Northern Illinois Regional History Center, Northern Illinois University, Dekalb, IL.

Denney, C. C. (1917). *Peabody Demonstration School in the Light of Standard Tests.* Unpublished master's thesis, George Peabody College for Teachers, Nashville, TN.

Department of Education. (1924). *State Course of Study for Elementary Schools of Louisiana.* Baton Rouge, LA: Ramires-Jones printing Company.

Department of Public Schools, City of Central Falls. (1914). *Annual Report of the School Committee of the City of Central Falls, R. I. for the Year Ending June 30, 1914.* Central Falls, RI: E. L. Freeman Company, Printers.

Dewey, E. (1921). The New Education: I. Its Trend and Purpose. *The Nation, 112* (2913), 654-655.

Dewey, E. (1921). The New Education: II. The Modern School. *The Nation, 112* (2914), 684-685.

Dewey, J. (1891). How Do Concepts Arise from Percepts? *The Public School Journal, 11*(3), 128-130.

Dewey, J. (1896). Interpretation of the Culture-Epoch Theory. *The Public School Journal, 15*(5), 233-236.

Dewey, J. (1903). Method of the Recitation. *Elementary School Teacher, 3*(9), 563.

Division of Surveys and Field Studies, George Peabody College for Teachers. (1931). *Public Schools of Nashville, Tennessee: A Survey Report*. Nashville, TN.

Division of Surveys and Field Studies, George Peabody College for Teachers. (1952). *A Survey of Surveys*. Nashville, TN.

Dodge, R. E. (1899). Notes on Geographical Education. *Journal of the American Geographical Society of New York, 31*(4), 382-386.

Donovan, H. L. (1925). Minimum Essentials in Elementary Education. *Peabody Journal of Education, 2*(4), 205-212.

Donovan, H. L. (1925). *A State's Elementary Teacher-Training Problem (Kentucky)*. Nashville, TN: George Peabody College for Teachers.

Donovan, H. L. (1926). Preschool and Kindergarten Preparation for Reading. *The Peabody Reflector, 9*(5), 8-9.

Donovan, H. L. (1932). Educating the Teacher for the Progressive Public School. *South Carolina Education, 13*(7), 219-221; 234-235.

Donovan, N. S. (1929, Mar.). *Symapthy letter from Donovan, N. S. to Mrs. McMurry (Emily) and family*. Unpublished manuscript, Charles A. McMurry papers, (Box 1, File 11). Northern Illinois Regional History Center, Northern Illinois University, Dekalb, IL.

Dowling, H. G. (1926). Teaching Pupils to Think. *Alabama School Journal, 43*(8), 3-4.

Drost, W. H. (1967). That Immortal Day in Cleveland: the Report of the Committee of Fifteen. *Educational Theory, 17*(2), 178-191.

Dryer, C. R. (1908). Philosophical Geography. *School Science and Mathematics, 8*(5), 380-386.

Dunkel, H. B. (1970). *Herbart and Herbartianism: An Educational Ghost Story*. Chicago, IL: University of Chicago Press.

Earhart, L. B. (1909). An Experiment in Teaching Children to Study. *Education, 30*(4), 236-244.

Eby, H. L. (1911). General Scheme of McMurry's "How to Study and Teaching How to Study," Together with Some Suggestions on How to Study This Book. *Ohio Educational Monthly, 60*(3), 120-122.

Edmunds, H. H. (1929). *The History of the Herbartian Movement in the United*

States and Its Relation to Present Trends in Education. Unpublished master's thesis, University of Chicago, Chicago, IL.

Edwards, E. R. (1927). A Summary Review of an Analytical Survey of Current Courses of Study in Elementary School Geography. *Journal of Geography, 26,* 299-307.

Evans, A. (1920). Problem—Fifth Grade Geography. *Moderator-Topics, 41*(15), 233.

Evans, F. (1921). The Teaching of Primary Geography. *South Carolina Education, 2*(8), 11-12; 23.

Evans, F. (1925). Compulsory Attendance in South Carolina. *South Carolina Education, 7*(8), 46-47.

Evans, F. (1925). Compulsory Education. *South Carolina Education, 6*(5), 37-39.

Evans, F. (1925). Public Education in the South. *Peabody Journal of Education, 2* (5), 252-257.

Fee, I. B. (1915). *Training of the Elementary Teacher.* Unpublished master's thesis, The University of Nebraska — Lincoln, Lincoln, NE.

Fennell, M. (1902). *Notes of Lessons on the Herbartian Method (Based on Herbart's Plan).* London; New York: Longmans, Green, and Co.

Foote, I. P. (1917). *A Louisiana Sugar Plantation and the Sugar Industry: A Type Study.* Unpublished master's thesis, George Peabody College for Teachers, Nashville, TN.

Foote, I. P. (1924). How Can a Superintendent Provide for Teacher-Participation in the Administration of a City School System? *Education Administration & Supervision Including Teacher Training, 10,* 221-232.

Foote, I. P. (1924). The Origin of the Tests in the Otis Group Intelligence Scale: Advanced Examination. *Peabody Journal of Education, 1*(5), 237-246.

Foote, I. P. (1924). The Training of Faculties of State Teachers Colleges. *Peabody Journal of Education, 1*(6), 313-321.

Forbes, B. (1895). Freedom of Will in Herbart's Own Words. *The Public School Journal, 15*(1), 45.

Fort Wayne Board of Education. (1923). *Course of Study Geography and General Science Graded Schools.* Fort Wayne, IN.

Foster, H. W. (1899). A Geography Course below the High School. *New York Education, 2*(9), 521-523.

Frye, A. E. (1911). *Home Geography and Type Studies*. New York, Chicago, London: Ginn and Company.

Fujimoto, K. (2014). The Development of C. A. McMurry's Type Study: Emergence of a Unit Development Theory Embedding Teacher Training. *Educational Study in Japan: International Yearbook, 8*, 117-128.

Gage, L. (1926). Problems of Supervision in the Early Elementary Grades. *Peabody Journal of Education, 4*(2), 94-97.

Gage, L. (1942). Introduction to the Slow Growth of Professionalism. *Peabody Journal of Education, 20*(3), 151-156.

Galbreath, L. H. (1898). Herbart (John Frederick Herbart). *Journal of Education, 47*(17), 260-261.

Galesburg Board of Education. (circa1910). *Course of Study, Public Schools, Galesburg, Ill*. Galesburg, IL: Galesburg Printing Co.

Ganey, H. M. (1924). *The Project Method in Geography*. Chicago, IL: The Plymouth press.

Gault, F. B. (1892). The "Synthetic Method". *The Public School Journal, 12*(1), 6-8.

Gault, F. B. (1892). The Synthetic System. *The Public School Journal, 12*(2), 62-63.

Gay, W. (1891). The Recitation. *The Public School Journal, 11*(2), 75-76.

Gay, W. (1891). The Recitation. *The Public School Journal, 11*(4), 130.

George Peabody College for Teachers. (1915). Opportunities for Graduate Study. *Bulletin George Peabody College for Teachers, 4*(2).

George Peabody College for Teachers. (1915). Peabody Activities: Review of First Half-Year 1914-1915. *Bulletin George Peabody College for Teachers, 3*(2).

George Peabody College for Teachers. (1915). Summer School Activities 1915. *Bulletin George Peabody College for Teachers, 4*(1).

George Peabody College for Teachers. (1916). Announcement of Summer Quarter. *Bulletin George Peabody College for Teachers, 4*(3).

George Peabody College for Teachers. (1916). Peabody Demonstration School: Its Present and Future Organization. *Bulletin George Peabody College for Teachers, 5*(1), 5-16.

George Peabody College for Teachers. (1916). Special Courses for Canning Club and Home Demonstration Agents in the South. *Bulletin George Peabody College for Teachers, 5*(2).

George Peabody College for Teachers. (1916). *Souvenir Supplement Peabody Summer School News* (Vol. 1(10)).

George Peabody College for Teachers. (1917). Preliminary Announcement of Summer Quarter. *Bulletin George Peabody College for Teachers, 5*(3).

George Peabody College for Teachers. (1920). *Survey of the School System of New Hanover County, North Carolina.* Wilmington, NC: Board of Education.

George Peabody College for Teachers. (1925). *The Semicentennial of George Peabody College for Teachers 1875-1925: The Proceedings of the Semicentennial Celebration February 18, 19, and 20, 1925.* Nashville, TN: George Peabody College for Teachers.

George Peabody College for Teachers. (1927). *George Peabody College for Teachers Honors Charles Alexander McMurry and His Fifty Years of Service as an Educator.* Unpublished pamphlet, Charles A. McMurry papers. Special Collections, Vanderbilt University, Nashville, TN.

Gilbert, C. B. (1893). Some Suggestions to Herbartian Teachers. *Education, 14*(2), 75-80.

Gilbert, C. B. (1896). Practicable Correlations of Studies. *Educational Review, 11,* 313-322.

Gilbert, N. D. (1910). The Training School: The Work of the Critic. *Bulletin of the Northern Illinois State Normal School, 7*(4), 1-23.

Gill, J. (1887). *Systems of Education: A History and Criticism of the Principles, Methods, Organization, and Moral Discipline Advocated by Eminent Educationists.* Boston: D.C. Heath & Co.

Gill, L. B. (1/5/1916). *A private letter to Mr. Charles Alexander McMurry.* Unpublished manuscript, William Knox Tate papers. Special Collections, Vanderbilt University, Nashville, TN.

Gillan, S. Y. (1882). Incidental Instruction. *Illinois School Journal, 2*(8), 233-234.

Gillan, S. Y. (1884). What Shall We Do to Be Saved from Empiricism? *Illinois School Journal, 3*(10), 242-243.

Goddard, H. N. (1916). Laboratory Teaching. *School Science and Mathematics, 16* (8), 710-719.

Goggans, S. (1916). Newberry County. *Forty-Seventh Annual Report of the State Superintendent of Education of the State of South Carolina 1915*. Columbia, SC.

Goggans, S. (1917). Richland County. *Forty-Eighth Annual Report of the State Superintendent of Education of the State of South Carolina 1916*. Columbia, SC.

Goggans, S. (1920). Type-Studies in the Geography of North America for the Grade Teacher. *South Carolina Education, 2*(1), 10-11; 23.

Goggans, S. (1920). Type-Studies in the Geography of North America for the Grade Teacher. *South Carolina Education, 2*(2), 13; 19-20.

Goggans, S. (1920). Type-Studies in the Geography of North America for the Grade Teacher. *South Carolina Education, 2*(3), 25-26.

Goggans, S. (1921). Type-Studies in the Geography of North America for the Grade Teacher. *South Carolina Education, 2*(4), 25-26.

Goggans, S. (1921). Type-Studies in the Geography of North America for the Grade Teacher. *South Carolina Education, 2*(5), 24-25.

Goggans, S. (1924). A Work-Study-Play School. *South Carolina Education, 6*(1), 10-11.

Goggans, S. (1928). Practice Exercises or "Check Tests" on the Child's World Reader. *South Carolina Education, 10*(3), 74.

Goggans, S. (1940). *Units of Work and Centers of Interest in the Organization of the Elementary School Curriculum*. Unpublished doctoral dissertation (Ph.D.), Columbia University, New York, NY.

Groszmann, M. P. E. (1900). A Rational Course of Study. *The Child Study Monthly, 6*(2), 75-77.

Guillet, C. (1900). Recapitulation and Education. *Pedagogical Seminary, 7*, 397.

Gunter, L. (1914). The Rural School as a Social Center. *The Rural Educator, 4*(5), 89.

Gunter, L. (1916). *Public Schools of Lexington County*. Columbia, SC: The State Department of Education, Columbia, SC.

Gunter, L. (1919). Report of State Supervisor of Rural Schools. *Fiftieth Annual Report of the State Superintendent of Education of the State of South Carolina 1918*. Columbia, SC.

Gunter, L. (1920). (A) Report of State Supervisor of Rural Schools. *Fifty-First An-*

nual Report of the State Superintendent of Education of the State of South Carolina 1919. Columbia, SC.

Hagar, A. (1957). *Reading Interests of Peabody Demonstration School Junior High School Boys and Girls.* Unpublished master's thesis, George Peabody College for Teachers, Nashville, TN.

Hall, G. S. (1894). Child Study. *National Education Association of the United States Journal of Proceedings and Addresses,* 173-179.

Hall, G. S. (1894). Scientific Study of Children. *The Public School Journal, 13*(11), 613-617.

Hall, G. S. (1900). From Fundamental to Accessory. *School and Home Education, 19*(7), 340-341.

Hall, G. S. (1901). The Ideal School as Based on Child Study. *Forum, 32*(1), 24-39.

Halvorsen, A. F. (2006). *The Origins And Rise of Elementary Social Studies Education, 1884 to 1941.* Unpublished doctoral dissertation (Ph. D.), University of Michigan, Ann Arbor, MI.

Hamilton, W. J. (2/11/1927). *A private letter from Hamilton, W. J. to Donovan, H. L.* Unpublished manuscript, Charles A. McMurry papers. Special Collections, Vanderbilt University, Nashville, TN.

Hanna, A. S. (1897). Observation Work: Zoology. *The School News and Practical Educator, 11*(1), 14-16.

Hanus, P. H. (1892). How Do Concepts Arise from Percepts? *The Public School Journal, 11*(5), 233-235.

Harap, H. (1928). *The Technique of Curriculum Making.* New York: The Macmillan Company.

Harris, W. T. (1885). National Educational Association. *Illinois School Journal, 5*(3), 66.

Harris, W. T. (1887). The Function of the American School. *Illinois School Journal, 7*(2), 54-56.

Harris, W. T. (1892). Apperception versus Perception. *The Public School Journal, 11*(5), 235-236.

Harris, W. T. (1893). Course of Study versus Classification. *The Public School Journal, 12*(8), 482-484.

Harris, W. T. (1893). Normal School vs. High School Methods. *The Public School*

Journal, 12(4), 248-249.

Harris, W. T. (1894). Education Reform. *The Public School Journal, 14*(2), 75-76.

Harris, W. T. (1895). Correlation, Concentration, Co-ordination, and Unification. *Journal of Education, 41*(17), 279-280.

Harris, W. T. (1895). The Imitative Faculty in Education. *The Public School Journal, 14*(6), 301-304.

Harris, W. T. (1895). Dr. Harris Replies to Dr. McMurry. *The Public School Journal, 14*(8), 456.

Harris, W. T. (1895). Herbart on the Isolation of Studies. *The Public School Journal, 14*(9), 512-513.

Harris, W. T. (1895). The Old Psychology vs. the New. *The Public School Journal, 14*(10), 531-534.

Harris, W. T. (1895). Dr. Harris Replies. *The Public School Journal, 14*(11), 627-629.

Harris, W. T. (1895). Herbart's Doctrine of Interest. *Educational Review, 10*, 71-80.

Harris, W. T. (1895). The Necessity of Five Co-ordinate Groups in a Complete Course of Study. *Education, 16*(3), 129-134.

Harris, W. T. (1895). Herbart's Unmoral Education. *Education, 16*(3), 178-181.

Harris, W. T. (1896). Is Education Possible without Free Will? *The Public School Journal, 15*(5), 274-276.

Harris, W. T. (1896). Reply to Dr. DeGarmo. *The Public School Journal, 15*(6), 393-396.

Harris, W. T. (1900). The Present Status of Education. *School and Home Education, 19*(8), 433-437.

Harris, W. T. (1901). Discipline. *School and Home Education, 20*(10), 479-483.

Hayward, F. H., & Thomas, M. E. (1903). *The Critics of Herbartianism : And Other Matter Contributory to the Study of the Herbartian Question.* London: S. Sonnenschein.

Henry, T. S. (1917). Problem Method in Teaching. *School and Home Education, 36*(6), 162-168.

Herbart, J. F. (1884). Pedagogical Discussions, and the Conditions under which They May Become Useful. *Illinois School Journal, 4*(3), 365-367.

Herring, J. P. (1920). Bibliography of the Project Method. *Teachers College Record, 21*(2), 150.

Herring, J. P. (1921). Criteria of the Project. *Teachers College Record, 22,* 329.

Hewett, E. C. (1898). Editorial : McMurry, F. & DeGarmo, C. *The Public School Journal, 17*(7), 372-373.

Hiner, N. R. (1971). Herbartians, History, and Moral Education. *The School Review, 79*(4), 590-601.

Hodges, J. L. (1921). A Practical Example of the Project Plan in Teaching. *North Carolina Education, 15*(7), 7-8.

Holbrook, R. H. (1895). Herbartians versus Hegelians. *The Public School Journal, 14*(10), 572-574.

Holmes, M. J. (2/17/1927). *A private letter from Holmes, M. J. to Donovan, H. L.* Unpublished manuscript, Charles A. McMurry papers. Special Collections, Vanderbilt University, Nashville, TN.

Hosic, J. F. (1918). An Outline of the Problem-Project Method. *The English Journal, 7*(9), 599-603.

Hosic, J. F. (1929). Speaking and Writing in the Elementary School. *Alabama School Journal, 46*(6), 4, 26.

Hosic, J. F., & Chase, S. E. (1924). *Brief Guide to the Project Method.* Yonkers-on-Hudson, NY: World Book Company.

Hotchkiss, E. A. (1924). *The Project Method in Classroom Work.* Boston, New York: Ginn and Company.

Howe, A. (5th grade). (1928). My Visit to Crieve Hall Dairy. *The Peabody News, 4* (3), 19.

Howison, G. H. (1892). How Do Concepts Arise from Percepts? *The Public School Journal, 12*(1), 28-30.

Howison, G. H. (1896). On The Correlation of Elementary Studies. *The Public School Journal, 15*(11), 583-588.

Hunt, C. W. (1917). Alaska: A Type Study. *Atlantic Educational Journal, 12*(6), 308-309.

Hurst, H. (1948). *Illinois State Normal University and the Public Normal School Movement.* Nashville, TN: George Peabody College for Teachers.

Illinois Education Association. (1891). *Educational Papers*: J. W. Franks & sons, printers.

Illinois State Normal University. (1907). *Semi-Centennial History of the Illinois State Normal University, 1857-1907*. Normal, IL.

Imboden, S. M. (1911). Practical Teaching of Children to Study. *School and Home Education, 31*(1), 26-32.

Jackman, W. S. (1895). Correlation of Science and History. *Educational Review, 9*, 464-471.

Jackman, W. S. (1895). Nature Study and Correlation. *The Public School Journal, 14*(11), 602-603.

Jackman, W. S. (1895). The Joliet Meeting. *The Public School Journal, 14*(11), 629-630.

Jackman, W. S. (1895). Representative Expression in Nature Study. *Educational Review, 10*, 248-261.

Jackman, W. S. (1896). The Center for Correlation. *Education, 16*(5), 307-309.

James, E. J. (1882). The Correlation of Studies. *Illinois School Journal, 2*(4), 109-110.

James, P. E. (1969). The Significance of Geography in American Education. *Journal of Geography, 68*(8), 473-483.

James, P. E. (1990). The Significance of Geography in American Education. *Journal of Geography, 89*(5), 219-224.

Johnston, C. H. (1914). Progress of Teacher Training. *Report of Commissioner of Education for the Year Ended June 30, 1913, 1*, 499-551.

Johnston, T. E. (1922). Outlines for Study of Pittman's "Successful Teaching in Rural Schools". *North Carolina Education, 17*(4), 8-9.

Jones, A. L. (1903). The Training of the Teacher. *Pennsylvania School Journal, 52*(2), 69-73.

Jones, O. M. (1910). Teaching Children to Study. *Education, 30*(5), 307-315.

Judd, C. H. (1932). Education, the Nation's Safeguard. *South Carolina Education, 14*(3), 79.

Judd, C. H. (1933). Is American Education to Be Curtailed Permanently? *South Carolina Education, 14*(4 & 5), 115-117.

Kandel, I. L. (1957). *American Education in the Twentieth Century*. Cambridge, MA: Harvard University Press.

Kandel, I. L., & Monroe, P. (1924). *Twenty-Five Years of American Education: Collected Essays.* New York: The Macmillan Company.

Kenyon, W. J. (1905). *A Teachers' Handbook in Geography PART I North and South America.* San Francisco: C.A. Murdock & Co., Printers.

Key, E. L. (12/12/1926). *A private letter from Key, E. L. to Mitchell, M. R.* Unpublished manuscript, Morris R. Mitchell papers (#3832), (Box 7, File 74). The Southern Historical Collection, University of North Carolina at Chapel Hill, Chapel Hill, NC.

Key, E. L. (1/18/1930). *A private letter from Key, E. L. to Mitchell, M. R.* Unpublished manuscript, Morris R. Mitchell papers (#3832), (Box 8, File 89). The Southern Historical Collection, University of North Carolina at Chapel Hill, Chapel Hill, NC.

Key, E. L. (1930). An Experiment with the Type Study. *Peabody Journal of Education, 8*(3), 157-164.

Key, E. L. (10/5/1936). *A private letter from Key, E. L. to Mitchell, M. R.* Unpublished manuscript, Morris R. Mitchell papers (#3832), (Box 8, File 96). The Southern Historical Collection, University of North Carolina at Chapel Hill, Chapel Hill, NC.

Kilpatrick, W. H. (1/7/1904). *A letter to Green, S. A.* Unpublished manuscript, Peabody Education Fund Collection, (Box 3, File 13). Special Collections, Vanderbilt University, Nashville, TN.

Kilpatrick, W. H. (1/11/1904). *A letter to Olney, R.* Unpublished manuscript, Peabody Education Fund Collection, (Box 3, File 13). Special Collections, Vanderbilt University, Nashville, TN.

Kilpatrick, W. H. (1/12/1904). *A letter to President Theodore Roosevelt.* Unpublished manuscript, Peabody Education Fund Collection, (Box 3, File 13). Special Collections, Vanderbilt University, Nashville, TN.

Kilpatrick, W. H. (1918). The Project Method. *Teachers College Record, 19*(4), 319-335.

Kilpatrick, W. H. (1922). *The Project Method, the Use of the Purposeful Act in the Educative Process.* New York: Teachers College, Columbia University.

Kilpatrick, W. H., & Monroe, P. (1924). Tendencies in Educational Philosophy. In I. L. Kandel (Ed.), *Twenty-Five Years of American Education: Collected Essays* (pp. 55-90). New York, NY: The Macmillan Company.

King, I. (1910). How to Study and Teaching How to Study by F. M. McMurry. *The School Review, 18*(3), 204-205.

Klemm, L. R. (1895). Index to Articles on Herbart and Correlation. *The Public School Journal, 15*(3), 169-170.

Klemm, L. R. (1895). Index to Articles on Herbart and Correlation. *The Public School Journal, 15*(4), 222.

Kliebard, H. M. (1987). *The Struggle for the American Curriculum, 1893-1958.* New York: Routledge & Kegan Paul.

Knoll, M. (2012). "I Had Made a Mistake": William H. Kilpatrick and the Project Method. *Teachers College Record, 114*(2), 1.

Krusé, S. A. (1928). *A Critical Analysis of Principles of Teaching as a Basic Course in Teacher-Training Curricula.* Unpublished doctoral dissertation (Ph. D.), George Peabody College for Teachers, Nashville, TN.

Krusé, S. A. (1943). Late Charles A. McMurry Met the Acid Test of the Master Teacher. *School and Society, 58*(1497), 171-172.

Lally, E. M. (1916). Classroom Methods and Devices: A Type Study in English Composition. *The Elementary School Journal, 16*(9), 469-474.

Landsittel, F. C. (1911). Induction and Deduction as Principles in High-School Teaching. *The Ohio Teacher, 31*(12), 511.

Lane, J. A. (1922). The Fort Wayne of Student Teaching Observation and Reports. *Educational Administration and Supervision, 8*, 99-104.

Learned, W. S., Bagley, W. C., McMurry, C. A., Strayer, G. D., Dearborn, W. F., Kandel, I. L., & Josselyn, H. W. (1920). *The Professional Preparation of Teachers for American Public Schools: A Study Based upon an Examination of Tax-Supported Normal Schools in the State of Missouri.* New York: Carnegie Foundation for the Advancement of Teaching.

Leavell, U. W. (1945). Charles Alexander McMurry. *Peabody Journal of Education, 22*(5), 262-263.

Leighly, W. L. (1968). *A History of Northern Illinois University: The Early Years, 1893-1919.* UA 50-2.02. Northern Illinois Regional History Center, Northern Illinois University, Dekalb, IL.

LeRiche, L. W. (1987). The Expanding Environments Sequence in Elementary Social Studies: The Origins. *Theory and Research in Social Education, 15*(3), 137-154.

LeRiche, L. W. (1992). The Political Socialization of Children in the Expanding Environments Sequence. *Theory and Research in Social Education, 20*(2), 126-140.

Liebman, R. R. (1948). *Herbartianism as a Factor in American Education.* Unpublished doctoral dissertation (EDD.), Johns Hopkins University, Baltimore, MD.

Lockwood, I. (1919). Problem Method in Geography: A Study of the New England States. *School Education, 38*(6), 14-15.

Logan, J. W. (1921). *Teacher Training in Detroit.* Detroit, MI.

Louisiana State Normal School. (1920). Eighteenth Biennial Report of the Louisiana State Normal School. *Normal Quarterly of the Louisiana State Normal School, 9*(3).

Luckey, G. W. A. (1896). Child Study in Its Effects upon the Teacher. *The Child Study Monthly, 1*(8), 230-247.

Lukens, H. T. (1895). *The Connection between Thought and Memory.* Boston: D. C. Heath & co.

Lukens, H. T. (1895). The Correlation of Studies. *Educational Review, 10,* 364-383.

Lukens, H. T. (1895). Dr. Harris on Correlation. *Journal of Education, 41*(19), 311-312.

Lukens, H. T. (1895). Correlation Once More. *Journal of Education, 42*(1), 15.

Lukens, H. T. (1897). The Vital Question in the Curriculum. *Education, 18*(1), 19-29.

Lukens, H. T. (1918). The Fifth Grade. *Francis W. Parker School Year Book, 5,* 79-88.

Lull, H. G. (1919). The Relation of Project-Problem Instruction to the Curriculum. *School and Home Education, 39*(5), 114-115.

Lyte, E. O. (1903). The State Normal Schools of the United States. *Report of Commissioner of Education for the Year 1901-1902, 1,* 1103-1136.

MacMillan, D. P. (1900). Report of the Sixth Annual Congress of the Illinois Society for Child-Study. *The Child Study Monthly, 6*(5), 159-162.

Maddox, W. A. (1924). Development of Method. In I. L. Kandel & P. Monroe (Eds.), *Twenty-Five Years of American Education: Collected Essays* (pp. 141-176).

New York, NY: The Macmillan Company.

Magnusson, P. M. (1895). "Hegelian" and "Herbartian". *School Education, 14*(11), 9-10.

Mahoney, J. J., Wetmore, F. K., Winkler, H., & Alsberg, E. (1920). *Training Teachers For Americanization; A Course Of Study For Normal Schools And Teachers' Institutes*. Washington,: Govt. print. off.

Manahan, J. L. (1916). *A Bibliography of Educational Surveys and Tests* (Vol. 2 (3)). Charlottesville, VA: The University.

Martin, A. (5th grade). (1928). Our trip to the Nashville Pure Milk Company. *The Peabody News, 4*(3), 18-19.

Martin, C. R. (1914). The Panama Canal and the Canal Zone. *Ohio Educational Monthly, 63*(4), 161-166.

McCarrel, F. (1931). *The Development of the Training School*. Unpublished doctoral dissertation (Ph.D.), George Peabody College for Teachers, Nashville, TN.

McCarrel, F. (1934). An Abstract of the Development of the Training School. *Peabody Journal of Education, 11*(5), 212-215.

McCormick, H. (1913). *The Women of Illinois*. Bloomington, IL: Pantagraph Printing and Stationery Company.

McGehee, W. R. (1927). *"Great Stone Face" as a Type Study*. Unpublished master's thesis, George Peabody College for Teachers, Nashville, TN.

McGinity, I. J. (1908). Minnesota School System. *School Education, 27*(8), 7.

McKenny, C. (1928). The McMurrys in American Education. *Peabody Journal of Education, 5*(5), 261-268.

McMurry, C. A. (1885). Ziller's "Allgemeine Padagogik". *Illinois School Journal, 4*(9), 542-543.

McMurry, C. A. (1885). Theory and Practice. *Illinois School Journal, 4*(11), 595-597.

McMurry, C. A. (1888). *Die Organisation des hoöheren Schulwesens in den Vereinigten Staaten Amerikas und in England und die Stellung des Staates zu demselben*. Halle.

McMurry, C. A. (1890). *How to Conduct the Recitation, and the Principles Underlying Methods of Teaching in Classes*. New York; Chicago: E. L. Kellogg.

McMurry, C. A. (1891). Discussion. *National Education Association of the United*

States Journal of Proceedings and Addresses, 177-179.

McMurry, C. A. (1891). *A Geography Plan for the Grades of the Common School.* Winona, Minn.: Jones & Kroeger, printers.

McMurry, Charles Alexander. (1891). *Pioneer History Stories for Third and Fourth Grades. First Series.* Winona, MN: Jones & Kroeger.

McMurry, C. A. (1892). *The Elements of General Method Based on the Principle of Herbart.* Bloomington, IL: The Public School Publishing Company.

McMurry, C. A. (1892). Relative Value of Studies. *The Public School Journal, 12*(1), 13-14.

McMurry, C. A. (1892). Value of Herbartian Pedagogy for Normal Schools. *National Education Association of the United States Journal of Proceedings and Addresses,* 421-433.

McMurry, C. A. (1893). *The Elements of General Method Based on the Principles of Herbart.* Bloomington, IL: Public-School Publishing Company.

McMurry, C. A. (1893). The Pedagogical Club. *The Public School Journal, 13*(3), 164-165.

McMurry, C. A. (1893). The Pedagogical Club of Illinois State Normal University. *The Public School Journal, 13*(4), 228-230.

McMurry, C. A. (1893). Requirements for the Degree of Doctor of Pedagogy. *National Education Association of the United States Journal of Proceedings and Addresses,* 438-440.

McMurry, C. A. (1893). *Special Method for Literature and History in the Common Schools.* Bloomington, IL: Public-School Publishing Company.

McMurry, C. A. (1894). Child Study. *The Public School Journal, 13*(10), 601.

McMurry, C. A. (1894). Books for Young Readers. *The Public School Journal, 13*(11), 634-636.

McMurry, C. A. (1894). Conclusions as to Concentration I. *The Public School Journal, 14*(3), 159-160.

McMurry, C. A. (1894). A Course for Teachers. *The Public School Journal, 14*(3), 164-165.

McMurry, C. A. (1894). Conclusions as to Concentration II. *The Public School Journal, 14*(4), 224-225.

McMurry, C. A. (1893). School of Pedagogy by Correspondence. *The Public School*

Journal, 14(4), 227.

McMurry, C. A. (1894). Improvement of the Teachers. *Journal of Education, 39* (10), 148.

McMurry, C. A. (1894). *Special Method for Literature and History in the Common Schools* (2nd ed.). Bloomington, IL: Public-School Publishing Company.

McMurry, C. A. (1894). *Special Method in Geography.* Bloomington, IL: The Public-School Publishing Company.

McMurry, C. A. (1895). Dr. Harris and Herbart. *The Public School Journal, 14*(7), 398-399.

McMurry, C. A. (1895). Isolation and Correlation in the Report of Committee of Fifteen. *The Public School Journal, 14*(10), 574-575.

McMurry, C. A. (1895). Our Public Schools. *The Public School Journal, 14*(10), 577-578.

McMurry, C. A. (1895). Ohio and Indiana Reading Circles: Introductory to the General Method. *The Public School Journal, 15*(1), 15-17.

McMurry, C. A. (1895). National Herbart Society. *The Public School Journal, 15* (1), 37-38.

McMurry, C. A. (1895). Value of History. *The Public School Journal, 15*(1), 38.

McMurry, C. A. (1895). Correlation of Studies. *The Public School Journal, 15*(4), 186-188.

McMurry, C. A. (1895). *A Course of Study for the Eight Grades of the Common School: Including a Hand Book of Practical Suggestions to Teachers.* Bloomington, IL: Public School Publishing Company.

McMurry, C. A. (1895). Geography as a School Subject: Propositions and Criticisms. *Educational Review, 9,* 448-463.

McMurry, C. A. (1895). Influence of Herbart's Doctrine on the Course of Study in the Common School. *Educational Review, 10,* 308-312.

McMurry, C. A. (1895). What has been accomplished in co-ordination in the field of history and literature. *Journal of Education, 42*(6), 110.

McMurry, C. A. (1895). National Herbart Society. *Journal of Education, 42*(10), 182.

McMurry, C. A. (1895). *Pioneer History Stories of the Mississippi Valley: For Fourth and Fifth Grades.* Bloomington IL: Public School Publishing Company.

McMurry, C. A. (1895). *Special Method in Geography for Third and Fourth Grades.* Bloomington, IL: Public School Publishing Company.

McMurry, C. A. (1896). The Culture-Epochs. *The Public School Journal, 15*(6), 297-299.

McMurry, C. A. (1896). The Child=Study Congress. *The Public School Journal, 15* (10), 546-547.

McMurry, C. A. (1896). Induction and Class-Room Method. *Ohio Educational Monthly, 45*(1), 27-32.

McMurry, C. A. (1896). The Culture Epochs. *Ohio Educational Monthly, 45*(2), 78-80.

McMurry, C. A. (1896). Thoughts Suggested by the Term Apperception. *Ohio Educational Monthly, 45*(3), 127-128.

McMurry, C. A. (1896). The Meaning of the Herbart Movement in Education. *Ohio Educational Monthly, 45*(7), 316-318.

McMurry, C. A. (1896). *The Whole Child and His Whole Mind Active Power of Concentration.* Unpublished manuscript, Charles A. McMurry papers, (Box 5, File 5). Northern Illinois Regional History Center, Northern Illinois University, Dekalb, IL.

McMurry, C. A. (1897). Child-Study in the Training School, Normal, ILL. *Transactions of the Illinois Society for Child=Study, 2*(2), 139-143.

McMurry, C. A. (1898). Mary E. Wells. *The Public School Journal, 17*(11), 599.

McMurry, C. A. (1898). The National Herbart Society. *Journal of Education, 47* (17), 261.

McMurry, C. A. (1899). The Function of the School in Introducing Children to the Proper Use of Books. *National Education Association of the United States Journal of Proceedings and Addresses of the Twenty-eighth Annual Meeting Held at Los Angeles, California July 11-14, 1899,* 472-486.

McMurry, C. A. (1899). Joint Meeting of the Illinois Society of Child Study and of the National Herbart Society. *School and Home Education, 18*(10), 546.

McMurry, C. A. (1899). *Special Method in Geography for Third and Fourth Grades.* Bloomington IL: Public School Publishing Company.

McMurry, C. A. (1900). *Special Method in Geography for Third and Fourth Grades.* Bloomington IL: Public School Publishing Company.

McMurry, C. A. (1901). The Relation of the School to Libraries. *Report of Commissioner of Education for the Year 1899-1900, 1*, 678-689.

McMurry, C.A. (1902). Discussion. *Biennial Report of the Superintendent of Public Instruction of the State of Illinois, 24*, 140-141.

McMurry, C. A. (1902). *A Teacher's Manual of Geography: To Accompany Tarr and McMurry's Series of Geographies.* New York ; London: Macillian.

McMurry, C. A. (1903). *The Course of Study in History in the Common School.* Chicago: The University of Chicago Press.

McMurry, C. A. (1903). Course of Study in History in the Grades. *The Second Yearbook of the National Society for the Scientific Study of Education, Part I. The Course of Study in History in the Common School.* Chicago, IL: The University of Chicago Press, 15-41.

McMurry, C. A. (1903). *The Elements of General Method, Based on the Principles of Herbart.* New York: The Macmillan Company.

McMurry, C. A. (1903). *Special Method in Geography from the Third through the Eighth Grade.* New York, London: The Macmillan Company.

McMurry, C.A. (1903). *Special Method in the Reading of Complete English Classics in the Grades of the Common School.* New York: The Macmillan Company.

McMurry, C.A. (1903). "A Teacher's Manual of Geography" (Book Review). *National Geographic Magazine, 14*, 298.

McMurry, C. A. (1904). *Excursions and Lessons in Home Geography.* New York, NY: The Macmillan Company.

McMurry, C. A. (1904). *Pioneers of the Rocky Mountains and the West.* New York: The Macmillan Company.

McMurry, C. A. (1904). *Pioneers on Land and Sea; Stories of the Eastern States and of Ocean Explorers.* New York; London: The Macmillan Company.

McMurry, C. A. (1904). *Type Studies from the Geography of the United States.* New York, NY: The Macmillan Company.

McMurry, C. A. (4/20/1905). Art Sense in Pupils. *The Baltimore Sun,* 8.

McMurry, C. A. (1905). Discussion of the Training of Secondary Teachers. *The Fourth Yearbook of the National Society for the Scientific Study of Education,* 53-55.

McMurry, C. A. (1906). *Course of Study in the Eight Grades v.I.* New York: The

Macmillan Company.

McMurry, C. A. (1906). *Course of Study in the Eight Grades v.II.* New York: The Macmillan Company.

McMurry, C. A. (1906). Descriptive Detail in Presenting Important Topics of Method of Recitation. *The Educator Journal, 6*(5), 198-200.

McMurry, C. A. (1906). *Special Method in Arithmetic.* New York: The Macmillan Company.

McMurry, C. A. (1907). Central Units of Study. *School and Home Education, 26*(9), 336-339.

McMurry, C. A. (1907). *Larger Types of American Geography: Second Series of Type Studies.* New York: The Macmillan Company.

McMurry, C. A. (1907). The Railroad as a Unit of Study. *School and Home Education, 26*(10), 376-380.

McMurry, C. A. (Ed.) (1908). *Public School Methods.* Chicago, IL: New York School Methods Company.

McMurry, C. A. (1908). *Special Method in Elementary Science for the Common School.* New York: The Macmillan Company.

McMurry, C. A. (1908). *Special Method in Language in the Eight Grades.* New York: The Macmillan Company.

McMurry, C. A. (1909). *Central Topics in Geography: The Alps.* Chicago, IL: A Flanagan Company.

McMurry, C. A. (1909). *Central Topics in Geography: The Rhine.* Chicago, IL: A Flanagan Company.

McMurry, C. A. (circa 1910). *Broad Plan of Operation.* Unpublished manuscript, Charles A. McMurry papers, (Box 5, File 6-15). Northern Illinois Regional History Center, Northern Illinois University, Dekalb, IL.

McMurry, C. A. (circa 1910). *Our School System.* Unpublished manuscript, Charles A. McMurry papers, (Box 5, File 6-15). Northern Illinois Regional History Center, Northern Illinois University, Dekalb, IL.

McMurry, C. A. (1910). Correlation and High School Studies. *School and Home Education, 29*(9), 297-300.

McMurry, C. A. (circa 1912). *The Public Schools of Dekalb.* Unpublished manuscript, Charles A. McMurry papers, (Box 1, File 4). Northern Illinois Regional

History Center, Northern Illinois University, Dekalb, IL.
McMurry, C. A. (circa 1912). *The Training School.* Unpublished manuscript, Charles A. McMurry papers, (Box 1, File 4). Northern Illinois Regional History Center, Northern Illinois University, Dekalb, IL.
McMurry, C. A. (circa 1912). *The Training School Department of the Normal School.* Unpublished manuscript, Charles A. McMurry papers, (Box 1, File 4). Northern Illinois Regional History Center, Northern Illinois University, Dekalb, IL.
McMurry, C. A. (1912). Corn. *Elementary School Teacher, 12*(7), 297.
McMurry, C. A. (1912). Glasgow and Its harbor. *Journal of Geography, 11*, 133-137.
McMurry, C. A. (1912). The Significance of the Industrial Arts in the Schools. *National Education Association of the United States Journal of Proceedings and Addresses of the Fifth Annual Meeting Held at Chicago, IL. July 6-12, 50*, 918-921.
McMurry, C. A. (1913). *Changes in German Schools in Twenty-five Years.* Unpublished manuscript, Charles A. McMurry papers, (Box 5, File 5). Northern Illinois Regional History Center, Northern Illinois University, Dekalb, IL.
McMurry, C. A. (1913). *Contribution of the Endowed Teachers College.* Unpublished manuscript, Charles A. McMurry papers, (Box 5, File 5). Northern Illinois Regional History Center, Northern Illinois University, Dekalb, IL.
McMurry, C. A. (1913). *Diary Jul.10-Aug.6.* Unpublished manuscript, Charles A. McMurry papers, (Box 3, File 19). Northern Illinois Regional History Center, Northern Illinois University, Dekalb, IL.
McMurry, C. A. (1913). Vacation Course at the University of Jena, Germany. *School and Home Education, 33*(3), 89-91.
McMurry, C. A. (1913). Vienna. *Journal of Geography, 12*, 341-343.
McMurry, C. A. (1914). *Conflicting Principles in Teaching and How to Adjust Them.* Boston, New York: Houghton Mifflin Company.
McMurry, C. A. (1914). *Handbook of Practice for Teachers.* New York: The Macmillan Company.
McMurry, C. A. (1914). The Planning of Lessons for Class Room Work. *North Carolina Education, 9*(1), 4.
McMurry, C. A. (1914). What Is Religion. *School and Home Education, 33*(7),

247-250.

McMurry, C. A. (circa 1915). *A private letter from McMurry, C. A. to Russel, C. P.* Unpublished manuscript, Charles A. McMurry papers, (Box 1, File 9). Northern Illinois Regional History Center, Northern Illinois University, Dekalb, IL.

McMurry, C. A. (circa 1915). *Plan and Purpose of the Type Studies.* Unpublished manuscript, Charles A. McMurry papers, (Box 5, File 6-15). Northern Illinois Regional History Center, Northern Illinois University, Dekalb, IL.

McMurry, C. A. (circa 1915). *Type-Studies.* Unpublished manuscript, Charles A. McMurry papers, (Box 5, File 6-15). Northern Illinois Regional History Center, Northern Illinois University, Dekalb, IL.

McMurry, C. A. (circa 1915). *Type Studies in Geography.* Unpublished manuscript, Charles A. McMurry papers, (Box 5, File 6-15). Northern Illinois Regional History Center, Northern Illinois University, Dekalb, IL.

McMurry, C. A. (1915). Preface. *Type Studies and Lesson Plans of the George Peabody College for Teachers, 1*(1), 4.

McMurry, C. A. (1915). Corn and Cotton. *Type Studies and Lesson Plans of the George Peabody College for Teachers, 1*(2), 2-47.

McMurry, C. A. (1915). Landgrave Louis of Thuringia. *North Carolina Education, 10*(1), 10-11.

McMurry, C. A. (1915). The Practice School The Laboratory of the Normal School. *School and Home Education, 34*(8), 299-301.

McMurry, C. A. (1915). The Practice School The Laboratory of the Normal School. *The Northern Illinois State Normal School Quarterly, 12*(4), 3-6.

McMurry, C. A. (1915). Robert Sallette. *North Carolina Education, 10*(2), 4.

McMurry, C. A. (1915). The Wall around Neuenburg [sic.]. *North Carolina Education, 10*(3), 11.

McMurry, C. A. (1916). The Intensive Study of Large Topics. *National Education Association of the United States, Addresses and Proceedings of the Fifty-fourth Annual Meeting Held at New York City 1-8 July, 54*, 411-415.

McMurry, C. A. (1916). *Language Lessons and Grammar: Book One Language Lessons.* Indianapolis, IN: The Bobbs-Merril Company Publishers.

McMurry, C. A. (1916). *Language Lessons and Grammar: Book Two Grammar.* Indianapolis, IN: The Bobbs-Merril Company Publishers.

McMurry, C. A. (1916). Panama Canal. *Type Studies and Lesson Plans of the George Peabody College for Teachers, 2*(1), 3-30.

McMurry, C. A. (1916). *A private letter from McMurry, C. A. to Claxton. P. P.* Charles A. McMurry papers, (Box 1, File 9). Northern Illinois Regional History Center, Northern Illinois University, Dekalb, IL.

McMurry, C. A. (Ed.) (1916). *Public School Methods New Edition.* Chicago, IL: The Methods Company.

McMurry, C. A. (1917). Method in Handling Types as Large Units of Study. *Type Studies and Lesson Plans of the George Peabody College for Teachers, 3*(1).

McMurry, C. A. (1917). The Salt River Project and Irrigation Illustrating Method in Big Units of Study. *Type Studies and Lesson Plans of the George Peabody College for Teachers, 2*(3), 35-47.

McMurry, C. A. (1917). A School Course in Geography and History Based on Large Units. *Type Studies and Lesson Plans of the George Peabody College for Teachers, 2*(5).

McMurry, C. A. (1918). Teacher-Training Based on Type Studies. *Type Studies and Lesson Plans of the George Peabody College for Teachers, 3*(4).

McMurry, C. A. (circa 1920). *Story Telling in Intermediate Grades.* Unpublished manuscript, Charles A. McMurry papers, (Box 5, File 5). Northern Illinois Regional History Center, Northern Illinois University, Dekalb, IL.

McMurry, C. A. (1920). Chapter V. The methods and character of instruction. In George Peabody College for Teachers (Ed.), *Survey of the School System of New Hanover County, North Carolina* (pp. 70-89): The Board of Education.

McMurry, C. A. (2/29/1920). *A private letter from McMurry, C. A. to Chambers, F. D.* Unpublished manuscript, Charles A. McMurry papers, (Box 3, File 14). Northern Illinois Regional History Center, Northern Illinois University, Dekalb, IL.

McMurry, C. A. (1920). *Teaching by Projects: A Basis for Purposeful Study.* New York: The Macmillan Company.

McMurry, C. A. (1921). Enrichment of the Course of Study. In C. A. McMurry (Ed.), *Public School Methods Project Edition Teachers' Guide and Index.* Chicago, IL: School Methods Publishing Company.

McMurry, C. A. (Ed.) (1921). *Public School Methods New Edition.* Chicago, IL:

Chicago School Methods Company, Inc.

McMurry, C. A. (Ed.) (1921). *Public School Methods Project Edition Teachers' Guide and Index*. Chicago, IL: Chicago School Methods Publishing Company.

McMurry, C. A. (circa 1922). *Points to Be Noted in the Book on Teaching by Projects*. Unpublished manuscript, Charles A. McMurry papers, (Box 5, File 1-4). Northern Illinois Regional History Center, Northern Illinois University, Dekalb, IL.

McMurry, C. A. (1922). Method in Handling Types as Large Units of Study. *Type Studies and Lesson Plans of the George Peabody College for Teachers*.

McMurry, C. A. (1923). Ebb and Flow. *Peabody Journal of Education, 1*(2), 63-68.

McMurry, C. A. (1923). *How to Organize the Curriculum*. New York: The Macmillan Company.

McMurry, C. A. (1923). The Reign of the Commonplace in Education. *Peabody Journal of Education, 1*(1), 10-14.

McMurry, C. A. (1924). Barnas Sears, the First Agent of the Peabody Education Fund, 1867-1880. *The Peabody Reflector, 6*(4), 6-9.

McMurry, C. A. (circa 1925). *Teacher Training as a Profession*. Unpublished manuscript, Charles A. McMurry papers, (Box 5, File 6-15). Northern Illinois Regional History Center, Northern Illinois University, Dekalb, IL.

McMurry, C. A. (circa 1925). *Teacher-Training Is the Key to Social Reorganization*. Unpublished manuscript, Charles A. McMurry papers, (Box 5, File 6-15). Northern Illinois Regional History Center, Northern Illinois University, Dekalb, IL.

McMurry, C. A. (circa 1925). *The Statics of Practical Teaching*. Unpublished manuscript, Charles A. McMurry papers, (Box 5, File 6-15). Northern Illinois Regional History Center, Northern Illinois University, Dekalb, IL.

McMurry, C. A. (circa 1925). *Why Teaching Ranks First among Skilled Professions*. Unpublished manuscript, Charles A. McMurry papers, (Box 5, File 5). Northern Illinois Regional History Center, Northern Illinois University, Dekalb, IL.

McMurry, C. A. (1925). *Commencement Address*. Unpublished manuscript, Charles A. McMurry papers, (Box 1, File 4). Northern Illinois Regional History Center, Northern Illinois University, Dekalb, IL.

McMurry, C. A. (1925). The Large Unit of Instruction, a Basis for Lesson Planning. *Educational Administration and Supervision, 11*, 338.

McMurry, C. A. (1925). *Practical Teaching Book One: Large Projects in Geography*. Richmond, VA: Johnson Publishing Company.

McMurry, C. A. (1925). *The Tennessee Reader*. Richmond, VA: Johnson Publishing Company.

McMurry, C. A. (circa 1926). *The Drift toward Formalism*. Unpublished manuscript, Charles A. McMurry papers, (Box 5, File 6-15). Northern Illinois Regional History Center, Northern Illinois University, Dekalb, IL.

McMurry, C. A. (1926). Bridging the Gap between School and Life: A Curriculum Based on Vital Human Experience. *The American Review of Reviews, 73*, 299-302.

McMurry, C. A. (1926). The Drift toward Formalism. *Peabody Journal of Education, 4*(1), 13-19.

McMurry, C. A. (1926). *Special Method in History: A Complete Outline of a Course of Study in History for the Grades below the High School*. New York: The Macmillan Company.

McMurry, C. A. (1926). Story Telling in Intermediate Grades. *The Peabody Reflector, 9*(5), 19.

McMurry, C. A. (1927). *Brief Autobiography*. Unpublished manuscript, Charles A. McMurry papers, (Box 1, File 1). Northern Illinois Regional History Center, Northern Illinois University, Dekalb, IL.

McMurry, C. A. (1927). Geography and Industry: How to Enrich and Vitalize Geography. In M. V. O'shea (Ed.), *Projects and Problems; a Series of Classroom Studies Based on "The World book"* (pp. 18-32). Chicago, IL: W. F. Quarrie & Company.

McMurry, C. A. (1927). My Philosophy of Education. *Peabody Journal of Education, 4*(5), 261-271.

McMurry, C. A. (1927). *My Philosophy of Education*. Unpublished manuscript, Charles A. McMurry papers. Special Collections, Vanderbilt University, Nashville, TN.

McMurry, C. A. (1927). My Philosophy of Education. *The Peabody Reflector, 11*(3), 3-6.

McMurry, C. A. (1927). *Vitae*. Unpublished manuscript, Charles A. McMurry papers. Special Collections, Vanderbilt University, Nashville, TN.

McMurry, C. A. (1928). Philosophy as Sponsor for Education. *Peabody Journal of Education, 5*(4), 197-208.

McMurry, C. A. (1928). Religious Education and Scrappy Teaching. *The Peabody Reflector and Alumni News, 1*(3), 13-14; 26.

McMurry, C. A. (1929). Teacher Training as a Career. *Journal of the National Education Association, 18*(4), 109.

McMurry, C. A., Bagley, W. C., & Learned, W. S. (1920). *The Professional Preparation of Teachers for American Public Schools: A Study Based upon an Examination of Tax-Supported Normal Schools in the State of Missouri*. New York: Carnegie Foundation for the Advancement of Teaching.

McMurry, C. A., & Cleaton, S. C. (1917). School and Home Garden. *Type Studies and Lesson Plans of the George Peabody College for Teachers, 3*(2).

McMurry, C. A., & D' Evelyn, F. W. (1906). Underwood's Stereographs. *The Colorado School Journal, 21*(8), 211.

McMurry, C. A., & Holmes, M. J. (1903). *The Relation of Theory to Practice in Education*. Chicago: The University of Chicago Press.

McMurry, C. A., & McMurry, F. M. (1897). *The Method of the Recitation*. Bloomington IL: Public School Publishing Company.

McMurry, C. A., & McMurry, F. M. (1903). *The Method of the Recitation*. New York: The Macmillan Company.

McMurry, C. A., & McMurry, F. M. (9/6/1905). Would Reduce Studies / Unnecessary Things Taught. *The Baltimore Sun*, 6.

McMurry, C. A., & Rein, W. (1890). *How to Conduct the Recitation and the Principles Underlying Methods of Teaching in Classes*. Chicago: A. Flanagan.

McMurry, C. A., & Salmon, L. M. (1902). Some Principles in the Teaching of History. In C. A. McMurry (Ed.), *The First Yearbook of the National Society for the Scientific Study of Education*. Chicago, IL: The University of Chicago Press.

McMurry, D. (1946). *Herbartian Contributions to History Instruction in American Elementary Schools*. Unpublished doctoral dissertation (Ph. D.), Columbia University, New York, NY.

McMurry, D. L. (1923). A Project Method of Teaching History. *Historical Outlook, 14*(9), 351-354.

McMurry, D. L. (1933). Type-Study Units in the Social Studies. *Historical Outlook, 24*, 431-441.

McMurry, F. M. (1890). *Herbert Spencers Erziehungslehre : eine kritische Untersuchung.* Gütersloh: C. Bertelsmann.

McMurry, F. M. (1891). Imaginative Literature for Children. *The Public School Journal, 11*(3), 108-109.

McMurry, F. M. (1891). Parsons, James Russell. Prussian Schools through American Eyes (Book Review). *Annals of the American Academy of Political and Social Science, 2*, 400.

McMurry, F. M. (1892). The "Synthetic Method". *The Public School Journal, 11*(11), 538-540.

McMurry, F. M. (1894). Concentration. *The Public School Journal, 13*(10), 579-583.

McMurry, F. M. (1894). Recent Educational Theory. *National Education Association of the United States Journal of Proceedings and Addresses*, 843-850.

McMurry, F. M. (1894). Summer Meeting of Pedagogy. *Journal of Education, 39*(21), 324.

McMurry, F. M. (1895). Concentration. *Educational Review, 9*, 27-37.

McMurry, F. M. (1895). The Educational Value of Robinson Crusoe. *The Public School Journal, 14*(5), 252-254.

McMurry, F. M. (1896). Some Applications of Correlation. *National Education Association of the United States Journal of Proceedings and Addresses of the Thirty-Fifth Annual Meeting Held at Buffalo, N.Y., July 3-10, 1896*, 529-540.

McMurry, F. M. (1897). Self-Activity. *Journal of Education, 45*(16), 256-257.

McMurry, F. M. (1898). Herbart (John Frederick Herbart). *Journal of Education, 47*(17), 261.

McMurry, F. M. (1899). Death of Louis H. Galbreath. *School and Home Education, 18*(1), 45-46.

McMurry, F. M. (1903). General Exercises. *Elementary School Teacher, 4*(2), 120-125.

McMurry, F. M. (1904). Advisable Omissions from the Elementary Curriculum and the Basis for Them. *School and Home Education, 23*(9), 343-350.

McMurry, F. M. (1906). The Relation between Elementary and High Schools. *Education, 26*(5), 253-259.

McMurry, F. M. (1906). Suggestions for the Improvement of the Study Period. *The Western Teacher, 14*(7), 258-263.

McMurry, F. M. (1907). *Suggestions for Improving the Study Period*. Milwaukee, WI: S. Y. Gillan & Co.

McMurry, F. M. (1909). *How to Study and Teaching How to Study*. Boston, New York and Chicago: Houghton Mifflin Company.

McMurry, F. M. (1911). The Conduct of Discussions. *School and Home Education, 30*(10), 418-420.

McMurry, F. M. (1911). Teaching Children How to Study. *Ohio Educational Monthly, 60*(4), 175-177.

McMurry, F. M. (1913). Abstract of Report Of New York City School Inquiry: The Quality of Class Room Instruction. *American Teacher, 2*, 86.

McMurry, F. M. (1913). *Elementary School Standards: Instruction, Course of Study, Supervision, Applied to New York City Schools*. Yonkers-on-Hudson, NY: World Book Co.

McMurry, F. M. (1913). Uniformity and Uniformity. *Journal of Education, 77*(11), 290.

McMurry, F. M. (10/21/1914). *A private letter from McMurry, F. M. to McMurry, C. A*. Unpublished manuscript, Charles A. McMurry papers, (Box 1, File 9). Northern Illinois Regional History Center, Northern Illinois University, Dekalb, IL.

McMurry, F. M. (10/28/1914). *A private letter from McMurry, F. M. to McMurry, C. A*. Unpublished manuscript, Charles A. McMurry papers, (Box 1, File 9). Northern Illinois Regional History Center, Northern Illinois University, Dekalb, IL.

McMurry, F. M. (11/19/1914). *A private letter from McMurry, F. M. to McMurry, C. A*. Unpublished manuscript, Charles A. McMurry papers, (Box 1, File 9). Northern Illinois Regional History Center, Northern Illinois University, Dekalb, IL.

McMurry, F. M. (1915). Principles Underlying the Making of School Curricula.

Teachers College Record, 16(4), 307-316.

McMurry, F. M. (1915). Principles for Making and Judging Curricula in Geography. *Teachers College Record, 16*(4), 317-320.

McMurry, F. M. (1915). A Curriculum on Mexico. *Teachers College Record, 16*(4), 321-338.

McMurry, F. M. (1916). Teaching Children to Read a Newspaper. *North Carolina Education, 11*(1), 9.

McMurry, F. M. (1917). Experiment in Education. *Teachers College Record, 18*, 415.

McMurry, F. M. (1918). *The Geography of the Great War.* New York: The Macmillan Company.

McMurry, F. M. (1920). Modern Methods in Teaching. *Christian Education, 4*(2), 9-11.

McMurry, F. M. (1922). A School in Action: Data on Children, Artists, and Teachers: A Symposium.

McMurry, F. M. (1923). A Critical Appraisement of Proposed Reorganizations. *The Twenty-Second Yearbook of the National Society for the Study of Education, 2*, 292-304.

McMurry, F. M. (12/7/1926). *A private letter from McMurry, F. M. to Donovan, H. L.* Unpublished manuscript, Charles A. McMurry papers. Special Collections, Vanderbilt University, Nashville, TN.

McMurry, F. M. (1927). The Biggest Thing in Teaching. *The Teachers Journal and Abstract, 2*(1), 60.

McMurry, F. M. (1/24/1927). *A private letter from McMurry, F. M. to Donovan, H. L.* Unpublished manuscript, Charles A. McMurry papers. Special Collections, Vanderbilt University, Nashville, TN.

McMurry, F. M. (1/25/1927). *A private letter from McMurry, F. M. to McMurry, C. A.* Unpublished manuscript, Charles A. McMurry papers, (Box 1, File 10). Northern Illinois Regional History Center, Northern Illinois University, Dekalb, IL.

McMurry, F. M. (1927). Some recollections of the past forty years of education. *Peabody Journal of Education, 4*(6), 325.

McMurry, F. M. (1927). *Some Recollections of the Past Forty Years of Education.*

Unpublished manuscript, Charles A. McMurry papers. Special Collections, Vanderbilt University, Nashville, TN.

McMurry, F. M. (1929). The Selection of Subject Matter for Geography in the Elementary School. *Journal of Geography, 28*, 153.

McMurry, F. M. (4/7/1929). *Sympathy letter from McMurry, F. M. to Emily.* Unpublished manuscript, Charles A. McMurry papers, (Box 1, File 11). Northern Illinois Regional History Center, Northern Illinois University, Dekalb, IL.

McMurry, F. M., Farnsworth, C. H., & Wood, T. D. (1902). Controlling Ideas in the Curriculum of Kindergarten and Elementary School. *Teachers College Record, 3*(5), 305.

McMurry, F. M., & Parkins, A. E. (1921). *Advanced Geography.* New York: The Macmillan Company.

McMurry, F. M., & Parkins, A. E. (1921). *Elementary Geography.* New York: The Macmillan Company.

McMurry, F. M., & Wood, T. D. (1902). Controlling Ideas in the School. *Teachers College Record, 3*(5), 292.

McMurry, F. M., Wood, T. D., Farnsworth, C. H., O' Grady, C. G., & Ruef Hofer, M. (1903). Curriculum of Kindergarten and First Five Grades of Elementary School. *Teachers College Record, 4*(1), 12.

McMurry, F. M., Wood, T. D., Smith, D. E., Farnsworth, C. H., & Richards, G. R. (1904). Theory and practice at Teachers College, Columbia University. In C. A. McMurry (Ed.), *The Third Yearbook of the National Society for the Scientific Study of Education. Part I The Relation of Theory to Practice in the Education of Teachers* (pp. 43-64). Chicago: University of Chicago Press.

McMurry, K. C. (1924). The Geographic Setting of Muscle Shoals. *Bulletin of the Geographical Society of Philadelphia, 22*, 83-97.

McMurry, L. B. (1895). Child-Study through the Medium of the Parents: A Report of Work Done along This Line in the Primary Department of the Illinois State Normal Training School. *Transactions of the Illinois Society for Child=Study, 1*(3), 22-30.

McMurry, L. B. (1895). *Plan of Concentration for First Two School Years.* Bloomington IL: Public School Publishing Company.

McMurry, L. B. (1896). From the Practice-School of the Illinois State Nrmal Uni-

versity. *Transactions of the Illinois Society for Child=Study, 2*(1), 38.
McMurry, L. B. (1905). *Nature Study Lessons for Primary Grades.* New York: The Macmillan Company.
McMurry, L. B. (1907). Correlation of Studies with the Interests of the Child for the First and Second School Years. *Northern Illinois State Normal School Quarterly, 5*(2).
McMurry, L. B. (1911). Hints for Primary Teachers. *Northern Illinois State Normal School Quarterly, 9*(2).
McMurry, L. B. (1913). Seat Work for Primary Grades. *Northern Illinois State Normal School Quarterly, 11*(2).
McMurry, L. B. (1914). *A Method for Teaching Primary Reading.* New York: The Macmillan Company.
McMurry, O. L., McMurry, C. A., & Eggers, G. W. (1923). *Teaching of Industrial Arts in the Elementary School.* New York: The Macmillan Company.
McNeill, I. C. (1890). System and Order vs. GO-AS-YOU-PLEASE. — Which Is Right? *The Public School Journal, 9*(6), 255-257.
Mead, C. D., & Von der Halben, M. (1916). A Series of Fifth Grade Type Studies on the Geography of the Southern Section of the United States. *Atlantic Educational Journal, 11*(5), 237-239.
Mead, C. D., & Von der Halben, M. (1916). A Series of Fifth Grade Type Studies on the Geography of the Southern Section of the United States. *Atlantic Educational Journal, 11*(7), 346-349.
Mead, C. D., & Von der Halben, M. (1916). A Series of Fifth Grade Type Studies on the Geography of the Southern Section of the United States. *Atlantic Educational Journal, 11*(10), 534-537.
Mead, C. D., & Von der Halben, M. (1916). A Series of Fifth Grade Type Studies on the Geography of the Southern Section of the United States. *Atlantic Educational Journal, 12*(1), 11-15.
Meriam, J. L. (1910). Recitation and Study. *The School Review, 18*(9), 627-633.
Merritt, R. A. (1912). The Grammar School Course of Study: Its Aims and Content. *Proceedings and Addresses of the Twenty-Eighth Annual Session of the North Carolina Teachers' Assembly Raleigh November 29-December 2, 1911*, 138-143.

Merritt, R. W. (1938). Community Education in Ellerbe, North Carolina. *Progressive Education, 15*(2), 121-125.

Mickelson, J. M. (1987). The Evolving Concept of General Method. *Theory into Practice, 26*, 402-407.

Miller, E. J. (2003). Teaching Methods, the Herbartian Revolution and Douglas Clay Ridgley at Illinois State Normal University. *Journal of Geography, 102*(3), 110-120.

Miller, G. J. (1917). Secretary of National Council Presents List of Available Speakers on Geography. *Journal of Geography, 16*, 36-38.

Milton, J. (1927). Life of McMurry, the Pioneer Educator. *The Peabody Reflector, 11*(2), 3-12.

Minneapolis. (1917). *Course of Study Geography (Part I) Minneapolis Public Schools 1917-18*. Minneapolis, MN.

Missouri. (1913). *Sixty-Fourth Report of the Public Schools of the State of Missouri School Year Ending June 30, 1913*. Jefferson City, MO: The Hugh Stephens Printing Company.

Mitchell, M. R. (1926). *A Critical Evaluation of the Type Study Plan as an Organizing Principle for Texts in American History*. Nashville, TN: George Peabody College for Teachers.

Mitchell, M. R. (1927). Charles A. McMurry, the Author. *The Peabody Reflector, 11*(2), 13.

Mitchell, M. R. (3/7/1924). *A private letter from Mitchell, M. R.* Unpublished manuscript, Morris R. Mitchell papers (#3832), (Box 6, File 57). The Southern Historical Collection, University of North Carolina at Chapel Hill, Chapel Hill, NC.

Mitchell, M. R. (1/16/1926). *A private letter from Mitchell, M. R. to McMurry, C. A. (Phelps, S.)*. Unpublished manuscript, Morris R. Mitchell papers, (Box 6, File 66). The Southern Historical Collection, University of North Carolina at Chapel Hill, Chapel Hill, NC.

Mitchell, M. R. (1938). Taking Dewey Seriously. *Progressive Education, 15*(2), 110-117.

Monroe, W. S. (1907). *History of the Pestalozzian Movement in the United States*. Syracuse, NY: C. W. Bardeen.

Monroe, W. S. (1925). *Making a Course of Study*. Urbana, IL: University of Illinois.

Monroe, W. S., Odell, C. W., Herriott, M. E., Engelhart, M. D., & Hull, M. R. (1928). *Ten Years of Educational Research, 1918-1927.* Urbana, IL: University of Illinois, Urbana.

Moody, F. E. (1918). The Correlation of the Professional Training with the Teaching Success of Normal-School Graduates. *The School Review, 26*(3), 180-198.

Moore, C. A. (1934). *Instructional Units in Industrial Arts for the Peabody Demonstration School.* Unpublished master's thesis, George Peabody College for Teachers, Nashville, TN.

Mossman, L. C. (1924). Changing Conceptions Relative to the Planning of Lessons. *Teachers College Contributions to Education, 147.*

Moulton, G. L. (1962). *A Limited Historical Review of Sixty-Five Years of Educational Discussion in the Yearbooks of the National Herbart Society and the National Society for the Study of Education: 1895-1960.* Unpublished doctoral dissertation (EDD.), University of Oregon.

Muschinske, D. J. (1971). *Social Ideas and the Social Studies: Relationships between Social Thought and Proposals for Social Science Education in American Public Schools as Revealed in the Writings of John Dewey, G. Stanley Hall, Harold Rugg, Charles McMurry, Frank McMurry, Charles DeGarmo, and the American Historical Association's Committees on the Study and Teaching of History in Elementary and Secondary Schools.* Unpublished doctoral dissertation (EDD.), Boston University School of Education.

N. O. (1929). Dr. McMurry. *The Peabody News, 5*(4), 3.

Naff, L. (6th grade), Holt, A. R. (6th grade), & Van Dyke, R. (6th grade). (1928). A Trip to the Foundry. *The Peabody News, 4*(4), 23.

Nashville. (1913). *Course of Study Handbook in Geography and History for Grammar Grades Nashville Public Schools 1913.* Nashville, TN: McQuiddy Printing Company.

National Council of Primary Education. (1932). *History of the National Council of Primary Education.*

National Education Association of the United States. (1895). *Report of the Committee of Fifteen on Elementary Education, with the Reports of the Sub-Committees.* New York, Cincinnati: American Book Company.

National Herbart Society. (1898). A Course of Study in the Pedagogy of Herbart.

Journal of Education, 47(17), 263-264.

National Society for the Study of Education. (1902). *The Progress of Geography in the Schools.* Chicago: University of Chicago Press.

National Society for the Study of Education. (1926). *Commemorating a Quarter of a Century of Service of the National Society for the Study of Education.* Bloomington, IL: Public School Publishing Company.

Neill, W. L. (1927). *A Teacher's Manual, Suggestive for Project-Problem Method, Comprising a Revised Outline of Type Problems for History Teaching.* Philadelphia, PA: The William L. Neill Co., Inc.

Noble, M. C. S. Jr. (1929). *Present Reports on Activity Programs, Projects, Research Studies, etc., in North Carolina.* Raleigh, NC: The State Superintendent of Public Instruction.

Noble, M. C. S. Jr. (1929). *Teacher Training in North Carolina.* Raleigh, NC: The State Superintendent of Public Instruction.

North Carolina. (1921). Foregleams of the Teachers' Assembly in Raleigh, November 23-25. *North Carolina Education, 16*(2), 5-7.

North Carolina. (1922). North Carolina's Teacher Training Program. *The High School Journal, 5*(5), 125.

North Carolina. (1923). *Course of Study for the Elementary Schools of North Carolina.* Raleigh, NC: The State Superintendent of Public Instruction.

North Carolina Board of Education. (1929). Classroom Activities and Creative Work in the Primary Grades 1929-1930.

Northern Illinois State Normal School. (1900). *Biennial Report of the Trustees of the Northern Illinois State Normal School.* DeKalb, IL: Northern Illinois State Normal School.

Northern Illinois State Normal School. (1911). *The Northern Illinois State Normal School Quarterly.* DeKalb, IL.

Northern Illinois State Normal School. (1912). *The Northern Illinois State Normal School Quarterly.* DeKalb, IL.

Northern Illinois State Normal School. (1913). *The Northern Illinois State Normal School Quarterly.* DeKalb, IL.

Northern Illinois State Normal School. (1914). *The Northern Illinois State Normal School Quarterly.* DeKalb, IL.

Northern Illinois State Normal School. (1915). Announcements, Courses of Study, Names of Faculty, Students and Alumni 1914-1915. *The Northern Illinois State Normal School Quarterly, 13*(1).

Northern Illinois State Normal School. (1916). Course of Study for the Training Department. *The Northern Illinois State Normal School Quarterly, 13*(4).

Noss, T. B. (1898). The Best of Herbartianism (John Frederick Herbart). *Journal of Education, 47*(17), 261.

Ogren, C. A. (2005). *The American State Normal School: An Instrument of Great Good*. New York: Palgrave Macmillan.

Oklahoma A. & M. College Extension Division. (1/1/1916, 4/20/1916, 5/1/1916). *Letter of Instructions with Form B-511-K Boys' Corn Clubs Daily Record Book*. Unpublished manuscripts, William Knox Tate papers. Special Collections, Vanderbilt University, Nashville, TN.

Omaha. (1923). *Course of Study in Geography Arranged for the Elementary Grades*. Omaha, NE.

Orgain, R. (1926). The First Grade: The garden. *The Peabody Reflector, 9*(5), 11-12.

O'shea, M. V. (1898). A Word Concerning Herbart (John Frederick Herbart). *Journal of Education, 47*(17), 259-260.

O'shea, M. V. (1927). The Project Method in Teaching *Projects and Problems; A Series of Classroom Studies Based on "The World Book"* (pp. 3-5). Chicago, IL: W. F. Quarrie & Company.

Page, D. P. (1848). *Theory and Practice of Teaching*. Syracuse, NY: Hall & Dickson.

Parker, F. W. (1895). The Plan and Purpose of the Illinois Society for Child-Study. *Handbook for the Use of Members and Round-Tables of the Illinois Society for Child=Study, 1*(2), 5-9.

Parker, F. W. (1900). Address of Col. Francis W.Parker. *School and Home Education, 19*(10), 485-490.

Parker, S. C. (1915). Book Review: Types of Teaching by Lida B. Earhart. *The School Review, 23*(10), 731-732.

Parker, S. C. (1915). The Training of Teachers. *Report of Commissioner of Education for the Year ended June 30, 1915, 1*, 169-184.

Parker, S. C. (1923). Reviews and Book Notes. *The Elementary School Journal, 24* (1), 67-68.

Parkins, A. E. (1923). *A Teachers' Manual to Accompany the McMurry and Parkins Geography.* New York, NY: The Macmillan Company.

Parkins, A. E. (1926). Some Tendencies in Elementary Education and Their Possible Effect on Geography. *Journal of Geography, 25*(3), 81-89.

Parkinson, N. (1926). The Second Grade: Making Pallets. *The Peabody Reflector, 9* (5), 13.

Parkinson, N. (1927). *Outgrowths of a Second Grade Project Curriculum: Peabody Demonstration School.* Unpublished master's thesis, George Peabody College for Teachers, Nashville, TN.

Pawtucket, RI. (1906). *Annual Report of the School Committee of the City of Pawtucket, R. I. for the Year Ending June 29, 1906.* Pawtucket, RI: John W. Little & Co., Printers to the City.

Pawtucket, RI. (1914). *Annual Report of the School Committee of the City of Pawtucket, R. I. for the Year Ending June 30, 1914.* Pawtucket, RI: Chronicle Printing Co., Printers.

Peabody Demonstration School, & Johnson, L. R. (1970). *The past Is Prologue: Peabody Demonstration School, 1915-1970.* Nashville, TN.

Peeler, J. F., & Newton, L. W. (1922). *Projects and Problems in Geography (A Work Book).* Dallas, TX: The Southern Publishing Company.

Petty, L. E. (1920). *A Soil Survey of the Demonstration Farm Owned and Operated by the Knapp School of Country Life of the George Peabody College for Teachers.* Unpublished master's thesis, George Peabody College for Teachers, Nashville, TN.

Phelps, S. (1920). *The Administration of Country High Schools in the South.* Nashville, TN: George Peabody College for Teachers.

Phelps, S. (1923). The Two-Year Curriculum for Training Elementary Teachers. *Journal of Educational Research, 7*(5), 369-383.

Phelps, S. (1/7/1926). *A private letter from Phelps, S. to Mitchell, M. R.* Unpublished manuscript, Morris R. Mitchell papers (#3832), (Box 6, File 66). The Southern Historical Collection, University of North Carolina at Chapel Hill, Chapel Hill, NC.

Phelps, S. (2/1/1927). *A private letter from Phelps, S. to Mitchell, M. R.* Unpublished manuscript, Morris R. Mitchell papers (#3832), (Box 7, File 76). The Southern Historical Collection, University of North Carolina at Chapel Hill, Chapel Hill, NC.

Phelps, S. (1927). *McMurry, the Colleague.* Unpublished manuscript, Charles A. McMurry papers. Special Collections, Vanderbilt University, Nashville, TN

Phelps, S. (1928). Curriculum Construction. *Peabody Journal of Education, 5*(4), 223-229.

Phelps, S. (1932). The Place of Educational Objectives in Curriculum Revision. *Teachers College Journal, 4*(1), 5-11.

Phelps, S. (1932). The Improvement of Teaching Methods. *Teachers College Journal, 4*(1), 17-24.

Phillips, C. A. (1925). The History of Teacher Training in the South. *Peabody Journal of Education, 2*(6), 313-325.

Prewett, C. R. (1951). *The Development of the Unit Method of Teaching from the Herbartian Movement to the Present.* Unpublished doctoral dissertation (Ph. D.), The University of North Carolina at Chapel Hill, Chapel Hill, NC.

Prince, J. T. (1895). Every-day Uses of Herbartism. *Education, 15*(6), 328-331.

Randall, J. A. (1915). Project Teaching. *National Education Association of the United States Journal of Proceedings and Addresses of the Fifty-third Annual Meeting and International Congress on Education Held at Oakland, California August 16-27,* 1009-1012.

Randels, G. B. (1909). *The Doctrines of Herbart in the United States.* Unpublished doctoral dissertation (Ph. D.), University of Pennsylvania, Philadelphia, PA.

Rapeer, L. W. (1917). *Teaching Elementary School Subjects.* New York; Chicago: C. Scribner's Sons.

Rawcliffe, F. W. (1924). *Practical Problem Projects.* Chicago, IL: Compton & Company.

Redway, J. W. (1913). The Panama Canal Dispute. *Ohio Educational Monthly, 62* (2), 67.

Reid, F. C. (1894). The Survival of the Fittest. *The Public School Journal, 14*(2), 61-66.

Rein, W. (1927). Pestalozzi and Herbart. *Peabody Journal of Education, 5*(1), 3-6.

Rein, W. (1927). *Pestalozzi and Hubart.* Unpublished manuscript, Charles A. McMurry papers. Special Collections, Vanderbilt University, Nashville, TN.

Rein, W. (2/1/1927). *A private letter from Rein, W.* Unpublished manuscript, Charles A. McMurry papers. Special Collections, Vanderbilt University, Nashville, TN.

Rein, W. (2/19/1927). *A private letter from Rein, W. to McMurry, C. A.* Unpublished manuscript, Charles A. McMurry papers, (Box 1, File 10). Northern Illinois Regional History Center, Northern Illinois University, Dekalb, IL.

Rein, W., VanLiew, I. J., & VanLiew, C. C. (1893). *Outlines of Pedagogics.* New York and Chicago: E. L. Kellogg & Co.

Rezny, R. R. (1966). *Reflections on the First Year: Northern Illinois State Normal School-1899-1900.* Unpublished manuscript, UA50-2.02. Northern Illinois Regional History Center, Northern Illinois University, Dekalb, IL.

Rhode Island Education Department. (1914). *70th Annual Report of the Commissioner of Public Schools of Rhode Island.* Providence, RI: E. L. Freeman Company, State Printers.

Rhode Island Normal School. (1914). *Rhode Island Normal School Bulletin.* Providence: E.L Freeman & Co., Printers to the State.

Richardson, S. D. (1932). *Modern Road Building in Louisiana (A Type Study).* Unpublished master's thesis, George Peabody College for Teachers, Nashville TN.

Richey, J. B. (1927, Feb. 12). *A private letter from Richey, J. B. to Donovan, H. L.* Unpublished manuscript, Charles A. McMurry papers. Special Collections, Vanderbilt University, Nashville, TN.

Roark, M. L. (1925). Is the Project Method a Contribution? *Peabody Journal of Education, 2*(4), 197-204.

Robbins, C. L. (1918). *The School as a Social Institution: An Introduction to the Study of Social Education.* Boston, New York: Allyn and Bacon.

Robbins, C. L. (1920). *The Socialized Recitation.* Boston, New York etc.: Allyn and Bacon.

Robbins, C. L. (1924). Elementary Education. In I. L. Kandel & P. Monroe (Eds.), *Twenty-Five Years of American Education: Collected Essays* (pp. 225-247). New York, NY: The Macmillan Company.

Robert, E. B. (1927). *Influence of Traffic on the Growth of Chicago as a Commer-*

cial Center: A Type Study. Unpublished master's thesis, George Peabody College for Teachers, Nashville TN.

Robinson, M. (1926). A Third Grade Activity: The Puppet Show. *The Peabody Reflector, 9*(5), 14.

Robinson, M. (1931). Elementary Assemblies in Peabody Demonstration School. *Peabody Journal of Education, 8*(4), 228-231.

Roemer, J. (1927). *McMurry, the Man.* Unpublished manuscript, Charles A. McMurry papers. Special Collections, Vanderbilt University, Nashville, TN.

Ruediger, W. C. (1909). Teaching Pupils to Study. *Education, 29*(7), 437-446.

Ruediger, W. C. (1916). Teaching Individual Notions. *The Elementary School Journal, 16*(5), 257-260.

Rugg, H. O. (1929). Teaching the Social Studies. *Alabama School Journal, 46*(9), 4, 28.

Rugg, H. O. (1930). Teaching the Social Studies. *South Carolina Education, 11*(9), 276-277.

Rugg, H. O., Schweppe, E., & Hockett, J. A. (1925). *Objective Studies in Map Location.* New York: The Lincoln School of Teachers College.

Scott, L. (1917). A Type Lesson in Geography as Taught to the Lower Grades. *Louisiana School Work, 5*(10), 485-486.

Seguel, M. L. (1965). *The Shaping of a Field of Specialization, Curriculum Making: a Critical Study of Selected Writings of Charles and Frank McMurry, Franklin Bobbitt, W. W. Charters, Harold Rugg, Hollis Caswell, and John Dewey.* Unpublished doctoral dissertation (EDD.), Columbia University, New York, NY.

Shoenfeld, H. (1895). The True Correlation of Studies in Elementary Education. *Journal of Education, 42*(4), 75-77.

Shumaker, A. (1926). A Curriculum for the World We Live in. *Peabody Journal of Education, 4*(3), 168-175.

Sibbald, L. F., & Stapleford, H. L. (1916). A Type Study of Fruit in Florida, and Florida as a Winter Resort. *Atlantic Educational Journal, 12*(1), 41-43.

Sides, L. R. (12/11/1925). *A private letter from Sides, L. R. to Mitchell, M. R.* Unpublished manuscript, Morris R. Mitchell papers, (Box 6, File 65). The Southern Historical Collection, University of North Carolina at Chapel Hill, Chapel

Hill, NC.

Smith, D. E., & McMurry, F. M. (1903). Mathematics in the Elementary School. *Teachers College Record, 4*(2), 80p.

Smith, E. E. (1923). How to Organize the Curriculum. *Educational Review, 66,* 307.

Smith, F. M. (1916). The Study of Corn: A Third Grade Lesson on Agriculture. *Atlantic Educational Journal, 12*(1), 44.

Smith, H. (1921). Project on Lumbering: Correlation between English and Geography. *Journal of Geography, 20,* 314-318.

Smith, J. R. (1928). Type Studies in Geography. *Alabama School Journal, 46*(4), 4; 18; 23.

Snedden, D. (1916). The "Project" as a Teaching Unit. *School and Society, 4*(90), 419-423.

South Carolina Department of Education. (1911). *Teacher's Manual for the Elementary Schools of South Carolina* (W. K. Tate Ed.). Columbia, SC: The State Co., Printers.

South Carolina Department of Education. (1915). *Teachers' Manual for the Elementary Schools of South Carolina* (W. K. Tate Ed. 2nd ed.). Columbia, SC: The State Co., Printers.

South Carolina Department of Education. (1919). *Elementary Teachers' Manual for Primary and Intermediate Grades of the Public Schools* (L. Gunter Ed.). Columbia, SC: The State Co., Printers.

South Carolina Department of Education. (1923). *Elementary Teachers' Manual for Primary and Intermediate Grades of the Public Schools Third Edition* (D. L. Lewis Ed.). Columbia, SC: The State Co., Printers.

South Carolina Department of Education. (1928). *South Carolina Elementary School Manual for Primary and Intermediate Grades* (M. E. Thomas Ed.). Columbia, SC: The R. L. Cryan Co.

Southworth, E. (1914). The Panama Canal. *The Northern Illinois State Normal School Quarterly, 12*(1), 3-35.

State Superintendent of Public Instruction. (1916). *Outline Course of study.* Raleigh, NC.

State Superintendent of Public Instruction. (1918). *An Outline Course of Study for* the Elementary Schools of North Carolina: Volume One. Raleigh, NC: Edwards & Broughton Printing Co. State Printers.

State Superintendent of Public Instruction. (1923). *Course of Study for the Elementary Schools of North Carolina*. Raleigh, NC: Capital Printing Company State Printers.

State Superintendent of Public Instruction. (1924). *Standards for the Elementary Schools in North Carolina: 1924-25*. Raleigh, NC: Capital Printing Company State Printers.

State Superintendent of Public Instruction. (1927). *Outline Course of Study*. Raleigh, NC: Capital Printing Company State Printers.

Stearns, J. W. (1890). The Correlation of Subjects in Elementary Programs. *National Education Association Journal of Proceedings and Addresses*, 200-206.

Steele, W. L. (1911). *Galesburg Public Schools*. Galesburg, IL: The Cadmus Press.

Steffens, S. (1912). A Visit to Secondary Schools in Germany. *Ohio Educational Monthly, 61*(10), 509-512.

Steininger, E. W. Jr. (1959). *Unit Teaching Practices in the Elementary School*. Unpublished doctoral dissertation (EDD), University of Illinois.

Stevens, M. (1912). A Five-Year Course of Study for Grammar Grade Teachers. *Proceedings and Addresses of the Twenty-Eighth Annual Session of the North Carolina Teachers' Assembly Raleigh November 29-December 2, 1911*, 120-124.

Stevenson, J. A. (1919). The Project in Science Teaching. *School and Home Education, 39*(5), 110-114.

Stevenson, J. A. (1921). *The Project Method of Teaching*. New York: The Macmillan Company.

Stockton, J. L. (1920). *Project Work in Education*. Boston, New York: Houghton Mifflin Company.

Strayer, G. D., & Engelhardt, N. L. (1920). *The Classroom Teacher at Work in American Schools*. New York, NY: American Book Company.

Strickland, C. E. (1967). The Child, the Community, and Clio: The Uses of Cultural History in Elementary School Experiments of the Eighteen-Nineties. *History of Education Quarterly, 7*(4), 474-492.

Swanson, H. G. (1917). *A Type Study in Biography George Peabody*. Unpublished master's thesis, George Peabody College for Teachers, Nashville TN.

Swanson, H. G. (1922). Aims in Education for Student Teachers. *Educational Administration and Supervision, 8*(5), 297-302.

Tall, L. L., & Davidson, I. (1927). *Baltimore County, Maryland, Public Schools Course of Study in History, Civics, and Geography Grades I to VIII.* Baltimore, MD: Warwick and York, Inc.

Tarr, R. S., & McMurry, F. M. (1900). *North America: with an Especially Full Treatment of the United States and Its Dependencies / by Ralph S. Tarr and Frank M. McMurry; with Numerous Maps and Many Illustrations; Chiefly Photographs of Actual Scenes.* New York: The Macmillan Company.

Tate, W. K. (1911). *Report of W. K. Tate, South Carolina.* Unpublished manuscript, Peabody Education Fund Collection, (Box 8, File 12) Special Collections, Vanderbilt University, Nashville, TN.

Tate, W. K. (1914). *Country School Movement and Ideals in South Carolina.* Columbia, SC: The University.

Tate, W. K. (1915). Rural School Houses and Grounds. *The Educational Exchange, 30*(1), 9.

Teachers College, Columbia University. (1903). *A letter from Teachers College, Columbia University to George Peabody Education Fund.* Special Collections, Vanderbilt University, Nashville, TN.

Tear, D. A. (1912). Editorial Notes: The DeKalb Meeting. *The Elementary School Teacher, 12*(8), 390-391.

Tear, D. A., Bone, H. A., Clark, M. G., Jones, R.G., Meyers, I. B., Smith, J. L., & Whitten, C. W. (1911). Superintendents' and Principals' Association of Northern Illinois. Report of Committee of Seven on an Outline Course of Study on a Scientific Basis. Special Subject-Elementary Science. *The Elementary School Teacher, 11*(8), 393-449.

Tennessee. (1921). *Course of Study, Elementary Grades, Public Schools of Tennessee, 1921.* Nashville: Ewing.

Thayer, V. T. (1928). *The Passing of the Recitation.* Boston, MA: D. C. Heath and Company.

The Committee on Resolutions and Restatement of the Declaration of Principles of the Department of Normal Schools of the National Education Association,

Crabbe, J. G., Dick, G. S., & McKenny, C. (1918). *A Conspicuous Program for the Normal Schools and Teachers College of America*. Greeley, CO: Colorado State Teachers College.

The County Superintendents' Section of the Illinois State Teachers' Association. (1903). *Course of Study for the Common Schools of Illinois. 3d General Revision, with Agriculture and Household Arts, June, 1903. Revised by the Standing Committee of the County Superintendents' Section of the State Teachers' Association*. Taylorville, IL: C. M. Parker.

The Department of Rural Education of the National Education Association. (1934). *Economical Enrichment of the Small Secondary-School Curriculum*. Washington D.C.

The Southern Council of College Geography Teachers. (1927). Suggested Geography Curricula for a Teachers College. *Peabody Journal of Education, 5*(2), 113-116.

The Standing Committee on State Course of Study chosen by the County Superintendents' Section of the Illinois State Teachers' Association. (1912). *Course of Study for the Common Schools of Illinois* (Fifth General Revision ed.). Taylorville, IL: C. M. Parker, Publisher.

The Standing Committee on State Course of Study Chosen by the County Superintendents' Section of the Illinois State Teachers' Association. (1918). *Course of Study for the Common Schools of Illinois* (6th General Revision ed.). Taylorville, IL: Parker Publishing Company.

The Standing Committee on State Course of Study Chosen by the County Superintendents' Section of the Illinois State Teachers' Association. (1925). *Course of Study for the Common Schools of Illinois* (Seventh General Revision ed.). Taylorville, IL: Parker Publishing Company.

The State Board of Education. (1917). *Course of Study for the Public Schools for Use from July 1, 1917 to June 30, 1922*. Columbia, SC: Farrell Printing Co.

The State Board of Education. (1922). *Course of Study for the Public Schools for Use from July 1, 1922 to June 30, 1927*. Columbia, SC: Farrell Printing Co.

The State Department of Public Instruction. (1915). *Hand Book for Tennessee Teachers*. Nashville, TN.

Tipton, E. M., & Southern Association of Colleges and Schools. (1971). *Evaluation

Report of the Peabody Demonstration School. Nov. 15-18, 1971.

Tolley, R. L. (1924). *The Migration of the Puritans: A Type Study.* Unpublished master's degree, George Peabody College for Teachers, Nashville TN.

Tompkins, A. (1895). The Theory of Culture Epochs in the Child and the Race. *The Child Study Monthly, 1*(5), 135-139.

Tompkins, A. (1902). English. *Biennial Report of the Superintendent of Public Instruction of the State of Illinois, 24,* 129-131.

Trenton. (1922). *Elementary Course of Study Geography Public Schools, Trenton New Jersey.* Trenton, NJ.

Tyler, K. D. (1982). *The Educational Life and Work of Charles A. McMurry: 1872-1929.* Unpublished doctoral dissertation (EDD.), Northern Illinois University, Dekalb, IL.

Tyler, R. W. (1949). *Basic Principles in Curriculum and Instruction* Chicago: University of Chicago Press.

United States Department of Agriculture Bureau of Plant Industry Farmers' Cooperative Demonstration Work. (1916). *Boys' Corn Clubs Daily Record Book (Form B-511-K).* Unpublished manuscript, William Knox Tate papers. Special Collections, Vanderbilt University, Nashville, TN.

VanLiew, C. C. (1894). Child-Study as Related to Instruction. *Transactions of the Illinois Society for Child=Study, 1*(1), 9-21.

VanLiew, C. C. (1894). Value of the Niblung-Song. *The Public School Journal, 13*(8), 447-451.

VanLiew, C. C. (1894). The Pedagogical Club. *The Public School Journal, 14*(4), 227-228.

VanLiew, C. C. (1895). The Study of the Child on Entering School. *Transactions of the Illinois Society for Child=Study, 1*(3), 48-53.

VanLiew, C. C. (1895). From Dr. C. C. VanLiew, Illinois State Normal University, Normal, ILL. *Transactions of the Illinois Society for Child=Study, 1*(4), 33-36.

VanLiew, C. C. (1895). Illinois Society for Child-Study. *The Public School Journal, 14*(5), 285.

VanLiew, C. C. (1895). Meeting of the Pedagogical Club, Illinois State Normal University, October 16. *The Public School Journal, 14*(7), 403-404.

VanLiew, C. C. (1896). Culture Epoch Theory. *The Public School Journal, 15*(10), 546.
VanLiew, C. C. (1896). Child Study. *The Public School Journal, 16*(1), 29-34.
VanLiew, C. C. (1896). Child Study. *The Public School Journal, 16*(2), 93-96.
VanLiew, C. C. (1896). Child Study. *The Public School Journal, 16*(3), 152-154.
VanLiew, C. C. (1896). Child Study. *The Public School Journal, 16*(4), 201-205.
VanLiew, C. C. (1896). Child Study: A Part of the Teacher's Art. *National Education Association of the United States Journal of Proceedings and Addresses*, 864-872.
VanLiew, C. C. (1897). Child Study. *The Public School Journal, 16*(6), 323-327.
VanLiew, C. C. (1897). Child Study. *The Public School Journal, 16*(7), 386-389.
VanLiew, C. C. (1897). Child Study. *The Public School Journal, 16*(8), 443-445.
VanLiew, C. C. (1897). Child Study. *The Public School Journal, 16*(9), 503-505.
VanLiew, C. C. (1897). Child Study. *The Public School Journal, 16*(10), 556-558.
VanLiew, C. C. (1897). Child Study with Co-operation of Parents. *National Education Association of the United States Journal of Proceedings and Addresses*, 294-296.
VanLiew, C. C. (1897). The Child-Study of Herbart. *Transactions of the Illinois Society for Child=Study, 2*(2), 126-135.
VanLiew, C. C. (1897). Child-Study in Illinois. *Transactions of the Illinois Society for Child=Study, 2*(2), 136-138.
VanLiew, C. C. (1898). The Method of the Recitation. *Educational Review, 15*, 188-193.
VanLiew, C. C. (1899). Mental and Moral Development of the Kindergarten Child. *National Education Association of the United States Journal of Proceedings and Addresses*, 551-559.
VanLiew, C. C. (1899). Racial Traits in the Group Activity of Children. *National Education Association of the United States Journal of Proceedings and Addresses*, 1057-1063.
VanLiew, C. C. (1901). Education in Manners. *School and Home Education, 21*(3), 130.
Von Hofe, G. D. (1916). The Development of a Project. *Teachers College Record, 17*, 240-246.

Von Hofe, G. D. (1916). Giving the Project Method a Trial. *School Science and Mathematics, 16*(9), 763-767.

Waples, D., & Stone, C. A. (1929). *The Teaching Unit: A Type Study.* New York, London: D. Appleton and Company.

Wells, M. E. (1921). *A Project Curriculum, Dealing with the Project as a Means of Organizing the Curriculum of the Elementary School.* Philadelphia, London: J.B. Lippincott Company.

Western Illinois State Normal School. (1907). *The Courses of Study in the Western Illinois State Normal School at Macomb, Illinois.* Macomb, IL.

Westfall, B. H. (1975). *German Educational Thought Adapted to American Schools: Herbartian Influence on American Teacher Education through Selected Publications of Charles De Garmo, and Charles and Frank McMurry.* Unpublished doctoral dissertation (EDD.), Northern Illinois University, Dekalb, IL.

Westfall, B. H. (1988). Charles DeGarmo: Herbartian Theoretician, School Politician. *Journal of Thought, 23*(1), 22-36.

Whipple, G. M. (1941). The Inner Working of the NSSE. *School and Society, 54*, 163-167.

Whipple, G. M., & Rugg, H. O. (1926). *The Foundations and Technique of Curriculum-Construction Part 1. Curriculum-Making, Past and Present.* Bloomington, IL: Public School Publishing Company.

Whitbeck, R. H. (1910). Where lay the Emphasis in Teaching Geography? *Education, 31*(2), 108-116.

Whitbeck, R. H. (1921). Thirty Years of Geography in the United States. *Journal of Geography, 20*(4), 121-128.

White, E. E. (1885). The Philosophy of Teaching. *Illinois School Journal, 5*(5), 115-117.

White, E. E. (1885). The Philosophy of Teaching. *Illinois School Journal, 5*(6), 131-134.

White, E. E. (1885). The Philosophy of Teaching. *Illinois School Journal, 5*(7), 157-161.

White, E. E. (1895). What Is Saw. *The Public School Journal, 14*(8), 443-444.

Wilkes, E. H. (1922). Alabamians at Peabody College. *Alabama School Journal, 39*

(4), 1-2.
Wilkinson, A. W. (1898). Herbartianism (John Frederick Herbart). *Journal of Education, 47*(17), 260.
Williams, L. A. (1919). The High School Recitation-Part I. *The High School Journal, 2*(2), 35-38.
Williams, L. A. (1919). The High School Recitation-Part II. *The High School Journal, 2*(3), 72-77; 89.
Wilson, H. B. (1914). Economy of Time in Education. *The Journal of Education, 80* (4), 105.
Wilson, L. M. (1920). *Training Departments in State Normal Schools in the United States.* Springfield, IL: Illinois State Journal Co., State Printers.
Winship, A. E. (1910). Dekalb Normal School. *The Journal of Education, 71*(26), 746-747.
Winston-Salem, N. C. (1920). *Course of Study for Grade Schools.* Winston-Salem, NC.
Wright, J. T. C. (1925). *Teaching Linear, Square, and Cubic Measure: A Type Study.* Unpublished master's thesis, George Peabody College for Teachers, Nashville, TN.
Wyman, N. M. (1927). *Some Material for Integrating a Fourth Grade Curriculum.* Unpublished master's thesis, George Peabody College for Teachers, Nashville, TN.
Yarbrough, W. H. (1927). *Peabody Demonstration School (Grade Report).* Thomas Alexander Collection. Gottesman Libraries Archives, Teachers College, Columbia University, New York NY.
Zavitz, E. C. (1924). Projects in the Moraine Park School. *Progressive Education, 1* (2), 88-91.
Zeigel, W. H. (1927). *Charles A. McMurry, the Author.* Unpublished manuscript, Charles A. McMurry papers. Special Collections, Vanderbilt University, Nashville, TN.

日本語文献
伊藤敦美（2010）.『デューイ実験学校におけるカリキュラムと学校運営』考古堂.
稲垣忠彦（1995）.『増補版　明治教授理論史研究』評論社.

大浦猛（1965）.『實驗主義教育思想の成立過程』刀江書院.
小野次男（1987）.『アメリカ州立師範学校史―マサチューセッツ州を主とする史的展開―』学芸図書株式会社.
歡喜隆司（1988）.『アメリカ社会科教育の成立・展開過程の研究―現代アメリカ公民教育の教科論的分析―』風間書房.
加藤洋子（2014）.『「人の移動」のアメリカ史：移動規制から読み解く国家基盤の形成と変容』彩流社.
倉沢剛（1985）.『米国カリキュラム研究史』風間書房.
小柳正司（2010）.『デューイ実験学校と教師教育の展開―シカゴ大学時代の書簡の分析―』学術出版会.
佐藤隆之（2004）.『キルパトリック教育思想の研究―アメリカにおけるプロジェクト・メソッド論の形成と展開―』風間書房.
佐藤学（1990）.『米国カリキュラム改造史研究：単元学習の創造』東京大学出版会.
庄司他人男（1985）.『ヘルバルト主義教授理論の展開―現代教授理論の基盤形成過程―』風間書房.
田中耕治（2008）.『教育評価』岩波書店.
藤本和久（1999）.「アメリカ・ヘルバルト主義における子どもとカリキュラム」『日本デューイ学会紀要』第40号，119-124頁.
藤本和久（1999）.「アメリカ・ヘルバルト主義における教科再編の原理」『教育方法の探究』第2号，1-18頁.
藤本和久（1999）.「アメリカ・ヘルバルト主義における教育目的・目標論―カリキュラム論の変遷との関係―」『教育目標・評価学会紀要』第9号，60-69頁.
藤本和久（2000）.「アメリカ・ヘルバルト主義における子ども研究（Child-Study）の位置」『教育方法学研究』第26巻，1-9頁.
藤本和久（2000）.「アメリカ・ヘルバルト主義における授業形態論の変遷」『京都大学大学院教育学研究科紀要』第46号，361-373頁.
藤本和久（2001）.「19世紀後半のアメリカにおけるレシテーションの定着過程」『京都大学大学院教育学研究科紀要』第47号，185-195頁.
藤本和久（2001）.「アメリカにおける「ヘルバルト主義」の受容過程―「形式段階」のレシテーションへの適用を中心に―」『カリキュラム研究』第10号，59-71頁.
藤本和久（2002）.「20世紀初頭米国におけるプロジェクト・メソッドの創造過程―アメリカ・ヘルバルト主義の再評価の観点から―」『日本デューイ学会紀要』第43号，62-68頁.

藤本和久（2015）.「C. A.マクマリーにおけるタイプ・スタディ論の生成・発展過程－1920年代の「プロジェクト」概念に至る変遷を追って－」『慶應義塾大学教職課程センター年報』第23号，5-26頁.

宮本健市郎（2005）.『アメリカ進歩主義教授理論の形成過程：教育における個性尊重は何を意味してきたか』東信堂.

村山英雄（1978）.『オスウィーゴー運動の研究』風間書房.

あ と が き

　本書をまとめるに至るまで、かれこれ20年以上の歳月が流れてしまったことに率直に驚いている。それだけの長い時間、修士論文を書き上げたころから懲りずに、そして顔を合わせるたびに、決してせかさず見守り、直接・間接にご指導をくださった京都大学名誉教授・田中耕治先生に、また、さかのぼれば、卒業論文提出後、修士論文作成にむけて、その課題の再構成を粘り強く丁寧にご指導くださった京都大学名誉教授・天野正輝先生に、まず深く感謝申し上げたい。

　田中先生の京都大学ご退官の年度に、本書の骨格となった博士論文提出が何とか間に合ったことに安堵の感を抱くとともに申し訳なさもある。田中先生は、指導大学院生に対して直接指導をなさるのみならず、それぞれの専門にとって外すことのできない先行研究者を学内外問わず見つけてくださり、そのような研究者を京都大学に招いては、私たちが学年・年齢が若い段階から集中講義や特殊講義などの場を設けて、そのあり方を肌に触れながら学べる環境を整えてくださった。「誰と出会えれば、この子は学べるのか」を直観する、まさに「教師」としての田中先生を介して、当時、兵庫教育大学にいらっしゃった宮本健市郎先生との出会いがあった。それ以降、宮本先生には授業だけではなくアメリカ教育史研究会や国内外の学会においてもお世話になり、私は、ひそかに研究指導教授のお一人と慕って指導を受け続けてきた。宮本先生には史料収集の執念と「コツ」を折に触れて学んできたし、歴史の描き方についても先生のご研究には多くを負っている。ここに深く感謝申し上げたい。

　振り返れば、1996年、大学院に進学した私は、デューイ研究の厚い壁に打ちひしがれながら、本書の主たる研究対象人物マクマリーとの対話を始めた

のであった。今なら痛いほどわかる。20代前半の私は、ただ英文資料・史料を滑り読みしつつ実際にはマクマリーが言いたいこともなしてきたことも何もわかっていなかった。一般的なテキストに含まれる米国ヘルバルト主義理解をそのまま踏襲し、デューイに比して「伝統主義」のカテゴリーに閉じ込められたマクマリーの「捨てきれぬ」「忘れられた」論点をいくつか拾いあげるという作業をしているに過ぎなかった。

　2001年に教員養成のセクションに着任して以来、日々の業務に忙殺されながらも、近隣の小中学校の現場で校内授業研究にかかわる日常を経験してきた。20年たってしまったことの言い訳にもなるが、教育学者として学生・院生の教員養成にかかわり、全米各地の学校に実地指導に入ったマクマリーに見えていた世界が、「歴史的に」というより、著者自身の経験と重なりながら、まるで「同志」のように「共感的に」見え始めたから、本書の筋道もたつようになったと確信している。支持したい「子どもの学び像」や「授業像」などは、いまマクマリーと直接対話をすると互いに対立してしまうかもしれない。しかし、知をどのようにとらえ、教室でどのように現実的に実践していくのか、そのために研究者は教師や教育行政とどのようにかかわっていくのかということの苦悩はおおいに共有できることだろう。

　本書は「はしがき」でも言及したように、2016年に京都大学に提出した博士論文を軸に加筆修正を重ねて、独立行政法人日本学術振興会の平成30年度科学研究費助成事業（科学研究費補助金）（研究成果公開促進費）「学術図書」（課題番号18HP5208）の交付を受けて公刊に至りついたものである。

　博士論文執筆にとって欠くことのできない長大な時間は、幸運にも現職勤務校である慶應義塾大学により与えられた。2013年3月から2015年2月までのおよそ2年間にわたり、福澤諭吉記念慶應義塾学事振興基金の補助を得て、米国ニューヨーク市のコロンビア大学ティーチャーズ・カレッジ（ナンシー・レスコ教授による受け入れ）への留学を許された。すでに米国の教育史学会（History of Education Society, HES）の年次大会には毎年参加し、研究テー

マを共有できる米国研究者と数多く出会ってきた。ロヨラ大学のノア・ソービー教授はその一人であり、現在も国際教育史学会（International Standing Conference for the History of Education, ISCHE）で共同研究者にもなっているが、ティーチャーズ・カレッジにつないでくれたのも彼であった。昨今の日本の高等教育機関の多忙化状況に鑑みると、極めて異例の長期研究留学期間であると自覚している。これも、「僕たちの仕事は教職課程だけではない。自身の基礎研究をしっかり進めてまとめることも大切な僕らの仕事だよ」と背中を押してくれた鹿毛雅治先生はじめ教職課程センターの同僚たちの理解があってのものでいくら感謝してもしつくせない。

　家族（妻の和美と、当時3才だった息子の温弘）を連れて、米国での生活をゼロから立ち上げた。社会保障番号、米ドル建てクレジットカード、米国の運転免許などは、えてして辺鄙なところにある大学の文書保存館を訪問するのには欠かせない。2年の間に左ハンドル運転もうまくなったし、史料のありかとその閲覧のための事前手続きにも慣れた。妻はシティ・カレッジやニューヨーク公立図書館に週に幾日も無料の語学教室に通い、近隣住民ともつながりながら、「単身留学」であったなら決して知り得なかったであろう米国の実社会やくらしを私に教えてくれた。一方、親の都合とはいえ、ニューヨークという未知の環境に突然放り込まれた息子は、当初体調不良に陥っていたが、やがて適応し、保育園・幼稚園（義務教育）にも最終帰国の前日まで出席し通した。彼が、米国の学校教育機関に通ってくれたおかげで、現代のコモン・コア・スタンダード政策の一端を知り得たのはもちろん、学校というシステムのなかにまるでDNAのように歴史的に引き継がれてきた米国教育の特質も読み取ることもできた。妻子2人にとって在米の2年間はどのように人生に位置づくのだろう。私は彼らのその物語化に一生かけて感謝とともに付き合う覚悟はできている。

　マクマリーは世界恐慌の年（1929年）にナシュビルにて亡くなった。息を引き取る直前まで執筆活動をしていて、途中で絶筆となった文書が追悼紙に

掲載されていた。彼が生きていたら、その後の激動の20世紀と進歩主義教育の興亡をどう眺めただろうか。米国ヘルバルト主義の運動自体は20世紀初頭に終わっても、20世紀を通して（いや21世紀の今日に至るまで）、教室での教師の身体（技法）を規定し続けてきたのだと、私が敬愛するオハイオ州デイトン大学の故ジョセフ・ワトラス教授は語ってくれた。彼も私がHESで知り合った、「慎重な」歴史家の一人だ。英国ロンドンでのISCHE大会で本書の一部のトピックを口頭発表したときもご夫妻で聞きに来て、コメントもくださった。ジョーは、息子にとっては米国の「おじいちゃん」であり、私にとっては、得難い理解者であると同時に師でもあった。ジョーは、クリバードが亡くなったとき、私との電子メールでのやりとりのなかで、「クリバードはカリキュラム史の描き方を間違えたのかも知れない」と打ち明け、彼なりの見解を語りながら、マクマリーを研究する私を励ましてくれた。クリスマスには私たち家族をニューヨークからデイトンの自邸に招いてくれ、そこで、「もし、君が米国で研究を続けたいならオハイオ州のどこかにポストを得られるよう努力してみよう」とまで言ってくれた。20年強もかけてしまったこの仕事だが、もう3年早く、つまり、留学から帰国早々に博士論文を書き上げ、本書刊行にたどり着いていれば、ジョーに批判を仰ぐことができたのだ。たとえ日本語文献であっても本書を彼に届けることができたなら、彼はどんなにか喜んでくれたことだろう。今となっては彼の死を悼むとともに、自身の仕事の遅さが悔やまれてならない。

　他にも本書刊行にあたり、感謝を申し伝えねばならない方は数多い。院生時代から今に至るまで研究刺激を与え続けてくれる京都大学大学院の同級生の西岡加名恵氏はじめ田中耕治門下生の後輩諸氏、教育思想史学会のフォーラムでカリキュラム史の詳細なトピックにもかかわらず発表の場を用意してくださった松浦良充先生、発表と検討の場をくださったアメリカ教育史研究会のメンバー諸氏、博士論文を審査してくださった京都大学の先生方、米国あるいは国際学会の口頭発表や英文校閲の手伝いをしてくれたティーチャー

ズ・カレッジの院生のパトリシア・ギブソンさんやオハイオ州立大学ボーリング・グリーン校のクリストファー・フライさん、どんなに見つけづらい史料でも私の訪問日には周辺史料までも気を利かせてボックスにまとめて用意してくれていたサウス・カロライナ大学図書館のブライアン・カスレルさんはじめ各文書保存館の司書やアーキビストのみなさん、本書のもとになる博士論文を「自身の勉強になるから」と読み通してくださりさらに丁寧に誤植等の発見に努めてくれた大学院生の呉文慧氏、そして、このような文字数の多い本書の編集に際しその完成度をあげるために全面的に知恵と力とを貸してくださった風間書房の風間敬子社長はじめ編集のご担当のみなさまには、この場を借りて深くそして厚く御礼申し上げます。

　　2018年8月

　　　　　　　　　　　　　　　　　　　　　　藤　本　和　久

付　録

マクマリー関連年表

年	C. A. マクマリー関連事項	C. A. マクマリー公刊著作	関連史（主要事項）
1857	2月18日、インディアナ州クロフォードビルで生まれる。		
1860			南北戦争勃発。
1861			このころオスウィーゴ初等教員養成学校（Oswego Primary Teachers' Training School）を中心とするペスタロッチ主義教育運動。
1862			奴隷解放宣言。
1865	イリノイ州ノーマルのノーマル・スクール・トレーニング部門に通う。		南北戦争終結。
1869			大陸横断鉄道開通。
1876	ミシガン大学に通う。		
1878	イリノイ州の僻地（ワン・ルーム学校）で教員に着任。		
1880	コロラド州デンヴァー周辺に異動。		
1881	Parson Gove 教育長（イリノイ・ノーマル・スクール時の恩師）のもとで8教室そなえたグラマー・スクールの校長を務める。		
1882	イリノイ州に戻る。E. J. James（後のイリノイ大学学長）の勧めでドイツ留学を決心。Halle 大学に2年間留学し、経済史学・神学・哲学史を専攻する。一方で Herbart と Ziller の文献を読みふける。		
1884	デンヴァーに戻り教員に復す。		
1885	コロラド州プエブロで高校（大学のための4年間の準	Ziller's "Allgemeine Padagogik". Illinois School Journal, 4(9), 542-543.	

1885	備教育）の校長（ラテン語を主に教える）を務める。	Theory and Practice. *Illinois School Journal*, 4(11), 595-597.	
1886	再渡独、Halle 大学でコースワークを終え、独英米の近代の大学史を博士論文でまとめる。		
1887	Jena 大学の Wilhelm Rein のもとで、ヘルバルト主義教授理論を学ぶ。弟 Frank もドイツにて合流。		
1888	米国に帰国し、Emily LeCrone と結婚。イリノイ州エヴァンストンで校長に就任後、さっそく試験的にヘルバルト主義教授理論を実践。	*Die Organisation Des Ho "Heren Schulwesens in Den Vereinigten Staaten Amerikas Und in England Und Die Stellung Des Staates Zu Demselben*. Halle.	
1889	ミネソタ州ウィノナ・ステイト・ノーマル・スクールのトレーニング・スクールの責任者としてヘルバルト主義教授理論を実践。		
1890	長男 Donald 誕生。	*How to Conduct the Recitation, and the Principles Underlying Methods of Teaching in Classes.* (Teachers Manuals; No. 13). New York; Chicago: E. L. Kellogg. (*How to Conduct the Recitation and the Principles Underlying Methods of Teaching in Classes.* Chicago: A. Flanagan.)	
1891		*Pioneer History Stories for Third and Fourth Grades. First Series.* Winona, MN: Jones & Kroeger. *A Geography Plan for the Grades of the Common School.* Winona, MN: Jones & Kroeger, printers. Discussion. *National Education Association of the United States, Journal of Proceedings and Addresses*, 177-179.	
1892	イリノイ・ステイト・ノーマル大学（ISNU）のトレーニング・スクールの助手	*The Elements of General Method Based on the Principle of Herbart.* Bloomington, IL: The Public School	全米ヘルバルトクラブの設立。 DeGarmo, C. *The*

年	C. A. マクマリー関連事項	C. A. マクマリー公刊著作	関連史（主要事項）
1892	に着任。C. DeGarmo、弟 Frank らとイリノイ教員連盟に全米ヘルバルト・クラブを設立。	Publishing Company. Value of Herbartian Pedagogy for Normal Schools. *National Education Association of the United States, Journal of Proceedings and Addresses*, 421-433. Relative Value of Studies. *The Public School Journal, 12*(1), 13-14.	*Essentials of Method: A Discussion of the Essential Form of Right Methods in Teaching: Observation, Generalization, Application.* Boston: D. C. Heath.
1893	長女 Ruth 誕生。	*Special Method for Literature and History in the Common Schools.* Bloomington, IL: The Public School Publishing Company. *The Elements of General Method Based on the Principles of Herbart.* Bloomington, IL: The Public School Publishing Company. Requirements for the Degree of Doctor of Pedagogy. *National Education Association of the United States, Journal of Proceedings and Addresses*, 438-440. The Pedagogical Club. *The Public School Journal, 13*(3), 164-165. School of Pedagogy by Correspondence. *The Public School Journal, 13*(4), 227. The Pedagogical Club of Illinois State Normal University. *The Public School Journal, 13*(4), 228-230.	
1894	次男 Kenneth 誕生。	*Special Method in Geography.* Bloomington, IL: The Public School Publishing Company. *Special Method for Literature and History in the Common Schools.* 2nd ed. Bloomington, IL: The Public School Publishing Company. Improvement of the Teachers. *Journal of Education, 39*(10), 148. Child Study. *The Public School Journal, 13*(10), 601. Books for Young Readers. *The Pub-*	

1894		lic School Journal, 13(11), 634-636. Conclusions as to Concentration I. The Public School Journal, 14(3), 159-160. A Course for Teachers. The Public School Journal, 14(3), 164-165. Conclusions as to Concentration II. The Public School Journal, 14(4), 224-225.	
1895	NEA内の15人委員会（W. T. Harris 委員長）がヘルバルト主義教授理論に対して考慮のない報告書を出したことを契機に、全米ヘルバルト協会（NHS）を設立。事務局長を務める。	Special Method in Geography for Third and Fourth Grades. Bloomington, IL: The Public School Publishing Company. Pioneer History Stories of the Mississippi Valley: For Fourth and Fifth Grades. Bloomington, IL: The Public School Publishing Company. A Course of Study for the Eight Grades of the Common School: Including a Hand Book of Practical Suggestions to Teachers. Bloomington, IL: The Public School Publishing Company. Dr.Harris and Herbart. The Public School Journal, 14(7), 398-399. Geography as a School Subject: Propositions and Criticisms. Educational Review, 9, 448-463. Isolation and Correlation in the Report of Committee of Fifteen. The Public School Journal, 14(10), 574-575. Our Public Schools. The Public School Journal, 14(10), 577-578. What Has Been Accomplished in Co-Ordination in the Field of History and Literature. Journal of Education, 42(6), 110. National Herbart Society. The Public School Journal, 15(1), 37-38. Value of History. The Public School Journal, 15(1), 38. Ohio and Indiana Reading Circles: Introductory to the General Method	全米ヘルバルト協会（NHS）発足。 National Education Association of the United States. Report of the Committee of Fifteen on Elementary Education, with the Reports of the Sub-Committees; on the Training of Teachers; on the Correlation of Studies in Elementary Education; on the Organization of City School Systems. New York: American Book Company.

年	C. A. マクマリー関連事項	C. A. マクマリー公刊著作	関連史（主要事項）
1895		*The Public School Journal, 15*(1), 15-17. National Herbart Society. *Journal of Education, 42*(10), 182. Influence of Herbart's Doctrine on the Course of Study in the Common School. *Educational Review, 10*, 308-312. Correlation of Studies. *The Public School Journal, 15*(4), 186-188.	
1896	（このころ、ミネソタ大学で3年間、シカゴ大学で3年間、イリノイ大学で2年間、コロンビア大学で2年間、コーネル大学で2年間、その他6大学でサマー・スクール講師を務める。） 次女 Marjorie 誕生。	Induction and Class-Room Method. *Ohio Educational Monthly, 45*(1), 27-32. The Culture Epochs. *Ohio Educational Monthly, 45*(2), 78-80. Thoughts Suggested by the Term Apperception. *Ohio Educational Monthly, 45*(3), 127-128. The Meaning of the Herbart Movement in Education. *Ohio Educational Monthly, 45*(7), 316-318. The Culture-Epochs. *The Public School Journal, 15*(6), 297-299. The Child=Study Congress. *The Public School Journal, 15*(10), 546-547.	デューイ実験学校設立（～1903）。
1897		Child-Study in the Training School, Normal, Ill. *Transactions of the Illinois Society for Child=Study, 2*(2), 139-143. （共著 F. M. McMurry）*The Method of the Recitation*. Bloomington, IL: The Public School Publishing Company.	
1898	三女 Dorothy 誕生。	The National Herbart Society. *Journal of Education, 47*(17), 261. Mary E. Wells. *The Public School Journal, 17*(11), 599.	米西戦争。
1899	校長 J. W. Cook の誘いで、ノーザン・イリノイ・ステイト・ノーマル・スクール	*Special Method in Geography for Third and Fourth Grades*. Bloomington, IL: The Public School Pub-	ノーザン・イリノイ・ステイト・ノーマル・スクール

1899	(NISNS) に異動。	lishing Company. The Function of the School in Introducing Children to the Proper Use of Books. *National Education Association of the United States, journal of Proceedings and Addresses of the Twenty-eighth Annual Meeting Held at Los Angeles, California July 11-14, 1899*, 472-486. Joint Meeting of the Illinois Society of Child Study and of the National Herbart Society. *School and Home Education, 18*(10), 546.	(NISNS) 設立。 NHS 解消。
1900		*Special Method in Geography for Third and Fourth Grades*. Bloomington, IL: The Public School Publishing Company.	Dewey, J. *The School and Society*. Chicago, IL: University of Chicago Press.
1901		The Relation of the School to Libraries. *Report of Commissioner of Education for the Year 1899-1900*, 1, 678-689.	フランシス・パーカー・スクール設立。
1902	NSSSE の事務局長を務める。	*A Teacher's Manual of Geography: To Accompany Tarr and Mcmurry's Series of Geographies*. New York, NY: The Macmillan Company. Discussion. *Biennial Report of the Superintendent of Public Instruction of the State of Illinois, 24*, 140-141. (共著 L. M. Salmon) Some Principles in the Teaching of History. *The First Yearbook of the National Society for the Scientific Study of Education*. Chicago, IL: University of Chicago Press.	NSSSE 発足。 Dewey, J. *The Child and the Curriculum*. Chicago, IL: University of Chicago Press.
1903	(このころ4年間のサバティカルをとり、全米を旅行、精力的に執筆活動。)	*Special Method in the Reading of Complete English Classics in the Grades of the Common School*. New York, NY: The Macmillan Company. *The Elements of General Method, Based on the Principles of Herbart*. New York, NY: The Macmillan Company.	Thorndike, Edward L. *Educational psychology*. New York, NY: Lemcke & Buechner.

年	C. A. マクマリー関連事項	C. A. マクマリー公刊著作	関連史（主要事項）
1903		*The Course of Study in History in the Common School.* Chicago, IL: University of Chicago Press. *Special Method in Geography from the Third through the Eighth Grade.* New York, NY: The Macmillan Company. (共著 M. J. Holmes) *The Relation of Theory to Practice in Education.* Chicago, IL: University of Chicago Press. (共著 F. M. McMurry) *The Method of the Recitation.* New York, NY: The Macmillan Company. A Teacher's Manual of Geography (Book Review). *National Geographic Magazine*, 298. Course of Study in History in the Grades. *The Second Yearbook of the National Society for the Scientific Study of Education, Part I. The Course of Study in History in the Common School*, 15-41. Chicago, IL: University of Chicago Press.	
1904		*Excursions and Lessons in Home Geographyhosi.* New York, NY: The Macmillan Company. *Type Studies from the Geography of the United States.* New York, NY: The Macmillan Company. *Pioneers on Land and Sea; Stories of the Eastern States and of Ocean Explorers.* New York, NY: The Macmillan Company. *Pioneers of the Rocky Mountains and the West.* New York, NY: The Macmillan Company.	
1905		Art Sense in Pupils. *The Baltimore Sun*, Apr. 20, 8. (共著 F. M. McMurry) Would Reduce Studies / Unnecessary Things Taught. *The Baltimore Sun*, Sep. 6,	Bagley, W. C. *The Educative Process.* New York, NY: The Macmillan Company.

付　録　445

1905		6. Discussion of the Training of Secondary Teachers. *The fourth Yearbook of the National Society for the Scientific Study of Education*, 53-55.	
1906	ペンシルベニア州カリフォルニア・ノーマル・スクールの校長代理（校長のヨーロッパ留学中）に着任するが運営上の困難を経験する。	*Special Method in Arithmetic*. New York, NY: The Macmillan Company. *Course of Study in the Eight Grades V.I*. New York, NY: The Macmillan Company. *Course of Study in the Eight Grades V.II*. New York, NY: The Macmillan Company. Descriptive Detail in Presenting Important Topics of Method of Recitation. *The Educator Journal*, 6(5), 198-200. (共著 F. W. D' Evelyn) Underwood's Stereographs. *The Colorado School Journal*, 21(8), 211.	
1907	NISNS に復任。トレーニング・スクールのディレクターに着任。	*Larger Types of American Geography: Second Series of Type Studies*. New York, NY: The Macmillan Company. Central Units of Study. *School and Home Education*, 26(9), 336-339. The Railroad as a Unit of Study. *School and Home Education*, 26 (10), 376-380.	
1908		*Special Method in Elementary Science for the Common School*. New York, NY: The Macmillan Company. *Special Method in Language in the Eight Grades*. New York, NY: The Macmillan Company. *Public School Methods*. Chicago, IL: New York School Methods Company.	
1909		*Central Topics in Geography: The Rhine*. Chicago, IL: A Flanagan Company. *Central Topics in Geography: The Alps*. Chicago, IL: A Flanagan Company.	McMurry, F. M. *How to Study and Teaching How to Study*. Boston, New York and Chicago: Houghton Mifflin

年	C. A. マクマリー関連事項	C. A. マクマリー公刊著作	関連史（主要事項）
1909			Company.
1910		Correlation and High School Studies. *School and Home Education*, *29*(9), 297-300.	NSSSE が NSSE に名称変更。
1911	ディカルブの教育長に就任。		
1912	北イリノイ教育長・校長会議にて、タイプ・スタディ「とうもろこし」の提案と管内の学校公開を仕切る。	The Significance of the Industrial Arts in the Schools. *National Education Association of the United States, Journal of Proceedings and Addresses of the Fifth Annual Meeting Held at Chicago, IL. July 6-12*, *50*, 918-921. Corn. *Elementary School Teacher*, *12*(7), 297. Glasgow and Its Harbor. *Journal of Geography*, *11*, 133-137.	Cook, J. W. *Educational History of Illinois Growth and Progress in Educational Affairs of the State from the Earliest Day to the Present; with Portraits and Biographies*. Chicago, IL: Henry O. Shepard Company.
1913	夏にヨーロッパ（仏・英・独）訪問。Rein のサマー・スクール講義を受講する。ロードアイランド州パタケット市・セントラルフォールズ市で研修講師。	Vienna. *Journal of Geography*, *12*, 341-343. Vacation Course at the University of Jena, Germany. *School and Home Education*, *33*(3), 89-91.	McMurry, F. M. *Elementary School Standards: Instruction, Course of Study, Supervision, Applied to New York City Schools*. Yonkers-on-Hudson, N.Y.: World Book Company.
1914	テネシー州ナシュビルのジョージ・ピーボディ・カレッジ・フォー・ティーチャーズ（GPCT）のサマースクール講師に招かれる。	*Handbook of Practice for Teachers*. New York, NY: The Macmillan Company. *Conflicting Principles in Teaching and How to Adjust Them*. Boston, New York: Houghton Mifflin Company. What Is Religion. *School and Home Education*, *33*(7), 247-250. The Planning of Lessons for Class Room Work. *North Carolina Education*, *9*(1), 4.	第一次世界大戦勃発。ジョージ・ピーボディ・カレッジ・フォー・ティーチャーズ（GPCT）発足。パナマ運河開通。Wilson, H. B. (1914). Economy of Time in Education. *The Journal of Education*, *80*(4), 105.
1915	GPCT に異動。タイプ・スタディ集（小冊	The Practice School the Laboratory of the Normal School. *School and*	

1915	子)の発刊開始。ケンタッキー州ホプキンスビルで研修講師。(このころから1920年代にかけて各地のノーマル・スクールや教育委員会の依頼で研修講師を務める。本年譜には実施年が特定できるものについて掲載した。)	*Home Education*, *34*(8), 299-301. The Practice School the Laboratory of the Normal School. *The Northern Illinois State Normal School Quarterly*, *12*(4), 3-6. Preface. *Type Studies and Lesson Plans of the George Peabody College for Teachers*, *1*(1), 4. Landgrave Louis of Thuringia. *North Carolina Education*, *10*(1), 10-11. Robert Sallette. *North Carolina Education*, *10*(2), 4. The Wall around Neuenburg [sic.]. *North Carolina Education*, *10*(3), 11. Corn and Cotton. *Type Studies and Lesson Plans of the George Peabody College for Teachers*, *1*(2), 2-47.	
1916	内務省教育局主催のサンフランシスコ市教育調査のメンバーになる。ミズーリ州の教員養成機関調査のメンバーになる。GPCT附属実演学校(PDS)の運営委員になる。	*Public School Methods New Edition*. Chicago, IL: The Methods Company. *Language Lessons and Grammar: Book One Language Lessons*. Indianapolis, IN: The Bobbs-Merril Company Publishers. *Language Lessons and Grammar: Book Two Grammar*. Indianapolis, IN: The Bobbs-Merril Company Publishers. The Intensive Study of Large Topics. *National Education Association of the United States, Addresses and Proceedings of the Fifty-fourth Annual Meeting Held at New York City 1-8 July*, *54*, 411-15. Panama Canal. *Type Studies and Lesson Plans of the George Peabody College for Teachers*, *2*(1), 3-30.	Dewey, J. *Democracy and Education: An Introduction to the Philosophy of Education*. New York, NY: The Macmillan Company.
1917	サウス・カロライナ州アンダースンとフローレンスの学校視察。	The Salt River Project and Irrigation Illustrating Method in Big Units of Study. *Type Studies and Lesson Plans of the George Peabody College for Teachers*, *2*(3), 35-47. A School Course in Geography and History Based on Large Units. *Type*	米国の第一次世界大戦参戦。

年	C. A. マクマリー関連事項	C. A. マクマリー公刊著作	関連史（主要事項）
1917		*Studies and Lesson Plans of the George Peabody College for Teachers*, 2(5). Method in Handling Types as Large Units of Study. *Type Studies and Lesson Plans of the George Peabody College for Teachers*, 3(1). （共著 S. C. Cleaton）School and Home Garden. *Type Studies and Lesson Plans of the George Peabody College for Teachers*, 3(2).	
1918	オハイオ州モロー郡で研修講師。	Teacher-Training Based on Type Studies. *Type Studies and Lesson Plans of the George Peabody College for Teachers*, 3(4).	第一次世界大戦終結。全州において初等教育義務化完成。 Bobbitt, F. *The Curriculum*. Boston; New York: Houghton Mifflin Company. Kilpatrick, W. H. The Project Method. *Teachers College Record*, 19(4), 319-335. Bureau of Education, Department of the Interior. *Cardinal Principles of Secondary Education: A Report of the Commission on the Reorganization of Secondary Education, Appointed by the National Education Association. Bulletin*, 1918, 35.
1919	ルイジアナ州のノーマル・スクールで集中講義および州内各地で研修講師。 テキサス州のノーマル・ス		ドルトン・プラン開始。 ウィネトカ・プラン開始。

付　録　449

1919	クールで集中講義および州内各地で研修講師。ミズーリ州のノーマル・スクールで研修講師。テネシー州ノックスビルで研修講師。		National Society for the Study of Education, S. Chester Parker, and Guy M. Whipple. *Reports of the Committee on Economy of Time in Education.*
1920	ノース・カロライナ州ウィルミントンの学校調査に委員として参加。ノース・カロライナ州グリーンズボロで研修講師。ルイジアナ州・オクラホマ州・ケンタッキー州などで研修講師。	*Teaching by Projects: A Basis for Purposeful Study.* New York, NY: The Macmillan Company. (共著 W. C. Bagley, W. S. Learned) *The Professional Preparation of Teachers for American Public Schools: A Study Based Upon an Examination of Tax-Supported Normal Schools in the State of Missouri.* New York: Carnegie Foundation for the Advancement of Teaching. Chapter V. The Methods and Character of Instruction. In George Peabody College for Teachers. *Survey of the School System of New Hanover County, North Carolina,* 70-89.	Bonser, F. G. *The Elementary School Curriculum.* New York, NY: The Macmillan Company. Stockton, J. L. *Project Work in Education.* Boston, New York: Houghton Mifflin Company.
1921		*Public School Methods New Edition.* Chicago, IL: Chicago School Methods Company, Inc. *Public School Methods Project Edition Teachers' Guide and Index.* Chicago, IL: Chicago School Methods Publishing Company.	Branom, M. E., and Branom, F. K. *The Teaching of Geography, Emphasizing the Project, or Active Method.* Boston, New York: Ginn and Company. Stevenson, J. A. *The Project Method of Teaching.* New York, NY: The Macmillan Company.
1923	オハイオ州ヤングズタウンで研修講師。	*How to Organize the Curriculum.* New York, NY: The Macmillan Company. The Reign of the Commonplace in Education. *Peabody Journal of Edu-*	進歩主義教育協会（PEA）設立。Collings, E. *An Experiment with a Project Curricu-*

年	C. A. マクマリー関連事項	C. A. マクマリー公刊著作	関連史（主要事項）
1923		cation, *1*(1), 10-14. Ebb and Flow. *Peabody Journal of Education,* *1*(2), 63-68.	*lum.* New York, NY: The Macmillan Company. Charters, W. W. *Curriculum Construction.* New York, NY: The Macmillan Company.
1924		Barnas Sears, the First Agent of the Peabody Education Fund, 1867-1880. *The Peabody Reflector,* *6*(4), 6-9.	Hotchkiss, E. A. *The Project Method in Classroom Work.* Boston, New York: Ginn and Company.
1925		*Practical Teaching Book One.* Richmond, VA: Johnson Publishing Company. *The Tennessee Reader.* Richmond, VA: Johnson Publishing Company. The Large Unit of Instruction, a Basis for Lesson Planning. *Educational Administration and Supervision,* *11,* 338.	GPCT の（前身から含めて）創立50周年記念行事開催。
1926	PDS 運営委員会委員長を務める。	Bridging the Gap between School and Life: A Curriculum Based on Vital Human Experience. *The American Review of Reviews,* *73,* 299-302. Story Telling in Intermediate Grades. *The Peabody Reflector,* *9*(5), 19. The Drift toward Formalism. *Peabody Journal of Education,* *4*(1), 13-19.	
1927	GPCT にて教歴50周年祝賀行事が開催される。	Geography and Industry: How to Enrich and Vitalize Geography. In M. V. O'Shea (Ed.). *Projects and Problems; a Series of Classroom Studies Based on "the World Book".* Chicago, IL: W. F. Quarrie & Company, 18-32. My Philosophy of Education. *The Peabody Reflector,* *11*(3), 3-6.	Bode, B. H. *Modern Educational Theories.* New York, NY: The Macmillan Company

1927		My Philosophy of Education. *Peabody Journal of Education, 4*(5), 261-271.	
1928		Philosophy as Sponsor for Education. *Peabody Journal of Education, 5*(4), 197-208. Religious Education and Scrappy Teaching. *The Peabody Reflector and Alumni News, 1*(3), 13-14; 26.	Thayer, V. T. *The Passing of the Recitation.* Boston, MA: D. C. Heath.
1929	3月25日、ナシュビルにて没する。	Teacher Training as a Career. *Journal of the National Education Association, 18*(4), 109.	世界恐慌。

索　引

〔**人名**〕（ラストネームによる50音順）

アダムズ, J.　8
アレクザンダー, T.　189, 268, 270, 273
ヴァンリュー, C. C.　12, 217, 219
梅根悟　13
オグレン, C. A.　253

カバリー, E. P.　8
ガンター, L.　210, 315
キー, E. L.　202, 245, 323
キャンデル, I. L.　22
キルパトリック, W. H.　32, 39, 42, 181, 333
クック, J. W.　6, 128, 252, 254
クラックストン, P. P.　122, 237
クリバード, H. M.　22
クルークシャンク, K. A.　14, 67
クレミン, L. A.　8
ゲイジ, L.　189, 273
ゴーガンズ, S.　316, 317, 320
コリングズ, E.　42

佐藤学　16
シーゲル, M. L.　22, 29, 37
シェルドン, E. A.　68
ジャッド, C. H.　12
庄司他人男　13
ストレイヤー, G. D.　236, 295
スネッデン, D.　8
セア, V. T.　60

ソーンダイク, E. L.　8, 231, 244

ターマン, L.　235, 244
タイラー, R. W.　235
田中耕治　235
ダンケル, H. B.　10
チャーターズ, W. W.　231
ツィラー, T.　5
テイト, W. K.　209
デューイ, J.　1, 22, 40, 45, 176, 203, 224, 226
ドガーモ, C.　6, 9, 26, 27
ドノヴァン, H. L.　157, 194
トンプキンズ, A.　288

パーカー, F. W.　14, 19, 220
パーカー, S. C.　155
パーキンス, A. E.　149, 156, 157
バグリー, W. C.　39, 231, 236
ハリス, W. T.　8, 22, 82
フェルプス, S.　194, 208, 276
ブラウン, G. P.　17
ブローナー, C.　27
ページ, D. P.　58, 65, 67
ベル, A.　63
ヘルバルト, J. F.　5
ボーダ, B.　43
ホール, G. S.　8, 221
ボビット, J. F.　8, 149, 181, 231
ホワイト, E. E.　81, 82

マクマリー, D. L.（ドナルド）130, 198, 332, 333, 334
マクマリー, F. M.（フランク）6, 18, 38, 40, 73, 81, 89, 156, 203
マクマリー, L. B.（ライダ）176, 221, 254, 262, 263
マン, H. 62
ミッチェル, M. R. 40, 202, 203, 206, 323

モリソン, H. C. 199, 332
ライン, W. 6, 120
ラッセル, W. F. 187
ラヴィッチ, D. 8, 234, 261
ラッグ, H. O. 45
ランカスター, J. 63

〔事項〕

アチーブメント・テスト 235
アメリカナイゼーション 173, 229
イリノイ教師クラブ 17
イリノイ子ども研究協会 217, 220
ウィンスロップ・モデル・スクール 271
エリー湖の運河 132, 325
エルウッド校 255
演示授業 316
オキュペーション 22
オスウィーゴ運動 29, 68, 343
オブジェクト・レッスン（事物教授）34, 73

開化史段階（説）73, 77, 85, 137, 223, 225, 286
完全習得学習 199, 332
記憶中心法 60
北イリノイ教員連盟 110
興味論 72
教歴50周年祝賀会（祝う会）19, 157, 206, 278, 349
クリティック・ティーチャー 221, 258,
259, 262
グリデン校 255, 258
劇化 162
コーディネーション法 361
5段階教授法 77, 78, 85, 89, 95, 141, 222, 323, 360
子ども研究 12, 216, 227

時間節約委員会 231
思考の時間（思考するための時間）73, 89, 90
自然学習 88, 97, 264
7人委員会 118
支配的なアイディア 153
社会化されたレシテーション 337
宗教の品性陶冶 80
15人委員会 6, 22, 57
授業形態 57, 73, 92, 343
人格の統一的形成（統一的人格形成）81, 86
人種的分離 339
全米教育科学研究協会（NSSSE）6, 11, 103, 229
全米教育研究協会（NSSE）11

相互関連（法）　75, 85, 86, 90, 117, 136, 137, 139, 315, 344
ソルト川プロジェクト　130, 136

大単元（論）　117, 143, 177, 238, 241, 302, 327
タイラー原理　235
（知の）自己拡張　114, 117, 362
中心的思考　271
中心統合法　73, 77, 81, 85, 86, 90, 95, 286, 344
テイラー・システム　63
統覚作用（論）　72, 77, 222, 227
とうもろこし　117, 332
トマト・クラブ　316

内務省教育局　7, 122, 232, 236
ニューヨーク・セントラル鉄道　104, 113
（ノーマル・）トレーニング・スクール　255, 258

パーカー・スクール　118, 276
ハイッシュ校　255

8年研究　235
発展的方法　126, 178, 180
反復説　224
批評授業　180
プラクティス・スクール　252, 253, 262
米国教育報道連盟　286
ペスタロッチ主義　58
ヘルバルト・クラブ　6, 81
ペンシルベニア鉄道　104, 112
方略的な中心　151, 153

マイナー・メソッド　163, 333
ミニマム・エッセンシャルズ　144, 153, 157, 164, 329
メジャー・メソッド　163, 333
モデル・スクール　253
モニトリアル・システム　58, 62, 343
モリソン・プラン　38
問題法　19, 38

リンカーン・スクール　276
レシテーション　58, 61, 67, 72, 77, 89, 99, 343, 361

著者紹介

藤本和久（ふじもと　かずひさ）

略歴
　1973年　兵庫県生まれ
　1996年　京都大学教育学部卒業
　2001年　京都大学大学院教育学研究科博士後期課程単位取得満期退学
　2001年　慶應義塾大学教職課程センター助手（嘱託）
　2004年　慶應義塾大学教職課程センター専任講師
　2008年　慶應義塾大学教職課程センター准教授
　2013年～2015年　コロンビア大学ティーチャーズ・カレッジ訪問研究員
　2016年　博士（教育学）取得（京都大学）
　2018年　慶應義塾大学教職課程センター教授、現在に至る。
大阪大学、お茶の水女子大学、法政大学、一橋大学などで非常勤講師を務める。
専門は教育方法学、カリキュラム論、米国カリキュラム開発史。博士（教育学）。

主な著書
『学力を育てる教育学　第2版』（共著、八千代出版、2013年）、『現代教育の論点・争点』（共著、一藝社、2014年）、『教育の方法・技術』（共著、学文社、2014年）、『教育方法論』（共著、一藝社、2014年）、『グローバル化時代の教育評価改革－日本・アジア・欧米を結ぶ－』（共著、日本標準、2016年）、『「授業研究」を創る』（編著、教育出版、2017年）など

マクマリーのタイプ・スタディ論の形成と普及
―カリキュラムとその実践思想を読み解く基盤―

2018年11月15日　初版第1刷発行

著　者　　藤　本　和　久

発行者　　風　間　敬　子

発行所　　株式会社　風　間　書　房
〒101-0051　東京都千代田区神田神保町1-34
電話 03(3291)5729　FAX 03(3291)5757
振替 00110-5-1853

印刷　太平印刷社　　製本　井上製本所

©2018　Kazuhisa Fujimoto　　　　　　　　　　NDC分類：370
ISBN978-4-7599-2247-9　　Printed in Japan
JCOPY〈(社)出版者著作権管理機構　委託出版物〉
本書の無断複製は、著作権法上での例外を除き禁じられています。複製される場合はそのつど事前に(社)出版者著作権管理機構（電話 03-3513-6969，FAX 03-3513-6979，e-mail: info@jcopy.or.jp）の許諾を得てください。